詳論
文化人類学

基本と最新のトピックを深く学ぶ

桑山敬己・綾部真雄［編著］

ミネルヴァ書房

まえがき

　本書の目的は，文化人類学の基礎を学んだ学生を対象に，同分野をより深く掘り下げて解説すると同時に，新たな研究動向についても紹介することにある。全体を2部に分けて，第Ⅰ部「基本領域」では，姉妹書の綾部恒雄・桑山敬己編『よくわかる文化人類学　第2版』（ミネルヴァ書房，2010年）の内容を詳述かつアップデートし，第Ⅱ部「新たな展開」では最新の理論やテーマを取り上げる。

　2006年，「やわらかアカデミズム・〈わかる〉シリーズ」の一冊として出版された『よくわかる文化人類学』は，幸いにも多くの読者に迎えられた。残念ながら，生みの親である綾部恒雄教授は翌年に逝去されたが，2010年には内容拡充を図った第2版が刊行され，同シリーズの中でもロングセラーになっていると聞く。また，2012年には韓国語に翻訳されるなど（黄達起訳，啓明大学校出版部），国際的な広がりをもつようになった。

　ただ，『よくわかる文化人類学』はあくまで入門書であり，基本的事項を網羅的にカバーしているものの，より深く学んでみたいという読者の声に応えることはできなかった。現在でも，入門書を超えた包括的な文化人類学の概説書は日本では少ないので，この間隙を埋めることが本書第Ⅰ部の目的である。

　もっとも，知の再編が国内外で求められている今日，たんなる上級篇をつくるだけではさほど意味がない。そこで，近年新たな展開を見せている研究領域を取り上げて，文化人類学の最前線を読者に知ってもらおうというのが第Ⅱ部の目的である。紙幅の都合ですべてを論じることはできないが，文化人類学専攻の学部生や大学院生はもちろん，教員，隣接分野の研究者，そして好学の士にとっても，一つの道標となることを期待している。

　執筆陣についてひとこと触れると，まず第Ⅰ部には『よくわかる文化人類学』の執筆担当者を中心に，新たに構想した章立てにふさわしい研究者を迎えた。また第Ⅱ部には，それぞれの領域で実績のある研究者を主に中堅から迎え

た。概説書とはいえ，日本の文化人類学をリードする面々が，これほど多く集まってつくった本も珍しいのではないかと自負している。

　全24章，400ページから成る本書は，決して気軽な読み物ではない。だが，真剣に学びたい学生のために，学界を代表する研究者が力を結集して書いた入魂の一冊である。将来を担う若い読者にとって，本書が更なる勉学の励みとなれば編者として幸いである。

　　　　2018年1月

　　　　　　　　　　　　　　　　　桑山敬己・綾部真雄

目　次

まえがき

第I部　基本領域

第1章　文化相対主義の源流と現代 ……………………桑山敬己…3
1　文化相対主義の登場と発展 ………………………………………3
2　文化相対主義批判の古典的事例 —— 言語相対論をめぐって………8
3　文化相対主義の現代的諸相 ………………………………………10
4　課題と展望 …………………………………………………………15

第2章　言語人類学 ………………………………名和克郎…17
1　前史および古典期 …………………………………………………17
2　コミュニケーションの民族誌 ……………………………………19
3　現代言語人類学の展開 ……………………………………………22
4　言語人類学の主張 …………………………………………………25
5　課題と展望 …………………………………………………………28

第3章　狩猟採集社会 —— その歴史，多様性，現状… 岸上伸啓…31
1　狩猟採集社会の歴史 ………………………………………………31
2　多様な狩猟採集社会 ………………………………………………32
3　21世紀の狩猟採集社会 —— カナダ・イヌイット社会 ……………37
4　狩猟採集の現代的な意義 …………………………………………40
5　課題と展望 …………………………………………………………41

第4章　文化と経済………………………………………山本真鳥…44

1　贈与交換と互酬性……………………………………………………44

2　モラル・エコノミー…………………………………………………47

3　地 域 通 貨……………………………………………………………50

4　ジェンダーと経済……………………………………………………53

5　文化と資本主義経済…………………………………………………55

6　課題と展望……………………………………………………………57

第5章　家族と親族………………………………………河合利光…60

1　家族・親族研究の開始と展開………………………………………60

2　グローバル化の中の家族と親族……………………………………63

3　親族研究における西洋的二元論の克服……………………………66

4　世界内存在としての身体と家族・親族……………………………68

5　課題と展望……………………………………………………………72

第6章　ジェンダーとセクシュアリティ………宇田川妙子…75

1　ジェンダーの人類学，ジェンダー視点の人類学…………………75

2　ジェンダーとセックス………………………………………………77

3　女性の可視化という問題……………………………………………79

4　ジェンダーと権力……………………………………………………83

5　セクシュアリティ，トランスジェンダー，様々な性のかたち…87

6　課題と展望——視点としてのジェンダー…………………………89

第7章　同時代のエスニシティ………………………綾部真雄…92

1　誰がエスニックか……………………………………………………92

2　エスニシティ前夜……………………………………………………94

3　論　　　争……………………………………………………………97

	4	定義と定位 …………………………………………………………… 99
	5	同時代のエスニシティ ………………………………………………… 100
	6	課題と展望 ………………………………………………………………… 103

第8章　法と人間 ……………………………………石田慎一郎…106

　1　争論の中での法の発見 …………………………………………………… 106

　2　争論を文脈化する ── 法との接点において働く力 ………………… 109

　3　他者を知る法理論 ── 法のプルーラリズム／オルタナティブ … 111

　4　法の確定性を支えるメカニズム ── 法人類学のもう一つの筋書き… 114

　5　課題と展望 ── 法人類学のさらなる筋書き ……………………… 117

第9章　政治・紛争・暴力 ……………………………栗本英世…120

　1　伝統社会の暴力と人権問題 …………………………………………… 120

　2　東アフリカ牧畜社会の武力紛争 ……………………………………… 124

　3　現代の民族紛争と内戦 ………………………………………………… 129

　4　課題と展望 ── 戦争と平和という連続体 ………………………… 131

第10章　宗教と世界観 …………………………………片岡　樹…133

　1　文化人類学と宗教 ……………………………………………………… 133

　2　宗教とは何か …………………………………………………………… 134

　3　世界を意味づける ……………………………………………………… 137

　4　再び宗教とは何か ……………………………………………………… 141

　5　課題と展望 ……………………………………………………………… 145

第11章　儀礼と時間 …………………………………松岡悦子…148

　1　人類学における儀礼研究 ……………………………………………… 148

　2　リミナリティのもつ力 ── ヴィクター・ターナー ……………… 151

3 分類と境界 ……………………………………………………153

4 象徴研究とその先へ …………………………………………156

5 課題と展望──グローバル社会における儀礼と政治 …………159

第12章 医療と文化 …………………………………白川千尋…162

1 非西洋医療への関心 …………………………………………162

2 多元的医療論 …………………………………………………164

3 非西洋医療をめぐるグローバルな動向 ………………………167

4 病気のとらえ方 ………………………………………………171

5 課題と展望 ……………………………………………………173

第13章 グローバリゼーションと移動 …………湖中真哉…177

1 グローバリゼーションの人類学 ………………………………177

2 グローバリゼーションとは何か──歴史化的転回 ……………178

3 さまよえるグローバリゼーション研究──否定論的転回 ……180

4 ローカリティとフィールドの消滅──連接論的転回 …………182

5 グローバルなものとローカルなもの──存在論的転回 ………184

6 課題と展望──ポスト・グローバリゼーション的転回 ………187

第14章 開発と文化 …………………………………関根久雄…191

1 普遍性と個別性 ………………………………………………191

2 言説としての開発 ……………………………………………194

3 感情によって揺れる開発 ……………………………………196

4 「持続可能な開発」と文化 …………………………………198

5 課題と展望 ……………………………………………………201

目　次

第15章　観光と文化………………………………川森博司…205
1　観光現象と文化人類学………………………………205
2　観光のまなざしと生活文化…………………………207
3　地域イメージと演じられる文化……………………210
4　情報化時代における場所の意味……………………214
5　課題と展望……………………………………………215

第16章　民族誌と表象・展示……………………高倉浩樹…218
1　民族誌とは何か………………………………………218
2　人類学と民族誌記述の歴史…………………………220
3　民族誌の発展…………………………………………223
4　民族誌批判……………………………………………225
5　民族誌の可能性………………………………………228
6　課題と展望……………………………………………230

第17章　フィールドワーク論……………………佐川　徹…233
1　人類学的フィールドワークの特徴…………………233
2　フィールドワークの現在……………………………236
3　フィールドワークにともなう倫理…………………238
4　フィールドワークで遭遇する危険と困難…………241
5　課題と展望……………………………………………244

第Ⅱ部　新たな展開

第18章　構造主義の現代的意義…………………出口　顯…249
1　構造の定義……………………………………………249

vii

2	文化と自然の連続	254
3	主体の解体，作者の死	257
4	神話が考える	259
5	構造主義の倫理	260
6	課題と展望	262

第19章　「もの」研究の新たな視座 ……………… 床呂郁哉…265

1	「もの」研究の系譜	265
2	近年の人類学における「もの」への回帰	266
3	「もの」研究のいくつかの視点	269
4	脱人間中心主義的人類学の可能性	272
5	課題と展望	275

第20章　災害とリスクの人類学 ……………… 木村周平…279

1	生活・環境・災害	279
2	被災（害）者という対象	281
3	災害というプロセス	285
4	リスクに備える	288
5	課題と展望	291

第21章　人　と　ヒ　ト ……………………… 田所聖志…295
　　　　　　　——文化人類学と自然科学の再接合

1	文化人類学の対象とする人とヒト	295
2	文化人類学からの「再接合」	296
3	自然科学からの接近	300
4	科学技術社会論と「再接合」	307
5	課題と展望	309

目　次

第22章　映像と人類学 …………………………………田沼幸子…313

　1　映像と人類学の黎明期 ………………………………………313
　2　科学と制度化 …………………………………………………317
　3　革命とアヴァンギャルド ……………………………………322
　4　「共有」とは？──ネイティヴの視点から ……………………323
　5　課題と展望 ……………………………………………………326

第23章　認識論と存在論 ………………………………綾部真雄…330

　1　社会科学の通奏低音 …………………………………………330
　2　人類学と認識論 ………………………………………………334
　3　存在論的転回 …………………………………………………338
　4　パースペクティヴィズムの外延 ……………………………342
　5　課題と展望 ……………………………………………………345

第24章　日本研究の現在 ………………………………北中淳子…348
　　　　　──医療人類学の視点から

　1　異なる近代としての日本──科学・医療人類学的視座…………348
　2　日本の医療研究──象徴主義と社会構成主義的アプローチ ……351
　3　ライフサイクルの医療化論 …………………………………354
　4　精神医学の人類学 ……………………………………………359
　5　課題と展望 ……………………………………………………361

人名索引　367
事項索引　371

ix

外国人名と文献の表記について

①　外国人名のカタカナ表記は，文化人類学の分野で一般に使われているものとした。ただし，引用した日本語の翻訳書での人名表記がそれと違う場合は，翻訳書の表記を本文中の引用文献表示および章末の文献リストで使った。

②　紙幅の都合で，本文で言及された著作でも，章末の文献リストに掲載されていないものがある。

③　本文中で言及される外国語の著作に日本語の翻訳書がない場合は，執筆者がタイトルを適宜翻訳したうえで，それが出版された年を記載した。

④　本文中で言及される外国語の著作に日本語の翻訳書がある場合は，原則としてその翻訳書を本文および章末の文献リストに掲げた。ただし，原著の出版年が学説史的に大きな意味をもつときは，本文中に「原著 ○○年」という形で示した。

第Ⅰ部
基本領域

第1章
文化相対主義の源流と現代

桑 山 敬 己

文化相対主義は人類学的世界観の基本である。本書全体の導入となる本章では，まず2つのことを指摘する。第一は，文化相対主義の本来の目的は，たんに文化の相対性だけを説くことではなく，異文化との接触を通じた内省的自己の形成にあったということ。第二は，学習されたものとしての文化の重視は，近代西洋における生物決定論とくに人種主義への挑戦であったということである。もっとも，文化相対主義に対する批判には人類学内外で根深いものがあるので，本章ではいくつかの古典的事例を紹介したうえで，相対的文化観が孕む問題点，とくに政治的陥穽について論じる。そして最後に，文化相対主義の現代的諸相を，人権と多文化主義との関係で考察する。

1　文化相対主義の登場と発展

文化相対主義とは，文化を民族の生活様式の総体（totality of a people's way of life）としてとらえ，各々の文化の独自性と文化間の平等性を説く立場である。それゆえ，文化と文化の差は人類の進歩における異なった段階を示す指標ではなく，あくまで習慣の違いとして理解される。そして，その違いを尊重し，異質な他者に対して敬意を払い，たとえ彼らの思考や行動が奇異に思われても，彼らの選んだ生き方を最大限に許容するという，いわば「寛容の精神」にもとづいた他者との接触法であり，構え（attitude of mind）である。このような世界観は，19世紀末から20世紀前半にかけて主にアメリカで発展した。

ボアズの文化観と文明観

文化相対主義の最大の提唱者は，ドイツから移民したユダヤ系で「アメリカ

第Ⅰ部　基本領域

人類学の父」と言われるボアズ（Franz Boas）である。ただ，彼自身が文化相対主義という言葉を使った形跡はない。また，『人種・言語・文化』（原著1940年，抄訳はボアズ 2013）収録の諸論文には，一時代前の伝播論の影響が見られるので，彼は19世紀と20世紀を橋渡しした人類学者であったと言ってよい。

　概して，文化相対主義は近代西洋中心主義と対峙するものとされ，強者のエスノセントリズム（自文化中心主義）への警鐘と考えられている。その意味で，文化相対主義における「文化」は，近代西洋を絶対視した「文明」概念と対極にあるが，実はボアズが文明概念を退けたことはない。むしろ，彼は「文明人」と「未開人」を対比して，人類文明の進歩や発展について語った。ただ，ボアズの語り口は，イギリスのタイラー（Edward Tylor）に代表される社会進化論者とは異なっていた。タイラーは，主著『原始文化』（原著 1871年）の冒頭で，文化を「知識，信仰，芸術，法律，慣習および人間が社会の一員として獲得したすべての能力と習慣を含む複合的全体」と定義し，文化を高度な審美性と同一視した当時の人文主義的理解とは一線を画しておきながら，結局，文明人は未開人より優秀で幸福だと言って憚らなかった。対照的に，ボアズは未開社会や非西洋文明を鏡として西洋文明を徹底的に検証し，いまだ発展途上にある自文明を進化させることの重要性を説いたのである。

　このことを考えるうえで，1900年12月，アメリカ民俗学会会長を務めていたボアズが，その職を去るときに行った講演「未開人の心」は示唆に富んでいる。同講演の内容は，主著『未開人の心』の初版（1911年），および大幅に修正した改訂版（1938年）にも取り入れられている。冒頭でボアズは次のように主張した。（1）世界の諸民族の心（mind）を理解するためには，自分が生まれ育った環境に起因する思考や感情に囚われないこと。（2）研究者は可能な限り自らの心を研究対象の民族に近づけること。（3）異民族の奇妙な思考をたどり，彼らの奇妙な感情に直に触れ，それらが特異な状況下で生む行為を理解すること。（4）文明生活の諸観念にもとづく縛りから自由になればなるほど，人類の信条や行為を解釈できるようになる（Boas 1901）。こうした主張は，他者を理解するためには自己の前提をいったん棚上げして，他者との直接接触によって得られた彼ら自身の観点から物事を見る，という文化相対主義の基本原

4

第1章　文化相対主義の源流と現代

則を，もっとも早い時期に打ち立てたものとして評価されよう。

　だが，ボアズにとって文明と未開の差は自明であった。たとえば彼は，未開人は抽象的思考が苦手で衝動的に行動する，という当時の一般論を大方で認めている。しかし，そうした差が何に起因するのかという問いに対して，ボアズは，知能を含む発展段階の違いを強調した社会進化論者とは違う答えを用意していた。彼によれば，文明の進歩とともに神話的思考は後退して科学的論理性が増すが，それは未開人が文明人より本質的に劣っていることを意味しない。なぜなら，人間の精神構造はどの種族（race）でも大差なく，未知のものは既知のもの（世代的に継承された知識や伝統）との「連想（association）」によって説明されるからだ。つまり，文明人と未開人の差は，個人ではなく社会のレベルで連想するものが違うという事実に求められ，連想の内容は地理的・歴史的要因に影響されるというのがボアズの立場だった。彼は人類文明の進歩を語る一方で，あくまで人間集団間の優劣は認めなかったのである。

　さらにボアズは，人間の行為は誕生以来すべて自文明によって規定されており，西洋人が西洋文明に高い価値を与えるのは，その中で盲目的に暮らしているからにすぎない，という自己批判を行った。そして，伝統の違う異文明が西洋文明と同等の価値を持つ可能性を示唆したうえで，西洋人は非西洋人に対してもっと寛容であるべきだと説いた。この異質の他者への寛容（tolerance）は文化相対主義の真骨頂だが，不思議なことに，ボアズは文化ではなく文明という言葉を使い続けた。この点に注目した沼崎一郎は，本来ボアズが提唱したのは「文明相対主義」とでも称すべき思想だと指摘して，次のように述べている。

　　なぜボアズは「文化相対主義」あるいは「文化の相対性」という表現を用いず，終生「文明の相対性」と言い続けたのか…（中略）…最大の理由は「文明人に自文明の相対性を自覚させること」にボアズの主眼があったためだと思われる。進歩主義的文化観を持っていたボアズは，近代西欧文明は未だ進歩の途上にあると考えていた。にもかかわらず，文明人は，自文明への感情的執着に無自覚であるばかりに，理性が曇り，自文明を絶対視して，さらなる進歩の可能性を見失っている。文明人の蒙を啓くために，人類学の知見を総動員して，未開部族から文明諸国家に至るまで，様々な

5

第Ⅰ部　基本領域

　民族が歴史的に作り上げてきた個性を教示しなければならない。ボアズの
人類学は，文明人に自己批判を迫る社会的・教育的実践なのである。それ
ゆえ，ボアズが文明の相対性を表明するのは，常に実践的な文脈において
であった（沼崎 2015：136）。

　浜本満は「差異のとらえかた」という論文で，相対主義と対立するのは普遍
主義ではなく，自文化中心主義であると主張した。そして，「自文化中心主義
的相対主義」「反・自文化中心主義的相対主義」「自文化中心主義的普遍主義」
「反・自文化中心主義的普遍主義」という4つの類型を提示した（浜本 1996）。
この類型に従えば，ボアズは各々の文化や文明の独自性を尊重した点で相対主
義者であったが，人類文明の進歩を信じていた点で普遍主義者であった。そし
て，両者に通底していたのは，彼の徹底した反・自文化中心主義である。後に
ギアーツ（Clifford Geertz）が，「反・反相対主義」（1984年）で批判したのも自
文化中心的な普遍主義である（浜本 1996：73）とすれば，ギアーツはもっとも
根本的なところでボアズの精神を継承していたと言えよう。

ミード著『サモアの思春期』をめぐる論争

　ボアズの相対的な文化観が20世紀前半のアメリカに浸透したのは，教え子の
ベネディクト（Ruth Benedict）やミード（Margaret Mead）らの著作が，多くの
読者に迎えられたからである。その背景には，当時のリベラルな思想状況があ
った。個人の権利・平等・選択の自由・干渉からの自由を重視するリベラリズ
ムは，元来，政治権力の干渉を拒否して小さな政府を志向する。だがアメリカ
では，そうした個人をとくに教育や福祉の分野で守るために，政府が積極的に
介入する立場を意味するようになった。それは国内外の異質な他者，なかんず
く劣位に置かれた非白人集団に対する理解と寛容を生んだのである。

　ミードの著作でいまだに議論の俎上にのるのは，1927年に発表された『サモ
アの思春期』である。1925年，弱冠23歳のミードは単身で遥か彼方のサモアに
赴き，島の若者の思春期について調査した。彼女の問題意識は，世界各地に見
られる成人式の存在理由を，思春期の不安や身体的変化といった汎人類的・生
物学的な特性ではなく，一人前になるための社会的要請に求めたボアズの考え
にもとづいていた。

周知のように，彼女は次のような結論に達した。単純な未開社会のサモアで
は，アメリカのような複雑な文明社会とは異なり——原書の副題「未開の若者
に関する心理学的研究が西洋文明に与えるもの」から窺えるように，ミードも
また文明と未開の差を当然視していた——子どもから大人への移行が滑らかで，
アメリカの若者のように荒れた思春期を迎えることはない。性的にも彼らは開
放的で，若い女性の間で婚前交渉は普通に行われている，と。このサモア人の
セックスに関する報告は，性的戒律に厳しい「ヴィクトリア朝的道徳」の影響
が残っていたアメリカの読者に大きな衝撃を与えた。以降，文化が異なれば人
間の行動は異なるという考えが一般に広まり，少なからぬ人類学者の間では，
文化が人間を決めるという文化決定論さえ唱えられ始めた。

　『サモアの思春期』には当初から賛否両論があった。それは，「人類学的神話
の創出と崩壊」という副題を冠した，フリーマン（Derek Freeman）の著書
『マーガレット・ミードとサモア』（原著 1983年）において頂点に達した。フリ
ーマンによれば，サモアでも思春期は荒れる時期で，若者が非行に走りやすい
のは西洋と同じである。また，若い女性の処女性は重視されている。しかるに
ミードは，米軍のバラックに集まった冗談好きの女の子たちの通訳交じりの話
を真に受けたため，一杯食わされてしまったのだとフリーマンは主張した。調
査者としてのミードの能力を根本的に疑う内容だった。

　ミード（1978年逝去）はアメリカ人類学のゴッドマザー的存在だっただけに，
フリーマンの批判は大混乱を生んだ。一部の人類学者は，著者と出版社を名誉
棄損で訴えようとしたほどである。だが，文化相対主義とその極端な形である
文化決定論にとって，問題の本質はそこにはない。より重要なのは，若者の非
行やセックスを含む人間一般の行動を理解するためには，《文化＝学習＝外因》
の他に，《生物＝遺伝＝内因》も見るべきだというフリーマンの主張である。
1980年代前半にヒトゲノムはまだ解読されていなかったが，フリーマンは当時
すでに大きな発展を遂げていた生物科学に注目して，ミードのように文化だけ
見ていたら，人類学は知的袋小路に陥ると警告したのであった。

　一見「常識的」に思われるこの主張が，なぜ文化相対主義に脅威を与えたの
だろうか。それは，ボアズやミードらの学説は，アメリカ社会に跋扈する生物

第Ⅰ部　基本領域

決定論，とくに人種主義に対するアンチテーゼだったからである。アメリカで
よく聞く "Nature or nurture?"（生まれか育ちか）という問いかけに対して，
人びとは nature という可視の人種差によって物事を安易に説明しがちである。
初期人類学者は，それだからこそ生物学的説明を極力避けて，nurture という
不可視の文化差の重要性を強調したのである。一言でいえば，「人種が違えば
人間は違う」を「文化が違えば人間は違う」に変えようとしたのである。『サ
モアの思春期』はそうした立場を象徴する作品だっただけに，ニュージーラン
ド出身のフリーマンの批判は，たとえ学問的には傾聴に値するものがあっても，
多くのアメリカ人類学者にとっては感情的に受け入れ難かった。この意味で，
文化相対主義は理論というよりは，リベラル派のイデオロギーであった。

2　文化相対主義批判の古典的事例——言語相対論をめぐって

　言語と思考の強い結びつきを主張して，言語相対論を打ち立てた人物はウォ
ーフ（Benjamin Lee Whorf）である。彼はボアズの高弟サピア（Edward Sapir）
のもとで学んだが，もともとは火災保険会社に勤務していた。ある日，ウォー
フは興味深い事実を発見する。ガソリンの発火による火災を調べたところ，満
タンのドラム缶より空のドラム缶が置いてある場所のほうが，なんと火災発生
率が高かったのだ。ガソリンが危険なことは周知の事実なので，中に入ってい
ることがわかれば人びとは注意する。だが空の場合，それを指す empty とい
う言葉が lack of hazard を暗に意味するので，つい気が緩んでしまい，たばこ
の吸い殻を投げる者さえいる。しかし，実際には起爆性の気体が出ているので，
空のドラム缶のほうが危ないのだ，とウォーフは説いた。そして，これこそサ
ピアが主張した言語と文化と思考の関係を示す好例であると，1939年の論文で
力説したのである（ウォーフ 1993：95-97）。こうした考えは，いまだに証明す
る手段がないので，「サピアとウォーフの仮説」と呼ばれている（第2章も参
照）。

　さらに，ウォーフは北米のホピ族の言語について調べ，2つの有名な結論に
達した。第一は，英語には「雪」を表す言葉は snow しかないが，ホピ語には

8

異なる雪の状態を表す複数の言葉があるというもの。第二は，ホピ語の動詞には時制がないので，ホピ族は「過去→現在→未来」と流れる時間の観念がなく，出来事を示す動詞は，話者による報告なのか，期待なのか，または一般法則なのかによって変化するというものであった。ウォーフはホピ語を「無時間言語（timeless language）」と名付け，言語はたんに思考を表す道具ではなく，無意識のうちに思考を形成するシステムであり，言語が違えば世界観も異なるのだと主張した（ウォーフ 1993：152-155）。こうした言語観は，ドイツロマン主義のヘルダー（Johan Gottfried Herder）やフンボルト（Wilhelm von Humboldt）に遡ると言われており，彼らのボアズへの影響もつとに指摘されている。

　これに対して，『ホピの時間』（1983年）を著したマロトゥキ（Ekkehart Malotki）は，次のように反駁した。ウォーフの結論は不完全な言語資料にもとづいており，彼自身が収集した資料とも矛盾している。ホピ語の動詞には未来形と非未来形の区別があり，相（aspect）の使用とその他の仕掛けによって時制を表すことができる。それゆえ，「ホピ語の話し手は，今話されていることが過去なのか，現在なのか，未来なのかを決めるのにまったく困らない」（ブラウン 2002：52より引用）。ウォーフの語り継がれた見解は「神話」にすぎない，というのがマロトゥキの結論であった。また，雪を表す言葉については，認知心理学者のピンカー（Steven Pinker）が，語り継がれるたびに数が増えていったお粗末な議論，という手厳しい批判をしている（ピンカー 1995：86）。

　概して，言語相対論を批判するときには，世界中の言語が共有する要素や側面が取り上げられる。たとえば，色の認識は話者の言語によって異なるという古典的見解に対して，1960年代後半には，基本的色彩語の数はどの言語でもせいぜい11で（白，黒，赤，緑，黄，青，茶，紫，桃，橙，灰），しかも語彙に加えられる順番には法則がある（たとえば白と黒の次は赤）という論が提示され（バーリン・ケイ 2016），大きな反響を呼んだ。

　だが，そのほぼ30年後に刊行された『言語相対性再考』（1996年）によると，こうした普遍性が見られるのは色彩語彙，動植物の民俗語彙，親族名称などに限られていて，一般化は早計だという。また，ウォーフの言語研究は語彙と文法を中心としていたが，実際に言語が使用される場面で，どのように意味が生

第Ⅰ部　基本領域

じて解釈されるかという問題にまで視野を広げると，文化や社会の影響は無視できないともいう。そして同書の編者は，「もはや言語決定論をまともな研究に値しないたんなる時代錯誤とみなすことはできない」と結論づけている（Gumperz and Levinson 1996：10）。事実，権威あるアメリカの人類学年報 *Annual Review of Anthropology* の2015年版には，「新ウォーフ主義（neo-Whorfianism）」の研究動向が紹介されている（Enfield 2015）。

　最後に，ウォーフの言語相対論は，未開人は知能が未発達であるがゆえに言語も未発達である，という当時の常識に対する反駁でもあったことを指摘しておこう。この常識を生んだ社会進化論を念頭に置いて，ウォーフは次のように説いた。（1）言語の研究により世界の見方が広がる。（2）インド・ヨーロッパ語族の方言にすぎない少数の西洋語を，人類精神の進化の頂点とみなすことはできない。（3）西洋語的論理の世界的拡大は，自然淘汰の結果ではなく歴史上の偶発的幸運によるものである。（4）西洋人の思考は，人類の理性と知識を代表するものではなく，銀河系の星座の一つのようなものだ。（5）世界の言語の多様性の認識は，真の科学精神に伴う謙虚さを育むと同時に，尊大な態度の戒めとなる（ウォーフ 1993：163-164）。このように，ボアズの反・自文化中心主義は，サピア経由でウォーフにも流れていたのである。彼らにとって，異文化の発見は自文化の無意識的呪縛から自己を解放する契機であった。

3　文化相対主義の現代的諸相

文化と政治

　19世紀末から20世紀前半にかけて，ボアズらが想定していなかったことが一つあったとしたら，それは，当時あらゆる面で世界の覇権を握っていた西洋が，非西洋の勃興によって脅かされるという局面であろう。

　第二次世界大戦後，西洋（西ヨーロッパとアメリカ合衆国）は依然として世界の中心に位置したが，かつての植民地がASEANやアフリカ連合（旧・アフリカ統一機構）のような一大地域勢力を形成したり，戦後の廃墟から復活した日本が経済大国として国際舞台に再登場したりして，西洋の相対的地位は低下し

第1章　文化相対主義の源流と現代

た。とくに近年では，成長著しい中国が自国の政治意志に沿わない国家に圧力をかけ始めるなど——2010年，投獄中だった作家で人権活動家の劉暁波に，ノルウェーがノーベル平和賞を授賞したときの騒動を想起してみよう——，覇者としての西洋の時代は過去のものとなりつつある。

　この地位の喪失に拍車をかけたのが，西洋内部における「異分子」の増加に伴う不安である。ドイツをはじめとする西ヨーロッパ諸国は，戦後の経済発展に伴う労働力不足を解消するために，余剰労働力を抱えていたトルコなどのイスラム諸国から，一時的に働き手を迎えた。だが，彼らが家族を呼び寄せて永住するようになると，価値観，とくに宗教の違いから地域住民との衝突が多発した。2001年のアメリカ同時多発テロ事件以降，いわゆる「イスラム過激派」と彼らの接点が噂されるに及んで，西洋人は国内の「異分子」の存在に不安と恐怖を駆り立てられるようになった。

　問題は，はたしてこういう時代に，ボアズらが20世紀に説いた寛容の精神をもって，他者と接することができるかどうかである。そもそも，異文化に対する構えとしての文化相対主義は，一方が他方より圧倒的優位にある植民地主義的状況下で，力の強い者が弱い者に対して，「慈しみ」と「温情的理解」を示したときに登場したという経緯がある。つまり，国家間や地域間の力の不均衡は文化相対主義の前提となっているので，前提が変われば人びとの文化相対主義に対する考えも変わらざるをえない。

　他方，多くの新興諸国では，「文化相対主義の政治化」とでも言うべき現象が起きている。その典型が，1990年代，西洋の人権外交に対抗して，「アジア的価値」を標榜したシンガポールなどの諸国家である。その急速な経済成長に脅威を感じた西洋諸国は，アジア人労働者は低賃金と長時間労働を強いられていると主張して，もっと彼らの人権を尊重するように求めた。それは膨らみ始めた対アジア貿易赤字の解消策でもあった。これに対して，問題視されたアジア諸国は，人権は個人主義を基調とする西洋の価値観であり，共同体を重視するアジアにはそぐわないとか，西洋の要求は国家主権の侵害だという論陣を張った（じつは国家主権という考えそのものが西洋的なのだが）。そのとき頻繁に語られたのが「アジア的家族主義」である。だが，戦前の日本の家族国家論を彷

11

第Ⅰ部　基本領域

彿とさせるこの論法が，文化の相違と平等を盾にとった支配層による自己正当化であったことは否めない。その証拠に，彼らは国外に対して「相違の権利」を主張する一方で，国内の少数派にその権利を認めようとしない。

　ここで注意すべきは，ネオナチなどの極右主義が台頭しつつある一部の西洋諸国でも，《伝統＝文化》を尊重するという美徳が謳われて，文化が政治化されているという事実である。また，かつての南アフリカでは，白人文化と黒人文化をともに等しく尊重するという文化相対主義を装った主張が，アパルトヘイトを正当化しかねない状況にあった。文化と文化の間に明確な境界線を引くと，他者との接点が失われて対話の可能性が閉ざされ，異文化に対する尊重の念は，容易に無関心・無視へと転化することに留意すべきであろう。

文化と人権

　アメリカ人類学会は，1947年，「世界人権宣言」が国連総会で採択された前年に，国連人権委員会に対して「人権声明」を提出した。起草者はボアズ派の重鎮ハースコヴィッツ（Melville J. Herskovits）であった。彼には没後に出版された『文化相対主義』（1972年）という著書がある。

　この声明には注目すべき点が2つある。第一は，個人と文化の関係を強調して，個人の尊重は文化の尊重を伴うという原則を打ち出したことである。これは，近代西洋的な個人を主体とする人権概念と，民族という集団を単位とする文化概念のすり合わせに必要だった。第二は，国連による人権宣言は全人類に向けて行うべきで，そのためには西洋的価値観を超越する必要があると説いたことである。「基準や価値は文化に相対的である。一つの文化［西洋文化──筆者註］の信条や倫理にもとづく思考からは，全人類に当てはまる人権宣言は生まれない」という文言に，ボアズ的文化相対主義の真髄が見てとれる。

　だが，半世紀後の1999年，アメリカ人類学会が採択した「人類学と人権に関する宣言」では，こうした無条件の文化差の尊重は影を潜め，差異の主張が基本的人権の否定のうえになされるとき，学会は容認しないという姿勢を打ち出した。前文には「国家とその手下による暴力が氾濫している世界」という旨の表現があるので，この変化は明らかに過去半世紀の間に起きた国際情勢の変化──たとえば，民族対立に起因する大量殺戮や民族浄化，望まない女子割礼に

象徴される女性への暴力，近代世界システムの末端に置かれた先住民の権利剥奪，児童虐待の表面化など——を反映している。そして同学会は，文化的差異を尊重するという人類学の基本方針に変わりはないものの，実際には，国連の世界人権宣言とその関連規約に従うと意見表明している。

今日，こうした国連重視の姿勢は，文化にまつわる多くの局面で見られるようになった。ユネスコ認定の無形文化遺産（intangible cultural heritage）はその好例である。この制度は重要無形民俗文化財の制度を持つ日本の強い働きかけによってできたので，「無形文化」の指示範囲は，人びとの伝統的生活文化を意味する日本語の「民俗」と重なる。しかし，2003年にユネスコの総会で採択された「無形文化遺産の保護に関する条約」には，「既存の人権に関する国際文書並びに社会，集団及び個人間の相互尊重…（中略）…と両立するものにのみ考慮を払う」という規定がある。そのため，大本の世界人権宣言はもちろん，それ以降の様々な人権規約に抵触する文化的慣行は，その現地における意義とは無関係に判断されて，国際的認知や保護の対象とはならないのである。

多文化主義論争

1970年代以降の西洋諸国では，カナダとオーストラリアを筆頭にして，非西洋系の新移民の流入によって多様化した社会を統合するために，少数派の文化を国家の政策として積極的に承認するという，かつての同化政策とは逆の動きが出てきた。これが多文化主義（multiculturalism）である。国家主導という点で，日本の総務省が推進する「多文化共生」と軌を一にするが，ともに対象を第二次世界大戦後の新移民に事実上限っている。そのため，旧移民，先住民，アメリカの黒人などは，ほとんど考慮されていない。

多文化主義における文化のとらえ方は相対主義的である。文化は国を構成する各民族（エスニック・グループ）の言語，習慣，伝統の総体とみなされていて，国家権力の中枢との距離による差はあるものの，原則として等しく尊重される。だが，ここから一つの大きな問題が派生する。それは，個々の文化の独自性を重視する文化相対主義が，異文化間の差異を強調する一方で，同一文化内の差異を看過してしまうように，多文化主義国家における少数民族の内部では，弱者の権利が強者によって蔑ろにされがちだということである。とくにフ

ェミニストによって問題視されているのは，文化の名のもとに正当化されて温存される家父長制と，女子割礼を含む女性への暴力である。「多文化主義は女性にとって悪ではないのか（Is multiculturalism bad for women?）」という問いかけが行われる所以である。ここでは，文化は誇るべき伝統ではなく，支配と抑圧の手段だとみなされている。

　また，西ヨーロッパでは，アメリカ同時多発テロ事件後に起きた一連の出来事によって，多文化主義そのものが見直されるようになった。代表的なものを2つ挙げよう。第一は，公共圏での宗教活動が禁止されているフランスで，1989年，公立校でスカーフを着用したイスラムの女子生徒が退学になった事件を契機に，21世紀に入ってから，事実上イスラム教徒を標的とした法律が複数成立したことである。第二は，2004年，男性に虐待されたイスラム女性を風刺的に描いたオランダの映画監督が，イスラム系のオランダ市民によって虐殺された事件である。イスラムという強烈な「内なる他者」を抱えた西ヨーロッパ諸国は，自国に移民した家族のメンバーがテロ事件に関与しているという噂や報道を聞くたびに，異文化との共存は難しいと感じ始めたのである。一部の政治家やメディアは，「多文化主義の終焉」を宣言したほどである。

　このような状況下で，多くの分野の学者は以前にもまして文化相対主義に批判の矛先を向けている。一言でいえば，どんなに反社会的で倫理的に問題のある行為でも，相対主義の御旗のもとに正当化されてしまうというものだ。しかし，こうした批判は浅薄で平板な理解にもとづいており，文化相対主義の真髄をまったくとらえていないと筆者は考える。20世紀初頭にボアズが力説したように，文化相対主義本来の姿は，たんに異文化を内側の論理で見るだけでなく，彼らの世界がどんなに奇異に見えようとも，それを鏡に自らを謙虚に見つめ直すところにある。それゆえ，文化相対主義は己に対してきわめて厳格である。自己正当化どころか，「相違の権利」は他者にあるのだ。

　道徳的にすぎると批判されるかもしれないが，自己を見つめ直すべき理由は，自らの心（mind）を磨くためである。そして，自文化を成長させるためである。そのためには「進歩（progress）」の概念が欠かせない。ボアズが「文明の進歩」に執着した理由は，ここにあると思われる。さらに，自らを省みようとし

ない相手に対しては，心を開いて謙虚に対話するように迫る勇気が求められる。相互の自己省察にもとづく対話が必要とされるのは，ともによりよい世界をつくるという，一見単純で実は高邁な理想を実現するためである。つまり，個々の世界を越えた共通の目標に向かって手を携えて進むために，他者理解経由の自己理解が双方にとって必要なのである。この意味で，文化相対主義は普遍主義と一対であるばかりか，むしろ普遍主義を内包しているのである。

4　課題と展望

1980年代半ば以降，オリエンタリズム批判，ライティング・カルチャー・ショック，ポストモダニズム論，ポストコロニアリズム論などの洗礼を受けた人類学者は，30年以上のときを経た今日から振り返ると，「過度」とも言えるほどの自己批判を繰り返した。それは人類学という学問の知的基盤を堅固なものにしたが，その過程で自己批判が目的化したりファッション化したりするきらいがあった。また，専門家同士での議論に明け暮れたため，一般読者との接点を失ってしまった。ボアズ門下によってアメリカおよび全世界に広められた相対的文化観は，そのようにして失われた接点の一つである。

冒頭で述べたように，文化相対主義は理論というより，異文化に接するときの構えである。それは，自己とはまったく異なる他者——その中には「人間以下（subhuman）」と評された第二次世界大戦中の日本人もいた——との真摯な対話を通じて，人類学者が集合的に達した境地であると言ってよい。他者理解の困難と喜びが交差する現場（フィールド）で，長期間にわたる全人格的経験から得られた身体知こそが，異文化研究において他の追従を許さない人類学の基盤である。文化相対主義を生んだアメリカに，排他的な自国第一主義を掲げる大統領が登場したり，日本を含めて狭隘なナショナリズムが跋扈し始めたりした現代世界にこそ，人類学者の英知が必要とされている。

文　献

ウォーフ，B.L.　1993　『言語・思考・現実』池上嘉彦（訳），講談社学術文庫。

第Ⅰ部　基本領域

沼崎一郎　2015　「フランツ・ボアズにおける『文化』概念の再検討（3）——感情と
　　理性の普遍性と相対性」，『東北大学文学研究科研究年報』第65巻，164-131頁。

浜本満　1996　「差異のとらえかた——相対主義と普遍主義」，『思想化される周辺世界』
　　（岩波講座文化人類学　第12巻），岩波書店，69-96頁。

バーリン，ブレント，ポール・ケイ　2016　『基本の色彩語——普遍性と進化について』
　　日高杏子（訳），法政大学出版局。

ピンカー，スティーブン　1995　『言語を生み出す本能（上)』椋田直子（訳），日本放
　　送出版協会。

ブラウン，ドナルド　2002　『ヒューマン・ユニヴァーサルズ——文化相対主義から普
　　遍性の認識へ』鈴木光太郎・中村潔（訳），新曜社。

フリーマン，デレク　1995　『マーガレット・ミードとサモア』木村洋二（訳），みすず
　　書房。

ボアズ，フランツ　2013　『北米インディアンの神話文化』前野桂彦（監訳），磯村尚弘
　　ほか（訳），中央公論新社。

Boas, Franz 1901 "The Mind of Primitive Man." *Journal of American Folklore* 14: 1-11.

Enfield, N. J. 2015 "Linguistic Relativity from Reference to Agency." *Annual Review of Anthropology* 44: 207-224.

Gumperz, John J., and Stephen C. Levinson (eds.) 1996 *Rethinking Linguistic Relativity*. Cambridge University Press.

第2章
言語人類学

名 和 克 郎

北米を中心に発達した言語人類学は，たんに人類文化の言語的側面を研究するだけではなく，言語と文化や社会との関係を多角的に研究する学問分野に成長した。言語という領域を切り取ってその内部構造を論じる言語学と，言語を介して得た情報をその意味に還元しがちな文化人類学の両者への批判が，その学問的営為の背景にある。本章では，まずボアズの時代から「コミュニケーションの民族誌」を経て現代に至る北米言語人類学の展開を，いくつかの代表的な民族誌的成果を紹介しつつ辿り，その後に，「指標性」「言語イデオロギー」といったキーワードの解説を兼ねて，言語と社会・文化の関係についての言語人類学の考え方を，シルヴァスティンの議論にもとづいて説明する。最後に，言語人類学を実践するための若干の情報をつけ加える。

1　前史および古典期

イギリス社会人類学における言語研究

言語人類学は北米を中心に発展した人類学の下位分野である。もちろん，イギリスの社会人類学者が，言語に関心を寄せていなかったわけではない。エヴァンズ＝プリチャード（E. E. Evans-Pritchard）をはじめ，言語的な手掛かりを民族誌の中で巧みに取り入れた社会人類学者は少なくない。とりわけマリノフスキー（Bronislaw Malinowski）は，現地語による調査と記録が人類学者のフィールドワークに不可欠であることを強調した。彼の独自の言語観は人類学を超えた影響力を持ったが，主な主張は次の3点にまとめられる。（1）言語はつねに特定の場面の文脈で用いられるので，言語研究を民族誌的研究から切り離

第 I 部　基本領域

すことはできない。（2）言語は思考の反映というより経験的な行為の方法である。（3）「いいお天気ですね」という何気ない発話のように，話し手と聞き手の間に一体感を生じさせる言語の使用法があり，それは情報の交換や共同作業の遂行といった機能に還元されない。最後の点をマリノフスキーは「交感的言語使用（phatic communion）」と呼んだ。調査地のトロブリアンド諸島に関する最後の民族誌の第2巻『呪術と農耕の言語』（1935）は，彼の言語論の集大成であり，きわめて実験的な民族誌でもある（Malinowski 1935）。

　その後も，文字と識字に関する文明史的な議論を展開したグディ（Jack Goody）のように（グディ 1986），言語にかかわる重要な研究をした社会人類学者は断続的に現れた。にもかかわらず，「言語人類学」と称すべき学問伝統は，イギリス社会人類学からは生まれなかった。

北米総合人類学における言語研究

　ボアズ（Franz Boas）を基点とする北米総合人類学の伝統では，言語学は人類学の4つの下位分野（文化人類学・自然人類学・考古学・言語人類学）の一つに位置づけられた。ボアズとその門下は，北米先住民の言語を体系的に記述する音声表記法を洗練させ，ヨーロッパの言語とは大きく異なるそれらの文法体系を明らかにした。また，それぞれの言語で人々が語ったことを「テクスト」として書き取り，編集を加えずに刊行するという作業を営々と行った。結果として残された神話・伝説から物質文化の説明に至る膨大な「テクスト」群は，今日でも言語学的，人類学的，さらには歴史学的な再分析の対象となっている。

　文化相対主義的な立場をとったボアズは，人種，文化，言語の間には本質的関係がないという主張を行った。ボアズは，それまで西洋文明とほぼ同義だった抽象名詞の文化（Culture）を，個々の生活様式の独自性を示す可算名詞の文化（culture）に変えて，文化と言語をいわば独立変数として扱った。弟子のサピア（Edward Sapir），およびサピアについたウォーフ（Benjamin Lee Whorf）は，いずれも北米諸言語や言語学一般に関する研究を進展させると同時に，言語と文化の関係を問う一連の論考を発表した（サピアほか 1970）。彼らの議論は「サピアとウォーフの仮説」として知られるが（第3節を参照），2人で共同して一つの仮説を明示的に提示したわけではないので，この仮説の内実と妥当

性については，後述のように現在でも議論が続いている。

　その後，北米の言語学は，人類学的志向が強かったサピアとウォーフがともに早逝したこともあって，人類学の一分野というより独自の学問分野としての色彩を強めていった。

認識人類学の登場

　第二次世界大戦後のアメリカにおいて，言語を手掛かりに独自の展開を見せたのは初期の認識（cognitive 認知）人類学である。西洋の概念や理解を現地に持ち込むことによる情報の歪曲を避け，調査結果の再現可能性を担保しつつ，「人々がどのように文化を組織して用いるか」を発見するという野心的な目標のために，人々自身の用いる語彙が主な手掛かりとして選ばれた。「これはもう少し詳しく言うと何ですか」「これは何の一種ですか」といった類の単純な質問の繰り返しから，初期認識人類学者たちは，動物，植物，色彩，病といった領域における語彙の重層的体系を見出した。

　とりわけ，フィリピンで調査を行ったコンクリン（Harold C. Conklin）やフレイク（Charles O. Frake）は，こうした手法が豊かな民族誌的記述を生み出すことを具体的に示した（たとえば Frake 1980）。その影響の大きさは，レヴィ＝ストロース（Claude Lévi-Strauss）の名著『野生の思考』（原著 1962年）の冒頭部にも表れている（レヴィ＝ストロース 1976）。しかし，動植物名や色彩語といった名詞や形容詞の体系の記述と，「認識体系としての文化」全体との間には明らかな隔絶があったので，認識人類学の主流は，通文化的比較や新たなモデルの探索へと向かった。他方，現地語の実際の用法に着目したフレイクらの仕事は，次節で述べる「コミュニケーションの民族誌」へとつながった。

2　コミュニケーションの民族誌

　20世紀中葉，言語学は独自の学問領域として深化し，議論の焦点を個別言語の記述と構造分析から，その背後に想定された普遍的な深層構造へと移していった。それに対して一部の研究者は，言語だけを切り取ってその内部構造を論じるのみでは，言語そのものも言語的コミュニケーションも理解できないと主

第Ⅰ部　基本領域

張した。彼らは「スピーキングの民族誌」「コミュニケーションの民族誌」などと呼ばれる新たな研究を打ち出した。

SPEAKING とは

　こうした動向を主導したハイムズ（Dell Hymes）は，言語能力（competence）と言語運用（performance）を区別したうえで基本的に前者を言語学の対象としたチョムスキー（Noam Chomsky）に対して，統語論に軸を置いた言語能力のみでは人間が会話を行うのは不可能であるので，より広い「コミュニケーション能力（communicative competence）」を論じるべきだと主張した。ハイムズは，会話という相互行為に見られる要素を，（1）場面・状況（Setting と Scene），（2）参加者（Participants），（3）目的（Ends），（4）行為連鎖（Act sequence），（5）調子（Key），（6）手段・媒体（Instrumentalities），（7）規範（Norms），（8）ジャンル（Genres）の8点にまとめ，それらの頭文字をとって SPEAKING と呼んだ。SPEAKING はあくまで「記憶のため」のもので，必ずしも体系的に選択されたものではないが，そこには社会・文化との関係でコミュニケーションをとらえる立場が明確に現れている（ハイムズ 1979）。

事例 1

　コミュニケーションの民族誌は，たとえば儀礼的やり取りにおける言語使用といったテーマについて大きな成果を挙げたが，もう一つ重要なのは，「言語＝社会＝文化」という単純な図式には当てはまらない現象について，研究を進展させたことである。とりわけガンパーズ（John J. Gumperz）は，北インドのある地方を例にとって，地域差やカースト差による言語変種（varieties）の存在を明らかにし，低カーストの人々が高カーストの変種を真似ようとして音韻的困難が生じる（たとえば，変えてはいけない音まで変えてしまう）姿を描いた。またブロム（Jan-Petter Blom）と共同で，ノルウェー北部の町を舞台に，ブークモール（ノルウェーの標準語の一つ）と地域の方言の間のコード・スイッチング（code-switching 言語変種の切り替え）を詳細に論じた（Gumperz 1971）。後者においてガンパーズは，たとえば方言を解さない外部者が会話に加わったときのように，状況の変化によって生じる「状況的コード・スイッチング」に加え，そうした要因では説明できない「比喩的コード・スイッチング」があるこ

とを見出し，その後の研究に先鞭をつけた。

事例2

　「言語＝社会＝文化」という図式に対するもっとも強力な反例の一つは，ジャクソン（Jean Jackson）らによって報告されたアマゾン支流バウペス川上流域の事例であろう（Jackson 1974）。コロンビアとブラジルの国境地帯に位置するこの地域では，広大な土地にいくつかの先住民グループが散在している。状況を手短かに説明すると，この地域では複数の別系統の言語が用いられていて，言語間の相互理解は困難である。各村の第一言語は，その村が属する「父系親族集団」の言語である。父系親族集団はいずれも内部での婚姻を認めないので，この地域のすべての人間は，自分と異なる言語を第一言語とする人と結婚する。この地域では，結婚後の「夫方居住」が規範のため，母親のことばと村のことばが異なる。その結果，子どもは母親のことばではなく村のことばを第一言語として学習する。こうした状況下では，「母語」という一般的な概念は通用せず，ジャクソンは「父語」の概念を提唱した。その当否はともかく，民族＝言語＝社会という単純な図式が通用しない地域が世界にはあることを覚えておきたい。

論集 *Directions in Sociolinguistics*（1972）

　コミュニケーションの民族誌は，人類学，言語学，社会学，民俗学など様々な分野の研究者たちの緩やかな集まりで，そこから言語人類学，社会言語学，またミクロ社会学内部の幾つかの潮流などが分岐した出発点としてとらえるのが適切である。ガンパーズとハイムズが編集した記念碑的論集（Gumperz and Hymes 1972）の本題は「社会言語学の諸動向」であり，副題は「コミュニケーションの民族誌」である。こうしたタイトルは同分野の性格をよく表している。

　上記論集には各分野の代表的研究者の論文が収められている。たとえば，上述のフレイク，エスニシティの境界論の提唱者としても知られるバルト（Fredrik Barth），エスノメソドロジーの泰斗ガーフィンケル（Harold Garfinkel），会話分析の創始者サックス（Harvey Sacks）およびシェグロフ（Emanuel Schegloff），社会階層間の微妙な発音の違いに注目して都市の言語状況を分析

第Ⅰ部　基本領域

したラボフ（William Labov），言語計画論の第一人者フィッシュマン（Joshua Fishman）などである。その後彼らの一部は，社会言語学の様々な学派や会話分析，談話分析といった独自の研究領域をそれぞれ切り開いていった。

3　現代言語人類学の展開

　では，社会言語学や会話分析などと区別される言語人類学は，その後どのように発展したのだろうか。本節ではその具体的な成果をいくつか提示する。理論的な問題については次節で述べる。

地名と知恵

　長年，西アパッチの言語を研究してきたバッソ（Keith H. Basso）は，現地の人々と相談して，地名を新たな研究テーマに選んだ（Basso 1997）。調査を進める中で，彼は次のような一見謎めいた会話を聞いた。

　A「実は私の弟が…」

　B「それは《白い岩の列がずうっと延びている》まさにそこで起こったね」

　　（30-45秒無言）

　C「それは《白さが水の方に降りて広がっている》まさにそこで起こったね」

　　（30-45秒無言）

　B「本当にそうだね。それは《道がハンノキのある赤い峰に沿って広がる》まさにそこで起こったね」

　A（笑）

　D，B「もうすぐ楽しくてよいことがあるよ」

　A（犬に）「私の弟は本当に馬鹿だねえ」

いったい，これはどのような会話なのだろうか。バッソによれば，アパッチ語の地名（会話の《　》に囲まれた部分）は，当人たちには明確な意味を持った語である。地名は，実際の地勢やその地でかつて行われた先祖の行為を反映しており，また過去の出来事にまつわる短い物語と結びついている。それぞれの物語は，先祖の正しい（あるいは誤った）行為と結果を語っており，上の3つの

地名に付随する物語は，いずれも先祖が軽率な誤りを犯してしまったが，善後策を講じたので深刻な事態を招かなかった，という内容である。

西アパッチ社会では，親族関係にない者が他人を直接批判することを避ける。そのため，地名が善良な西アパッチとしての生き方を示すものとして言及されたのである。弟が何か「へま」をやらかしたことを相談しに来たAは，BやCが言及した地名とそれが想起させる物語から，弟の行為は心配するほど深刻ではないということを知り，安心して帰って行ったのである。

文法と社会

ドゥランティ（Alessandro Duranti）は文法学の出身で，サモア語における能格（ergative）の使用を調査した。能格について大まかに説明すると，英語や日本語では自動詞の主語と他動詞の主語が同じ形をとり，他動詞の目的語が別の形をとる。これに対して，自動詞の主語と他動詞の目的語にあたるものが同じ形で，他動詞の主語にあたるものが別の形をとる言語が多数ある。その場合の他動詞の主語にあたるものが能格である（もし日本語が能格助詞「ゐ」を持つ能格言語だとしたら，「私が行く」はやはり「私が行く」だが，「私が本を読む」は「私ゐ本が読む」になる）。ドゥランティによれば，西サモアの人々は，英語の他動詞文をサモア語に翻訳するときは躊躇なく能格を使うのに，実際のサモア語の会話ではほとんど使わない。能格を用いたほうが簡単に言えそうなところで，無理矢理，自動詞文を使う場合も多いという。これは文法の論理では説明できない現象である。

そこで，実際にサモアで能格が用いられる場面を調査したところ，フォノと呼ばれる儀礼的な演説の中で用いられていることがわかった。しかも，能格を用いる人間は非常に地位の高い者に限られていて，それが用いられる対象は特別に称賛されるべき存在（典型的には神）か，話者が批判しようとする人物に限られていた。

以上のことからドゥランティは，文法的には他動詞の主語に対応する対象を指すときに能格が使われるのに，サモアでは動作主体を特別に強調するときだけ用いられること，また能格の使用が話者の社会的地位と密接に関係していることを見出した（Duranti 1994）。このように，言語体系の中核をなす文法範疇

第Ⅰ部　基本領域

は，一見社会とは独立に存在するように見えるが，実際には，当該社会のあり方に直結した形で用いられることがある。ドゥランティの研究は，そのことを見事に示している。

言語相対論再考

　現代の言語人類学には，言語相対論についての仮説，いわゆる「サピアとウォーフの仮説」（第1章参照）を，特定事例の民族誌的記述を通じてではなく，比較により認知科学的に検討しようという流れも存在する。ポライトネス（politeness）研究でも知られるレヴィンソン（Stephen C. Levinson）もその一人である。彼は，「右」と「左」に対応する言葉がある言語と，それがないために左右の空間配置を固定的な枠組（たとえば東西南北）でのみ表す言語を対象に，話者の空間認知の比較研究を行った。

　一例をあげると，同じ方を向いて縦に一列に並んでいる動物のおもちゃの配置を，被験者に横から見て覚えてもらい，次に被験者を180度回転させておもちゃの配置を再現してもらう，という実験を，多くの言語の話者について行った。言語が認知に影響を及ぼすなら，「右」と「左」がある言語の被験者は，左右の関係を維持して並べる割合が高くなり，それがない言語の被験者は，固定的枠組を使って並べる（左右の関係からすると配置は逆になる）割合が高くなるだろう，というのがレヴィンソンの仮説であった（Levinson 2003）。この仮説に賛成・反対双方の立場から様々な実験と検討が行われたが，微妙な設定の違いが実験結果に大きな影響をもたらすうえに，何をもって言語の認知への影響と見なすかという出発点が十分に共有されていないために，必ずしも噛み合っていない論争が現在も続いている。

　周知のように，サピアとウォーフの仮説には，一部の認知科学者から強い批判がある。たとえば色彩に関して，認知科学者は，人類の色の認知は異なった範囲の波長に反応する3種類の錐体細胞を通しており，そうした制約を超えて言語が色の認知を規定することはできないと指摘してきた。この指摘は，色という領域を通文化的に前提できる限り，妥当である。しかしその一方で，認知言語学の先駆的研究として高く評価されているバーリン（Brent Berlin）とケイ（Paul Kay）の色彩名称研究（バーリン・ケイ 2016）が，基本色彩語（basic color

terms）の設定という出発点そのものに問題があるとして，多くの批判を受け
てきたことも事実である。

　たとえば，バーリンとケイが「白，黒，赤，緑」の4つの基本語を持つとし
たフィリピンのハヌノオ語について，上述のコンクリンは，バーリンらによっ
て「赤」と「緑」として扱われた語が，じつは自然環境における「乾燥した干
からびた状態」と「湿った新鮮な状態」という対比に，ほぼ対応していること
をすでに指摘していた（Conklin 1964）。刺激への反応速度など認知科学的実験
も取り入れ，当初の図式から大きく改訂を重ねて発展している色彩名称研究で
はあるが，民族誌的な「色」の世界から離れ，自らの枠組に合わない現実をあ
らかじめ捨象しているという批判も，現在に至るまで続いている。

4　言語人類学の主張

　今日，言語人類学の基本的な主張は，言語を社会や文化と切り離して論じる
と，言語はもちろん社会や文化についても十分理解することはできない，とい
う一点に集約される。言語学者の多くは言語だけを取り上げて，その内部構造
を様々なレベルで明らかにしようとしてきた。一方，文化人類学者の多くは，
言語を介して得た情報をその意味に還元してしまい，それを研究者の言語に直
してから理論的分析を行ってきた。だが，前節の事例が示すように，両者は密
接に関係しているのである。

シルヴァスティン『記号の思想』（原著 1976〜1993）から

　北米言語人類学の伝統の中で，過去40年間あまり，この点の理論的検討にも
っとも大きな影響を及ぼしたのはシルヴァスティン（Michael Silverstein）であ
る。以下，日本で編集された彼の論文集（シルヴァスティン 2009）にもとづい
て，筆者自身の言葉で現代言語人類学の基本的立場を説明する。

　言語学者の多くは，言語を一つの閉じた体系（closed system）——おおまか
に言えば，辞書と文法によって完全に記述可能な体系——としてとらえてきた。
たしかに，言語は他の文化的媒体（たとえば音楽や儀礼）とは異なり，純粋に
言葉だけ使って言語について言及したり注釈したりできる。私たちの日常生活

第Ⅰ部　基本領域

における言葉の説明も，言語学者による専門的な説明も，ともにこうした閉じた体系における言い換えとみることができる。

　ところが，閉じた体系を熟知するだけでは，実際に言語を使うことはできない。たとえば，英語のⅠやyouという言葉の意味を辞書的に定義することは容易だが，実際の会話でⅠやyouと言うためには，辞書的な意味を知っているだけでは不十分である。なぜなら，Ⅰやyouが具体的に誰を指すかは状況によって変わるため，話者が置かれた具体的な状況の中で，誰がⅠであり誰がyouであるかを把握しなければならないからだ。しかも，他者の発言を引用する場合のように，必ずしも話者自身がⅠであるわけではない。つまりこれらの代名詞は，辞書的な意味と同時に言語の外の何かを示している。こうした二重の意味を持つ言語記号を「転換子（shifter）」という。

　このことから，言語を用いる際には，言語の外にある状況との関連づけ（「指標（index）」）が不可避であることがわかる。関連づけは双方向的である。たとえば，通常の会話で「これ」「あれ」と言うとき，話者は指示対象の空間配置を前提としている。つまり，現実世界が言葉の使い方を規定しているのである。しかし，複数の人と会話していて，いままで黙って聞いていた人に，「あなたはどう思う？」と聞くような場合，「あなた」は，（多くの場合，その人に対する視線やジェスチャーを伴う）「あなた」という代名詞の使用によって作られる。つまり，言葉によって新たな状況が創出された，と言うことができる。

　言語の外の状況との関係で用いられる言葉は，なにも転換子だけではない。たとえば，日本語の敬語や，いわゆる「男言葉」「女言葉」の語尾なども，具体的な状況との関連なしでは使えない。こうした言語要素には，いずれも，状況を前提として言葉が用いられる側面と，言葉の使用が新たな状況を創出する側面があり，両者の割合は言語要素の性質に制約される。

　このようにあらためて振り返ってみると，辞書と文法の外側にある社会・文化的事象とかかわる要素は，言語のすべてのレベルに及んでいることがわかる。特定の音の発音の違いが，話者の社会的属性（たとえば出身地）を示すといった音韻論のレベルから，特定の言語を話すことが，その言語を話さない人を自動的に会話から排除する，といった言語変種の選択に至るまで，すべてが言語

第2章　言語人類学

の外と直結しているのである。

　ガンパーズやラボフが示したように，特定の音の発音の微妙な違いは，社会
階層やカーストの違いと直結しているかもしれない。ドゥランティを敷衍すれ
ば，サモアで能格を用いることは，発話者の特権的な地位を示すことになるの
で，演説で能格を用いることは，自らの特権的な地位を認めさせるための一種
の賭けでもある。さらに，バッソが例証した地名を介した会話は，アパッチの
古老が有する広範な伝説の知識を前提としており，そうした知識を持たない若
者たちを，会話から排除することになるかもしれない。

　ここで重要なのは，実際に言語を使う者が，こうした状況を完全に意識した
上で発話するわけではないということである。外部者が観察可能な言語の様々
なレベル（音韻，文法，スタイルなど）の様々な事項を，発話者がすべて理解し
たうえで操作して発話することは，端的に言って不可能である。このことはま
た，発話者の「言語イデオロギー」——自分が用いる言語について持つモデル
——は，発話者の言語使用のすべてを説明しない，ということでもある。極端
な場合には，発話者自身による発話者の言葉の説明と，記録された発話者の言
葉が一致しないこともある。人々の語りの意味を再構成するだけでなく，それ
を超えた言語人類学的分析が必要とされる所以である。

　以上を反対側からとらえると，これまで文化人類学者が論じてきた多くの問
題の手掛かりは，人々の言語使用の全領域にわたって散在しているということ
がわかる。ところが，概して文化人類学者は，それらを十分に活用してこなか
った。言語的手掛かり（cue）の多くは特定の言語の体系性を前提にしている
ため，それを別の言語に翻訳すると消滅してしまう。にもかかわらず，多くの
文化人類学者は，言語の各レベルで生じている事象を仔細に検討することなく，
フィールドで聞き取ったことを自らの言語への翻訳によって（つまり翻訳可能
な意味に還元して）理解し，そしてそれにもとづいて自らの解釈を開陳してき
た。言語人類学の立場からすれば，それは非常に危険な行為である。

5 課題と展望

　今日の言語人類学は，第4節でも触れた「指標性」,「言語イデオロギー」といった概念を駆使して，学校の教室やコンビニエンス・ストアにおける異文化接触から，世界各地の「危機言語」をめぐる状況，またサブカルチャーやインターネット上の言語使用に至るまで，じつに多様な現象を論じている。英語で書かれた概説書やリーダーなどの整備も，過去20年あまりで急速に進んだ（たとえば Duranti 1997)。同時に，社会言語学，会話分析，談話分析などの関連分野も，優れた成果をあげている。ただ，専門分化が進んだこともあって，各々の枠組を超えて人類学を含む人文社会科学全体に大きなインパクトを与えた近年の研究は，意外に少ない。

　言語人類学的研究を行う際には，すでに書記体系が確立した言語を扱う場合でも，それとは完全に一致しない音を聞き取り，記述することがときとして必要とされる。様々な言語音を正確に発音したり聞き取ったりするのに不可欠な音声学と音素論を習得するためには，中川裕 (1996) のような優れた概説に目を通したうえで，専門家から訓練を受ける必要がある。

　近年では，録音・録画機材を使って，実際のコミュニケーション場面を記録し，書き取り (transcribe)，それを綿密に分析するという作業が，研究の基盤となっている。だが，オックス (Elinor Ochs) が指摘し，ドゥランティも概説書レベルで強調するように，すべてのトランスクリプション (transcription) は部分的であり，書き取る者の解釈が入らざるをえない (Ochs 1979 ; Duranti 1997)。研究者は，自分が焦点を当てたい現象（音，抑揚，ジェスチャー，目線など）との関係で，適切なトランスクリプションの方法を考えなければならない。具体的な方策については，言語人類学はもとより，社会言語学，ミクロ社会学，会話分析，談話分析などの隣接分野において，様々な試みがすでに行われている。会話分析のように，トランスクリプションの形式がかなり確立している分野もあるので，そうした成果をも踏まえたうえで，その都度策を練ることになるだろう。

冒頭に述べたように，言語人類学は北米を中心に展開した学問である。人類学の他の3分野（文化人類学，自然人類学，考古学）に比べて北米でも周辺化していたためか，基礎的な民族誌は日本語にほとんど翻訳されていない。その一方で，日本における言語人類学的な試みは近年急速に増えつつある。カラハリ砂漠のブッシュマンの語りを，会話分析の手法でトランスクリプトし，様々な言語理論や文化理論と絡めて描いた菅原和孝の民族誌（菅原 1998a, 1998b）は，その代表的成果である。今後のさらなる発展が望まれる。

文　献

グディ，J.　1986　『未開と文明』吉田禎吾（訳），岩波書店。

サピア，E. ほか　1970　『文化人類学と言語学』池上嘉彦（訳），弘文堂。

シルヴァスティン，マイケル　2009　『記号の思想——現代言語人類学の一軌跡』小山亘（編訳），三元社。

菅原和孝　1998a　『語る身体の民族誌——ブッシュマンの生活世界（Ⅰ）』京都大学学術出版会。

————　1998b　『会話の人類学——ブッシュマンの生活世界（Ⅱ）』京都大学学術出版会。

中川裕　1996　「フィールドワークのための音声学」，宮岡伯人（編）『言語人類学を学ぶ人のために』世界思想社，62-94頁。

ハイムズ，デル　1979　『ことばの民族誌——社会言語学の基礎』唐須教光（訳），紀伊國屋書店。

バーリン，ブレント，ポール・ケイ　2016　『基本の色彩語——普遍性と進化について』日高杏子（訳），法政大学出版局。

レヴィ＝ストロース，クロード　1976　『野生の思考』大橋保夫（訳），みすず書房。

Basso, Keith H. 1997 *Wisdom Sits in Places: Landscape and Language among the Western Apache.* University of New Mexico Press.

Conklin, Harold C. 1964 "Hanunoo Color Categories." In Dell Hymes (ed.), *Language in Culture and Society: A Reader in Linguistics and Anthropology.* Harper & Row, pp. 189-192.

Duranti, Alessandro 1994 *From Grammar to Politics: Linguistic Anthropology in a Western Samoan Village.* University of California Press.

————　1997 *Linguistic Anthropology.* Cambridge University Press.

Frake, Charles O. 1980 *Language and Cultural Description.* Stanford University Press.

第Ⅰ部 基本領域

Gumperz, John J. 1971 *Language in Social Groups*. Stanford University Press.

Gumperz, John J., and Dell Hymes (eds.) 1972 *Directions in Sociolinguistics: The Ethnography of Communication*. Basil Blackwell.

Jackson, Jean 1974 "Language Identity of the Colombian Vaupés Indians." In Richard Bauman and Joel Sherzer (eds.), *Explorations in the Ethnography of Speaking*. Cambridge University Press, pp. 50-64.

Malinowski, B. 1935 *The Language of Magic and Gardening* (*Coral Gardens and Their Magic*, volume II). George Allen & Unwin.

Levinson, Stephen C. 2003 *Space in Language and Cognition: Explorations in Cognitive Diversity*. Cambridge University Press.

Ochs, E. 1979 "Transcription as Theory." In E. Ochs and B. B. Schieffelin (eds.), *Developmental Pragmatics*. Academic Press, pp. 43-72.

第3章
狩猟採集社会
——その歴史，多様性，現状——

岸上伸啓

　現生人類は約22万年前にアフリカに出現し，その後，世界各地の様々な自然環境に適応しながら拡散していった。彼らには，所与の環境の中で生き延びるため，食料資源を効率的・安定的に確保することが必要であった。文化人類学では，食料や生活資源を獲得する活動を生業（subsistence）と呼び，研究テーマとしている。生業は，狩猟採集，漁労，農耕，牧畜に大別することができる。農耕と牧畜は約１万年前に発生すると，現代文明を支える中心的な生業となった。しかし，人類史の視点から見ると，人類の歴史のほとんどは狩猟採集の歴史であり，現在でも狩猟採集は世界各地で行われている。本章では狩猟採集社会の歴史と多様性，現状，狩猟採集社会研究の可能性について述べる。

1　狩猟採集社会の歴史

　約１万年前に農耕と牧畜が開始されると，隣接の農耕社会や牧畜社会と共生関係を形成した狩猟採集社会もあったが，ほとんどの狩猟採集社会は農耕社会や牧畜社会に滅ぼされたり，吸収されたりしていった。

　とくに15世紀末に始まる大航海時代以降，世界各地の狩猟採集社会ではヨーロッパ人や中国人ら外部の人間との接触頻度が増加した。その後，多くの狩猟採集社会は，植民地化や国家への統合・同化を経験した。たとえば，北アメリカ大陸の狩猟採集社会は，ヨーロッパ人と接触した16世紀以降，ビーバーやラッコ，ホッキョクギツネの毛皮を交易するようになった結果，世界規模の交易システムの末端に組み入れられた。その後は厳しい植民地支配や外来の伝染病

31

第Ⅰ部　基本領域

の蔓延によって人口が激減した。さらにカナダやアメリカに近代国家が成立すると主流社会への同化を強要された。世界各地の狩猟採集社会にとってヨーロッパ人や中国人らとの接触は苦難の歴史の幕開けであった。

　現在でも世界各地に狩猟採集社会は存在している。アフリカのカラハリ砂漠のサン，アフリカ中央部熱帯雨林のムブティなどのピグミー諸集団，タンザニアのハッザ，オーストラリアのアボリジニの諸集団，フィリピンのネグリート，極東シベリアのユカギール，アラスカのイヌピアットやグィッチン，カナダのクリー，カナダ極北地域のイヌイット，パラグアイのアチェなどが有名である。

　現在では狩猟採集社会のほとんどは，国民国家の枠組みの中で主流社会から政治経済的に周辺化されている。21世紀初めの時点で，世界中どこを見わたしても狩猟採集だけで生計を立てている社会は存在せず，農耕や牧畜，交易，土産品製作販売，その他の賃金労働と狩猟採集を組み合わせて生計を立てている。また，賃金労働者の中には狩猟採集を食料の獲得としてよりも娯楽として行っている者もいるし，中南米の狩猟採集社会では生活苦から都市に移住する者も増加している。さらに飲酒問題や家庭内暴力が問題になっている社会もある。

2　多様な狩猟採集社会

狩猟採集社会の一般モデルとその限界

　サン研究で著名なリー（Richard Lee）は，一般的な狩猟採集社会の基本的社会単位は15人から50人程度の親族関係にある人びとからなる小規模なバンド（band）であり，平等主義や移動，共有的財産制度を特徴としていると述べている。さらに，獲物の分配やシャーマニズムの存在などを特徴としてあげている（Lee 1999：826-827）。しかし，狩猟採集社会を個別に見ていくと，狩猟や採集を主生業としているという点を除けば，狩猟採集方法や移動，外部との交易，分配，人口，社会政治組織などの点で多様性が見られる。狩猟採集社会を理解するためにはその多様性と歴史的変化の理解は不可欠である。

　そこで次に，狩猟採集社会の多様性をジェンダー，移動と定住度，社会関係，分配，経済的な豊かさと効率性，外部社会との関係性の点から検討したい。

食料獲得におけるジェンダー差

　自然環境が異なれば，利用しうる動植物資源に大きな違いが見られる。植物がほとんど生育しないツンドラ地帯に住むカナダ・イヌイットの主な食料は，アザラシやセイウチのような海獣，カリブー（野生トナカイ）のような陸獣，カモのような鳥類，ホッキョクイワナのような魚類であった。これらを捕獲するのは男性であり，裁縫や料理などの家の中の仕事を行うのは女性であるため，食料の供給者は男性であった。一方，アフリカのサンやオーストラリアのアボリジニの男性も狩猟に従事するが，女性が採集した植物食に由来するカロリー摂取の割合が60パーセントから80パーセントに達していた（Lee 1968）。

　極北地域および一部の亜極北地域以外の大半の狩猟採集社会では，食料源としての植物への依存度が高いため，女性の採集活動が重要である。渡辺仁は，緯度が高くなればなるほど，植物食依存よりも動物食依存の割合が高くなっていくことを指摘している（渡辺 1978）。すなわち北へ行けば行くほど男性の狩猟の重要性が増し，女性の採集の重要性が低下することになる。

移動と定住度

　狩猟採集社会では食料獲得のために季節移動を繰り返し，定住度が低いと一般に考えられている。しかし，移動のパターンや定住度に関しても社会によってかなりの違いが見られる。もっとも定住度が高いグループとしては北アメリカ北西海岸先住民や日本の縄文人などが知られている。一方，頻繁に移動するグループとしては定住生活を開始する以前のサンやイヌイットが知られている。

　モース（Marcel Mauss）は，20世紀初頭ごろのイヌイットの季節移動について簡潔にまとめている（モース 1981）。イヌイットは冬になると海氷上に移動し，複数の家族集団からなる大規模キャンプを形成し，複数のハンターが協働してアザラシを捕獲し，キャンプ内で分配した。この季節には儀礼や競技などが行われ，春になると小規模の家族集団に分かれて，海岸地域に移動しアザラシや鳥を捕獲した。夏から秋にかけては内陸に移動してカリブー猟や漁労に従事した。このように季節の変化に即した環境や動物の分布に応じて移動を繰り返していた。

　一方，北アメリカ北西海岸地域のトリンギットやクワクワカワクゥの場合に

第Ⅰ部　基本領域

は，春から秋にかけての居住地と冬の居住地を別々に持っており，その間を移動した。春から秋にかけて海でアザラシやニシン，キュウリウオをとり，海岸で貝を採集し，川でサケを捕獲した。この季節は狩猟や漁労，採集の季節であった。一方，冬には内陸でシカ猟などを行うこともあったが，主にポトラッチ儀礼や交易を行った。この地域の人びとはサケなどの豊富な水産資源のため生活が安定し，森林資源にも恵まれていたため大規模集落を形成し，定住度の高い生活を送ることが可能であった。

　なお，狩猟や漁労，採集の対象となる食料資源が特定の領域内に集中して存在している場合には定住度が高くなり，食料資源の分布が広く季節的に移動する場合には定住度が低くなる傾向がある。

社会関係

　インゴールド（Tim Ingold）は，狩猟採集民はただたんに食べるためだけに狩猟や採集を行っているのではなく，平等主義的な社会関係の秩序を維持するためにも行っていると主張している（Ingold 1987）。しかし，19世紀初頭の北アメリカ北西海岸地域の狩猟採集社会を個別に見ると，社会関係は平等ではなかった。各社会には，首長，貴族，平民，奴隷からなる階層があり，それらの間の社会関係は不平等的であった。食料や物資はいったん，首長のもとに集められ，ポトラッチ儀礼などを通して集団内外に再分配されていた。程度は異なるが，19世紀初頭のアラスカのイヌピアット社会でも捕鯨ボートの所有者である捕鯨キャプテンと，それ以外の人びととの間には明らかな経済格差が存在していた。狩猟採集社会の社会関係は必ずしも平等主義的ではないのである。

経済的な豊かさと効率性

　従来，狩猟採集生活は獲物を獲れることもあり，獲れないこともある，きわめて不安定な社会であると考えられてきた。しかし，サーリンズ（Marshal D. Sahlins）は狩猟採集社会の方が農耕社会よりも食料獲得に費やす時間がはるかに短く，余暇時間がはるかに長いことを指摘した。この社会を彼は「原始豊潤社会（original affluent society）」と呼んでいる（サーリンズ 1984）。また，狩猟採集民は，ほとんど欲せず，欲しいものをすべて持っていたので，禅経済（zen economy）と名づけもした（サーリンズ 1984）。この説が提起されたとき

には大反響を呼んだが、その後、生活に窮する狩猟採集社会の事例も多数報告されており、「豊かさ」にも多様性が見られる（Kelly 2013：10-13）。

また、経済効率の最大化を図る方法にも集団によって違いがある。パラグアイのアチェとザイールのエフェ・ピグミーの経済戦略は興味深い違いを示している。アチェの間では腕のよいハンターはそうでないハンターと比べて、獲物を手に入れた後も一日中狩猟を続ける傾向が見られる。一方、エフェ・ピグミーの腕のよいハンターはそうでないハンターよりも狩猟に費やす時間がはるかに少なく、必要な分量の肉を手に入れると家に帰ってしまう。アチェは狩猟時間を短くするよりも、捕獲量を最大にしようとする。一方、エフェ・ピグミーは狩猟によってより多くの肉を手に入れることよりも、交易活動の時間をできるだけ長くしようとしている。すなわち、アチェの狩猟は肉の捕獲量を最大にする戦略であるのに対し、エフェ・ピグミーは狩猟時間をできるかぎり短縮する戦略を採っている（Kelly 2013：34-35）。

外部社会との歴史的関係

リーは、サンの生活が砂漠にうまく適応したので、狩猟採集という太古の生活様式が現在に至るまで残存したと考えた。この見解に対して1980年代からサンは農耕民や牧畜民、交易者であった時期もあったことが指摘され始めた。この主張は、狩猟採集民としてのサンの生活様式は砂漠環境への適応の結果というよりも、近隣の農耕民、植民地政府や毛皮交易者、国家、先住民運動との関係で生み出されたのだというものである（池谷 2002）。そしてヨーロッパからの植民者や植民地政府、そして近隣の農耕民は狩猟採集民に伝染病をうつしたり、攻撃したり、交易したり、雇用したり、搾取したりしてきた（岸上 2001；Kelly 2013：16）。このような歴史的関係を重視する研究者は、「修正主義者（revisionist）」と呼ばれ、狩猟採集社会が他の諸社会と様々な関係を保ちつつ、変化してきたことを強調する。

北アメリカ大陸北東部地域では、1500年代からイギリス人やフランス人はミクマックやクリー、ヒューロンらを相手にシカやビーバーなどの毛皮を交易した。1790年代の北アメリカ北西海岸地域では、アメリカ人を中心とした毛皮商人がラッコ皮を交易し、中国の広東地方に運んでいった。1920年代にカナダ極

北地域のイヌイットはホッキョクギツネの毛皮，1960年代以降はアザラシの毛皮をカナダ人らと交易した。これらの交易を通して，北アメリカの狩猟採集社会は世界規模の経済システムに接合され，道具や衣類，食料品の一部を外部社会に依存するようになり，その生活様式を大きく変容させた（岸上 2001）。

　ボルネオのペナンはラタンを採取し，約1000年前には漢人商人と交易を行っていた。一方，オーストラリア北部の狩猟採集民は，イギリスが同地を植民地化する以前からセレベスからやってくるマカサンと交易していた。アフリカのピグミー・グループはヨーロッパ人がイトゥリの森に到来するはるか以前に象牙交易に参加していたし，ピグミー・グループは獣肉を近隣の農耕民と交易し，共生関係にあったことが知られている。これらの事例はほんの一部に過ぎず，狩猟採集社会は植民地化以前から外部社会と交易関係にあった（Kelly 2013：16）。

　ただし，修正主義者の見解に異議がなかったわけではなかった。フォーティエ（Jana Fortier）は，黄麻や木彫品，竹，はちみつ，毛皮のような再生可能な資源を持続的に利用し，交易する狩猟採集民は，政治経済的自律性や外部に起因する変化に対する文化的耐性，文化的実践の継続性を保っているという興味深い仮説を提起している。また，ウッドバーン（James Woodburn）は，現代の狩猟採集民の社会組織のあらゆる側面が，国家や世界システムに取り込まれた結果であるとは限らないと指摘している。その他にも，狩猟採集民は孤立していようがいまいが，自律的である可能性を捨て去るべきではないという見解も存在している。この論争は結着を見てはいないが，現在の狩猟採集社会では変化と持続が同時進行していると考えるべきであろう。そしてこれまででわかった点は，生態要因や世界システム，国家，外部社会との接触のあり方などの複数の要因が作用し，多様な変化と現状を生み出しているということである（池谷 2016；岸上 1996, 2014；小山・窪田 2002；スチュアート編 1996；ピーターソン 2002）。

分　配

　現在でも見られる狩猟採集民の慣行の一つに食物分配（food sharing）の実践がある。分配自体は狩猟採集社会以外の小規模社会でも頻繁に行われているが，

その実践は狩猟採集社会の大きな特徴であると考えられている（岸上 2003）。

　ピーターソン（Nicolas Peterson）は，ほぼすべての狩猟採集社会での分配は貰い手からの要求によって開始されることから，「要求による分配（demand sharing）」が分配の基本的形式であると主張した（Peterson 1993）。しかし，この見解はオーストラリア先住民の事例には当てはまるが，現在のイヌイットやサンの場合には必ずしも当てはまらない。また，北アメリカ北西海岸先住民やアラスカのイヌピアットの間では，分配と再分配（redistribution）の両方が見られる。

　この分配のやり方や内容についても狩猟採集社会間に差異が見られる。興味深いのは，現代の狩猟採集社会でも多様な分配が実践されていることである（Widlok 2017）。

3　21世紀の狩猟採集社会──カナダ・イヌイット社会

　次に21世紀の狩猟採集社会の事例を紹介しよう。2016年現在，カナダ・イヌイットの総人口は約6.5万人で，そのうちの約3分の1が極北地域の故地を離れ，カナダ南部の都市地域に居住している。1960年代から定住生活を始めたイヌイットは，狩猟採集という生業から徐々に離れ始めた。しかしながら，現在でも，カナダ極北地域にある村では多くのイヌイットが賃金労働に従事しながらも，狩猟採集活動を行っている。以下，筆者の調査地アクリヴィク村の事例を紹介したい。

　1950年代前半まで現在のアクリヴィク村周辺に住んでいたイヌイットは，カナダ政府の政策などによって地域拠点として作り出されたプヴィルニツック村に移住した。しかし，古老の強い要望によって一部のイヌイットが1970年代に現在のアクリヴィク村周辺に戻って住むようになった。その後，1975年に土地権処理のために「ジェイムズ湾・北ケベック協定」を国家や州政府を相手に締結したため，村の創設が可能となった。そしてカナダ政府およびケベック州政府による経済支援もあり，村のインフラが整備されるにしたがって，イヌイットが帰郷し始めた。1972年当時30名に満たなかった人口は，帰郷と自然増によ

第Ⅰ部　基本領域

る人口増加が進み，2016年には約630名を数えるに至った。

　1980年代半ばには，彼らはケベック州政府が建造した貯水タンクや水洗トイレ・バス・洗面所，暖房設備が完備された近代的な欧米型住宅に1年を通して住むようになり，そこから夏のキャンプ地に行き，それ以外の季節には数日ないしは日帰りの狩猟・漁労・採集を行うようになった。また，発電所も建設され，村内のすべての住宅に配電されるようになった。その後，道路や学校，病院，村役場，アリーナ，生協の店舗などのインフラも整備が進んでいった。航空便も定期化され，同村とほかの村々や南の都市とを毎日結ぶようになった。

　2000年代に入ると，村の近代化はさらに進んだ。はじめて同村を訪れた人の中には，狩猟採集民の村という言葉を使うことに躊躇する人がいるかもしれない。というのも，多くのイヌイットが日中は村内で賃金労働に従事しているからだ。1980年代には男性は数か月賃金労働に従事した後に離職し，狩猟や漁労を数か月間続けるというパターンを実践していた。一方，女性は病院の英語とイヌイット語の通訳や店舗の売り子，学校や村役場の事務の仕事に数年以上にわたって継続的に就く傾向が見られた。また，夏には数週間から3か月程度，家族単位で村を離れ，キャンプ生活を送っていた。

　2000年前後のアクリヴィク村の狩猟・漁労活動の中心は，冬から初夏にかけてのカリブー猟，春と秋のアザラシ猟，夏のホッキョクイワナ漁であった（図3-1参照）。ところが21世紀に入ると，常勤であれ，パートであれ，期間限定であれ，イヌイットは男女ともに村内での賃金職に就くことを望むようになり，結果的に狩猟・漁労・採集や夏キャンプに費やす時間が減少し始めた。また，それらの活動は夏季や休日などに集中して実施するようになった。ここで注意すべきは，イヌイットが賃金収入を望むのは食料を購入するためだけではなく，高性能のスノーモービルや船外機，ライフルなど狩猟に必要な道具やキャンプ用装備，銃弾，ガソリン・オイルなどを購入するためでもあったということである。狩猟・漁労・採集活動は全般的に衰退してきたとはいえ，移動手段や狩猟具の効率を上げることによって，狩猟活動にかかる時間や労力を縮減させてきたとも言える。また，イヌイット社会ではいまだに獲物を売買することは多くない。しかし，2010年代のアクリヴィク村の狩猟・漁労・採集活動では，次

38

おもな捕獲対象物	1月	2月	3月	4月	5月	6月	7月	8月	9月	10月	11月	12月
ホッキョクイワナ	○	○	○	○	○	○	◎	◎	○	○	○	○
陸封ホッキョクイワナ	◎	◎	○	○	○	○	○	○	○	◎	◎	◎
ホワイトフィッシュ	◎	◎								○	○	◎
ワモンアザラシ	○	○	○	◎	◎	○	○	○	○	○	○	○
アゴヒゲアザラシ						○	○	○	○	◎	○	
シロイルカ										◎		
セイウチ										◎		
ホッキョクグマ	◎	○	○	○	○	○	○	○	◎			
カリブー	◎	◎	◎	◎	○	○	○	○	○			
ハクガン					○	○			○	○		
カナダガン						○	○					
カモ					○	○	○	○	○			
カモの卵						○						
ライチョウ	○	○	○	○	◎	○					○	○
野イチゴ類							○	○	○			

図3-1 アクリヴィク村の狩猟漁労活動の1年（1999年現在）

（注）　網掛けは中心的な捕獲物（食料）を示す。○は捕獲期，◎は捕獲の最盛期を示す。

のような特徴が見られるようになった。

　第一に，高齢のハンターを除けば，賃金労働に就く傾向があり，休日や終業後に狩猟や漁労を行うことが多い。そのうえ，ほとんど狩猟や漁労を行わない中年・青年男性が存在する。

　第二に，狩猟や漁労に従事する時間は，1980年代と比較すると短くなっているが，高性能の移動手段や狩猟・漁労具を利用しているため，捕獲量が極端に低下しているわけではない。

　第三に，家族・親族や病気や身体的な障害で狩猟に行けない者や寡婦に対して，獲物の分配が積極的に行われており，ハンターがいない世帯でも肉や魚を食べることができる。ただし，1980年代と比較すると，店舗で購入した食料品を消費する量が増大している。

　第四に，晩夏のベリー類採集は，採集という目的以外にも，家族や友人と村外に出かけるという娯楽的な側面がきわめて顕著であり，夏キャンプでの活動や狩猟・漁労活動も食料獲得という点に変わりはないが，余暇的な側面が強くなりつつある（スチュアート 1996）。

　第五に，狩猟・漁労活動の実施に必要な経費は，本人の賃金労働からの収入

第Ⅰ部　基本領域

や家族の女性の現金収入，政府支給の家族手当や老齢年金などによって賄われている。狩猟・漁労活動の資金獲得において女性の役割が重要である。

第六に，1980年代に開始したハンター・サポート・プログラムを利用して村がハンターを派遣し，セイウチやシロイルカを村人のために獲らせたり，村がハンターからカリブー肉やホッキョクイワナを購入し，食料が不足している村人に無料で肉や魚を提供している。ただし，年間予算平均額が日本円で800万円以下であるため，予算がなくなると同プログラムの食料供給の機能は働かなくなる。

第七に，村のハンターは，余剰のホッキョクイワナなどを生協やハンター・サポート・プログラムに販売することがある。これだけでハンターは生計を立てることはできないが，現金を手に入れる機会となっている。この実践は，従来の獲物の無償分配という慣行に影響を及ぼしつつある。

21世紀のイヌイットにとって狩猟や漁労，採集とは，自ら獲得した現金を投入して実施するもので，自立的な生計手段ではない。この点がアフリカや南アメリカ，東南アジアの事例と比べると大きく異なっているが，狩猟採集社会の現状を示す事例であることは間違いない。

4　狩猟採集の現代的な意義

それでは，イヌイットはなぜ現金で食料品を買わずに，狩猟・漁労・採集活動を続けているのであろうか。

イヌイットの狩猟採集活動のもっとも重要な意義は，アザラシの肉やカリブーの肉などの文化的価値の高い食料の獲得である。彼らにとってそれらを食べることは，イヌイットであることを自覚する契機となっている。また，家族や仲間とともに村を離れて海氷上や内陸部で狩猟採集を行うことにも，伝統的な生き方として大きな意義を見出している。さらにハンターは獲得した肉や魚を家族や親族，友人に分配することによって，特定の社会関係が確認され，維持されるという効果がある。それに加えて，獲物を頻繁に分配するハンターは社会的な名声を得ている。

外部から持ち込まれる加工食品の消費が増大した今日のカナダ・イヌイット社会では，食生活が変化し，肥満症や高血圧，心臓病，脳卒中，糖尿病などが深刻な問題になっている。そうした中，地元で獲れた海獣や陸獣の肉や脂肪，魚を昔ながらのやり方で食べることは，イヌイットの健康状態の改善につながると考えられる。

　以上のように，世界システムや国家の中で生きているイヌイットの狩猟採集活動は，文化的に価値の高い食料の獲得ということのみならず，文化的，社会的そして栄養学的に重要なのである。また，狩猟採集活動は彼らのアイデンティティの保持に深くかかわっているので，民族的シンボルとしても機能していると言える。このように狩猟採集活動は，イヌイットの生き方に関係する，複数の機能や効果を併せ持つ複合的活動だと考えられよう（岸上 2008）。

5　課題と展望

　現在の狩猟採集社会研究を大別すると，（1）政治生態学や歴史生態学，人間行動生態学（Human Behavioral Ecology）などの生態学的研究，（2）修正主義的研究をふくむ歴史・社会人類学的研究，（3）社会・政治運動に関する研究，の3つに分けられる。これまでは生態学的研究が主流であり，多くの成果をあげてきた。中でも人間行動生態学は，情報が文化化（enculturation）という社会的プロセスで伝達され，集団内や集団間での変異を生み出すことを前提として，様々な人間行動が特定の環境的・社会的コンテクストでいかに適応的かを解明しようとしてきた。とくに，狩猟採集社会の人口，狩猟集団の構成，獲物の分配，活動領域の範囲などを主要な研究テーマとして，集団内および集団間の行動の差異をも説明する一般理論の構築を目指している。日本人研究者は，アフリカの狩猟採集社会研究では質量ともに世界的な水準に達しているが，人間行動生態学の視点からの研究をほとんど行っていないため，今後，この分野の展開を期待したい。

　急激な変化を遂げつつある狩猟採集社会に関する今後の研究課題として，次の2点を指摘したい。第一は，グローバル化時代の狩猟採集社会の変容と持続

第Ⅰ部　基本領域

の研究の必要性である。変化しつつある狩猟採集社会を記録に残し，その変化の過程を解明することは重要な課題の一つである。

　第二は，狩猟採集社会に関する実践人類学的研究である。現存する大多数の狩猟採集社会は世界システムや国家の中で周辺的な存在であり，政治経済的に窮地にある。また，森林消失や気候変動といった環境被害も蒙っている。このような状況下で，国連や国際 NGO／NPO が，現地の人びととともに土地権の獲得や政治的地位の向上，環境問題の改善を目指して様々な活動を実施している。これらの運動では，狩猟採集民を当該地域の先住民として位置づけ，活動を展開している場合が多い。文化人類学者は，こうした活動を社会・文化現象として研究するとともに，場合によっては当該社会を支援するための実践的研究を行う必要がある。

　時間の経過とともに狩猟採集社会はますます減少していくと予想される。そのため，今後は狩猟採集社会の歴史を復元し，様々な角度から検討を加える考古学や歴史学の研究が主流となるだろう。

文　献

池谷和信　2002　『国家のなかでの狩猟採集民——カラハリ・サンにおける生業活動の歴史民族誌』国立民族学博物館。

池谷和信（編）　2016　『狩猟採集民からみた地球環境史——自然・隣人・文明との共生』東京大学出版会。

岸上伸啓　1996　「カナダ極北地域における社会変化の特質について」，スチュアート・ヘンリ（編）『採集狩猟民の現在——生業文化の変容と再生』言叢社，13-52頁。

―――　2001　「北米北方地域における先住民による諸資源の交易について——毛皮交易とその諸影響を中心に」，『国立民族学博物館研究報告』25(3)：293-354。

―――　2003　「狩猟採集民社会における食物分配——諸研究の紹介と批判的検討」，『国立民族学博物館研究報告』27(4)：725-752。

―――　2008　「文化人類学的生業論——極北地域の先住民による狩猟漁撈採集活動を中心に」，『国立民族学博物館研究報告』32(4)：529-578。

―――　2014　『クジラとともに生きる——アラスカ先住民の現在』臨川書店。

小山修三・窪田幸子（編）　2002　『多文化国家の先住民——オーストラリア・アボリジニの現在』世界思想社。

サーリンズ，マーシャル　1984　『石器時代の経済学』山内昶（訳），法政大学出版局。

スチュアート，ヘンリ　1996　「現在の狩猟採集民にとっての生業活動の意義——民族
　　と民族学者の自己提示言説をめぐって」，スチュアート・ヘンリ（編）『採集狩猟民
　　の現在——生業文化の変容と再生』言叢社，175-201頁。

スチュアート，ヘンリ（編）　1996　『採集狩猟民の現在——生業文化の変容と再生』言
　　叢社。

ピーターソン，ニコラス　2002　「近代国家の中の狩猟採集民——オーストラリアの人
　　類学」，小山修三・窪田幸子（編）『多文化国家の先住民——オーストラリア・アボ
　　リジニの現在』世界思想社，261-283頁。

モース，マルセル　1981　『エスキモー社会——その季節的変異に関する社会形態学的
　　研究』宮元卓也（訳），未来社。

渡辺仁　1978　「狩猟採集民の食性の分類——進化論的生態学的見地から」，『民族學研
　　究』43(2)：111-137。

Ingold, Tim 1987 *The Appropriation of Nature: Essays on Human Ecology and Social
　　Relations.* Manchester University Press.

Kelly, Robert T. 2013 *The Lifeways of Hunter-Gatherers: The Foraging Spectrum.*
　　Cambridge University Press.

Lee, Richard B. 1968 "What Hunters Do for a Living or How to Make Out on Scarce
　　Resources." In Richard B. Lee and Irvin Devore (eds.), *Man the Hunter.* Aldine, pp.
　　30-48.

————— 1999 "Hunter-Gatherer Studies and the Millennium: A Look Forward (And
　　Back)." *Bulletin of the National Museum of Ethnology* 23(4): 821-845.

Peterson, Nicholas 1993 "Demand Sharing: Reciprocity and the Pressure for Generosity
　　among Foragers." *American Anthropologist* 95: 860-876.

Widlok, Thomas 2017 *Anthropology and the Economy of Sharing.* Routledge.

第4章

文化と経済

山本真鳥

　「文化と経済」と題したこの章では，贈与交換と互酬性，モラル・エコノミー，地域通貨，ジェンダーと経済，文化と資本主義経済，と題した5つのテーマについて論じる。贈与と互酬性は，文化人類学の視点から経済を考えるときにきわめて古典的かつ重要なテーマである。現代の市場交換では，取引はものを中心に推移し，現金での決済が行われると同時に交換に関わる人々の関係は無に帰すが，贈与交換では，もののやりとりを介して人間関係を作り出したり，再構築したりすることが大きなテーマとなる。互酬性は今日の社会でも消滅したわけではないが，圧倒的な市場経済の中で見えなくなっている。モラル・エコノミーと地域通貨もこの延長上のテーマである。ジェンダーと経済に関しては，いわゆる性別分業について考察する。文化と資本主義経済については，後者の形成に文化的要因がどのように影響するかを考察する。

1　贈与交換と互酬性

贈りものと返礼

　経済的であるということが，最小限の出費で最大限の利益を得ることだとすれば，贈りものは他人に自分のものをあげてしまうのだから，まったく経済的ではないと言えるかもしれない。自分の手持ちの財を減らすのに対して，贈りものをあげた相手は得をする。このように他人を利する行為を指して「利他行為」というが，これは人間が基本的に利己的であり，自己利益を最大限にしようとするのが人間の本性であるとの前提に立っている。

　一方で，「フリー・ランチ」が意味深長な語であるように，ただでおごって

もらったりすると，それが負い目となる，と人々は感じている。普通，お中元やお歳暮には，お返しを贈るものとされているし，葬式の香典には香典返し，結婚式のお祝いには引出物といった具合に，お悔やみやお祝いの贈りものには定型の返礼がつきものである。伝統的コミュニティーにおいては，香典や結婚のお祝いは，イエとイエの関係として継続していくのが普通である。

　このように，贈りものが返礼を引き出して贈りものの連鎖が続いていくことを「互酬性（reciprocity）」という。贈りもの研究の先駆者モース（Marcel Mauss）は，贈りものについて３つの義務があると述べている。贈りものを（１）贈る義務，（２）受けとる義務，（３）お返しをする義務である（モース2014：100-108）。

互酬性と社会関係

　互酬性を社会関係の遠近によってタイプ分けをしているのは，サーリンズ（Marshall D. Sahlins）である。通常の互酬性では，贈りものに対して返礼をするというように，バランスをとって贈り合いが行われる。この種の交換は一定の関係はあるが，同時にある程度距離のある間柄で行われる。たとえば，同じ村のつきあいのある集団間で，また姻族間でといった具合に，慣習に沿って贈りものが贈られ，同じく慣習に沿って返礼がなされる。これを「均衡的（balanced）互酬性」という。贈るべきものや口上まで委細に定められている場合も多い。このような慣習に則った財の贈り合いを儀礼交換（ritual exchange）という。

　それに対して，もっと近い親族間，あるいは親しい友人間などでは，いちいち贈りものに対して返礼するといったサイクルは無視されて，ある人がない人にものをあげることが自明視される。しかし，経済レベルが一緒であれば，ある人とない人の立場は逆転することもあるから，昨日もらった人は，今日あげる人になる可能性も多分にある。そうやってあげたりもらったりしているうちに，自然とバランスがとれると考えることができる。お互い様というわけだ。一方で，財力が違う者同士でこれを行っていると，財力のある人は一方的に財力のない人にあげていることになる。こうやって財の偏在はある程度修正される。これは「一般的（generalized）互酬性」と呼ばれる。

第 I 部　基本領域

　もう一つは，互いに敵同士の間柄において，奪い合いが行われる展開である。アフリカの牧畜民の間で，ウシの略奪合戦などがしばしば行われるが，これが典型である。奪い合いではあるが，そこにも一定のルールが認められ，限度を超えて奪い合うということにはならない。このような負の互酬性を「否定的 (negative) 互酬性」と呼ぶ（サーリンズ 1984：230-236）。

互酬性と市場交換

　お裾分けという慣習がある。何か多くのものを入手して，自分ですべてを消費しきれないというときに，人にそれをあげるのである。田舎からみかんをたくさん送ってもらったとき，魚釣りに行って大漁だったとき，庭で栽培しているトマトがとれ過ぎたとき，いずれも腐らせてしまうよりは，誰かに食べてもらった方がいいという判断で，隣近所の人に分けてしまう。一方もらった人は，別な機会に自分の手元に何か有り余るほどのものが残っているとき，それをお返しにあげようと思いついて，返礼をする。「リンゴをたくさんいただきましてね」などと言いながら持って行く。

　それぞれに不要なものを交換しているのであるから，あたかも市場に行って，自分のいらないものをいるものに代えている，すなわち市場交換を行っているのと同じであると言えなくもないが，そこには大きな違いがある。まず相手からもらうものを自分で選ぶことはできない，ということである。また，もう一つ違うのは，売買は一時的に取り結ぶ関係で，ひとたび交渉が成立して交換してしまったら互いの関係は無に帰すが，互酬性のやりとりの場合は贈りものを取り交わすことで，互いの関係を強化することができる。

全目的貨幣と特定目的貨幣

　互酬性で統合されている社会の場合，交換を媒介しているが，市場社会の我々が用いる貨幣とは違って何とでも交換可能とは限らない物の存在を認めることがしばしばある。そうした「貨幣もどき」は，市場交換の取引においてではなく財物として珍重され，特定の場面で特定の関係において贈与される，すなわち儀礼交換に用いられることが多い。これらの財は「交換財」と呼ばれることも，「原始貨幣」，「特定目的貨幣」と呼ばれることもある（第3節参照）。それに対して，市場社会における万能の貨幣は「全目的貨幣」と呼ばれる。

46

2　モラル・エコノミー

　モラル・エコノミー（moral economy）とは，経済活動を主として倫理観を
もって行うことである。資本主義の神髄はもうけ至上主義であろうが，モラ
ル・エコノミーの実践者たちは，コミュニティーのあり方に注意を払いつつ経
済活動を行う。この場合の経済活動とは，ポランニー（Karl Polanyi）が主張し
たところの「実質的な経済（substantive economy）」であり，人々が生活を営む
という意味での経済である。

18世紀イギリス群衆の蜂起

　モラル・エコノミーの語を最初に用いたのは，イギリスの歴史家トムスン
(Edward P. Thompson) である。18世紀は，イギリスで産業革命が始まり労働
者が誕生した時代であるが，都市に暮らす彼らは，食料であるトウモロコシや
コムギなどの値段の投機的なつり上げや粗悪化に直面することとなった。彼ら
はしばしば蜂起して食料の強奪を行ったが，その際にもまったく無秩序なので
はなく，とくに悪質なパン屋や粉屋をターゲットとする一方で，困窮者同士は
助け合っていたことをトムスンは指摘し，それを「ポリティカル・エコノミー
(political economy)」（自己利益を最大化することで成り立つ経済）に対するものと
して，モラル・エコノミーと呼んだ（Thompson 1971）。17世紀の村秩序のも
とで暮らしていた人々が囲い込み運動によって追い立てられ，進行する工業化
とともに都市に暮らすようになる。こうしてコミュニティーが解体する中，資
本主義の勃興期に価格規制の法律も遵守されなくなり，人々はそうした状況に
異議申し立てを行ったとも言える。

日本の米騒動

　第一次世界大戦末期の1918年夏に富山県で生じ，その後日本中に波及した米
騒動も同様の事件であった。ただし，騒動を起こした人々が漁民の妻たちであ
るか，労働者であるかについては諸説ある。大戦中は低価格であった米がその
末期の18年になって高騰する。そのために値段の高いところへ搬送売却する業
者が続出し，これら業者の行動を阻止して，現地で売るように訴えた人々の行

動が，日本各地での連鎖反応的な社会運動へとつながり波及する。米価が高騰するにしたがって，さらなる高騰を待つ業者の売り惜しみや買い占めが目立つようになり，最初は米問屋や倉庫業者に対して哀願を行っていた人々が，やがて次第に暴徒化して打ち壊しや焼き討ちに発展した。やがて米騒動は都市から炭鉱にも飛び火し，たんなる騒動にとどまらない賃上げ運動にまで発展した。最終的な収束まで2か月近くを要した米騒動には，数百万人が加わったとされる。

　人々が襲う対象は，悪徳業者とされていた会社や米問屋であり，その意味で18世紀イギリスの群衆の蜂起と似ている。ただし，暴徒は特定の会社を悪徳業者であるかどうかを十分検証できたわけではないので，ときに噂や誤報に左右されることもあった。

東南アジアの農民と彼らの叛乱

　モラル・エコノミーについてさらに深い考察を行ったスコット（James C. Scott）は，東南アジアの農民がぎりぎりのところで生存維持の経済を繰り広げていることを詳細に報告している。スコットによれば，東南アジアのサブシステンス（subsistence 自給自足，生存維持）経済下にある農民は，単位面積あたり収穫量の多い品種を利用せず，いろいろな品種の米を栽培している。すなわち，能率のよい農業技術を取り入れずに旧態依然とした農耕法に執着している。また村落内の互酬的儀礼交換も盛んに行われるという。農民はいかにも経済合理性とはほど遠い農業を行っているのであるが，彼らには彼らの目的があり，共倒れを防ぐ安全重視が原則であるとスコットは主張した。一見，経済合理性に見合わない生産行動は，ときどき巡ってくる飢饉や災害に対する備えとして，隣人の生産活動を妨げず，隣人との間の互酬性を重視することであるが，それはコミュニティー全体として生き延びるという戦略をとっているからである。これが「サブシステンス経済」の倫理である。

　しかし，19世紀から20世紀の初頭にかけて，東南アジアでは叛乱がしばしば起こっている。一見モラル・エコノミーゆえとも思えない叛乱であるが，ベトナムとビルマの農民叛乱を調査したスコットは，それらが，上記のサブシステンス経済のモラルを蔑ろにした地主や植民地政府の所行があったことに対する

異議申し立てであると位置づける。地主や植民地政府は，飢饉のときにも確実な収入を得ようとして，収穫高に対する税ではなく，土地面積による小作料や人頭税を好んで課すが，そのため飢饉や災害が生じると途端に農民の暮らしは困窮をきわめる。こうして，絶望の中での異議申し立てとして農民叛乱が生じるのである（スコット 1999）。

モラル・エコノミー対ポリティカル・エコノミー

　モラル・エコノミーはこうして，利潤を最大化して儲けに執着する経済活動，つまり資本主義下の経済活動であるポリティカル・エコノミーに対立するものとして描かれる。モラル・エコノミーの担い手として取り上げられてきたのは，現金経済化の途上にある農民や都市に住むようになったばかりの労働者であり，ある程度伝統的経済に軸足がまだ残っている人々である。ポリティカル・エコノミーに取り巻かれながら，コミュニティーの助け合いや共同性によって生きている人々の経済活動が，ポリティカル・エコノミーを背景として対比的に描かれてきた。儀礼交換といった互酬的営みや，儲けよりは生存を重視する経済活動，仲間うちの助け合い，切羽詰まったときの暴動などは，経済的合理性では理解できないものである。

　しかし，ベトナムの農村調査を行ったポプキン（Samuel L. Popkin）は，彼の調査対象である農民は十分合理的な選択を行っており，農民をコミュニティーの因習や共同性に縛られた存在としてではなく，合理的な選択を行う主体として分析する考え方を主張した（Popkin 1979）。こうして，ポリティカル・エコノミーを基調に分析を行う研究者と，モラル・エコノミーを中心にする研究者との間に論争が生まれている。しかし，似たような論争はそれ以前から存在している。ポランニーが経済分析として「形式主義（formalism）」と「実質主義（substantivism）」との2つの異なる考え方を提示したときも，形式主義だけで分析は成り立つと考えた研究者と，実質主義を信奉する研究者との間で論争が生じた（LeClair and Schneider 1968：10）。

　ジャワ島の農民の研究を行ったギアーツ（Clifford Geertz）は，コミュニティー内の分かち合いを重視する農民の行動様式を「貧困の共有」として説明した（ギアーツ 2001）。儀礼交換など共同体の慣行の重視，極端なまで集約的に行わ

第 I 部　基本領域

れる労働慣行など一見非合理的な経済的選択行動は，コミュニティー内に生きる人々全員の生存と関わるモラル・エコノミーとして説明することも可能だ。

3　地 域 通 貨

国内共通の通貨が存在しているところで，地域限定通貨を作るという発想は，経済的合理性を信奉する人々の間からは，「いったいどうして？」という疑問がわくかもしれない。せっかく広領域で用いられる万能の通貨システムが存在するのに，地域限定の通貨など何の意味があるのだろうか。しかし，地域通貨の発想は地域経済の疲弊から始まっており，その意味では既存の広域にわたる経済制度や，資本主義経済への異議申し立てであった。

カナダでの経験

戦間期の大不況時代にヨーロッパで地域通貨に似た試みが存在したが，現代の地域通貨の始まりは，1983年，カナダのバンクーバー島のコモックス・バレーにおける LETS（Local Exchange Trading System）であるとされる。林業の町であった当地は，製紙工場の閉鎖により経済が疲弊していた。多くの失業者を抱え，地域では流通する現金にも限界があった。LETS で用いられた貨幣は「グリーンダラー（green dollar）」と呼ばれ，補助貨幣とされた。財やサービスへの対価として支払うことができるが，実際に貨幣が取引されるのではなく，支払う人は一種の小切手のようなものを相手に渡して決済をする。芝刈りなどのアルバイト，家庭教師，歯科医の診療など，相手が納得すればグリーンダラーで支払いができる。元帳に出金・入金を記入すれば，現在の保有額が確定する（西部 2002）。グリーンダラーは，扱う金融機関がないので，利子もつかない。顔の見える範囲で，あるいはコミュニティーの存在を感じる間柄でやりとりができ，自分の労働が何かの役に立っていることや，地域経済に貢献していることを実感することができる。LETS 型の地域通貨は，カナダ国内だけでなく，イギリス，フランス，ドイツなどヨーロッパ諸国や，アフリカ，日本でも同様の試みに賛同する人々の間で実施され，数多くのコミュニティーが形成された。

50

イサカ・アワー

　ニューヨーク州の田舎の大学町イサカで行われた地域通貨の場合，実際に紙幣に似た証書が発行され，通常の合衆国通貨とともに用いられた。労働はすべて時間で積算され，1時間の労働が1イサカ・アワー（Ithaca HOUR）となり，1イサカ・アワーは10ドルに換算されるが，換金はできない。参加する店舗では買い物もでき，有機栽培農家への助成やNGOへの寄付も行うことができた。最盛期には約500店舗，1000人の参加を見た（西部 2002）が，現在では利用者の数は減り，社会運動としては下火になっている。イサカ・アワーは，たんに顔の見える関係を築くばかりでなく，食や環境の問題へも深い関心を寄せ，有機農業を振興して地産地消の社会を作ろうとする試みである。

フランスの地域通貨 SEL

　地域通貨には様々な特徴があり，微妙にその趣旨は異なっている。SEL（Système d'Échange Local）はアソシエーションの形をとって，その活動拠点はフランス各地に数多く存在しているが，明らかにソーシャルワーカーが介在して青少年，ハンディキャップをもった人々，失業者，片親家族などに対するアウトリーチの形を含んでいる。非人格的な市場交換に対して，人格的なもののやりとりを強調することは地域通貨の組織ではよく見られるが，フランスではとくにそこに贈与の意味を見いだすことが顕著である。南フランスのSELのパンフレットには，「与える，受け取る，返礼する」が目的であると強調されており，これはモースが『贈与論』（原著 1924年）で述べた贈与の三側面に等しい（中川 2007：264）。中川理の研究したSELでは，スーパーで廃棄に回す生鮮食品をもらい受けてきて，SEL通貨で購入可能な市場を開催する活動もある。たんなる慈善活動とならないように，食料を入手したい人々は仕分けや昼食作りなどを手伝い，その労賃として地域通貨を受け取り，食料を「購入」するのである。

日本の地域通貨

　日本にも地域通貨のコミュニティーは多く存在しているが，日本で特徴的なのは，商店会や商工会議所，地方自治体などが構想を練って地域振興や過疎化対策を目指すタイプである。北海道栗山町のクリンは，過疎化が進行する中で

の労働交換を主眼としているようで，除雪や排雪の作業が地域通貨での支払い対象のトップに来ており，介護や福祉も視野に入れている。

　東京新宿区の高田馬場の商店会，手塚治虫プロ，早稲田大学の合同で始まったアトム通貨は，「環境・地域・国際・教育」のいずれかに貢献した人がもらえるが，他の地域通貨同様，購入はできない。商店会でのみ使用可能となっており，予算は商店会で負担している。

地域通貨と資本主義

　地域通貨についてこのように検討してみると，同じ通貨とはいえ，地域通貨が通常の通貨や市場経済，あるいは資本主義のアンチテーゼとして生まれてきたということが理解できる。資本主義によって翻弄された地方経済の回復策として，通貨が資本として貯め込まれるのではなく，人々の間を回って経済の活性化に結びつくようにと利子が付かない仕組みにするのが普通である。場合によっては，すぐ使わないと価値が低減してしまうものもあるが，一般に公的通貨との交換は認められない。また，顔の見えない交換と人間関係をもたない市場交換に対して，顔の見える関係や互酬性を強調する場合も多い。助け合い（相互扶助）であることも強調される。その意味では，中川の指摘する通り，地域通貨はモラル・エコノミーの一形態である（中川 2007：263）。

　しかし，地域通貨の多くは，いっとき盛んにやりとりされ，地域活性化に大いに役立つこともあるが，盛りを過ぎると不活発になっていくことが多い。コモックス・バレーの LETS もイサカ・アワーも消滅したわけではないが，現在は勢いを失っている。そこにはおそらく，贈与と市場交換が錯綜する位置に地域通貨が存在する，という構造的な問題があるのだろう。

　なかにはたんなる地域を越えた通貨となるものもあるが，地域通貨はなんらかのコミュニティーの存在を前提としており，そうしたコミュニティーが飛び地や仮想空間に存在することも最近では多い。そのため，電子的な方法で通貨による取引が行われたりするが，このような手法こそがむしろ，仮想空間のコミュニティーを生成しているとも言えるかもしれない。

　一方で，いわゆる「交換財」，ないしは「原始貨幣」と呼ばれてきた特定目的貨幣が，アイデンティティの象徴として見直されてきていることも興味深い。

メラネシアに位置するニューブリテン島のトーライの人々の間で儀礼交換に用いられている，タブ (*tabu*) という貝殻を植物の茎でつなげた「貨幣」が，補助貨幣として税金を支払ったり商店で使ったりできるように，政府によって制度化されたこともその一例である（深田 2009）。

南太平洋のサモアでは，グローバリゼーションの過程で人々は環太平洋の都市に移住するようになっている。筆者の調査によれば，伝統的儀礼財であるファイン・マット（fine mat）を用いた互酬的な儀礼交換がサモア人の行くところ世界中に広がっており，ファイン・マットの交換を行うことが，サモア人たるアイデンティティの源となっている。かつては，個別の儀礼財が地域を越えた広がりをみせることなど想像もしえなかったが，隣接する他民族を意識せざるを得ない現代にあって，コミュニティーの凝集性を生成するという意味で，それが地域通貨にも似た役割を果たしているのである（山本 2007）。

4　ジェンダーと経済

サブシステンス社会の性別分業（ジェンダー役割分担）

サブシステンス社会においては通常，性別により行うべきことが規定されており，この体制を「性別分業（sexual division of labor）」と呼ぶことが多い。市場経済下で成立する「労働」の概念が存在していないサブシステンス社会において，「労働」の語が含まれる「分業」の語を用いることには疑問がある。また，このような規定はそれぞれの社会の文化的条件下で成立しているので，「性別」よりは「ジェンダー」の語を用いる方が正しい。その意味で正確には「ジェンダー役割分担」がふさわしいかもしれないが，一般的には性別分業と呼ばれる。

狩猟採集は，人類が誕生して以来数百万年続いた生業形態である。狩猟採集民の間では，おおむね男性が動物の狩猟，女性が植物の採集を受け持っている。それぞれの性別分業の規定が他方に割り当てた役割を禁じる場合も，とくに禁じない場合もあるが，この役割分担が逆さになっている例は存在しない。

しかし，食料生産が行われる社会（農耕社会，牧畜社会）の性別分業におい

て，役割のどれが男女どちらに振られているかは，社会によって様々に異なる。185の社会を取り上げ，50の技術活動の性別振分けを HRAF（第16章第3節参照）のデータを用いてマードック（George P. Murdock）らが調査した一覧表を見てみると，「農地の土準備」は男性仕事率73パーセントであるが，男性のみがそれを行うのが66社会ある一方，女性のみがそれを行うのが10社会存在している。男性仕事率が62パーセントの「火おこし」については，男性のみがこれを行うのが40社会であるのに対し，女性のみがこれを行うのが20社会となっている。男性仕事率が38パーセントのゴザ作りの場合，男性のみこれを行うのは30社会，女性のみの社会は55となっている（Murdock and Provost 1973：207）。

　性別分業の原則は，どの仕事がどちらのジェンダーのものであるといった具合に仕切られているというよりはむしろ，仕事の内容を問わず，男女がそれぞれに仕事を分担して生活してきた，ということの方が重要であろう。そしてそれらは，たんに分業となっているばかりか，それぞれ動作，道具，用語，活動場所なども含む互いに踏み込めない「領分（domain）」を形成しており，それが相互補完的になっていることに注目する必要がある。

近代化後の性別分業と主婦の誕生

　サブシステンス社会での性別分業が，男女に等しい権力をもたらしていたと考えるのはややナイーブであるが，産業革命によってもたらされた近代化が男女の関係を根本的に変えてしまったというイリイチ（Ivan Illich）の主張はおそらく正しい（イリイチ 1984）。産業化以降，労働によって現金を稼ぐということが，人々の生活を営む上での至上命題となり，残りのサブシステンスの役割は，「現金を稼がない」活動として，稼ぐ活動の下位に位置づけられるようになっていった。洗濯・掃除・料理といった活動は，人が生活をしていくうえで同様に必要不可欠であるにも拘わらず，それは「稼がない」が故にシャドウ・ワークに位置づけられる結果となる。このようにして，炊事・洗濯やもろもろのケアワークを担当する主婦，という役割が誕生することになるのである。

性別分業の将来

　しかし，この近代の性別分業モデルは近年大きな変化を被りつつある。一つには家事労働が，電化や家事の外部化（金銭を対価に家族外の人に委ねること）

により，実質的には次第に縮小しているということがある。実際に主婦が行う家事は最小限のものとすることが可能となったのである。しかし，家事を入念に行う技術開発も著しい。家事はミニマムに行うことも，入念に行うことも可能なのである。一方，男女共同参画の動きは先進諸国を中心に世界的傾向となっており，多くの女性が賃金獲得に従事するようになった。こうして，女性のライフスタイルの選択幅は大きく広がってきている。

　しかしながら，家事やケアが現在でもなおある程度女性の肩にかかっているのは紛れもない事実である。この負担はとりわけ非欧米系の伝統社会では重く，賃金労働を行いながら家事にも従事する結果，女性が多くの負担を負う。そのため，世界的傾向として離婚や離別が増加している中で，家事やケアの責任を負いつつ，賃金獲得にも従事しなくてはならない女性の貧困が問題となっている。その一方，先進諸国の家事の外部化による，家事労働者の需要は大きく，そのために，一昔前は国境を越えての移民労働者は男性が普通であったが，近年では女性の海外移民が増加している。

5　文化と資本主義経済

宗教倫理と経済

　宗教倫理と経済活動の関係を論じて，社会科学の世界に大きな影響力を持ったのはウェーバー（Max Weber）である。彼は，カルヴァン派プロテスタントの持つ倫理，隣人愛にもとづき天職（神に与えられた世俗内職業）を果たし，世俗内的禁欲を実践することが，資本主義の発展といかに深く関係していたかを力説した。ウェーバーは，それらは必ずしも資本主義の発展を目指したわけではなく，宗教的倫理を守る行動様式からはからずも生まれたとしている（ヴェーバー　1989）。

　ウェーバーの倫理の概念に共鳴したギアーツは，ジャワ島における宗教にまつわる人々の3形態に注目している。それはアバンガンとサントリ，プリアイという3つの人々のカテゴリーである。アバンガンは，村落地帯に多く住んでおり，インドネシアの基層宗教観念であるアニミズムとイスラム信仰が融合し

第Ⅰ部　基本領域

た「シンクレティズム（syncretism）」とでも呼ぶべき信仰形態を持つ。彼らの多くはイスラムの食の戒律を必ずしも厳しく守ってはいない。一方のサントリであるが，こちらは比較的都市に多く住む一群の人々で，商業の担い手が多く，イスラムの戒律や信仰を厳しく守る人々である。残るプリアイは貴族の末裔で，ホワイトカラーの職業につくことが多い。ヒンドゥー的貴族的な文化の担い手である。宗教にもとづく世界観や倫理は彼らの経済活動の様式を大きく規定している（Geertz 1960）。サントリは，ウェーバー流の分析を行うならば，プロテスタントと似ていると考えることもできる。清貧に甘んじ，信仰に忠実であり，ひたすら神の教えにそって仕事に邁進する結果，多くの富を築く。だが，彼らの一生の願いはメッカへの巡礼を行うことであり，その信仰活動のために稼いだ金品は消えてしまう。

資本主義の発達と時間認識

　労働を成果で計るやり方もあるが，現代にあって労働は多くの場合時間でもって計られ，それによって対価が支払われるのが普通である。しかし，人類学者が出会う社会の多くは，時間にルーズで，定刻には会議が始まらなかったりする。もっとも，単位で計るという時間認識が社会に行き渡ることが，資本主義が発達する前提であったとは言えない。というのも，資本主義形成期のイギリスでは，労働者がなかなか出揃わず，工場の定時操業が難しかったからである。セント・マンディとは日曜日の延長で，月曜日の怠業が広く見られた現象を，皮肉をこめて表現した語である。むしろ，近代的な労働の仕組みこそが人々の時間認識を育てたと言ってもよいのかもしれない。

日本文化と経済

　1970年代から1980年代にかけて日本経済が躍進を見せたときには，「なぜ非西欧圏で日本だけが？」という議論が国内外で起きた。QCサークル（品質管理サークル）のような現場での絶え間ない改善努力が鍵とされたこともあり，日本の会社制度が日本の躍進を支えたとして，終身雇用，年功序列といった制度がより高い忠誠心を被雇用者に植え付けると考えられたこともあった。当時，海外進出を果たした日本企業の工場では，管理職が労働者と同じ作業着を着るさまや，同じ食堂で食事をしたり，ラジオ体操をしたりするさまが海外メディ

アによって紹介されもした。また，イエ組織にもとづく会社組織のあり方や，日本独自の人間関係のあり方が経営学や社会学でも議論された（村上・公文・佐藤 1979；濱口 1998など）。

しかしそれは，1990年代のバブル崩壊によって，すべて暗転したと言っても過言ではない。また，BRICS（ブラジル，ロシア，インド，中国，南アフリカ）の躍進は，日本文化にもとづく経営モデル論を事実上無効にしたと言える。今日，日本型の経営システム（年功序列，終身雇用，会社単位の労働組合に特徴があると考えられている）はまだ一般的に存在はしているものの，非正規雇用や倒産などによる解雇の増加などにより，日本国内でもかつての勢いはない。

一方，これらの日本文化論とは一線を画しながら，法人のタイポロジー（類型化）に着目する岩井克人は，株主を重視するアメリカ型の会社と，従業員を重視する日本型の会社とを比較する中で，今後形成されるであろうポスト産業資本主義システムにおいては，組織特殊的人的資産の担い手であるサラリーマンが，再び脚光を浴びることになると予言している（岩井 2008）。

6　課題と展望

「文化と経済」と題した本章では，いわゆる経済人類学を中心としながらも，併せて，それよりもやや幅広い内容も扱った。

贈与交換と互酬性は，経済人類学の古くて新しいテーマである。贈与が（1）贈与する，（2）贈与を受け取る，（3）返礼をする，という行為の連鎖を導き出し，経済的相互行為を作り出していくというメカニズムを最初に論じたのは，上述のモースである。100年の歳月を超えて新しい議論が展開されているので，今後も発展が期待される分野である（岸上 2016；モース研究会 2011）。

モラル・エコノミーは，たんに人々の経済的な営みである以上に，コミュニティー志向，利他主義，集団主義，といった哲学や倫理観を帯びた経済行為である。また，これを論じる研究者もどちらかというとその価値観を共有して「熱く語る」傾向がある。同様のことは地域通貨についても言える。地域通貨

第Ⅰ部　基本領域

そのものは，資本主義的な「血も涙もない」経済の仕組みへのアンチテーゼとして作られており，少なくともその実践者たちは，この仕組みのほうがやりとりの先が見えて遥かに人間的であり，お互いが役立っていることが実感できる，といった感想をもつことが多い。その意味では，ポランニーが市場経済（資本主義経済）を，社会制度から経済が「離床」して独立の活動を始めた，人類史でははじめての体験と述べていることにもつながる。ポランニーは，市場経済以前の社会を，経済が宗教・文化・社会などの制度と絡み合って一体をなしていたととらえていたのである。こうした経済的システムと文化的システムの現代的相関については，今後も新しい事例を検討しながら考察を深める必要がある。

　文化と資本主義は，古くて新しいテーマである。今日，グローバリゼーションとともに世界中に資本主義が浸透しているが，それが現地社会に見合うように読み替えられていることにも注目が集まり，その現象を「グローカリゼーション（glocalization）」と呼んだりもする。一方で，グローカリゼーションで生成したものが，グローバルに取り入れられていく過程も観察できる。今後の研究成果が待たれる。

　本章で検討することはできなかったが，経済の先端分野の人類学的研究の中には，「金融人類学」といった新しい分野も誕生している（宮崎 2008）。時代の最先端を行くトレーダーへのインタヴューを分析して，人類学で培われた理論を金融に応用したら，どのような発見がもたらされるだろうか。この分野の進展を見守っていきたい。

文　献

イリイチ，イヴァン　1984　『ジェンダー──女と男の世界』岩波書店。
岩井克人　2008　『会社はこれからどうなるのか』平凡社。
ヴェーバー，マックス　1989　『プロテスタンティズムの倫理と資本主義の精神』大塚
　　　久雄（訳），岩波書店。
ギアーツ，クリフォード　2001　『インボリューション──内に向かう発展』池本幸生
　　　（訳），NTT出版。
岸上伸啓（編）　2016　『贈与論再考──人間はなぜ他者に与えるのか』臨川書店。

サーリンズ，マーシャル　1984　『石器時代の経済学』山内昶（訳），法政大学出版局。

スコット，ジェームス・C　1999　『モーラル・エコノミー——東南アジアの農民叛乱と生存維持』高橋彰（訳），勁草書房。

中川理　2007　「地域通貨のリアリティ——南フランスの SEL の事例から」，春日直樹（編）『貨幣と資源』弘文堂，261-298頁。

西部忠　2002　『地域通貨を知ろう』岩波書店。

濱口惠俊（編）　1998　『日本社会とは何か』NHK ブックス。

深田淳太郎　2009　「お金で買えない価値はあるか？」，織田竜也・深田淳太郎（編）『経済からの脱出』春風社，85-110頁。

村上泰亮・公文俊平・佐藤政三郎　1979　『文明としてのイエ社会』中央公論社。

宮崎広和　2008　「トレーダーと希望——投機から裁定へ」，春日直樹（編）『人類学で世界を見る』ミネルヴァ書房，281-298頁。

モース，マルセル　2014　『贈与論』森山工（訳），岩波文庫。

モース研究会　2011　『マルセル・モースの世界』平凡社新書。

山本真鳥　2007「エスニシティと『貨幣』——国境を越えるサモア人の交換とアイデンティティ」，春日直樹（編）『貨幣と資源』弘文堂，109-143頁。

Geertz, Clifford 1960 *The Religion of Java*. University of Chicago Press.

LeClair, Edward E., and Harold K. Schneider（eds.）1968 *Economic Anthropology: Readings in Theory and Analysis*. Holt, Rinehart and Winston.

Murdock, George P., and Caterina Provost 1973 "Factors in the Division of Labor by Sex." *Ethnology* 12: 203-225.

Popkin, Samuel L. 1979 *The Rational Peasant: The Political Economy of Rural Society in Vietnam*. University of California Press.

Thompson, E. P. 1971 "The Moral Economy of the English Crowd in the Eighteenth Century." *Past & Present* 50: 76-136.

第5章
家族と親族

河 合 利 光

19世紀後半に，民族学・文化人類学は独立科学への歩みを始めたが，当時の主要な関心は，生物としての人間がどのようにして高度な文化を持つに至ったかにあった。社会文化進化論が，ダーウィン（Darwin, C. R.）の生物学的進化論の影響を受けたことは，むしろ当然のことである。キンシップ・スタディーズ（英語の kinship は「血縁」が第一義的意味であるが，本章では「家族・親族研究」またはたんに「親族研究」と記す）は自然と文化の両面に跨るテーマであり，中心的な位置を占めていた。両者の関係はしばしば二律背反的にとらえられたが，グローバル化が進む中で，文化構築主義が優勢になるとともに親族研究は批判され，1980年代後半以降，低調になった。しかし1990年代半ば以降に再び注目され始めた。本章では，その家族・親族研究の推移と現状を紹介するとともに，今後の課題と展望を探る。

1 家族・親族研究の開始と展開

初期の家族・親族研究

進化主義で始まった19世紀の人類学では，集団の成員権の基礎となる母権制と母系出自（母親としての女性を通してたどられる系譜的紐帯）が中心的な課題であった。たとえば，バッハオーフェン（Johann J. Bachofen）らの母権論は，後の女性解放運動にも多大な影響を与えた。当時の進化主義者は，女性と子どもの「自然」な系譜的つながりから，先に母系社会が形成され，後に，それに男性が加わって社会が進化したと考えた。

他方，マクレナン（John F. McLennan）は1867年に，親族名称の研究にもと

づいて，原初の人類の婚姻形態は，配偶関係が特定されていない集団婚（group marriage）であったと論じた。また，アメリカのモーガン（Lewis H. Morgan「モルガン」とも表記）も，北アメリカの一民族のイロクォイにおける実地調査と，諸民族の親族名称体系の広範な比較分析を行って，人類社会の進化を論じた。とりわけ『人類の血縁と姻戚の諸体系』（原著 1871年）などの研究は，文化人類学の古典となったばかりでなく，エンゲルス（Friedrich Engels）の著書『家族・私有財産および国家の起源』（原著 1884年）に代表されるように，後の社会主義思想の形成に大きな影響を与えた。

　いずれにせよ，初期の文化人類学的研究では，系譜ないし関係名称の研究が大きな手掛かりであった。彼らは，結婚制度がなかった集団婚の時代から，配偶関係が明確な西洋的一夫一婦婚へと移行する進化図式を，狩猟採集，牧畜・農耕，都市文明のような生業や社会の発達段階に対応させた。

機能主義の親族論

　19世紀の古典的進化論が衰退した後，20世紀の初頭には，長期滞在と参与観察を手段とするフィールドワークが研究法として確立された。

　まず，1898年には，オーストラリアのトレス海峡に，イギリスのハッドン（Alfred Cord Haddon）学術探検隊が派遣された。それに参加したリヴァーズ（W. H. R. Rivers）は，人類学の主要な研究方法の一つとして「系譜的方法」を導入し，人類学を独立した科学にしようと試みた。さらに，それを進めたリヴァーズの 2 人の学生が，1920年代から1930年代にかけて構造-機能主義（以下「機能主義」と呼ぶ）を提唱したラドクリフ＝ブラウン（A. R. Radcliffe-Brown）とマリノフスキー（Bronislaw Malinowski）である。

　ラドクリフ＝ブラウンは社会現象を，個人を超えて存在するモノ（客観的な社会的事実）とみるデュルケム（Émile Durkheim）の集団表象論的社会学の影響を受け，社会の構造と機能を重視し，親族研究を「社会の自然科学」と考えた。それに対して，マリノフスキーはフィールドワーク法を確立し，人間の生理的・心理的欲求を重視したが，親族研究に関しては，それを（擬似科学的な）「親族関係の幾何学」と呼んだ。

　1930年代から1950年代には，エヴァンズ＝プリチャード（E. E. Evans-

第Ⅰ部　基本領域

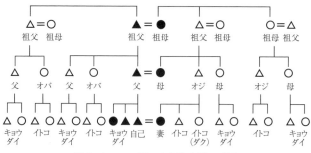

図 5-1　フィジーの親族名称の略図
(注)　黒の印は自己の家族のメンバー。理念的には，自己（男性）の母方の女性イトコはすべてダクである。

Pritchard）によるヌアーや，フォーテス（Meyer Fortes）によるタレンシなどのアフリカ諸族の研究，およびファース（Raymond Firth）による南太平洋のティコピア島民の研究など，政治・社会の組織原理としての親族に関する機能主義的研究が，多数出版された。

　ここで次に進む前に，家族・親族研究の系譜論的考え方をもう少し具体的に説明してみよう。図 5-1 は，南太平洋のフィジーの名称体系である。これは「ドラヴィダ（Dravidian）型」（ドラヴィダ語は南インドで主に話されている言語の一つで，その話者はインドの人口の約 4 分の 1 を占める）と呼ばれるタイプで，自己の世代の親族を「イトコ」と「キョウダイ」に区別し，自己（男性）と母方オジの娘（交叉イトコ）との結婚を理念とすることに特徴がある。スリランカやオーストラリア先住民の 4 セクション体系（本章65頁，70頁参照）も，このタイプに入る（詳細はキージング 1982：180-187参照）。

　図 5-1 を見て，その名称の意味を，読者はどのように解釈するだろうか。時代を遡るが，機能主義が全盛となる以前の20世紀初頭には，古典的進化主義が衰退し，文化要素の地理的分布から歴史を再構成する文化史的研究が流行していた。そのころフィジーに滞在したホカート（Arthur M. Hocart）は，そこに母系制の残存を見る独自の文化史的視点から，姉妹の息子（首長層では「聖なる血」と呼ばれる）の母方オジに対する儀礼的窃盗（母方オジの作物や神への供物を無断で持ち去る権利）の特権と，彼と母方オジの娘（イトコ）とが結婚する理念のような，母方親族とのつながりの意味を論じた。

それに対して，ラドクリフ＝ブラウンの機能主義の影響を受けたフィジー研究者は，父と同世代の父方の男性親族が「父」，母と同世代の母方の男性親族が「オジ」であることに注目し，それを，母系的特徴を残しながらも父系親族集団の社会的連帯を表象するものと考えた。その際，親族名称の同一性は，社会的連帯や地位と役割の等価性を表象すると解釈された。また，親族名称以上に，同一の祖先から父系的にたどられる系譜的関係と集団の成員権が重視された。

　それでは，現地の人びとは，具体的にそれをどのように見ているのだろうか。調査地で彼らが筆者に語ってくれた説明によると，図5-1のようなフィジーの名称体系は，結論を先取りして言えば，自己（男性）と妻の姉妹が，いわゆる「冗談関係（joking relationship）」にあることと関連がある。

　まず，自己のダク――フィジー語で「背中側の妻」，つまり「二次的な妻（夫婦と同様の行為が社会的に許されるとされる関係）」の意味――は妻の姉妹であるが，父の妻の「姉妹」は父のダクであるから自己の実の母である可能性があるので「母」である。同様に，父の「兄弟」のダクは自己の「母」であるから，父の「兄弟」は自己の「父」である可能性がある。それに対して，父母の世代における父方女性親族と母方男性親族は，ダクでつながる姻戚関係ではなく自己の親である可能性もないので，オジ・オバとされる。その結果，自己がオジ・オバと呼ぶ人の子どもはイトコ，父か母と呼ぶ人の子どもはキョウダイに分類される。

　こうした筆者への住民の説明は，親族関係を系譜（出自）と集団連帯から考える機能主義の理論よりは19世紀の古典的進化論を想起させる（事実，モーガンもドラヴィダ体系に注目していた）。さらに，前述のホカートの文化史的説明も，再考の余地がありそうに見えてくる（別の解釈は後述の図5-2の説明を参照）。

2　グローバル化の中の家族と親族

家族・親族研究の拡大

　第二次世界大戦後，政治・経済・情報など，様々な面でグローバル化が大き

第Ⅰ部　基本領域

く進んだ。それに合わせ，人類学者の研究のフィールドも少数民族から農民社会，さらには，都市社会へと拡大していった。たとえば，1959年以降，メキシコの「貧困の文化」の研究を行ったルイス（Oscar Lewis）は，資本主義化により貧困化した家族の実態を報告した。また，筆者が編集した『家族と生命継承』（河合 2012）にあるように，人類学者はイギリス，アメリカなどの欧米諸国を含む，都市社会の家族・親族研究にまで対象を拡大させた（戦後の日本語で書かれた文献目録については，河合 2012：230-237を参照）。

核家族論と構造主義的親族論

　ここで，第二次世界大戦後に戻れば，1949年にアメリカのマードック（George P. Murdock）の『社会構造』と，フランスのレヴィ＝ストロース（Claude Lévi-Strauss）の『親族の基本構造』が出版された。前者は，世界の民族誌のデータをコンピューターでもって統計的に処理し，家族の構成と進化を明らかにしようとしたものである。そこではじめて使われた「核家族（nuclear family）」という言葉は，世界中に普及した。マードックは父・母・子から成る核家族が，それ以上分解できない教育・経済・居住の最小単位と考えた。その基本的考え方を，図5-1の事例で具体的に確認する。

　図5-1の黒く塗った丸と三角は，直系家族（祖父母，父母，自己と妻から成る1世代1夫婦の3世代が同居する家族類型）のメンバーを表す。その直系家族も，分析的には3世代の核家族が系譜的に連なるタイプということになる。この場合，核家族は，父方と母方，父系と母系の系譜と姻戚関係の交点にあるから，出自と集団を中心とする機能主義の見方にも似ている。

　マードックは核家族が普遍的であると考えたが，その定義に合わない事例が世界各地から報告された。さらにその後，アメリカでは，離婚，シングルマザー，ゲイ・レズビアン家族などが増加して，マードックの考えは実状に合わなくなった。また夫婦と親子中心の家族モデルは，生物学的な生殖・血統との混同があるとして批判された。

　他方，レヴィ＝ストロースの構造主義的親族論は，マルクス主義の社会的下部構造，精神分析学の深層心理，そして直接的には構造言語学との理論的共通性を示唆しながら，人類普遍の二項対立的な無意識の構造から文化現象を説明

しようとした。図5-1でいえば，フィジーを研究する構造主義者は，それを，父方の集団と母方の集団の婚姻交換（縁組）制度の遺制と解釈した。

　この構造主義的解釈の根拠となったのは，オーストラリアや南北アメリカなどの世界の諸民族から報告されたセクション体系（ドラヴィダ体系と基本的には同じであるが，フィジーとは異なり「地域・親族集団間」での互酬的な通婚が規定されている婚姻システム）であった（詳細はキージング 1982：180-187を参照）。レヴィ＝ストロースの親族論は，その後の文化記号論や象徴人類学にも影響を与えた。このように見ると，レヴィ＝ストロースは，人類の生物学的・二項対立的心性の普遍性を前提とし，その反面で知性主義的に，つまり言葉や物の交換体系として親族をとらえていたことがわかる。

親族研究における文化構築主義

　社会文化のグローバル化と研究の対象地域やテーマの拡大が進むと，従来の親族中心の民族誌を転換させようという主張「ライティング・カルチャー批評」が，家族・親族論に大きな影響力をもつようになった。それは，伝統の消滅，被調査者の多声性，文化の歴史的構築性を唱えるポストモダニズムが主流になった時期と一致する。こうした状況の中で，生物学的・遺伝的系譜と深くかかわる家族・親族研究は本質主義的とみなされて批判されるようになった。

　そもそも家族と親族は，生殖・出産・遺伝やライフサイクルにかかわるテーマであるが，それは生物学や心理学にも通じる。しかし他方で，人間は他の生物と違って高い知性をもつ動物であるから，社会文化現象は心身（自然）を超えた次元で説明できる超有機的存在であるという主張もあった。そうした自然と文化をめぐる理論的葛藤は，人種やエスニシティの研究などにもみられたが，先述のように，グローバル化やポストモダニズムの影響もあって，親族研究でも文化構築主義が優勢になった。

親族研究批判

　ところで，1961年には，新構造主義と呼ばれるイギリスの理論家の一人のリーチ（Edmund R. Leach）が『人類学再考』を発表し，親族関係を単系，双系，非単系，キンドレッドのように類型化して比較する機能主義人類学の類型論と比較法を，表面的な見かけの類似性にもとづき，別種の蝶々に同じ種のレッテ

第Ⅰ部　基本領域

ルを貼るような研究であると批判した（リーチ 1990）。

　他方，アメリカのシュナイダー（David M. Schneider）もまた，象徴論的・文化分析的親族論でもって，従来の親族論を批判するようになる。1968年にシュナイダーは『アメリカの親族——文化的説明』を出版して，アメリカの親族関係を「血」でつながる血縁親族（自然）と，法でつながる義理の関係（文化）から成ると分析した（Schneider 1968）。さらにシュナイダーは，かつて自身が調査したミクロネシアのヤップで再調査したラビー（David Labby）の民族誌の序文を書いて後，自身の文化論をさらに親族論批判へと展開させていった（ラビーは，母子の生物学的つながりは認められているが父子のそれは認められていなかったヤップでは，母が父のために働くのと引き換えに，息子が父の家・土地・地位を受け継ぐと報告した）。シュナイダーは，とくに西洋的な血縁概念を自明とみなして比較してきた従来の研究法を批判し，「血」は各民族文化固有の象徴と意味の体系であると主張するとともに，血だけでなく肉や骨などのサブスタンス（身体的構成要素）も象徴的に「共有される生物遺伝的サブスタンス（shared biogenetic substance）」になりうると考えた。

　シュナイダーの文化分析は，メラネシアやインドなど世界各地で行われた調査で検証された。また，生物学的次元のサブスタンスを象徴と意味の体系に還元するシュナイダーの考え方は，ゲイ・レズビアン研究や医療人類学などにも受け入れられた。しかし，彼の『親族研究批判』（Schneider 1984）の出版以後，家族・親族研究そのものは下火になった。

3　親族研究における西洋的二元論の克服

　先に述べたように，シュナイダーの親族研究批判，ライティング・カルチャー批評やポストコロニアリズムの隆盛の中で，親族研究は影を潜めていたが，そのころニューギニア高地で調査したストラザーン（Marilyn Strathern）は，贈与交換の親族論的意味を問いかけていた。その調査経験は，さらに，1992年の『アフター・ネイチャー——20世紀後半のイギリスにおける親族関係』に結実した（Strathern 1992）。シュナイダーは，1995年に親族論の復活を宣言した

66

が，ストラザーンの同書の出版を，その理由の一つに挙げている。

　ストラザーンの研究を手短に紹介することは難しいが，一言で言えば，個人と社会，心身と社会，自然と文化のように二項対立的に考えられてきた従来の西洋的二元論を，メラネシア的世界観からとらえ直したことにあると言える。

　西洋の人格（person）の概念の再考もその一例である。ストラザーンは，メラネシアの個人（individual）は「分割（dividual）できない（in）」ものではなく「分割しうる（dividual）」と指摘する。メラネシアでは「個々人の体内に複数の人格を内包する」，「一人が複数の人を含み，複数の人が一人に統合される」，「複数と単数は同じ」，「1は多で，多は1」などと説明する。これはどういうことなのだろうか。フィジー人が筆者に語った例を通して考えてみよう。

　フィジー人は，夫と妻は別個の身体なので分割可能（dividual）であるが，外から見ればその夫婦は同じ家に住むので一体であるから分割できない（individual）と考えている。さらに，その一体の夫婦は，新たな複数の生命（子ども）を生む源（出発点）である。多が1に，1が多になるわけである。図5-1に戻れば，自己から見て，同じ家に住む3世代のメンバー（系図の黒で区別される人びと）は複数の個人・夫婦・親子から成るが，家の外から眺めれば1つであるから，多は1である。また，フィジー人は，迷っている心理状態を「ロマロマルア」（「2つ（ルア）の心（ロマ）」）と呼ぶ。これは，一人の体内にある男女2つの心が葛藤している意味であるが，家の内で夫妻が喧嘩しているような状態とされる。逆に，その2つの心は，頭で統合されて1つになる。

　以上の例は，家の外側から見れば夫婦は一体であり社会全体の部分であるが，他方で子孫「全体」の出発点でもあることを示している。それは氏族，地域，国家，世界まで，すべてを貫く理念でもある（後述するが，どの集団の一体性も団結性も，ヤム芋，亀，人体などの具体的なイメージないし形で表される）。

　ストラザーンは，自然（nature）の上に文化（culture）が構築されるという立場をとらない点で，シュナイダーを踏襲している。しかし，シュナイダーのようには親族関係を自然（血）と文化（法）に分けて考えてはいないし，自然・文化・社会の各領域を明確に区別しているわけでもない。ストラザーンにとって，自然も文化も社会も相互に融合し，「文化」の概念は「自然」を包摂

67

第Ⅰ部　基本領域

するものである。また，先のフィジーの事例にみたように，部分と全体は，メ
ログラフィー（merography 部分と全体の統合的関係）的に結合している。

　同様に，生殖医療を含む自然科学のテクノロジーも，文化とメログラフィー
的に統合されて，全体の一部になりうると考えられる。とくに，「科学・技術
研究」において自然科学と人文科学の接点に浮上してきた課題の一つが，新生
殖医療をめぐる問題である（出口 1999，家永・上杉 2008など）。ストラザーン
らの理論は，それを後押しした（Franklin and Ragoné 1998）。

4　世界内存在としての身体と家族・親族

生活世界への関心

　ポストモダニズムの流れが一段落した1990年代から，もう一つの顕著な動向
が見られた。適当な言葉が見当たらないので，ここでは仮に「生活世界への関
心」と呼んでおきたい。

　その一つは，東南アジアのマレー漁民のコミュニティーにおいて，カマド
（竈）をめぐる親族関係の形成過程の研究を行ったカーステン（Janet Carsten）
の研究である。カーステンは，シュナイダーのサブスタンス論やレヴィ＝スト
ロースの1980年代の家社会論（関連の日本語文献に，学際的な論集，信田・小池
（2013）がある）の影響を受け，同じ家で寝食をともにすることが親族関係のつ
ながりを形成すると論じた。カーステンは，フィールドワークの経験が「日常
生活の人類学」と呼ぶべきものに自身の関心を向けさせたと述べている。さら
に，カーステンが編集した論集『つながりの文化』（Carsten 2000）の表題でも
ある「つながり（relatedness）論」は，日本でも広く論じられた（最近の関連の
論集に，食と親族に関する，櫻田・稲澤・三浦（2017）がある）。

世界内存在としての身体

　もう一つは，2000年前後に顕著になった現象学的志向のある家族・親族の研
究である。前述のカーステンらも日常生活への関心から出発したことはすでに
述べたが，それは，ポストモダニズムの停滞に関連があると考える人もいる。
1990年代以降，ポストモダニズム論者が考えていたほど宗教は世俗化せず，自

68

然環境の悪化やグローバル化に伴う暮らしへの不安も加わり，日常生活における身体と文化への関心が大きくなった。

とくに，言語学者のレイコフ（George Lakoff）と哲学者のジョンソン（Mark Johnson）は，文化人類学の文化認識論やメルロ＝ポンティ（Maurice Merleau-Ponty）の現象学などの影響を受け，日常的な感覚や経験を通して形成され身体化される前意識的なイメージ（前概念的ゲシュタルトとその創発性）の理論を提示した（レイコフ・ジョンソン 1986参照）。また米国の医療人類学者のソーダス（Thomas J. Csordas）は，1990年代以降，人格（person）や個人（individual）という言葉を避け，感覚や感情を持つ日常的存在としての身体（body）に注目した。

レイコフらの言う経験現象学と，ソーダスの体現（embodiment レイコフらの言う「創発性」に相当する）および文化現象学に共通しているのは，関係，組織原理，構造，テクストからではなく，世界内存在としての「生ける経験（lived experience）」に立脚して，身体（自然）と文化，自己（個人）と社会，文化と自然といった西洋的二元論を超えて統合され融合される日常世界の研究を重視していることである。なお，筆者も，類似の立場からオセアニアの民族誌をまとめたことがある（河合 2001，2009，2015）。

家族・親族の「経験と文化」の民族誌

⑴オセアニアの民族誌の事例

経験と文化の研究は，家族・親族論を超えて広く影響を与えたが，その考え方への理解を促すために，オセアニアで行われた2000年以降の家族と親族に関する民族誌的研究を，以下に，いくつか紹介する。

まず，トケラウ，トンガ，ニュージーランドなど，オセアニアの各地に派遣されたノルウェーの学術調査グループは，2003年に「経験の民族誌」という副題のつけられた，ソーシャリティ（sociality）と文化形態を主題とする論集をまとめた（Hoëm and Roalkvam 2003）。彼らは，前述の経験と文化の視点から，1980年代に優勢となった文化構築主義に挑戦しようとした。ソーシャリティとは，社会組織や構造とは区別された「生ける経験」の社会性を意味する。

その執筆者の一人で，ニュージョージア島を調査したヴィーディング

第 I 部　基本領域

(Edvard Hviding) は，前述のレイコフの影響を受け，従来，双系出自と呼ばれてきた親族集団は出自の観点からではとらえられないとして，森と浜辺，父方と母方のように，「側 (side)」に分けられて「道 (path)」でつながる親族関係と集団活動のプロトタイプ的認識から，それを説明した。また，前掲書 (Hoëm and Roalkvam 2003) の執筆者の一人であるアンダーソン (Astrid Anderson) は，その後，現象学とソーダスの理論に啓発されて，景観人類学の立場からパプアニューギニアのウォゲオ島の祖先観，慣習，地域構成の意味を再考した (Anderson 2011)。

　さらに，ヴァヌアツのアンブリム島を調査して，『パースペクティブの力』を著したリオ (Knut Mikjel Rio) も，南太平洋フォーラムのスローガン「人間第一主義」が自身の立場であると述べている (Rio 2007)。存在論 (ontology) という言葉を同書の副題に入れていることからもわかるように，彼は日常生活における住民の経験と文化の研究を重視している (河合 2015：108-112)。

　リオによると，アンブリム島の「セクション体系」は，20世紀初頭にメラネシアだけでなく既述のオーストラリアやインドなど，世界各地にある類似の「セクション体系」のモデルになった (Rio 2007：47)。それは，妻を与える側と受け取る側の集団間の互酬的体系の典型とされ，後の構造主義にも影響を与えたが，リオはそれを，研究者の頭の中でつくられた植民地主義的研究の産物であるとして否定した。

　またリオは，アンブリムのセクション体系は，婚姻交換体系というよりは，社会生活において，複数の集団が一つに統合されたり1集団が複数の「側」に分かれたりする，セクションの「側」の統合と分割，および「側」の間を巡る生命循環の認識の問題であると主張する（リオのアンブリム島のセクション体系の説明は，図5-2に筆者が示したように，天の側と地の側，陸側と海側に分割したり，それらを一つに統合したりするフィジーの図式と，基本的に同じである）。そこから氏は，多文化化・混合化による文化の断片化，および歴史的構築性を主張するポストモダニズム的研究を批判し，アンブリムの人びとの「社会」の系統性と持続への強い熱意を指摘している。

(2)暮らしの中の家族と親族

たしかに，経験と文化の研究も一律ではないが，繰り返して言えば，共通するのは，関係，構造，社会組織，テクストよりは世界内存在としての人間の身体感覚や主観性の理解，つまり住民の日常的見方の重視である。図5-1の系譜論的見方との比較のため，もう一度，フィジーの事例でもって説明してみよう。

図5-2は，現地に滞在中，フィジー人の子どもが筆者に語った説明にもとづいて作成した亀の図式である。図5-1の直系家族は自己から見た系譜論的説明であるが，同じものを少年は，図5-2のような4つの「側」(辺)のある形として描き，祖父母を亀の頭に，右手（図の左）を父に，左手（図の右）を母に，自身（子ども）を尾（人間に比せば足）に対応させた。

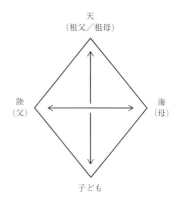

図5-2　フィジーの家族関係と構成のイメージ図式

（注）上下の矢印は家の系譜を，左右は婚姻関係を示す。また，図中の父を兄弟に，母を姉妹に置き換えれば，祖父母の血が陸と海の両側を流れ，その兄弟と姉妹の子ども（交叉イトコ）同士の結婚で合流する図式になる。

それは明らかに3世代家族の4つの「側」，支え合い，および団結力を表す。またフィジー語の4には支え合いとともに完全・完成の意味もある。1は4（ないし複数）に分岐する以前の基礎（手足を出す前の亀の甲羅でイメージされる前概念的認識）とされる。既述のように，それは人体やヤム芋でもよい。図5-2の亀の形は，いわば生活世界（身体，家族，地域，国家，自然など）のすべての形のプロトタイプ的認識であり，「神が創った形（トヴォ）」とされる。

生活世界の慣習を含む「社会と文化」も，集合的・個人的な日常経験により身体化された認識（記憶や前概念的認識）も，トヴォと呼ばれる。頭（脳）のトヴォも，それが体現された社会，慣習，行動の形も，すべてがトヴォであるが，いずれも神が創造したフィジー人の伝統とされる（河合 2009：248-251；河合 2015）。その際，外国由来の文化であっても，4つの側のある「自然」な形とみなされるならフィジーのトヴォ（伝統）となるから，見かけは西洋化し近代化していても，住民から見れば彼らの伝統である。

第Ⅰ部　基本領域

　要するに，図5-1の自己（個人）を中心とする系譜的・社会的・組織的な関係とは異なり，図5-2の家族・親族の構成は，明らかに，頭・腹（両手を含む）・足および天・陸・海の「側」が相互的に支え合う生命循環の自然認識，あるいは暮らしの中で住民が身体的・感覚的に納得できる差異化と支え合いの人間関係と，主観的・前概念的認識を共通にしている。

　また，図5-1と図5-2は同じ場所に住む別々の人から得られた異なる種類の説明を図にしてあるが，図5-1の系譜的説明が誤りであると断定することはできない。同じ現象を調査しても，研究者の立場や理論的関心により，異なる「真実」が見えてくるわけである。

5　課題と展望

　今日，シュナイダー以後のジェンダー研究，ストラザーンの親族論，既述の科学・技術の文化研究などの影響を受け，親族研究の復活，挑戦，活性化に向けた学際的な取組みが行われつつある。

　1990年代以降，国際養子，新生殖医療，国際不妊治療など，グローバル化に伴う諸問題が増えた。それに関して近年，生命倫理，経済格差，政治や商業の研究なども含め，『クリティカル・キンシップ・スタディーズ』と名づけられた論集が出版された（Kr;løkke et al., 2016）。同書の序論では，卵子，精子，母乳のような身体サブスタンスの移譲（人工授精や授乳など）と，それに伴う親族関係の組み替えや文化差にかかわるもので，長らく支配的であった生物学とソーシャリティや自然と文化の二元論を超えることが求められると述べられている。それはポストモダニズム的科学観や西洋的自然観の再考を意図しているが，文化人類学の当初からの課題でもあった生物（自然）としての人間と文化を持つ人間との関係性を，あらためて問い直す試みの一つとも言えるだろう。

　そうした動向は，近年出版された次の2冊の本にも反映されている。第一は，ストラザーン（Andrew Strathern）とスチュワート（Pamela J. Stewart）の著書『行為の親族関係――自己と集団』で，生活における社会と個人の相互関係がテーマとなっている（Strathern and Stewart 2011）。世界の民族誌の事例を取り

上げているが，先にオセアニアの事例にみた「経験と文化」の視点から書かれた，欧米系諸社会の家族・親族に関する研究が紹介されているのは興味深い。

　第二は，サーリンズ（Marshall D. Sahlins）の『何が親族で何が親族ではないか』である（Sahlins 2013）。同著の冒頭でサーリンズは，親族は情緒的・象徴的に暮らして生きる相互主観的存在である，というブラジルの人類学者ヴィヴェイロス・デ・カストロ（Eduardo B. Viveiros de Castro）の言葉を引き合いに出し，「存在の相互性（mutuality of being）」を親族の定義とした。これは明らかに，集団と個人の統合性を強調するストラザーンとスチュワートの見方に通じる。

　同じことが，伝統（過去）と現代（現在）の二元論についても言えるだろう。実際，シュナイダーは現代アメリカで，ストラザーンは現代イギリスで，家族・親族研究を行った。また上述のレイコフ，ジョンソン，ソーダスらも，アメリカ文化の研究から問題を提起したが，いずれも異文化の研究と理論がその背景にある。家族・親族研究で重要なのは，研究地域や対象が伝統的か近代的か，西洋的か非西洋的かではなく，その両者が共存する現代の生活世界（日常生活）を生き，そうした世界を経験している人間存在に止目することである。

　とくに民族誌的研究では，前述のストラザーンのメログラフィーの概念を借用して言えば，家族・親族はあらゆる研究の一部であるが，それはあらゆる研究につながるテーマでもある。文化人類学がフィールドワークを手法とする人間科学である限り，家族・親族研究は，今後も多くの研究者によって直接間接に共有されるべき，主要な課題であり続けるだろう。

文　献

家永登・上杉冨之（編）　2008　『生殖革命と親・子——生殖技術と家族Ⅱ』比較家族史学会監修，シリーズ比較家族第3期，早稲田大学出版会。

河合利光　2001　『身体と形象——ミクロネシア伝承世界の民族誌的研究』風響社。

————　2009　『生命観の社会人類学——フィジー人の身体・性差・ライフシステム』風響社。

————　2015　『神が創った楽園——オセアニア／観光地の経験と文化』時潮社。

河合利光（編）　2012　『家族と生命継承——文化人類学的研究の現在』時潮社。

第 I 部 基 本 領 域

キージング，R. M. 1982 『親族集団と社会構造』小川正恭・笠原政治・河合利光
（訳），未来社。

櫻田涼子・稲澤努・三浦哲也（編） 2017 『食をめぐる人類学——飲食実践が紡ぐ社会
関係』昭和堂。

信田敏宏・小池誠（編） 2013 『生をつなぐ——親族研究の新たな地平』風響社。

出口顕 1999 『誕生のジェネオロジー——人工生殖と自然らしさ』世界思想社。

リーチ，エドマンド 1990 『人類学再考（新装版）』青木保・井上兼行（訳），思索社。

レイコフ，G.，M・ジョンソン 1986 『レトリックと人生』渡部昇一・楠瀬順三・下
谷和幸（訳），大修館書店。

Anderson, Astrid 2011 *Landscapes of Relations and Belonging: Body, Place and Politics in Wogeo, Papua New Guinea*. Berghahn Books.

Carsten, Janet (ed.) 2000 *Cultures of Relatedness: New Approach to the Study of Kinship*. Cambridge University Press.

Franklin, Sarah, and Helena Ragoné (eds.) 1998 *Reproducing Reproduction: Kinship, Power, and Technological Innovation*. University of Pennsylvania Press.

Hoëm, Ingjerd, and Sidsel Roalkvam (eds.) 2003 *Oceanic Socialities and Cultural Forms: Ethnographies of Experience*. Berghahn Books.

Kroløkke, Charlotte, Lene Myong, Stine Willum Adrian, and Tine Tjørnhøj-Thomsen (eds.) 2016 *Critical Kinship Studies*. Rowman & Littlefield.

Rio, Knut Mikjel 2007 *The Power of Perspective: Social Ontology and Agency on Ambrym Island, Vanuatu*. Berghahn Books.

Sahlins, Marshall 2013 *What Kinship Is-And Is Not*. University of Chicago Press.

Schneider, David M. 1968 *American Kinship: A Cultural Account*. Prentice-Hall [2nd ed., 1980].

―――― 1984 *A Critique of the Study of Kinship*. University of Michigan Press.

Strathern, Andrew, and Pamela J. Stewart 2011 *Kinship in Action: Self and Group*. Prentice-Hall.

Strathern, Marilyn 1992 *After Nature: English Kinship in the Late Twentieth Century*. Cambridge University Press.

第6章
ジェンダーとセクシュアリティ

宇田川妙子

フェミニズムの影響で始まったジェンダー人類学は，以降，急激に進展し数多くの批判や再考も経てきたが，現在では，どの地域・テーマを研究するにせよ不可欠な視点・課題となっている。本章では，個々の研究の専門分化が進んでいる現状も鑑みて，あえてジェンダー人類学の原点たる権力へのまなざしに立ち戻り，その軌跡を振り返る。そして，あらためて女性，男性，ジェンダー，セックス，セクシュアリティなどの基本的な概念や論点を問い直し，今後グローバル化によっていっそう錯綜していくであろう性と権力の現場を理解するための足固めとしたい。

1　ジェンダーの人類学，ジェンダー視点の人類学

ジェンダーは，社会文化的に作られた性差を意味する。従来，性差は生まれながらの生物学的・身体的なものと考えられていた。しかし1960年代末，第二波フェミニズムが興隆し，性差は作られたものであるという主張がされ始め，その考え方を体現する言葉として使われるようになったのが，ジェンダーである。

この影響は人類学にもすぐ広まり，研究が始まった。初期は主として女性の問題を取り扱っていたため，「女性人類学」と称されたが，ジェンダーは女性だけの問題ではないという意味からも「ジェンダー人類学」へと変わってきた。そして今では重要な課題・視点の一つとして定着・普及し，その全体像を簡単に説明することはもはや難しくなっている。ジェンダーはいかなる社会文化・テーマにおいても問題化しており，その研究も，それぞれの具体的な背景にそ

第Ⅰ部　基本領域

って非常に細かく専門分化しているためである。

　ただしジェンダー人類学には，「ジェンダーについての研究」だけでなく，「ジェンダーの視点を取り入れた研究」という側面もある。そもそもジェンダー研究は，フェミニズムという社会運動を背景として生まれたため，ジェンダーを研究対象として取り上げようとする際，なぜジェンダーがそれまで研究されてこなかったのかという問題意識を強く有してきた。すなわち，従来ジェンダーを無視してきた社会のメカニズムを明るみに出すとともに，そこから研究や社会全体をとらえ直していこうとする指向性が非常に高いのである。

　たとえば，初期の研究例として，トロブリアンド諸島の「女性の葬礼」に着目したワイナー（Annette Weiner）の『女は価値，男は名誉』（1976年）がある。「女性の葬礼」とは，葬式の後に女性たちだけが行う大規模な交換儀礼であり，すでにマリノフスキー（Bronislaw Malinowski）も指摘していた。しかし，その解釈について彼は「途方にくれる」と述べたまま，後に続く研究者も注意を払ってこなかった。これに対してワイナーは，この儀礼で行われている交換が，死者が生前に親族女性に行っていたヤムイモの贈与の返還にあたると分析することによって，「女性の葬礼」を彼らの社会全体に張り巡らされている交換関係の中に位置づけた。この業績は，従来の研究が男性の交換関係だけに着目し，女性のそれを軽視していたことを明らかにするとともに，その可視化が社会全体の理解にとって必須であることを示している。

　もちろん，こうした批判的指向が性急になりすぎると，極端な男性中心主義批判などの一方的な議論に堕してしまうこともある。しかしこの問題意識は，ジェンダー人類学の基盤をなすものである。したがって，その可能性を今後の展開に積極的につなげていくため，本章では，この原点にこだわってジェンダー人類学の紹介をしていく。なお，各地域やテーマに関する研究の詳細については『ジェンダー人類学を読む』（宇田川・中谷 2007）をはじめ，以降も日本語でも読める書籍等が数多く出版されている。ここではそれらを網羅することはしないが，ぜひ参考にしてもらいたい。

2　ジェンダーとセックス

ジェンダーは生物学基盤論か

　性差が社会文化的な構築物であるという考え方は，文化の違いに敏感な人類学にとっては，もとより当たり前のことであり，フェミニズム以前にもその種の研究は存在していた。たとえばミード（Margaret Mead）は『３つの未開社会における性と気質』（原著 1935年）で，ニューギニアにおける３つの社会の性差のあり方が，それぞれまったく異なっていると指摘している。

　ただし，そうした考え方も，結局は生物学的・身体的な性差を基盤としているのではないか，という疑問も出てきた。実際，ジェンダーという言葉が流通するようになると，それまで使われていたセックスという語は身体的な性差の意味に限定されるようになったが，このことは，身体的な側面がセックスとして温存されたことでもあった。つまり性差は，社会的文化的に多様とはいえ，やはり根本には身体の性差があるという考え方であり，それは「生物学決定論」に対して，「生物学基盤論（biologically based theory）」とも呼ばれた。

　そしてジェンダー人類学においても，当初は，同様の考え方が見てとれた。たとえば，男女のあり方は文化的に多様でも，女性の劣位はどこでも見られるという議論が一時期主流になったが，その論拠は女性の出産能力に置かれていた。その代表的な論者オートナー（Sherry Ortner）は，論文「男が文化で，女は自然か」（1974年）で，女性の「産む性」という身体的特徴が彼女の行動を家内領域に限定し，女性が文化的な意味づけにおいても普遍的に低く評価される要因になっていると主張した。だが，はたしてそうなのだろうか。

複雑な身体の性差

　性差はどこまで生まれつきなのかという問いに対しては，実は医学などの分野でも明解な答えはなく，そう簡単に男女に二分できるとはみなされていない。そもそも我々が身体的な性差を判断する際に指標としているのは，外形的な性差，とくに生殖器の性差である。そうした性的な身体は，性染色体によって発現する。しかしそのつながりは絶対的ではなく，中間に性ホルモンが介在して

いる。遺伝子がホルモンに働きかけることによって，性器などの性的な身体が出来上がるのである。

この性ホルモンの発動は，胎児2～3か月目の第一次性徴期と，思春期と呼ばれる第二次性徴期の2回にわたって起こる。ただしその際，何らかの不具合により正常にホルモンが作動しないと，染色体とは異なる身体になることがある。とくに男性ホルモンには不具合が起こりやすく，たとえば，胎児の段階で十分な男性ホルモンが分泌されないと，男性染色体をもっていても男性器が発達せず，出産時に女性と判定されることもある。その場合，女性として育つことになるが，思春期になって女性の性徴が見られないため，遺伝子的には男性であることが判明することもある。「性分化異常」といわれる症例である。

ほかにも性染色体異常による場合もあるが，この事例は，人の性差が段階的なものであるとともに，人の身体は，じつは両性具有的であることも意味している。男性ホルモン，女性ホルモンは，男女がともに有する性ホルモンであり，異なっているのはその割合である。そして生殖器に関しても，男性器のもととなるウォルフ管，女性器のもとのミュラー管は，男女ともに備わっている。つまり，その共通の構造から，性ホルモンの優劣によってどちらかが生殖器として成長し，男あるいは女の身体が作られていくのである。身体の性差にもこうした揺らぎが元来埋め込まれていることは注目すべきだろう。

ジェンダーとしてのセックス

そしてもう一つ，我々はたいてい身体的性差の判断を生殖器で行っているものの，それは普遍的なのかという問題もある。すなわち，セックスという身体的な性差の認識自体が異なる社会文化があるのではないか，という疑問である。

この点に関しては，生殖器ではなく，体液が性差の判断基準になっているというニューギニア高地社会の報告が興味深い。その一つ，メイグス（Anna Meigs）によれば，子どもは母から生まれ乳で育つため，女性の体液で作られているとされ，男子も女子も女性とみなされるという（Meigs 1990）。とするならば男子の場合，男性になるには男性の体液に代える必要が出てくる。実は，この地域の成人式では，男子の体を傷つけて血を流したり，いわば先輩たる成人男性の精液を体にこすりつけたり飲んだりする儀礼が行われるが，その理由

はここにある。そして男性になり，結婚して性生活を行っていくと加齢とともに精液が減少し，高齢になるとふたたび女性とみなされる。他方，女子は成長とともに女性の体液で満たされて成人女性となるが，出産によって血や乳を失い，更年期を迎えて生理もなくなると，逆に男性として扱われるようになる。もちろん，我々と同様に生殖器を基準とする男女の判別の仕方もある。ただし，彼らの社会では，日常的に男女の生活空間が異なるなど，性差を基準とする行動様式が少なくないが，その際にはこうした体液を指標とする性差が重視されているのである。

　これは，身体的な性差に関しても，その身体をどう認識するのかは社会文化的な産物であることを示している。この考え方はけっして現代医学的な知識の欠落として解釈すべきではなく，たとえば我々の社会にも敷衍して考えることができる。我々は，すでに述べたように女性を「産む性」とみなす傾向にあり，たしかに妊娠・出産は女性の身体的特徴である。しかし，それは女性の人生全体の一部でしかない。にもかかわらず，我々の社会が女性を人生全般にわたって「産む性」としてその活動を家内に制限しているならば，それはむしろ，生殖器の拡大解釈であるといったほうがよいだろう。

　こうしてみると，性差の身体的な側面（セックス）も，ジェンダーの一部であることが浮かび上がってくる。もちろん，物質としての身体そのものが，社会文化によって作られているわけではない。身体には，容易に作ったり変えたりすることのできない側面はある。しかし，その身体のどの部分に着目し，どう解釈し，いかなる意味を与えるのかは，やはり社会文化的な産物なのである。

3　女性の可視化という問題

「沈黙させられた」女性，表象される女性

　さて人類学では，もともと，性差に社会文化的な違いがあるという考え方になじみはあったものの，フェミニズム以降，そこにもう一つの観点が加わった。それは，性差が社会文化的に作られたのなら，それは誰・何によって作られたのかという「権力」の視点である。これが「ジェンダーの視点」である。

第Ⅰ部　基本領域

　アードナー（Edwin Ardener）は，人類学において女性は長らく「沈黙させられた集団（muted group）」だったと指摘した（Ardener 1972）。研究者の多くは男性だっただけでなく，女性が研究者の場合も，調査対象者にはたいてい男性を選んでいた。また，女性に話を聞いたとしても，その女性自身が，自分たちにはよくわからないので男性に聞いてほしいなどと，自らを軽視・卑下することも多かった。これは，いわゆる「規範の内面化」である。とするならば現地の女性たちは，その土地の男性たちと人類学者によって二重に「沈黙させられた」ことになる。この指摘は，後のポストコロニアル理論を用いれば，女性は，地元男性の権力と，人類学者という植民地主義的な権力によって声を奪われてきたとも言い換えられる。

　もっとも，女性は，つねに沈黙させられ，とるに足らない劣位の存在とみなされてきたわけではない。たとえば大地母神や聖母マリアなどの表象のように，母性などの女性性が尊重され，ときに神聖性が付与されている社会も少なくない。ただし興味深いのは，その同じ社会で，女性がしばしば同時に，魔女などの否定的イメージでも語られていることである。女性が，善・悪，浄・不浄など，相矛盾するイメージで表象されている社会は多い。

　このことは，女性が，男性以上に様々なイメージで語られ類型化されやすいことを意味している。イメージとは，当然のことながらイメージする側（＝権力側）によって作られる。その際，イメージされる側は，する側の都合に合わせた形で客体化される。すなわち女性について語られてきたことは，たとえポジティブなものでも権力側の都合による「客体化」であり，しかも，そのイメージが多様であるということは，女性が権力に利用されやすいことの証左でもある。

　たとえば，多くの社会で女性は男性よりも民族衣装を着る傾向にあり，伝統の担い手とみなされがちだが，これも，そうした女性の表象機能の一つである。また，対立した民族間では，敵対側の女性を性的に放縦とみなすなど，ネガティブにイメージ化したり，紛争時には実際に相手方の女性への性的暴力が激しくなったりするが，これらもその一例であろう。実際，女性とナショナリズムやエスニシティとの関連は，現在ジェンダー研究の重要なテーマの一つである。

　そしてこの問題は，このように表象化された女性イメージと，実際の女性た

第6章　ジェンダーとセクシュアリティ

ちの生活とには乖離があることを端的に示すものでもある。女性たちがそのイメージを内面化して実践していることも多いが，それだけで彼女たちの生活が理解できたとはいえない。ゆえにジェンダー人類学では，まずはそうした女性たちの実態を「可視化」する研究に重点が置かれた。以下の性別分業をめぐる議論もその一つである。

性別分業の再考

「男はソトで，女はウチ」，つまり男性は公的領域，女性は家内領域という分業のあり方は，あまりに当然とされていたためか，ジェンダー人類学が本格化するまで研究対象になることさえなかった。しかしあらためて研究が行われていくと，たとえ分業があり，それが社会の規範とされていても，実態は複雑であることがすぐに明らかになった。女性たちはどの社会でも，諸々の生産や商行為など，家事以外の様々な活動に携わっている。女性の生産性のほうが高い社会も珍しくない。狩猟採集社会ではしばしば，狩猟は男性，女性は採集という分業があり，前者は後者よりも優位とされているが，彼らの食生活の実質的な中心は女性が採集した植物であることが多いという。男性もそのことを十分に認識し評価している。

また，女性が家内的な活動に専心するようになるのは，近代化以降であるという議論もある。多くの歴史学者が指摘するように，良妻賢母的な女性像は，西洋における近代国家の成立とともに発達してきた。近代国家は，よき国民・労働者を作るという意味で子どもに関心を強めてきたが，その際，女性の生殖能力がより評価され，育児を含めた家内の仕事が女性の役割とされるようになった。たしかにその傾向は以前もあったが，近代以降はいっそう強化されて規範化されていったのである。そして，こうした女性像や性別分業の規範は，世界の他の地域にも，近代化，西洋化，産業化の過程で広がっていった。

ただし，近代化とはいっても，それが生じる時期や受容のされ方などによって様相は異なる。近代化によって女性の雇用が増え，女性がソトで働くようになることも少なくない。また，とはいえその際も，近年の移民女性たちのように，女性の就労はメイドなどの家内領域にかかわるものが多く，じつは，グローバル規模での性別分業ともいえる現象も起きている。パレーニャス（Rhacel

81

第Ⅰ部　基本領域

Parreñas）がフィリピン移民女性に関する研究で明らかにしたように，先進国の女性たちはフェミニズムなどの影響でソトで働くようになってきたが，その家事は移民女性たちに担われ，一方，その移民女性たちの本国での家内領域は，彼女たちの女性親族たちが引き受けているという構図が生まれているからである（Parreñas 2001）。性別分業は今後，家族の次元の問題としてだけでなく，国家やグローバル規模の市場や施策などとのかかわりの中で考察していく必要がある。

　さらに，「男はソトで，女はウチ」という図式そのものについても再考が求められるようになっている。たとえば中谷文美は，インドネシアのバリ島で機織りを生業とする村落を調査し，まず人々の生活時間が，儀礼／機織り／家事の３つの領域に分かれていることを明らかにした。このうち機織りは主に女性が行い，現金収入につながるという意味からも，女性にとって重要な仕事とされているが，儀礼の仕事も看過できないという。そもそも一年を通して頻繁に儀礼が行われるバリでは，儀礼は彼らにとって非常に重要な活動である。それは，表向きは男性たちが執り行っているが，準備は女性の役割とされ，とくに既婚女性にとっては社会的な評価にもつながる。一方，家事は，主として女性が行っているものの，ことさら女性の役割とされているわけではない。男性も暇があれば手伝い，さらにいえば「仕事」とも認識されていないという（中谷 2003）。このように，家事などを女性が行う傾向があっても，それを女性役割に結び付けないことは他社会でも報告されている。このことは，そもそも家内領域とは何なのか，さらには，仕事や労働とは何なのかなどの問いも提起していく。

　また，こうした研究は家内領域に関する従来のイメージを変え，この領域が家事や育児だけの場ではなく，外部社会集団にも大きな影響を与えていることも明らかにしている。台湾の漢族社会では，父系ゆえ，親族集団は男性たちの親族関係を軸に組織され，女性たちはそこから排除されているように見える。しかし，彼女たちは母として家族内で息子との関係を深めていくことによって，息子が成人した際には親族集団の中で彼との関係を通して力を発揮することができるようになるという（Wolf 1972）。女性たち，および彼女たちの領域とされていた家内領域の可視化は，社会全体の見直しにもつながるのである。

4 ジェンダーと権力

女性の劣位という問題，近代西洋中心主義

　ところで，ジェンダー人類学の基盤には権力に対する強い関心があることはすでに述べたが，その関心はまず，女性の劣位性をめぐる問題として表出した。つまり，男女のあり方が社会によって異なるなら，男女の優劣が逆転している社会もあるのではないかという問いだったが，様々な事例で検証が行われたものの，結局，見つからなかった。

　たとえば母系社会は，女性が財産継承権をもつなど，女性の力はたしかに父系社会よりも強い傾向にあった。しかし，財産の実質的な管理は，女性の男性親族が行っているなど，男性優位はゆるがなかった。採集狩猟社会では，権力関係につながりやすい所有財産自体が最小限であり，もっとも男女平等的であるとみなされたが，集団の長はたいてい男性が選ばれるなど，形式的であっても男性優位と言わざるをえなかった。また，権力には，フォーマルな地位に結びつく権威的なものから，インフォーマルな影響力まで多様な形があり，そのことを考慮に入れると，女性も様々な権力を行使しているという報告も出てきた。ただし，そうした女性の権力は，裏で男性たちを操る「舞台裏の権力」であることが多く，総合的に考えると，やはり女性の劣位は普遍的にみられるという論調になったのである。

　しかしながら現在，この種の議論はほとんど見られない。それは女性が普遍的に劣位か否かという問題に決着がついたからではなく，その立論・行論そのものに問題があると考えられるようになったからである。その問題の一つは，あまりに単純な権力関係のとらえ方である。当時の女性の地位をめぐる議論では，たとえ様々な権力の存在や，各々の権力が行使・交渉される場面や次元の複雑さに気づいたとしても，その複雑さに十分に向き合う前に，男性と女性との優劣関係へと議論が収斂しまうことが多かった。これは，結論として男性中心主義批判が最初から先取りされていたことを意味する。そしてその背後には，西洋中心主義的な思考があったことも次第に明らかになった。

第Ⅰ部　基本領域

　たとえば，当時の女性劣位普遍論の代表者オートナーは，前出論文で，女性劣位の理由を，女性が「産む性」として男性よりも「自然」に近いためだと述べているが，その議論の前提をなしているのは，人間は「文化」によって「自然」を克服・支配しているという考え方だった。たしかにこの論理によれば，生殖は「自然」界にも見られるものであり，ゆえにその生殖を担う女性は「自然」に近く，「文化」たる男性に支配されることになる。ただし，この考え方は決して普遍的ではなく，実はきわめて近代西洋的であることもすぐに指摘された。当初のジェンダー人類学は，そうした自らの西洋中心性をまだ相対化できていなかったのであり，オートナーも後にこの点を認めている（Ortner 1996）。

ジェンダーをめぐる様々な権力

　そしてこの西洋中心性という問題は，女性というカテゴリーを一律とみなし，女性間の文化的違いや多様性を十分に考慮に入れてこなかったという問題にもつながり，ポストコロニアル論者からも強く批判された。ジェンダー人類学は，往々にして非欧米女性たちを，自分たち（欧米女性）が理想とする女性像を基準に「遅れた女性」「犠牲者」とみなしてきたという批判である（Mohanty 1991）。この批判は非常に大きな衝撃を与え，数多くの議論や再考がなされた。これらの批判を経た現在のジェンダー人類学では，まだ道半ばかもしれないが，ジェンダーにはエスニシティや階級などの他の権力関係も関与しており，それゆえ女性および男性というカテゴリーも一枚岩ではないことを認識したうえで研究が進められるようになっている。

　たとえば，女子割礼／女性性器切除など，とくに女性の健康や生命などにかかわる慣習に関しては，これまで，同じ女性として放置できないとする欧米女性によってNGOや国際機関を通じた廃絶運動が盛んに行われてきた一方で，現地女性との確執や衝突が少なくなかった。現地女性たちにとってその慣習は，たとえ強制力が強くても一方的に従わされてきたものではなく，周囲の様々な人々との関係の中で折り合い，交渉し，ときに利用したり抵抗したりしながら実践してきたものだったからである。ゆえに昨今の民族誌では，そうした複雑な権力関係や交渉過程をまずは明らかにしていくことが求められている。たとえば，現地女性たちも近年積極的に廃絶運動に取り組み始めているが，そこで

は，貧困や社会変化の中での自分たちの地位保全を目指すなど，欧米女性たちのそれとは違った論理が見られるという指摘もある（Gosselin 2000）。また，ムスリム圏では近年ベールをかぶる女性が増えてきたが，これも従来通りの女性規範の復興というより，女性たちがこれまで男性のみに許されていた領域で活動するための方策とされている場合もある。

　また，女性の多様性は，一つの社会の中でも，階層，年齢，世代，既婚・未婚，性的指向などによっても生じており，その各々でジェンダーに関する考え方や行動が異なることも少なくない。そして，もう一つ看過できないのは，女性一人をとりあげてみても，彼女をめぐるジェンダー関係・規範は一つではないという点である。たとえば，父系社会の女性は結婚すると出身の親族集団を離れて別の集団に入ることになり，しばしば地位が非常に低くなる。父系的な傾向が強い日本社会でも，「嫁」という立場にその一例をみることができるが，その「嫁」も実家に戻って「小姑」になると発言力をもつように，立場が変わるとそれなりの力を有することは多い。

　こうしてみるとジェンダーをめぐる考え方は，どの社会でも一つではなく，つねに複数の考え方が共存し，せめぎ合っているとみなすべきだろう。女性は（男性も）生活の場面ごとに様々な役割をしており，ジェンダー関係もその各場面で異なる。中には国家や宗教などによる強制力が強く，当人たちが内面化している規範もあるが，それだけに拘束されているわけではない。それらを自分の状況に合わせて解釈し，利用し，ときには他の規範を選択することもある。そしてそうした実践を通して，規範自体が少しずつ変化していくこともある。

ポジショナリティ，そして男性という問題

　以上のことは，ジェンダー人類学において研究者自身が自らのジェンダー観に囚われることの危険性も如実に示している。それゆえジェンダー人類学は，研究者がそうした自身のジェンダー観を意識化・相対化していく実践という側面ももっている。ことにフィールドワークの現場では，現地の人々との接触や葛藤の中で，自らが無性の研究者ではなく，男性や女性であることを意識化せざるをえなくなり，自らのジェンダー観を相対化する必要性に気づくことは少なくない。こうした経験をまとめた論集はすでにいくつも発表されており，筆

第Ⅰ部　基本領域

者も自らの経験をまとめたことがある（宇田川 2015：115-162）。

　そしてそれらは，より一般的な論点として，調査者のポジショナリティという，人類学における調査者と被調査者との関係の再考論にもつながっていく（中谷 1997）。調査者のジェンダーへの気づきは，自身がジェンダーだけでなく文化的にも歴史的にも「白紙」の存在ではなく，ゆえに被調査者との間には様々な違いや権力関係が横たわり，それらの差異が互いに混じり合って複雑な関係が生まれていることの気づきにもつながるからである。この認識は，文化とは何か，民族誌を書くとはどういうことかという問題も喚起する。アブ＝ルゴッド（Lila Abu-Lughod）は，こうした視点をさらに発展させて，文化をしばしば均一なものと描き出しがちな民族誌に対して，あえて個々の関係の複雑さや揺れに焦点を当てて，「文化に逆らって書く（writing against culture）」という戦略を打ち出した（Abu-Lughod 1991）。

　そしてその意味では，男性性という問題も重要である。これまで本章でも，ジェンダーと言いながら実質的には女性に関わる研究を紹介してきた。しかし，女性が社会によって作られたのなら，問題は社会のほうにこそあり，ゆえに男性側の問題としても考察すべきである。男性研究者も自らのジェンダーをより意識化すべきだろう。ただし，そうした視点からの研究はまだ少ない。

　それは一つには，男性は，女性に比べると，自らのポジショナリティとして男性というジェンダーを意識することが少ないためかもしれない。たとえば言語学には「有標（marked）」「無標（unmarked）」という概念がある。日本語では，女性の医者はしばしば「女医」と呼ばれるのに対して，男性の場合は「医者」という性の指標を持たない語で指示されるように，男性は多くの言語で無標化される傾向にある。これは，男性が社会の標準とみなされていることを意味する。男性は往々にして，自らをことさら男性として意識することなく生活しているとも言える。

　とはいえ，男性研究は少しずつ増えてきている（Gutmann 1997）。そもそも男性も，女性同様，男性に生まれるのではなく男性になるのであり，当然，社会文化による男性性のあり方は異なってくる。また，ナショナリズムやエスニシティがジェンダーと関連していることはよく知られているが，それは先述の

ような女性問題としてだけでなく，男性や男性性という視点からの研究も不可欠である。たとえば，ナショナリズムには妻子を守るという言説がしばしばみられる。軍隊とジェンダーの関連などについての研究もすでにある。

また，男性同士の連帯や競合という関係性（ホモソーシャリティ homosociality）も重要なテーマである。不貞女性に対する「名誉殺人」など，女性に対する暴力の背後には，男性の女性に対する態度だけでなく，男性同士の競合などの関係性が関与していることは少なくない。そこでは，男性性が，とくに性的な能力という言説と密接にかかわっていることもみえてくる。これまでの研究でも，男性社会，家父長制，男性中心主義など，男性の優位性を意味する概念・言葉は，その批判という文脈の中でよく使われてきた。しかし，その構造やメカニズムに関する考察はまだ不十分である。今後，男性社会への批判を目指すのであれば，なおさら男性や男性性に関する研究が必要になってくる。

5　セクシュアリティ，トランスジェンダー，様々な性のかたち

さて，ここでもう一つ，セクシュアリティという問題にも触れておかなければならない。セクシュアリティとは，誰に性的に惹かれるかという側面の性の問題であり，「性的指向」とも言われる。

セクシュアリティが，ジェンダー研究で次第に問題になってきたのは，ジェンダーといえば，当初，ほぼ女性と男性の問題とみなされてきたためである。男女という二項対立的な性のあり方は異性愛を前提・標準としているが，研究者はその前提にも無自覚だった。しかし性には，ほかにもゲイ，レズビアンなどの同性愛，さらにはトランスジェンダー，トランスセクシュアルなどのあり方がある。トランスジェンダーとは，大まかには，身体的な性別とは違う性の振る舞い方をする人を意味し，トランスセクシュアルはその際，身体をも外科手術などによって変えようとする人を指すが，その区分は曖昧で連続的でもある。こうした多様な性のあり方は，フェミニズムに引き続いて起きたゲイ・レズビアン解放運動，HIV／AIDS 問題を契機として関心が高まってきた。

人類学でも現在，そうした先進国におけるゲイ・レズビアンのコミュニティ

第Ⅰ部　基本領域

ーや HIV／AID をめぐる諸問題などの研究が行われているが，もう一つ，非西洋社会における多様な性に関する研究も，従来から盛んである。同性愛的な関係については，アフリカのレソト王国における女性同士の関係をはじめ，各地で報告されており，インドのヒジュラ，北米先住民のベルダーシュ，タヒチのマフなどのトランスジェンダー的な人々についても様々な研究がなされている。彼らはしばしば「第三の性（third sex）」と総称されてきた（Herdt 1997）。

　ただし，その実態はそれぞれに異なっている。たとえば，ヒジュラは去勢を行うが，ベルダーシュやマフは身体変工はせず，服装や役割なども異性のそれに完全に変えるというより，男女の中間的な事例が多い。また，トランスジェンダーの場合，身体的な次元での男性が女性になることが多いが，ベルダーシュには逆もある。アルバニアでは父系拡大家族において男性の継承者がいない場合，娘が選ばれ，彼女は男性的な服装・役割をする慣習があった。トランスジェンダーになる理由や社会での位置づけも様々である。

　そしてこのことは，人間の性が，セックス・ジェンダー・セクシュアリティの組み合わせ方においても，多様であることを示している。たとえばベルダーシュは，男性の身体をもつ者であれば，女性の服をまとって女性役割をしながら結婚もするという生活をしてきた。彼ら・彼女らはしばしば男女双方の知見をもつ者として尊敬され，シャーマンになることもあった。しかし西洋社会と接触する過程で，同性愛者とみなされ差別されるようになってきた。白人にとって彼らの結婚は同性愛行為でしかないためだが，じつはベルダーシュという語も，同性愛を意味するフランス語に由来し，もともと侮蔑的な意味をもっている（Roscoe 1998）。

　ここからは，北米の先住民社会と西洋社会とでは，性を認識する際，セックス・ジェンダー・セクシュアリティのうち，どの次元を重視しているかに違いがあることが浮かび上がってくる。西洋社会では，生殖がとくに重視されるようになった近代以降，生殖器を中心とする身体的性差（セックス）が，性全般の基盤となってきたことはすでに述べた。つまり，セクシュアリティは生殖につながる異性愛が標準とされ，ゆえにジェンダーも男女の二項に明確に分かれ，他の性のあり方は周辺化されていった。実際，同性愛嫌悪は近代以降強まった

88

と言われている。これに対して北米先住民社会では，性差における身体（とくに生殖）の重要性は高くない。そのためベルダーシュの人々のようなジェンダーの転換やその中間的なあり方が許容され，身体的な次元からみれば同性愛とみなせる行為も問題視されることはなかったと考えられるのである。

　この違いは現在でもみられる。近年，ベルダーシュの人々の間では，自らの呼称として，侮蔑語たるベルダーシュでないのはもちろんのこと，西洋由来の同性愛などの言葉でもなく，「ツー・スピリット（two-spirit）」という新たな言葉を作り出して使っていこうとする動きがある。これは男女双方の精神をもつという意味の言葉である。そこには，まったく別の性になるという意味になりがちな，西洋的なトランスジェンダーとの違いも意識されている。

6　課題と展望——視点としてのジェンダー

　こうしてみると，性はセックス・ジェンダー・セクシュアリティの個々の次元のみならず，その組み合わせ方も多様なばかりか，もはやこれらの概念自体を再検討すべき地点に来ているのかもしれない。ジェンダーをはじめ，セックス，セクシュアリティ，そこから派生したトランスジェンダーなどの言葉も，欧米の文脈から生まれたものである。それらに内在していた西洋中心性はすでに何度も再検討されてきたが，以上のような性のさらなる多様さを考えると，まだ十分ではない。また，そもそも性とは，それぞれの社会文化に暮らす人々にとって何なのかという，より根本的な問いも浮かび上がってくる。これについては，ストラザーン（Marylin Strathern）の議論のように，人格やアイデンティティなどとの関連から考えていこうとする試みもある（Strathern 1988）。

　そして研究が進展し，社会的にも多様な性が容認されるようになっても，これまでジェンダー人類学が扱ってきた問題は古くなったわけでも，解決しているわけでもないことを最後に確認しておく（Lewin and Silverstein 2016）。性別分業や女性差別など，いわゆる「女性問題」は現在も続いており，先述のグローバル規模での分業化のように，拡大もしている。また，女性に対する暴力などは，民族紛争などの場面だけでなく家庭内のそれも含めて，むしろ深刻化し

ているとも言える。その背後には，ことに近年のグローバル化によって，個々人を取り巻く権力関係がさらに複雑化している状況がある。権力の多様化は，当事者たちの選択肢を増やす一方で，さらなる抑圧にもつながる。西スマトラの「トムボイ（tomboi）」と呼ばれる男性的な女性が，ローカル，ナショナル，トランスナショナルという3つの次元でそれぞれ異なるイメージにさらされ，従来よりも自由を感じられるようになった一方，ときに暴力をうけ，いっそう不安定なアイデンティティを生きているという報告もある（Blackwood 1998）。

　ジェンダーをめぐる権力関係は，今後もなくなることはない。ジェンダーが性差という人の差異にかかわる問題である限り，権力にとっては様々な場面で利用しうる「資源」の一つである。ゆえに権力が錯綜する現代社会では，ジェンダーをめぐる攻防はいっそう複雑化し，問題は増えていくだろう。それらの問題に向き合うためには，個々の問題の背景や文脈を丁寧に分析していくとともに，つねに，出発点の「ジェンダー視点」という問題意識に立ち返ることも肝要である。その視点に立つことによって，たとえジェンダーを直接的な研究対象としていなくとも，見えてくるものは多い。ジェンダー人類学の可能性と意義は，今後もさらに広がり，高まっていく。

文　献

宇田川妙子　2015　『城壁内からみるイタリア──ジェンダーを問い直す』臨川書店。

宇田川妙子・中谷文美（編）　2007　『ジェンダー人類学を読む──地域別・テーマ別基本文献レヴュー』世界思想社。

中谷文美　1997　「『女性』からジェンダーへ，そして『ポジショナリティ』へ」，『個からする社会展望』（岩波講座文化人類学　第4巻），岩波書店，225-253頁。

────　2003　『「女の仕事」のエスノグラフィー──バリの布・儀礼・ジェンダー』世界思想社。

Abu-Lughod, Lila 1991 "Writing against Culture." In Richard G. Fox (ed.), *Recapturing Anthropology: Working in the Present*. School of American Research Press, pp. 137-162.

Ardener, Edwin 1972 "Belief and the Problem of Women." In J. S. La Fontaine (ed.), *The Interpretation of Ritual: Essays in Honour of A. I. Richards*. Tavistock, pp. 135-158.

第6章 ジェンダーとセクシュアリティ

Blackwood, Eevlyn 1998 "Tombois in West Sumatra: Constructing Masculinity and Erotic Desire." *Cultural Anthropology* 13(4): 491-521.

Gosselin, Claudie 2000 "Handing over the Knife." In Bettina Shell-Duncan and Ylva Hernlund (eds.), *Female Circumcision in Africa: Culture, Controversy and Change.* Lynne Rienner Publishers, pp. 193-214.

Gutmann, Matthew C. 1997 "Trafficking in Men: The Anthropology of Masculinity." *Annual Review of Anthropology* 26: 385-409.

Herdt, Gilbert H. 1997 *Same Sex, Different Cultures: Exploring Gay and Lesbian Lives.* Westview Press.

Lewin, Ellen, and Leni M. Silverstein (eds.) 2016 *Mapping Feminist Anthropology in the Twenty-first Century.* Rutgers University Press.

Mead, Margaret 1935 *Sex and Temperament in Three Primitive Societies.* W. Morrow & Company.

Meigs, Anna 1990 "Multiple Gender Ideologies and Statuses." In Peggy R. Sandy and Ruth G. Goodenough (eds.), *Beyond the Second Sex: New Directions in the Anthropology of Gender.* University of Pennsylvania Press, pp. 99-112.

Mohanty, Chandra T. 1991 "Under Western Eyes: Feminist Scholarship and Colonial Discourses." In Chandra T. Mohanty, Ann Russo, and Lourdes Torres (eds.), *Third World Women and the Politics of Feminism.* Indiana University Press, pp. 51-80.

Ortner, Sherry B. 1974 "Is Female to Male as Nature Is to Culture?" In Michelle Z. Rosaldo and Louise Lamphere (eds.), *Woman, Culture, and Society.* Stanford University Press, pp. 67-87.

———— 1996 "So, Is Female to Male as Nature Is to Culture?" In Sherry B. Ortner, *Making Gender: The Politics and Erotics of Culture.* Beacon Press, pp. 173-180.

Parreñas, Rhacel Salzar 2001 *Servants of Globalization: Migration and Domestic Work.* Stanford University Press.

Roscoe, Will 1998 *Changing Ones: Third and Fourth Genders in Native North America.* Macmillan.

Strathern, Marilyn 1988 *The Gender of the Gift: Problems with Women and Problems with Society in Melanesia.* University of California Press.

Weiner, Annette B. 1976 *Women of Value, Men of Renown: New Perspectives in Trobriand Exchange.* University of Texas Press.

Wolf, Margery 1972 *Women and the Family in Rural Taiwan.* Stanford University Press.

第7章
同時代のエスニシティ

綾 部 真 雄

エスニシティは，学術的な概念としてはいささか不幸な歴史を辿った。今日にあっても，人間理解の尺度としての意義は失っていないにもかかわらず，結果としてどこか古色蒼然とした印象を帯びてしまっている。ジェノサイド，民族紛争，移民問題などにまつわる報道が日々メディアを賑わせ，エスニックを冠した言葉がそこかしこに溢れているものの，人類学者の関心の中心からは外れてしまった観がある。一つには，エスニシティという言葉の使用が一旦は人類学の中で常態化し，とりたてて前面に出すものではなくなったということもあろう。しかし，それにも増して大きかったのは，多くの人類学者がエスニシティの認識論的な布置に苦心したあげく，その使用を慎重に回避するようになってしまったことである。一方で，こうした混乱を憂慮し，エスニシティを現実に即してとらえなおそうとしてきた研究者も少なくない。そこには，エスニシティをなんらかの端緒として持つ重要な問題群を横目に，浮世離れした議論に明け暮れてきたことへの自省がある。同様の立場から，本章では，エスニシティ概念の出自を振り返りつつ，今なお人々の口の端に上り，社会を動かし，社会に動かされる，すなわち同時代性を持つものとしてのエスニシティについて考える。

1　誰がエスニックか

ホワイト・エスニック

2016年，第45代のアメリカ大統領を決める選挙をめぐり，近年ではあまり使われなくなっていた古い表現が息を吹き返した。ホワイト・エスニック

（white ethnic），すなわち「ホワイト」ではあるが，アメリカの支配的エスニック集団と言ってもよいワスプ（WASP）とは異なる，それ以外のヨーロッパ系移民の子孫を指す言葉である。第44代大統領であるオバマ（Barack Obama）の親マイノリティ的な福祉国家政策に不満を持つ低所得層の白人をうまく言い表したものとして，再度注目を集めることとなった。ここには2つの含意がある。まず，周縁的なマイノリティを指すことが多いエスニックという言葉を，あえて白人に対して用いることの風刺的な意味合いである。メディアが着目したのは主としてこの文脈においてであろう。次に，白人であれ非白人であれ，同じくエスニックな存在であるというリベラルな立場からの視点の相対化である。学問的には後者に主眼がある。

ホワイト・エスニックという言葉がアメリカで使われ始めたのは1970年前後のことであり（Peck 1970），ちょうどエスニシティ概念が学問の世界で認知を受け始めた時期とも符合する。*Oxford English Dictionary* によれば，エスニシティの初出は1953年であるとされるが（Fenton 2003：92），この言葉が一般的に知られるようになるまでにはさらに20年程の時間を要した。たとえば明石紀雄は，非WASP系にみえるある白人の少女が，両親に向かって「私たちはエスニックなの」と無邪気に尋ねる挿絵が1972年の『ニューヨーカー』誌に掲載されたことを自らの著書で紹介している（明石・飯野 2000：43）。これはまさに，非白人を指すものであった「エスニック」が白人にまで拡大適用され始めた際のちょっとした混乱を示すものであろう。

フラットなエスニシティ

グレイザー（Nathan Glazer）とモイニハン（Daniel P. Moynihan）は，『人種のるつぼを越えて──多民族社会アメリカ』（原著 1963年，1970年）と『エスニシティ──理論と経験』（1975年）の2冊で，学問の世界にエスニシティという言葉を広く知らしめたと考えられている。だが，当初エスニシティに言及する際に「何かあたらしいものが現れた」（Glazer and Moynihan 1975：2）と評していることからもわかるように，エスニシティという言葉の使用を主導したのはむしろ民間の側であり，グレイザーらがその波を敏感に捕捉したと考えるのが妥当である。この頃を境に，部族（tribe）の後継概念であったエスニック集

第Ⅰ部　基本領域

団（ethnic group）もまた，アングロサクソンの子孫を自認する人々をも含む
すべての人々に広く適用されうるカラー・ブラインドな，あるいはフラットな
ものへと理念上の転化を遂げた（Fenton 2003：97）。

　エスニシティは，言わば，公民権運動を経て政治的に脱皮したより自由なア
メリカの空気に迎え入れられた。そして，その汎用性ゆえに，人類学，社会学，
政治学のみならず歴史学や哲学にまで波及し，1980年代までには，国家や地域
を越えて広く用いられる概念として定着した。しかしながら，ポストモダニズ
ムによる洗礼を避けて通ることはできず，その後，この言葉もまたあらゆる角
度からの検閲に晒される。「発明されたもの」（Sollors 1989），「構築されたも
の」（Banks 1996）としてのとらえ方は，しばらくは人々の耳目を集めること
に成功したが，それ以上の論点を世に問えず，研究者の探求心を少しずつ削い
でいった。その結果エスニシティは，アメリカの統計などの公的もしくは一般
的な文脈では今なお頻繁に用いられるにもかかわらず，人類学の中では後景化
し，ときに敬遠すらされる概念になってしまったのである。

2　エスニシティ前夜

「部族」の終焉

　エスニシティ論の歴史は，旧弊な固定観念への挑戦の歴史であった。まず，
1950年代にはまだ一般的な分析単位であった「部族（tribe）」について，それ
を明確な境界を伴う孤立的な単位として扱うことに異議申し立てを行ったのが
リーチ（Edmund R. Leach）である（リーチ 1987）。リーチは「部族」を，人々
の社会的現実に即さない，研究者が恣意的に作り上げた「分析モデル」に過ぎ
ないと考え（Jenkins 2008），自らの著作においてはより中立的なニュアンスを
持つ「人々（population）」という言葉を使うことを好んだ。人類学の古典とし
て今なお読み継がれている彼の『高地ビルマの政治体系』（原著 1954年）では，
カチンとシャンという生態学的にも異なるニッチを占め，言語的にも異なる
「人々」が，通婚を通じて相互に入り組んだ連続的な関係性を持つことを見事
な論理で示し，当時の人類学界に新たな風を送り込んだ。しばしばリーチが，

94

エスニシティ研究の一つの祖型を作ったかのような扱いを受けるのも，このように静態的な「部族」理解に終止符を打つ役目を担ったからである。

　リーチらの批判にも促され，植民地主義の残り香を漂わせていた「部族」は，1960年代に入ったころにはあまり使われなくなり，「エスニック集団（ethnic group）」が次第にそれに取って代わっていく。もっとも，当初「エスニック集団」はもっぱら低開発地域の「伝統社会」に対してのみ用いられていたため，その指し示すところは「部族」のそれと大差なかった。そうした状況に大きな変化をもたらしたのが，バルト（Fredrik Barth）による『エスニック集団と境界』と題された論集（Barth 1969）の出版である。リーチが，研究者による分析が人々の社会的現実をとらえきれていないと主張したのに対し，バルトはさらに一歩進めて，人々が現実であると考えていること，より端的には，そこにあることを自明視している集団間の境界自体が社会的に構築されているものであることを指摘し，後の構築主義的（状況的）アプローチの基礎を築いた。

　特筆すべきは，現在のパキスタン北部にあたる地域に住むパターン人とバルーチュ人の間の観念上の境界について論ずる中で，バルトが，エスニック集団を生物学的に自己永続的で，コミュニケーションと相互行為の明確な社会的範囲を形成するものとした，かつての一般的理解を退けたことである（Barth 1969：10-11）。わかりやすいかたちで閉じた相互行為の範囲を形成しないという点においては，パターン人のようないわゆる「伝統社会」を生きる人々も，先進国の都市に暮らす様々な文化的単位に属す人々も大差ない。ここに至り，両者を学問的に区別して対象化する必然性に疑問が投げかけられ，どちらをもエスニック集団として等しく括る契機が生まれた。これは，現在のエスニシティ論と軌を一にするものであると言ってよい。

　リーチとバルトは，エスニック集団をまたぐ人々の融通無碍な移動に多大な関心を払いながらも，エスニック集団に冠されるラベルそのものについては，どちらかといえば自明視していたようにみえる。それに対し，早い時期にその文脈依存性について論じたのがモアマン（Michael Moerman）であった（Moerman 1965）。エスニック集団の「ラベル／なまえ」は，誰に対して名乗られるかによって異なることが少なくない。また，集団間の差異を際立たせる

第Ⅰ部　基本領域

ような差別や軋轢，あるいは利害を相対的に欠いた文脈においては，人々はあえて特定のエスニック集団への帰属をつまびらかにする必然性に迫られない。モアマンが調査を行ったタイ北部のタイ・ルーがまさにそうであり，彼らはあくまで隣接するシャンやユアン（コン・ムアン）やラオとの関係性においてのみルーであるということになる。仮に中央のバンコクの人間に「あなたは誰か」と問われれば，「北の人間（コン・ヌーア）」と答えるであろうし，同じルーの中でも，ムアン・ラー（現在の中国雲南省内）を故地とする人々に対しては，自らをムアン・ポン系の人間として位置づけるかもしれない。エスニック集団を研究の対象として客体化するという行為が，人々をある特定の文脈の中で恣意的に切り取ったものに過ぎないことを示すこの事例は，現代にも十分通じるものである。

「ゆりかご」としてのゾミア

　こうしてみると，エスニシティにまつわる初期の重要な研究の多くが，広義のゾミア（Zomia）を舞台にしていることに気付かされる。ゾミアとは，東南アジア大陸部（タイ，ミャンマー，ラオス，ベトナム）の北部から現在の中国雲南省にかけた巨大な地理的空間（パキスタン，アフガニスタンまでをも含むとする説もある）を指す言葉であり，歴史学者のファン・シェンデル（Willem van Schendel）による造語を，スコット（James C. Scott）が自らの著書『ゾミア──脱国家の歴史』において援用したことから広く一般に知られるようになった（スコット 2013）。大半をアクセスの悪い山岳地帯が占めると同時に，そこを割拠する人々の多くが歴史的に遊動状態にあったため，国民国家の支配がもっとも及びにくかった地域とも言われる。ここで（こそ）成立し得た国家という制度からの相対的自律は，地理的・文化的境界を跨いだ人々の活発な往来や通婚を可能にし，結果として，研究者を惹きつけてやまない比類なき文化の混淆性を生み出した。ゾミアがエスニシティ研究の一つの「ゆりかご」となり得たのは，けっして偶然ではないだろう。

3 論　　　争

原初主義（本質主義）と道具主義（構築主義）

　かくしてエスニシティ研究は，1970年代に大きく開花した。先のバルトの研究で示されたような，「エスニック集団」に関する新たな認識が秘めていた汎用性こそが，今日的意味でのエスニシティの理論的基礎を形作り，また共感をもって受け止められたと言ってよい。グレイザーとモイニハンは1963年の著作で，モアマンは1965年の著作でそれぞれ「エスニシティ」という言葉にすでに言及しているが，当時の扱いはごく二次的なものであった。他方，コーエン（Ronald Cohen）は，1978年の *Annual Review of Anthropology* 誌に掲載された「エスニシティ──その問題と人類学における焦点」と題した論考の冒頭で，「それらしい予告もお祭り騒ぎもないまま，エスニシティはまったく唐突に世に溢れた」（Cohen 1978：379）と述べている。当時のエスニシティにまつわる認識の発展が，いかに急激なものであったかが窺えよう。

　こうして瞬く間に市民権を得たエスニシティではあったが，「閉じた相互行為の範囲を形成しない」という制約の多い認識に触発されて始まったこともあり，理論的には多くの壁にぶつかると同時に，種々の論争を誘発した。代表的な論争の一つが，エスニシティを「原初的（primordial）」な基礎を持つものとしてとらえるか，「道具的（instrumental）」あるいは「状況的（situational）」なものとしてとらえるかをめぐるものである。前者の代表的論者としてつねに取り上げられるのがギアツ（Clifford Geertz）である。アフリカ研究の第一人者として知られたシルズ（Edward Shils）の著作を引きつつ，血のつながりや文化といった「原初的紐帯（primordial attachment）」（Geertz 1963：109）がエスニシティの所与性を裏打ちするものであり，それがゆえに，国家という人為的な器には簡単に入りきらないとする彼の議論は，後に多くの批判を招来する。批判の急先鋒には，コーエン（Abner Cohen）およびエラー（Jack Eller）とカフラン（Reed Coughlan）を挙げることができよう。ギアツとは対照的に，コーエンはエスニシティを任意の個人が自身に政治的・経済的な利益を誘導するため

第 I 部　基本領域

の枠組み，あるいは「道具」のようなものとして位置づけ（Cohen 1974），エラーとカフランにいたっては，エスニシティの構築性を強調するあまり，原初主義について「これ以上に不可解で非社会学的な概念を想像することはできない」（Eller and Coughlan 1993 : 187）とするきわめて否定的な立場をとった。

　この議論とパラレルな関係にあるのが，師弟関係にもあったゲルナー（Ernest A. Gellner）とスミス（Anthony D. Smith）との間で交わされたナショナリズムに関する論争である。ゲルナーが同時代の論客であったアンダーソン（Benedict G. O. Anderson）やホブズボウム（Eric J. E. Hobsbawm）と共鳴し合いながら，ナショナリズムを近代における無からの「発明」として論じたのに対し（ゲルナー 2000），スミスは，ナショナリズムという近代的なイデオロギーに先行するかたちで，その前駆的な共同性としてのエスニシティ（エトニ ethnie）が存在したことを主張し（スミス 1999），真っ向から対立した。道具主義的／構築主義的な理解が主流になりつつあった中，あらためて原初主義的／本質主義的な立場が表明されたことは興味深い。

「集団」が意味するもの

　とはいえ，エスニシティ論の流れを俯瞰したとき，1980年代から2000年前後にかけて趨勢を占めていたのは構築主義的なスタンスであり，本質主義的発想の根幹にあるとされた概念群はしばしば批判の槍玉にあがった。その筆頭が「集団（group）」である。本質主義者とされる研究者ですら，エスニック集団を対面共同体の延長線上にある実体を伴った集合としてとらえることはまずないが，一定の共同性を伴う「集団」であること自体は疑わない場合が多い。一方，突き詰めた構築主義的な認識は，「集団」という前提自体を突き崩そうとする。たとえばブルベイカー（Rogers Brubaker）は，エスニック集団の実体性を自明視する風潮を「集団主義（groupism）」と呼んで批判し，エスニシティに関する研究は「集団」をいったん外し，カテゴリー，文化的イディオム，認識枠組みなどの研究へとシフトすべきであると強く主張した（Brubaker 2002）。

　これに対してジェンキンス（Richard Jenkins）は，ブルベイカーの主張の一端を受け入れながらも，分析枠組みとしてのエスニック集団の有効性そのものを疑うことには留保をつける。彼は「集団」を「そこに属す成員がその存在と

98

メンバーシップを認識するところの人間の集合」として最小限に定義する一方で，それは「斉一性，明確な境界，そして何にも増して，集合的行為を促す作用の一切を含意しない」とも述べ，集団性と実体性とを論理的に分けてとらえる立場を提唱したのである（Jenkins 2008：25）。

4　定義と定位

　こうした議論は，エスニシティ理解に確実に一定の奥行きを与えたが，一方で，研究者の必要以上に慎重な態度を引き出しもした。それは，エスニシティの定義にも顕著に表れている。かつてイサジフ（Wsevolod W. Isajiw）は，社会学的・人類学的なエスニシティに関する研究65点（1974年時点）を精査し，そのうちの13点のみがエスニシティの定義を明記しているとする結果を導き出した（Isajiw 1974）。エスニシティが認識論的解体を受ける前の話であり，当時はまだ，エスニシティを自明視する風潮があったことを差引いて考えるべきではあろうが，定義を慎重に回避しようとする態度は，今日に至るまで継承されている。だが，エスニシティを有用な概念的枠組みとして積極的に用いる立場の論者らは，様々な角度からエスニシティを定位することに努めてもきた。

　初期の例として，まずコーエン（ロナルド・コーエン）を挙げる。コーエンは，エスニシティを「包摂性と排他性にもとづく入れ子構造的二分法の連なり」（Cohen 1978：387）として大枠で定義したうえで，そこに「諸個人を集団に帰属させるプロセスは，主観的かつ客観的なものであり，自己および他者によって担われ，また，メンバーシップを定義するためのいかなる指標が用いられるかに左右される」（Cohen 1978：387）という説明を加えた。前段の定義は一見難解だが，「私」と「あなた」，「（「私」と「あなた」を合わせた）私たち」と「かれら」，「（「私たち」と「かれら」を合わせた）○○人」と「××人」という異なるレベルの二分法の分節構造をイメージするとわかりやすいかもしれない。

　一方フェントン（Steve Fenton）は，一元的理論が成立しうる可能性そのものには懐疑的であるが，エスニシティを確実に「そこにある」ものとする立場

第Ⅰ部　基本領域

自体は崩さない。そして，エスニシティを「社会的に構築されるものとしての出自と文化，社会的に動員されるものとしての出自と文化，および，その周囲に築かれる様々な分類体系の意味と含意」と位置づける（Fenton 2003：3）。本質主義の誤りを受けることを嫌った慎重な物言いではあるが，出自という縦のラインと文化という横のラインの交差に意味を見出そうとしている点で，具体性の最低水準を割らないようにしていることがわかる。

　ジェンキンスは，定義という言葉こそ用いないが，「ベーシックな社会人類学的モデル」であると断りつつ，エスニシティを（1）文化の差異化に関するもの，（2）共有された意味に関するもの，（3）流動的もしくは不安定なもの，（4）（帰属の識別という点において）集合的かつ個人的であり，社会的相互行為と他者の分類の過程に外在し，個人の自己定位の過程に内在するもの，として整理している（Jenkins 2008：14）。また，こうした理解に基づいて，最終的にはエスニシティを，「なまえ（nominal identification）」と「らしさ（virtualities of experience）」との不安定な相関に求めようとする（Jenkins 2008：174）。たとえば，ウェールズ人（Welsh）という「なまえ」そのものは変わらずとも，ウェールズ人としての経験（「らしさ」）自体が決定的に変わることはありうるし，逆に，経験自体は相対的に安定していながらも，ウェールズ人を名乗る社会的な必然性が減じることもある（Jenkins 2008：174）。仮にウェールズ人としての「らしさ」が薄れていくと，イギリス人やヨーロッパ人というより高次元の「なまえ」が個人の自己定位を左右することもありうるが，ブレグジット（Brexit：イギリスの EU 脱退）がそこに歯止めをかけるかもしれず，国家レベルでの政治の介在を無視できない。

5　同時代のエスニシティ

　ブレグジット問題と前後して，スコットランドの独立住民投票（2014年）も世界中の関心を集めた。ここには，EU 脱退への賛否や北海油田の権益をめぐる様々な思惑が絡んでくるものの，独立を望む背景として，スコットランド地方の住民のケルト人意識にも焦点が当たった。このとき問題となるのは，彼ら

がケルト人としての原初的紐帯を持つかどうかといった単純な話ではない。より大きな問題は、ケルトという「なまえ」のもとでのエスニシティが、一定の影響力を持った枠組みとして、現実の政治的過程においてどのように動員されたかである。そしてその過程においては、人類学者や社会学者が心血を注いで築き上げてきた理屈やモデルは一顧だにされず、きわめて本質主義的な表象が「真実」として公に語られることが多かった。

　ただし、エスニシティを同時代のものとして学問的な議論の俎上に載せる際に必要なのは、学問と現実の乖離を嘆きながら思弁の殻に閉じこもることではなく、現実の推移を的確にとらえるための尺度と修辞法をつねにアップデートしていく姿勢であろう。ここでは、その観点から「エスニック化」と「マジョリティ・エスニシティ」という新しい考え方にごく簡単に触れてみたい。

エスニック化

　これまでの議論からも明らかなように、エスニシティは、それを自認する人々にとっての替えがきかないカテゴリーではなく、文脈によって使い分ける「合理的な選択」（Banton 2000）の一つであることもある。しかしながら、つねに個人がその選択を主導する訳ではない。むしろ、個人に外在するより大きな流れに牽引・誘導されることの方が多く、その過程は高度に政治化されている。特定の社会的アイデンティティが、個人の意思を超えてエスニシティと呼ばれたり、逆に呼ばれなくなったりすることがあるのならば、その過程を「エスニック化（ethnicization）」および「脱エスニック化（de-ethnicization）」と呼ぶことができる。

　アメリカの2010年度国勢調査によると、同国政府による正式な人種（race）統計は現在、国民を白人、黒人（アフリカ系アメリカ人）、アメリカ先住民（インディアン）、アジア系、太平洋諸島系、その他の人種の6系統に分類しているが、ヒスパニック（ラティーノ）は、一つ前にあたる2000年度の国勢調査では独立したカテゴリーとしてこれらと並べられていた。エスニシティとしてではなく、ひとつの「人種（race）」として扱われることを、全米最大のヒスパニックの非営利団体であるNCLR（National Council of La Raza）自体が望んできたという（Hollinger 1995）。ところが、現在のNCLRのウェブサイト（http:

第Ⅰ部　基本領域

//www.nclr.org/）には「"ヒスパニック"はエスニシティであって人種ではない。…（中略）…ヒスパニックはいかなる人種の成員にもなりうるし，またその成員である」と明記してあり，この立場は2010年度の最新の国勢調査と整合している。エスニシティとしての認知を受けることのメリットの多寡が勘案されたうえで，いったんは「脱エスニック化」を志向し，その後の趨勢で再び「エスニック化」へと傾斜したケースだと言ってよい。

　エスニック化が指し示すところは，国や地域によっても時代によっても大きな偏差があり，今世紀に入ってからの研究者による事例の蓄積が著しい。グローバル化の進行と拮抗するローカルな作用としてのヒンドゥー化，イスラーム化，先住民化，漢化などが再エスニック化として概念化されてきたほか（Botz-Bornstein and Hengelbrock 2006），フランスにおける移民集団が，他の移民集団との日常的相互行為を通じてエスニック集団として新たに分化する過程（Schnapper 2004），中国の少数民族が，学校教育を通じてエスニックな差異を強化させていく過程（Yi 2007），マレーシアにおけるエスニシティが，為政者やエリート層の積極的な介入と当事者レベルの闊達な動きとの狭間で大きく規定されていく過程（Holst 2012）なども，エスニック化の事例として報告されている。

マジョリティ・エスニシティ

　学術用語としてのエスニシティがいくら理念上は中立的なものではあっても，現実世界でのエスニシティは，通常，社会的マイノリティもしくはなんらかの抑圧状態にある人々に対して用いられる。したがって，マジョリティや（仮に数的なマイノリティではあっても）支配的な地位にある人々のエスニシティは，あまり表立っては語られず，ときに人々の意識の中に深く沈潜する。だが，エスニシティ研究においては，そこをあえて前景化させる試みもなされてきた（Kaufmann 2004；Jenkins 2008：93-110）。日本のマジョリティを相対化して，そのエスニックな性格を浮き彫りにさせる研究も少なくない（Tsuda 2000；Yamanaka 2004）。

　日本のメディアで近年頻用された表現に，「〇〇年ぶりの日本出身横綱」というものがある。「日本人横綱」と呼ばないのは，大相撲の歴史には数多くの

帰化力士がおり，日本生まれの日本人と外国出身の日本国籍取得者との混同を避けようとしたからである。そして，この背景にあるのは，エスニックな日本人とそれ以外の人々を区別する発想にほかならない。だが，戦後の日本では，エスニシティの近似値としての「民族」は，戦争や全体主義を連想させる否定的な意味合いを帯びたために学問的には使い勝手の悪いものとなってしまった。

　歴史の埃を掃い，「民族」をあらためて日常語彙として引っ張り出してくることには異論もあろう。ただし，日本のマジョリティがマイノリティに対して行使してきた透明な「覇権」（Yamanaka 2004）を切り出し，両者の異同を対象化するうえで，これに比肩する概念が他にないのも事実である。「民族」概念を媒介とし，マイノリティ・エスニシティのみならず，マジョリティ・エスニシティにも同時に目を向けることは，日本の歴史を陰で縁取ってきた文化的多様性の再認識にもつながるはずである。

6　課題と展望

　世界各地で共時的に生起している種々の現象を「エスニシティをめぐる事象」として括ってみたとき，そこから見えてくるものは少なくない。ただし，検討を要す課題も多い。エスニシティを所与のものとしすぎると，人々が「なぜ」そこに実存的に依存することすらあるのかという，ごく単純な疑問に答える努力を放棄することにつながる。仮に答えを「原初的紐帯」——その存否はともあれ——に求めると，限りなく生物学的決定論に近づき，それ以上の議論の余地を生みにくい。このとき一考に値する一つの方向性は，エスニシティを，人々に物理的・経済的・存在論的なセキュリティ（安全）の基盤を提供する，現時点では代替不可能なアイデンティティの「容れ物」としてとらえ直すというものである（綾部 2008）。

　では，セキュリティを脅かす暴力や不安が解消されたとき，あるいはより相応しい「容れ物」が見つかったとき，エスニシティはその役目を静かに終えるのだろうか。その蓋然性は低くない。だが当面は，人々の日常に意味を与え，また，ときに人心を惑わすものとして，世界を分節しつづけるはずである。

第Ⅰ部　基本領域

文　献

明石紀雄・飯野正子　2000　『エスニック・アメリカ――多民族国家における統合の現実』有斐閣。

綾部真雄　2008　「エスニック・セキュリティ――タイ北部リスにみる内発的安全保障のかたち」,『社会人類学年報』34：51-91。

グレイザー, ネイサン, ダニエル・P. モイニハン　1986　『人種のるつぼを越えて――多民族社会アメリカ』阿部斉・飯野正子（訳）, 南雲堂。

ゲルナー, アーネスト　2000　『民族とナショナリズム』加藤節（監訳）, 岩波書店。

スコット, ジェームズ・C　2013『ゾミア――脱国家の世界史』佐藤仁（監訳）, みすず書房。

スミス, アントニー・D　1999　『ネイションとエスニシティ――歴史社会学的考察』巣山靖司・高城和義ほか（訳）, 名古屋大学出版会。

リーチ, E. R.　1987　『高地ビルマの政治体系』関本照夫（訳）, 弘文堂。

Banks, Marcus 1996 *Ethnicity: Anthropological Construction.* Routledge.

Banton, Michael 2000 "Ethnic Conflict." *Sociology* 34(3):481-98.

Barth, Fredrik 1969 "Introduction." In Fredrik Barth (ed.), *Ethnic Groups and Boundaries: The Social Organization of Culture Difference.* Little, Brown and Company, pp. 9-38.

Barth, Fredrik (ed.) 1969 *Ethnic Groups and Boundaries: The Social Organization of Culture Difference.* Little, Brown and Company.

Botz-Bornstein, Thorsten, and Jürgen Hengelbrock (eds.) 2006 *Re-ethnicizing the Minds?: Cultural Revival in Contemporary Thought.* Rodopi.

Brubaker, Rogers 2002 "Ethnicity without Groups." *Archives Européennes De Sociologie* 43(2): 163-189.

Cohen, Abner 1974 "Introduction: The Lesson of Ethnicity." In Abner Cohen (ed.), *Urban Ethnicity.* Tavistock, pp. ix-xxii.

Cohen, Ronald 1978 "Ethnicity: Problem and Focus in Anthropology." *Annual Review of Anthropology* 7: 379-403.

Eller, Jack D., and Reed M. Coughlan 1993 "The Poverty of Primordialism: The Demystification of Ethnic Attachments." *Ethnic and Racial Studies* 16: 185-202.

Fenton, Steve 2003 *Ethnicity.* Polity.

Geertz, Clifford 1963 "The Integrative Revolution: Primordial Sentiments and Civil Politics in the New States." In Clifford Geertz (ed.), *Old Societies and New States: The Quest for Modernity in Asia and Africa.* Free Press of Glencoe, pp. 105-119.

Glazer, Nathan, and Patrick Moynihan 1975 *Ethnicity: Theory and Experience.* Harvard

第7章　同時代のエスニシティ

University Press.

Hollinger, David A. 1995 *Postethnic America: Beyond Multiculturalism*. Basic Books.

Holst, Frederik 2012 *Ethnicization and Identity Construction in Malaysia*. Routledge.

Isajiw, Wsevolod W. 1974 "Definitions of Ethnicity." *Ethnicity* 1: 111-124.

Jenkins, Richard 2008 *Rethinking Ethnicity*. Sage Publications.

Kaufman, Eric P. 2004 *Rethinking Ethnicity: Majority Groups and Dominant Minorities*. Routledge.

Moerman, Michael 1965 "Ethnic Identification in a Complex Civilization: Who Are the Lue?" *American Anthropologist* 67(5): 1215-1230.

Peck, Sydney M. 1970 "White Ethnics and Black Liberation." *Social Theory and Practice* 1(1): 12-16.

Schnapper, Dominque 2004 "The Concept of 'Dominant Ethnicity' in the Case of France." In Eric P. Kaufmann (ed.), *Rethinking Ethnicity: Majority Groups and Dominant Minorities*. Routledge, pp. 102-115.

Sollors, Werner 1989 *The Invention of Ethnicity*. Oxford University Press.

Tsuda, Takeyuki 2000 "Acting Brazilian in Japan: Ethnic Resistance among Return Migrants." *Ethnology* 39(1): 55-71.

Yamanaka, Keiko 2004 "Citizenship, Immigration and Ethnic Hegemony in Japan." In Eric P. Kaufmann (ed.), *Rethinking Ethnicity: Majority Groups and Dominant Minorities*. Routledge, pp. 159-178.

Yi, Lin 2007 "Ethnicization through Schooling: The Mainstream Discursive Repertoires of Ethnic Minorities." *The China Quarterly* 192: 933-948.

第8章

法 と 人 間

石田慎一郎

「みんなちがってみんないい」（金子みすゞ）——この意味での相対主義について，その使い方を批判的に考えることが，法をトピックとする人類学（法人類学）の軸にある問いである。そして，その究極の課題は，相対主義と緊張関係にあるところの普遍主義の行方を考えることにある。本来，人類学者と法律家は似ている。どちらも相対主義と普遍主義との緊張関係の中で人間の営みを理解しようとするからである。経験科学としての法人類学は，紛争の観察から出発する場合が多い。よって本章は，（1）当事者間の意見対立のプロセスにおける法の発見，（2）法との接点で当事者が発揮する力と当事者を制約する力，（3）正しさの複数性に向きあう「他者を知る法理論」，（4）法の確定性を支えるメカニズム，の順で法人類学の筋書きを述べ，要所を解説する。

1　争論の中での法の発見

　紛争事例は無尽の情報源である。利害関係や意見対立が目に見えるかたちで現れる現場を観察すると，人間関係の複雑さや社会の内側にある潜在的な葛藤を経験的に理解することができる。人間の営みを経験的に記述する民族誌にとっての紛争事例の有用性は，何よりその剥き出しの視認性のためであろう。中でも，法の働きを観察することを通じて人間と社会の営みを理解する法人類学は，紛争事例分析のメリットを縦横に活用してきた。

　だが，このようなシンプルな経験主義には問題点もある。たとえば，当事者の本音が露わになったり，感情が爆発したりする瞬間を目にすることがある。非公式な場での調停や当事者同士の話し合いの場合はとくにそうだが，その場

のやりとりを部外者に知られたくないと当事者が強く望む場合もある。加えて，法人類学の方法論上のデメリットがある。紛争処理は法の重要な機能の一つであるが（ホーベル 1984：316），目に見える出来事としての紛争の分析に傾きすぎると，我慢を強いられ沈黙している人の存在（可能性）を見過ごしてしまうかもしれない。それに，法とは何かについての探究に至らなければ，「法人類学」を名乗る必要がなくなってしまうだろう。これらの問題については第2節以降で順に触れることとして，まずは法人類学における紛争事例分析の使い方，そのバリエーションとメリットを示すことから始める。

紛争から争論へ

　法人類学者の紛争研究は，社会科学の一般概念としての「紛争（conflict）」よりも，その下位概念である「対争（contention）」と，さらにその下位概念である「争論（dispute）」を主たる対象にすることが多い。法人類学者の研究対象の絞り方，すなわち争論研究は，法学者のものに近い。この類似性のゆえに，法とは何かを問わずとも「法人類学」がそれとなく成り立っていた面がある。

　この類型を示した法人類学者の千葉正士によれば，法学者の紛争研究は，二者間の攻撃防御にあたる対争のうち，言語上のもの，あるいは「具体的な対争を意図的に加工・変形して得られる，抽象的な対争形態の一つである」争論を分析する傾向が強い。そのため，身体的な衝突を含む対争や，二者関係に限定されない複数の当事者が共通の目標を達成しようとする「競争（competition）」，多数の当事者を巻き込む社会的混乱状態としての「混争（disturbance）」を含めた包括概念としての紛争を対象にしない（千葉 1980：47）。

　法学者は争論としての紛争の処理を民事司法の領分，犯罪解決を刑事司法の領分として区別する。その意味で刑事裁判は「紛争処理」ではない。他方，法人類学者は犯罪解決に相当する手続きを争論と対争との連続性の中で観察する。さらにいえば，上記4つの下位概念間の連続性をとらえて，紛争が本来有する多元性を観察することも可能である。人類学全般における用法としては，むしろこのような連続性をとらえた最広義の紛争概念の方が一般的だろう。

争論研究における当事者主義

　法人類学の争論研究は，裁判人（官）などの第三者による判断の分析から，

第Ⅰ部　基本領域

当事者の意見表明の分析へと視野を広げることで新しい展望を得た。

　1941年に刊行された法学者ルウェリン（Karl Llewellyn）と人類学者ホーベル（E. Adamson Hoebel）によるアメリカ先住民シャイアンの民族誌は，人類学者と法学者との共同作業による初期の研究例であり，またケースメソッド（事例研究法）を本格的に導入した先駆的業績である（Llewellyn and Hoebel 1941）。この民族誌の根底には，現実の裁判をルールの機械的適用の場ではなく，法の具体的内容が発現する過程として理解する手法がある。その意味で，リアリズム法学における業績の一つとして位置づけられる。

　ルウェリンとホーベルの民族誌は，インフォーマントからの伝聞（記憶の再構成）によって得られた過去の事例を扱ったものだが，1955年に刊行されたグラックマン（Max Gluckman）によるバロツェ（ロジ）の民族誌（Gluckman 1955）や，それ以降の法人類学民族誌は，自ら現場で観察した紛争事例を記述・分析するものが主流となった。グラックマンの民族誌は，「条理にかなった人間（reasonable man）」とは何かを知るよき裁判人の判断が法の確定性に資する条件（第4節を参照）を観察し，他にもたとえばファラーズ（Lloyd A. Fallers）によるソガ人の民族誌は，ソガやバロツェを含むサハラ以南アフリカの4社会を比較し，紛争処理の最終局面において当事者間の合意を指向する社会（アルーシャ）と，裁判人による判決を指向する社会（ソガ）との両極端，ならびにその両面をあわせもつが相対的に前者を指向する社会（ティブ）と後者を指向する社会（バロツェ）を比較した（Fallers 1969）。

　民事裁判の推力は，裁判官の職権にではなく当事者による意見表明にあるとする理念は，法学において「当事者主義」と呼ばれているので，その側面から紛争事例を観察するアプローチは「方法論的当事者主義」と呼ぶことができるだろう。法人類学におけるその代表作は，1981年に刊行されたコマロフ（John L. Comaroff）とロバーツ（Simon Roberts）によるツワナの民族誌である（Comaroff and Roberts 1981）。2人の人類学者によるこの民族誌は，特定の規範が「意見表明のパラダイム」として選択され，相手方の主張に対抗するための拠り所となることで，その意味内容が実体化することを描いた。このような研究は，意見対立の処理という受動的側面のみならず，当事者の関与による新

しい規範形成という積極的側面を明らかにする（棚瀬 1988も参照）。

目に見えるかたちで現れた意見対立が，あるいは当事者の主体的な意見表明や権利主張が，社会全体にかかわる新しい規範形成のプロセスにおいて重要な意義をもつとみなすこと。これは，アメリカの法人類学者ネイダー（Laura Nader）の2002年の著書における主要な論点である（Nader 2002）。ネイダーは，裁判制度を主体的に利用する人間（原告）が法の発展にとって不可欠の役割を果たすこと，またそのことが民主的な規範形成のプロセスに寄与することを強調する。これは争論の社会的効果をポジティブに評価するものである。

以上の研究例は英語圏の研究者の業績に偏っている。これは，ケースメソッドによる法の発見を重視する英米法的伝統との親和性に呼応して生じた結果だといえるだろう。法を発見し，使用するプロセス，さらには法を作り出す／直すプロセスの経験的観察を可能にする。争論研究のメリットはそこにある。

2 争論を文脈化する——法との接点において働く力

前述の類型論が示すとおり，争論は紛争が特殊なかたちで加工されたものである。本節は，紛争の本来の連続性を視野に入れて争論を文脈化することを試みた研究例に触れる。そうした諸研究は，法との接点で当事者を制約する力を観察したもの，紛争回避に繋がるメカニズムを観察したものなどがある。前節と本節の論点を総合すると，争論のプロセスを観察する研究では，当事者が発揮する力（前節）と当事者を制約する力（本節）との両面の観察が必要である。

争論あるいは裁判の場において当事者は意のままに意見表明できるわけではない。1998年に刊行された法学者コンリー（John M. Conley）と人類学者オバー（William M. O'Barr）の共著は，裁判所における言語使用をめぐる制度的制約が，当事者にとっての語りにくさを生み出す有様をとらえる方法論（規則志向の語りと関係志向の語りとの比較など）を示した（Conley and O'Barr 1998）。同書は，アメリカの裁判所における当事者と法専門職の発話の相対的差異を，ジェンダーや法知識へのアクセスの側面から分析している（山田 2007）。

1988年に刊行されたアメリカの法人類学者グリーンハウス（Carol

第I部　基本領域

Greenhouse）によるジョージア州のバプティスト・コミュニティーについての民族誌（Greehhouse 1986）には，争論の事例が一つも登場しない。この民族誌は，人々の日常的な争論回避指向が，かつてコミュニティーを引き裂いた南北戦争期の歴史経験を背景として形成された精神的伝統であること，潜在的な紛争を争論化＝裁判化して外部の第三者による介入と支配を招いてしまう危険性を人々が回避しようとしていることを明らかにした。これらの結果として生み出されるのは沈黙と，その一方での正義への祈りである。

　紛争の争論化あるいは争論の回避の社会的文脈に着目する以上の研究例から見れば，目に見える対立を記述するだけでは不十分である。宮本勝が紛争回避に注目する法人類学研究の重要性を指摘したのもそのためである（宮本 2003）。

主張する／沈黙する

　争論の回避を是とすることは，当事者による権利主張の機会を奪うことに繋がる。このような視点で当事者の意見表明に重要な役割を認めたネイダーの議論は，1970年代以降のアメリカの ADR（Alternative Dispute Resolution 裁判外紛争処理）運動に対する批判に根ざしたものである。すなわち，裁判外での合意と調停の場を拡充する ADR は，1960年代の社会運動と結びついた訴訟件数の増大を抑えこみ，それによって裁判所のコストを軽減するためのものにほかならなかった。ネイダーは，合意や調停を無前提に是とする訴訟否定論は，結果的にアメリカ人の政治的自由を抑圧することになると述べる（久保 2009）。

　グリーンハウスは上述の民族誌の結論で「正義を求める祈りは歴史の沈黙を求め，自由を求めて祈る人々の沈黙を求めている」と結んだ。沈黙によって維持される調和に抑圧的な面があることはグリーンハウスも認める。だが，バプティスト・コミュニティーの人々にとって，正義は神のみによって可能であり，第三者の裁断に委ねることは自分たちの自由を脅かす。沈黙を貫き祈りによって救済を求める態度は，社会的なつながりを維持するためのものだった。

　紛争を争論化することの積極的意義を強調するネイダーの批判的議論と，争論を回避すべきとみなすグリーンハウスの民族誌に記述された人々の語りならびにコンリーとオバーらの研究とは，裁判の場に働く（法に備わる）２つの社会的な力のそれぞれをとらえたものである。すなわち，紛争を争論化すること

によって当事者自身が発揮する力と，争論化する当事者を支配し，当事者の意見表明を制約する力との2つである。真に経験的な紛争事例分析にとって，裁判の場において同時に働く2つの力の観察が重要である（馬場 2012）。

3　他者を知る法理論——法のプルーラリズム／オルタナティブ

上述のように，法人類学における争論の記述・分析は，法の発見と創造のプロセスを明らかにする。それに対して，裁判に委ねない，あるいはそもそも争論化しないかたちでの紛争の処理についての記述・分析は，法から遠ざかるように見えるかもしれない。だが，法・司法に対する代替的手段の探究は，裁判の領分（争論を通じた法発見と法創造のプロセス）の特殊性を明らかにする点で法の探究にとってもメリットがある。本節では，「他者を知る法理論」としてのオルタナティブ・ジャスティス（alternative justice 裁判に代わる問題解決のための様々なアプローチ）研究の意義を述べ，それに類似しながら，あくまでも法の領分に留まる点で異なるリーガル・プルーラリズム（legal pluralism 法の多元性［を受容する制度／に関する研究］）の位置づけについて論ずる。

裁判に対するオルタナティブ

オルタナティブ・ジャスティスは，裁判制度に対する様々な代替的アプローチの総称である。具体的には，世界各国で制度利用が拡大しつつある前述のADRや，応報的司法にかわる犯罪解決アプローチとしての修復的司法，さらには南アフリカなどにおける過去の政治犯罪や集団暴力の真相究明と，被害者と加害者との「和解」を目的として設立された真実和解委員会を含む。これらを制度面で拡充する試みが，こんにち世界各地に広がりつつある（石田 2011）。

ADR は民事司法の分野において通常の訴訟手続きに委ねずに紛争解決を図るための制度である。ADR は既存の制度に対するオルタナティブを求める立場に由来するものであり，背景に1960年代アメリカの反体制的な政治思想・社会運動がある。また，最初の構想は，アジア・太平洋・アフリカ地域の草の根の紛争処理や村裁判に着想を得たものだといわれている。広義の ADR は既存の制度に対するあらゆる代替的方法を含むが，現状はむしろ実用的な機関とし

ての ADR の制度化が進んでいる。日本では2007年施行の「裁判外紛争解決手続の利用の促進に関する法律」（ADR 法）により，法務大臣の認証を受けた ADR 機関に特別な権限が与えられている。これらには国民生活センターなど行政機関が運営するもの，各県弁護士会や司法書士会が運営するもの，留学トラブル，マンション問題，労使紛争など，それぞれを専門に扱う NPO 法人が運営するものを含めて多様な機関がある。

　修復的司法は刑事司法の分野におけるオルタナティブな手法であり，加害者に対して適切な処罰を科すこと（応報的司法）のみを目的とせず，すべての関係者の間での対話をとりいれたかたちで犯罪解決と被害回復を目指すものである。固有の宗教的伝統をもつ北米メノナイト（再洗礼派）による「被害者・加害者和解プログラム」の取り組みをその先駆けとみなす研究者もいるし，アジア・太平洋・アフリカ地域で実践されているコミュニティー内部での犯罪解決に着想を得たものだといわれることもある。修復的司法は，単一の方法論というより，多様な起源と応報的司法に対するオルタナティブとしての共通点とをあわせもつ方法論の集合である。

　真実和解委員会は移行期正義の分野におけるオルタナティブな手法であり，多数の加害者と被害者を巻き込んだ集団暴力の過去（真実）を究明したうえで，社会の再統合（和解）をはかるための制度である。アパルトヘイト体制撤廃後の南アフリカでの実践例は，修復的司法のアプローチと共通する部分がある。だが，加害者と被害者という個人間レベルでの対話による和解の実現は難しいため，現実的な目標となるのは社会的和解だといわれる。社会的和解とは何か。かつて組織的な人権侵害を生み出した国家と社会の修復プロセス（移行期正義）の末に築かれる新生社会を，市民がそれぞれに是認して参加することを「社会的和解」ともみなせるが，具体的内容については議論の余地がある。

リーガル・プルーラリズムとオルタナティブ・ジャスティス

　以上のようなオルタナティブ・ジャスティスの世界的動向は，これまで正当に評価されてこなかった様々なアプローチの意義と役割が新たに「公認」されるようになったことを示している。そのような動向は，西洋近代由来の法を頂点とする旧来の法体制を再編する可能性があるため，リーガル・プルーラリズ

ムを主要テーマの一つとする法人類学にとって重要な研究課題となる。

　リーガル・プルーラリズムは，異なる社会的背景をもつ法システムの併存状況を示す概念である。近現代的文脈では，植民地国家における一方的な法移植や人・モノ・情報のグローバルな移動などを背景として，こうした複数の法システムの相互浸透が大規模に生じた。伝統文化（あるいは相対主義）と人権言説（あるいは普遍主義）との衝突はその典型例である。とはいえ，リーガル・プルーラリズム研究は，そうした背景説明に限定しないかたちでの，法の発展プロセスに関する一般理論を指向する面もある。千葉やメンスキー（Werner Menski）らの研究は，以下の３点を模索する。（１）公式法による非公式法の取捨選択という側面が強い，一国の公式法システムへの新たな（あるいは異質な）「法」の浸透プロセス，（２）形式主義的な法と反形式的な社会規範，公式法と非公式法，および固有法と移植法という，浸透プロセスにおける三次元の相互交渉，さらに（３）新しい固有法の形成プロセスと，それぞれの地域・時代に適合する法の支配，である（角田・メンスキー・森・石田 2015）。

　ここでいう固有法とは，外部の影響が及んでいない在来の法システムのことではなく，新たな移植法に対峙する，その時点でのドメスティックな法の姿をとらえる概念である。この意味での固有法は，異質な「法」あるいは法外の様々な制度や規範を取り込みながら発展してきた。リーガル・プルーラリズム研究は，法が無数の異質な断片を含んで多元化していくプロセスに加えて，新たな固有法システムとしての全体性と普遍性を獲得していくプロセスを解明する。

　法人類学研究におけるリーガル・プルーラリズムとオルタナティブ・ジャスティスは，どちらもいわば他者を知る法理論である。だが，両者は異なる社会的意味をもつ。リーガル・プルーラリズム研究は，もっぱら法の呪縛圏の内部に妥協点を求めるが，オルタナティブ・ジャスティス研究は，呪縛圏の外部に脱出口を求める。ここでいう呪縛圏は，ベンヤミン（Walter Benjamin）の「暴力批判論」によるもので，複数の正しさの間の永遠の競合状況のことを指す（ベンヤミン 1994）。リーガル・プルーラリズムには，法を豊かにする肯定的な筋書きのみならず，法の支配を脅かす否定的な筋書きがある（タマナハ 2016）。

第 I 部　基本領域

後者が顔を出すのは，永遠の競合状況の中での当事者の法選択が意見対立の強度を高め，呪縛圏の内部に妥協点を求めることが困難となる場合である。

ベンヤミンは，法を破壊する神の暴力と，法を排除する純粋に非暴力的な紛争調停・和解とを論じ，呪縛圏外部への 2 つの脱出口を指摘した。前者は神判（試罪法）やグリーンハウスの民族誌における神の裁きを典型例とする。後者に相当するのは，第三者による判決や決定を排除したかたちでの合意・和解などの歩み寄りである。いずれも人間の理性によって正義を発見することの困難，人が人を裁くことの困難をとらえたものである。日本の中世末期から近世初期にかけて神判ならびに喧嘩両成敗が紛争解決方法として多用されたのもそのためであった（清水 2010）。本節で挙げたオルタナティブな手法を，既存の法システムに対する補完財（パンに対するバターの関係）として用いる可能性はリーガル・プルーラリズムの論点に，法に対する代替財（パンに対する米飯の関係）として用いる可能性はオルタナティブ・ジャスティスの論点に繋がる。

4　法の確定性を支えるメカニズム――法人類学のもう一つの筋書き

本章は，争論の事例記述によって法の発見と創造のプロセスを明らかにする研究に触れることから始めた。そして，それらの研究が，意見表明・権利主張・法利用の担い手としての個人＝人間的法主体の営みを介して，法が姿を現す場を経験的にとらえる点を強調した。だが，個別の固有法システムの担い手となる集団＝社会的法主体（socio-legal entity）の営みについては論じてこなかった。

社会的法主体の探究は，個人に法の遵守を促す社会的な強制力や法の普遍的適用性を手掛かりに，法の確定性を支える社会的メカニズムを考察するものである。そのような探究を伴わなければ，法人類学は争論の人類学あるいは争論を文脈化する人類学的研究に尽きる。権限付与や秩序維持を含む法の機能は，社会的法主体の探究において観察可能なものである。そのような探究は，普遍主義の行方を批判的に考えるという本章冒頭で述べた究極の課題に関連する。

法の遵守を促す力を捉える

　法の遵守を促す力には外在的な力と内在的な力との2つがあり，両者の働き方は，現実の社会的プロセスを観察することでしか把握できない。

　外在的な力をめぐる論点は，たとえば法の遵守を促す外在的なメカニズムとしてのサンクション（sanction）についてのものである。違背に対する刑罰＝否定的サンクションであれ，遵法行為に対する報酬＝肯定的サンクションであれ，現実のサンクションは原行動者のみならず周囲を巻き込む集合的なプロセスである。そのため，サンクションの可能性は，特定の行為に対する事後的処理の問題のみならず，個人が所属する組織の日常的ガバナンスの問題に繋がる。

　内在的な力をめぐる論点は，個人に権限を付与する法の力についてのものである。これは，たとえばイギリスの法哲学者ハート（H. L. A. Hart）の『法の概念』が，法は強制的命令であるとする命題を否定するところから議論を始める際に最初に触れた点である（ハート 2014）。マリノフスキー（Bronislaw Malinowski）の『未開社会における犯罪と慣習』（原著 1926年）は，サンクションを発動して外側から個人に何事かを強制する以前に，当事者間の互酬的関係が相互の役割期待を保護することに触れた。互酬性に備わる利他主義と利己主義の表裏一体を土台とするがゆえに働く内在的な強制力（彼がいう「新しき力（new force）」）をとらえた議論である。これは，刑法進化論に傾いていた当時の法人類学——日本では復讐＝私力制裁の公権化を伴う刑法の発展を論じた穂積陳重に代表される（穂積 1982）——を批判し，互酬性によって強制される権利義務の規範としての法＝民法の姿を観察すべきだとする論点と結びつく。

法の柔軟性と確定性

　権威者による決定が普遍的適用の意図を欠く場合，それは法ではなく政治の領分における決定である。権威・普遍的適用の意図・権利義務・サンクションを法に不可欠な4つの属性とした人類学者ポスピシル（Leopold Pospíšil）による法の定義は，権威者の決定に普遍的適用の意図を条件として加えることで，法を政治から区別するものである（Pospíšil 1971）。この論点は，法における柔軟性と確定性の在り処をめぐる議論の出発点として有用である。

　普遍的適用の意図をもつ権威者は，人間的法主体と社会的法主体とを架橋す

る，いわば第三の法主体である。第1節で述べた研究例に登場する，熟練した司法的技法（juristic method）を発揮する裁判人（Llewellyn and Hoebel 1941）や，条理にかなった人間（reasonable man）とは何かを知るよき裁判人（Gluckman 1955），さらには巧みな法の（skilled legal）ナビゲーター（Menski 2006）は，普遍的適用の意図を備えた決定を指向するが，法を自動機械的に適用するわけではない。たとえば，バロツェの裁判人は，個別の争論の社会的背景や特殊性を考慮するための柔軟性を発揮しながら，普遍性を備えた判決を導く。グラックマンは，ここに含まれる重要な逆説を指摘した。すなわち，法が個別の争論によって破壊されることなく高次元の確定性を維持する，つまり普遍的適用が可能になるのは，法自体が柔軟性を内包するがためである。グラックマン曰く，「わたくしの結論は，法律大全としての法が，法概念の柔軟な不確定性の故に，判決におけるある種の不確定性を通して〔かえって〕確定的になることである」（Gluckman 1955：365；千葉 1974：152）。

　応答的法をめぐる法社会学的探究（ノネ・セルズニック 1981）において，そうした権威者の決定は，上述のポスピシルのモデルと違って，政治と決別しない。法は，政治との緊張関係を維持することで確定性と柔軟性とを発揮する。すなわち，応答的な法は，柔軟性を優先して法と政治との一体化を許容するために抑圧的な法と，形式主義を高めることで政治と決別する自律的な法との二者択一を超える。応答的法においては法と政治とが再び結合するが，それは法の連続性や確定性を維持しつつ法の柔軟性を可能にするためであり，かつ権威者による恣意的な決定や法の変更を制約するためである。

　柔軟性と確定性との緊張，そして個別性と普遍性との緊張を，法形成のダイナミクスに接合する応答的法のモデルは，裁判人による決定のプロセスのみならず，慣習法を成文化（restatement）＝公式法化することの意義を批判的に精査する場合にも有用である。ローカルな日常生活において営まれる不文法が，リーガル・プルーラリズムの領分に浸透していく場合に，成文化によってその確定性を高めていくことには，メリットとデメリットの両面が伴うためである。

5 課題と展望——法人類学のさらなる筋書き

　本章では，人間的法主体や第三の法主体による法の発見・創造とその社会的
文脈を中心に論じ，それが社会的法主体の営みに繋がる条件を考えてきた。こ
れは，〈他者〉＝異文化の法について，その社会的法主体の客観的説明を土台
に比較分析へと進む，法人類学の主要な筋書きである。次の2つの論点は，こ
れを相対化しつつ，新たな展望を開く問題提起として特筆すべきものである。
　第一は，法がもつ現実規定力を批判的に観察する法文化論である。これは，
全体として意味のある世界を構成する文化システムとしてのコモンセンス＝常
識と，その一部をなす秩序形成の枠組としての法の姿を議論するものであり，
千葉やローゼン（Lawrence Rosen）の著書（千葉 1988；ローゼン 2011）が代表
的なものである。この論点が法人類学全体の文脈で重要なのは，それが〈他
者〉の法を客観的に記述する方法としてよりも，〈われわれ〉＝自文化の法に
潜むコモンセンスの特殊性を批判する方法として真価を発揮するためであろう。
　第二は，トランスナショナルな法の役割や専門的知識体系としての法の姿を
考える論点である（山田 2007：228；高野 2015：25）。たとえば，ライルズ
（Annelise Riles）は，国際的な金融取引で使用される契約書が，当事者間の関
係規範を創造したり体現したりせず，しかしルーティン化した技術として現実
世界の秩序形成に寄与することに着目した（Riles 2011）。タマナハ（Brian Z.
Tamanaha）は，法を社会の規範や道徳を反映したものとみなす「鏡のテーゼ」
が法を正当化する言説として働くことを批判し，その一方で法を社会の実体的
価値から独立した手段とみなす極端な法道具主義については，エリートによる
法知の独占を追認する一方，公共善の形成に資するところはないと指摘する
（椎名 2013）。
　今日の法人類学には，次のようなさらなる筋書きもある。ピリー（Fernanda
Pirie）が提唱する法人類学の新しい課題は，現実規定力をもつ法が，いかにし
て呪縛圏を超越して「意味のある地図」に近づくのかを問い直すことである。
法人類学は，強者・弱者ともに人間的法主体がそれぞれの立場で利用する法が，

第Ⅰ部　基本領域

いかにして政治的文脈に絡み取られて「歪んだ地図」となるかを記述する研究に蓄積がある。他方，ピリーは，固有の理想主義に導かれて，政治を超越する高みから究極の正義を担保するものとしての法を希求し，模索する人間の姿を，古今東西の事例に見出している（Pirie 2013）。

文　献

石田慎一郎（編）　2011　『オルタナティブ・ジャスティス——新しい〈法と社会〉への批判的考察』大阪大学出版会。

久保秀雄　2009　「司法政策と社会調査—— ADR 運動の歴史的展開をめぐって」，鈴木秀光ほか（編）『法の流通』慈学社，529-551頁。

椎名智彦　2013　「ブライアン・Z・タマナハの法道具主義論を巡って」，『青森法政論叢』14：21-44。

清水克行　2010　『日本神判史』中公新書。

高野さやか　2015　『ポスト・スハルト期インドネシアの法と社会——裁くことと裁かないことの民族誌』三元社。

棚瀬孝雄　1988　『本人訴訟の審理構造——私的自治の裁判モデル』弘文堂。

タマナハ，ブライアン・Z　2016　「開発における法の支配とリーガルプルーラリズム」石田慎一郎・村上武則（訳），『ノモス』39：43-59。

千葉正士　1980　『法と紛争』三省堂。

———　1988　『法社会学——課題を追う』成文堂。

千葉正士（編）　1974　『法人類学入門』弘文堂。

角田猛之，ヴェルナー・メンスキー，森正美，石田慎一郎（編）　2015　『法文化論の展開——法主体のダイナミクス』信山社。

ノネ，フィリップ，フィリップ・セルズニック　1981　『法と社会の変動理論』六本佳平（訳），岩波現代選書。

ハート，H.L.A.　2014　『法の概念』長谷部恭男（訳），ちくま学芸文庫。

馬場淳　2012　『結婚と扶養の民族誌——現代パプアニューギニアの伝統とジェンダー』彩流社。

ベンヤミン，ヴァルター　1994　『暴力批判論　他十篇』野村修（編訳），岩波文庫。

穂積陳重　1982　『復讐と法律』岩波文庫。

ホーベル，E・アダムソン　1984　『法人類学の基礎理論——未開人の法』千葉正士・中村孚美（訳），成文堂。

マリノフスキー，ブロニスラフ　1967　『未開社会における犯罪と慣習』青山道夫（訳），新泉社。

宮本勝（編）　2003　『〈もめごと〉を処理する』雄山閣。

山田亨　2007　「アメリカ法人類学における現代的動向——法と市民生活との乖離をめ
　　ぐる議論を中心に」，『社会人類学年報』33：219-235。

ローゼン，ローレンス　2011　『文化としての法——人類学・法学からの誘い』角田猛
　　之・石田慎一郎（監訳），福村出版。

Comaroff, John L., and Simon Roberts 1981 *Rules and Processes: The Cultural Logic of Dispute in an African Context.* University of Chicago Press.

Conley, John M., and William M. O'Barr 1998 *Just Words: Law, Language, and Power.* University of Chicago Press.

Fallers, Lloyd A. 1969 *Law without Precedent: Legal Ideas in Action in the Courts of Colonial Busoga.* University of Chicago Press.

Gluckman, Max 1955 *The Judicial Process among the Barotse of Northern Rhodesia.* Manchester University Press.

Greenhouse, Carol 1986 *Praying for Justice: Faith, Order, and Community in an American Town.* Cornell University Press.

Llewellyn, Karl N., and E. Adamson Hoebel 1941 *The Cheyenne Way: Conflict and Case Law in Primitive Jurisprudence.* University of Oklahoma Press.

Menski, Werner 2006 *Comparative Law in a Global Context: The Legal Systems of Asia and Africa* (2nd ed.). Cambridge University Press.

Nader, Laura 2002 *The Life of the Law: Anthropological Project.* University of California Press.

Pirie, Fernanda 2013 *The Anthropology of Law.* Oxford University Press.

Pospíšil, Leopold 1971 *Anthropology of Law: A Comparative Theory.* Harper & Row.

Riles, Annelise 2011 *Collateral Knowledge: Legal Reasoning in the Global Financial Market.* University of Chicago Press.

第9章
政治・紛争・暴力

栗本英世

　武力紛争と物理的暴力は，人間の社会性や政治性の根源にかかわるとともに，日常生活においても重要な問題である。その発現形態と頻度には様々な差異があるにしても，紛争と暴力が，まったく存在しない社会は存在しない。別の言い方をすれば，メンバーが完全に平等で，争い事もない社会も存在しない。権力関係と不平等が存在する限り，紛争と暴力はいつでも発現する可能性がある。人間という存在を包括的にとらえようとする文化人類学にとって，紛争と暴力は中心的な研究課題であるはずだ。しかし，実際はそうではなかった（田中1998；栗原1999）。その理由は，紛争や暴力は忌むべき異常事態であるという認識に求めることができるだろう。私たちは，今こそこの課題と正面から向き合う必要がある。

1　伝統社会の暴力と人権問題

文化相対主義の限界

　文化人類学者は，ふつう研究対象の社会における制度や慣習に関する善悪の価値判断を行わない。こうした立場は，文化相対主義と呼ばれる。文化相対主義は，アメリカの文化人類学で生まれた概念だが，世界各国・地域の文化／社会人類学も基本的にこの立場，つまり多数ある人間の社会や文化のあいだには，発展や複雑さの度合いにかかわらず，優劣はないという認識を共有している。

　近代欧米起源である文化人類学は，欧米を「文明」，非欧米を「未開」や「野蛮」とみなす世界観をルーツに持っており，それは植民地主義や人種差別主義と強く結びついていた。したがって，文化相対主義は，20世紀の世界にお

第9章　政治・紛争・暴力

いてこうした偏向を是正し，一般の人びとのあいだに，すべての人間の社会や文化は平等であり，相違を越えて相互に尊重されなければならないという認識を広めるうえでおおきな役割を果たした。

　しかし，文化相対主義の適用が困難で，近代欧米起源の「法の支配」や「正義」や「人権」といった普遍主義的観念と制度が優越する領域が存在する。それは，暴力と紛争にかかわる領域である。

女性の身体に対する暴力

　人間は，入れ墨や傷痕，抜歯，穿孔（ピアス）など，自らの身体に様々な加工を施している。それらは，通常「文化」，あるいは個人的な嗜好の枠内で語られるのだが，状況によっては不当な暴力とみなされることがある。とくに，男性優位の家父長的社会において，男性が望むように女性の身体に変工を加えることが，女性の自由を著しく侵害する場合は，不当な暴力性が顕著になる。

　よく知られている例は，20世紀半ばまで一部で存続していた中国の纏足であろう。幼児のころから布できつく縛ることによって足の発達を抑えて小さくするこの習慣の対象となった女性は，走ることはもちろん，ふつうに歩くこともできなくなる。纏足を施された女性は，労働に従事することができなくなるから，この慣習は支配階層や富裕層のあいだだけで行われていたのだろう。今日の観点からすれば，これは女性の足に対する男性の性的フェティシズムの押し付けであり，女性を家に閉じこめるための慣習であるということになる。

　現在でも行われている慣習が，女性の身体に対する不当な暴力とみなされている典型例は，「女性器切除（female genital mutilation, FGM）」である。かつては女子割礼と呼ばれていた，女性性器の切除は，アフリカと中東の多くの社会で慣習的に行われている。FGMにはいくつかのタイプがあり，陰核（クリトリス）の一部または全部の切除，陰核と小陰唇の一部または全部の切除，性器の切除と膣口の縫合が組み合わさったもの（陰部封鎖）が含まれる。

　この慣習は，それぞれの社会における「あるべき女性の身体観」にもとづいており，純血性・処女性や女性の性欲のコントロールといった観念と結びつき，一般には成人儀礼の一部とみなされている。

　植民地時代の東アフリカでは，キリスト教宣教団が女性器切除に異議を唱え，

121

第I部　基本領域

入信した女性には切除を受けさせないようにしたという事例もあるが，この問題が世界的な注目を浴びるようになったのは，1970年代になってからである。

FGM が行われている国や地域の女性たち自身が，立ち上がって異議を唱えはじめた。その代表は，エジプトの医師，保健省官僚，作家，フェミニストであったサーダウィ（Nawal El Saadawi）である。彼女は 6 歳のときに自らが受けた陰核切除の経験を語っている（サーダウィ 1988）。また，アメリカの社会活動家，フェミニストであったホスケン（Fran P. Hosken）が1979年に発表した報告書は，世界的におおきな影響を与えた（ホスケン 1993）。その後，国連，世界保健機構（WHO），および様々な人権団体がこの慣習の撲滅に取り組むことになる。つまり，FGM は，世界的な課題になったのであった。

一つは衛生上の問題があった。不衛生な環境で切除が行われるため，対象となった女性は感染症や後遺症を患う事例が多く，最悪の場合は死亡することもある。それよりも問題は，女性の人権の保護という普遍主義的な立場から，この慣習が女性の身体に対する暴力的な介入とみなされたことであった。この立場は広い支持を受け，現在では，FGM が行われているほとんどの国では，この慣習は法律によって禁止されている。

文化相対主義的立場からの反論は旗色が悪い。しかし，欧米起源のフェミニズム的人権概念を，アフリカやアジアの女性に押し付けることの問題は，依然として残っている。また，法律によって禁止されているにもかかわらず，減少はしているものの，いまだに多数の女性に FGM が施されているという事実は，女性の身体と性をめぐる文化相対主義＝個別主義と普遍主義との対決が，最終的決着をみていないことを示している。

殺人という暴力

故意であるか否かにかかわらず，殺人は犯罪であり，国家の法によって裁かれるべき行為であると，私たちは考えている。殺人は，あってはならないことであり，他者に加えられる暴力の，極端で最悪の形態である。

しかし，こうした「常識」は，普遍的とはいえない。まず，戦争においては，敵を殺すことは正当化されている。戦争を除いても，特定の人間を殺すことが正当な行為であるとみなされている古今東西の事例は，歴史学，法学や人類学

などの分野で報告されている。もっとも顕著なのは，身内が殺されたことに対する復讐である。

身内を殺された被害者の家族は，加害者自身かその家族を殺すことによって，「負債」を返済しなければならない状況に置かれる。これは，暴力の行使によって身体に損傷を受けた場合，相手も等価の損傷を受けるべきであるという，「目には目を，歯には歯を」の原則の適用であり，ある種の互酬的（reciprocal）な関係が，被害者と加害者の側に成立するとみなすこともできる。

日本の中世から近世にかけて存在した敵討や仇討は，この例である。人類学では血讐（blood vengeance）と呼ばれる。

「身内」の範囲は社会によって異なる。大家族制度や社会の基礎的単位としての出自集団が存在する社会では，一族や氏族（clan）が「身内」とみなされる。こうした社会では，血讐の関係は，一回限りでは終了せず，世代を越えて一族や氏族間で復讐の復讐が繰り返されることがある。イタリア語でヴェンデッタ（vendetta）と呼ばれる，宿怨にもとづく集団間の敵対的関係は，こうした暴力の連鎖の例である。ヴェンデッタのように継続する血讐関係は，英語でブラッド・フュード（blood feud）と呼ばれ，報復闘争と訳されることがある。

国家による法の支配が貫徹するにつれて，血讐のような慣習法にもとづく殺人は，私刑という違法行為とみなされるようになる。

復讐は，「名誉」の観念と結びついている。身内が殺されたのに沈黙していることは，面子が潰された，恥ずべき名折れの状態だというわけだ。名誉にかかわる極端な暴力の例として「名誉殺人（honor killing）」がある。これは，FGMと同様に，主として女性に対して行使される暴力の例であり，家族の名誉を守るために，名誉を傷つける行為を行ったメンバーを殺害することを意味する。とくに婚前・婚外の性的関係をもった娘や妻を，父や兄，夫が殺害することが典型的な事例として知られている。

名誉殺人は，中東から南アジアにかけて実践されているとされる（田中2012）。国連高等人権弁務官の発表によると，毎年5000名の女性が犠牲になっている（Pillay 2010）。アムネスティ・インターナショナルのような国際人権団体は，その撲滅に向けた運動を展開している。とくに悪名が高いのはパキスタ

第Ⅰ部　基本領域

ンである。国連も，名誉殺人を含む名誉を原因とする犯罪の防止と撲滅を求める決議を総会で行っている。

　ここでも問題は，名誉殺人という女性に対する暴力が全面的な悪で，それを撲滅しようとする国際人権団体や国連が善であるという図式に回収されてしまうほど単純ではない。パレスティナ系アメリカ人であるフェミニスト人類学者アブ＝ルゴッド（Lila Abu-Lughod）は，名誉殺人を含む名誉犯罪というカテゴリー自体が，文明化した西洋と女性に対して抑圧的な東洋という差異を再構築し，欧米諸国における移民を排除する役割を果たしていると批判している（Abu-Lughod 2011）。これは，女性の人権保護という大義名分のもとで行使される暴力的介入であると考えられる。つまり，アブ＝ルゴッドの観点に立てば，暴力的行為撲滅の国際的な試みが，あらたな暴力となっているのである。

2　東アフリカ牧畜社会の武力紛争

牛と紛争——ヌエル人の場合

　イギリスの社会人類学者，エヴァンズ＝プリチャード（E. E. Evans-Pritchard）の『ヌアー族』は，民族誌の古典であるが，戦いに関する人類学的研究の古典でもある。原著は1940年に刊行された。ヌエル（Nuer，「ヌアー」とも表記される）人は，現在の南スーダン北部とエチオピア西部に居住する牛牧畜民である。生計維持活動として，牧畜のほかに農耕と漁撈や，食用になる野生植物の採集も営んでいるが，彼らの観念にとっては，牛がもっとも重要である。

　ヌエル人にとって，牛は乳と肉の供給源であるだけではない。牛は個人間と集団間の社会関係の媒体である。つまり，牛の贈与と交換が社会関係を構築するだけでなく，紛争によって悪化した関係は，賠償として牛を支払うことによって修復される。また，牛は供犠において犠牲にされることによって，人間と超自然的存在（様々な「霊」）との関係の媒体となる。とくに若い男性にとっては，特定の去勢牛は自らのアイデンティティの拠り所となっている（栗本 2016）。

　人びとは牛をめぐって争う。この争いには，ヌエルの他集団から牛を掠奪す

124

ること，掠奪に対する報復，および牧畜にとって必須の自然資源である牧草地と水場をめぐる争いが含まれる。「ヌアーは，人間を滅ぼすもとは牛だという。なぜなら，『他のどんなことよりも牛のために死んだ人が多い』からである」（エヴァンズ＝プリチャード 1997：95）。

　エヴァンズ＝プリチャードは，ヌエルを好戦的な人びととして描き出した。この戦いは，ヌエル人同士で行われる。「ヌアー人は好戦的なため頻繁に人が殺される。年配の人で棍棒とか槍の傷跡をもたない人はめったにいないほどである」（1997：261）。殺人の原因となるようないさかい事としては，「牛をめぐるもめごと，雌牛や山羊が他人の畑のモロコシを食べ，被害にあった男がその動物をぶつこと。他人の幼い息子をなぐること。姦通。乾季における水利権。牧草権。所有者の許可なしに他人の持物，とくに踊りのための装飾品を借りること」（1997：261-262）などがある。

　殺人事件が生じると，被害者の血族は加害者の血族を殺して復讐をなしとげる義務を負う。復讐は復讐を呼び，報復闘争（feud, blood feud）という暴力の連鎖状態が発生する。これは，前節でみたとおりである。ヌエルの特徴は，報復闘争の単位となる集団が，社会構造内の位置にしたがって拡大することだ（1997：261-272）。

ヌエル社会の分節構造と紛争

　争いの単位となる集団は，父系の血縁関係を核として形成されている地縁集団である。エヴァンズ＝プリチャードは，ヌエル社会を政治権力が中央集権化されていない，つまり王や首長が存在しない「無国家社会（stateless society）」であり「分節社会（segmentary society）」であるととらえた。最大の分節は部族（tribe）であり，各部族は一次セクションから三次セクションにまで分節化している。これらの諸分節は，明確な地理的領域を有し，各分節間の関係は，父系の系譜関係によって規定されている。

　報復闘争においては，血族間の紛争が，加害者と被害者が属する分節体系内の構造的位置に従って，セクション間の戦いに発展する場合がある。しかし，こうした戦いの結果，ヌエルの社会が無秩序状態になってしまうことはない。むしろ，「報復闘争は一つの政治的な制度」であり，社会の構造は戦いの結果

第Ⅰ部　基本領域

維持されているとエヴァンズ＝プリチャードは論じている（1997：276）。

　報復闘争は，賠償として牛を支払うことによって調停が可能である。しかし，この調停が可能なのは部族の内部だけである。ヌエル人同士でも部族が異なる場合は，調停は不能になる。それは，ヌエル人と隣接する他民族であるディンカ人とのあいだの紛争の場合も同様である。

　ディンカ人は，民族全体として平時から敵とみなされている。エヴァンズ＝プリチャードによれば，「ディンカ族は，記憶にない昔からヌアー族の敵であった」。「歴史や伝承をできるだけ遡ってみても，あるいは，それらを越えた神話の世界を展望してみても，両民族のあいだにはつねに敵愾心が存在していた。そしてほとんどの場合ヌアーの側が侵略者であった。彼らにとっては，ディンカを襲撃することは正常な状態であり，義務でもあった」（1997：221）。ヌエル人は内部で対立していても，ディンカ人との戦いにおいては一致団結して事にあたると述べられている。

　『ヌアー族』が明らかにしたのは，民族内関係と民族間関係の両方において，戦いが規範から逸脱した異常事態ではなく，政治制度の一部であることであった。戦いによって，全体の構造が動態的に維持されているのであった（栗本2016）。

エチオピア西南部オモ川下流地域における戦い

　エヴァンズ＝プリチャードの研究以降，東アフリカ（ケニアとウガンダなど）と北東アフリカ（エチオピア，ソマリア，スーダン，南スーダンなど）の牧畜民や農牧民（牧畜だけでなく農耕も営む人びと）の社会に関する人類学的研究は，戦争に関する研究の発展に貢献してきた。その中で日本の人類学者が果たしてきた役割も大きい。とりわけ，ケニアと南スーダンとの国境地帯である，エチオピア西南部のオモ川下流地域は，よく知られている。

　この地域では，1970年代以降欧米と日本の人類学者たちが，多様な牧畜民，農牧民，農耕民の社会でフィールドワークを実施し，紛争に関するデータを蓄積してきた。戦いには，武装強盗と言ってもよいような数名の男たちによる家畜キャンプの襲撃から，数百名の部隊による遠征，さらには牧畜民による農耕民の一方的殺戮まで，様々な規模と種類のものが含まれている。初期の研究の

成果は，福井勝義が国立民族学博物館で組織した国際シンポジウムの論文集『東アフリカの牧畜民における戦争』にまとめられている（Fukui and Turton 1979）。エチオピア西南部だけでなく，ケニアやタンザニアの牧畜民の事例研究も含むこの論文集は，北東アフリカと東アフリカにおけるその後の研究の礎となるとともに，世界規模でも戦争や紛争の人類学的研究の古典の一つとなっている（栗本 2014：176）。

　1970年代から80年代にかけての理論的関心は，牧畜民の男性を戦いに駆り立てる，それぞれの社会や文化に内在する固有のイデオロギーや制度——福井勝義は「文化装置」と呼んだ——を探求することにあった（福井ほか 2004）。たしかに，男性の牧畜民のあいだには「敵を殺してはじめて一人前」といった武勇や肉体的強靭さを賞揚する尚武の気風と呼ぶべきものが存在する。牧畜民や農牧民のあいだで発達した年齢組織（age organization）と呼ばれる社会組織も，若者たちを戦いに動員する制度として機能しているという議論もあった。また，社会生態学的な観点からすると，牧畜民は本来的に家畜の増加と家畜のためのよい水場と牧草地を希求しており，それは必然的に領域的な拡張と他集団との紛争を生じさせるということになる（栗本 2014：176）。

個人の視点と横断的紐帯——紛争研究の展開

　オモ川下流地域は，21世紀に入って戦いに関する新たな民族誌的研究を生み出した。佐川徹の『暴力と歓待の民族誌——東アフリカ牧畜社会の戦争と平和』（2011年）である（栗本 2014, 2016）。本書は，オモ川の氾濫原で農耕と牧畜を営んでいるダサネッチ人の，周辺諸民族との戦いと平和的共存に関する民族誌である。たとえば，ダサネッチ人にとってニャンガトム人は宿敵であり，1970年代はじめから約20年間にわたって戦いを繰り返した。数百名が殺され，数千頭の家畜が奪われるような大規模な戦闘もあった。トゥルカナ人とのあいだでも，1980年代から戦闘が継続している。こうした諸民族との様々な戦いが，数十年の時間枠の中で詳細に記録されていることに本書の第一の価値がある。

　人類学的な戦争の研究として『暴力と歓待の民族誌』が優れているのは，分析の視点を集団から個人に移行したことにある。これによって，見えてくる戦いの風景はかなり異なったものになる。従来の研究では，戦いの主体は集団で

第Ⅰ部　基本領域

あり，集団は一枚岩的なものとしてとらえられていた。つまり，戦いの記述において，主語はつねに○○族や△△人といった集団であった。しかし，たとえば，ダサネッチ人はニャンガトム人と戦いを繰り返してきたといっても，戦いに参加すべきと考えられる年齢の男たちのすべてが参加するわけではない。また，ある民族集団や地域集団のごく一部の男しか戦いに加わっていないかもしれない。

　著者の佐川は，若者から長老まで，200名近くの男性をインタビューし，個人の視点から戦いを分析することを試みた。その結果，8割以上が大規模な戦争に参加したことがあり，2割近くが実際に敵を殺した経験を有していた。これらの数字は，ダサネッチが高度に軍事的な社会であることを示している。反面，2割近い男性は戦争に参加したことがなく，8割以上は敵を殺したことがないことも，明らかになった。

　ある個人が戦争に行くかどうかを決定する要因として，および戦場で敵と遭遇した場合に，相手を殺すか否かを選択する要因として重要なのが，敵のメンバーとのあいだに存在する社会的関係である。

　人類学的な戦争の研究として『暴力と歓待の民族誌』が優れている第二の点は，敵とは関係が断絶した相手ではなく，共住，交易，友人関係や親族関係など，様々な社会的関係が結ばれていることを明らかにしたことにある。佐川は，これらを「横断的紐帯（cross-cutting ties）」と呼んでいる。彼がインタビューした男たちの7割以上が異民族の友人をもっており，その半数以上は激烈な戦いを繰り返してきたニャンガトム人とトゥルカナ人であった。

　ダサネッチと近隣集団との関係は，「『敵』の成員が共住や相互往来を重ねている状態から，明確な境界の形成を経て戦争が勃発し，さらに戦争後に再び平和が取り戻される過程」（佐川 2011：341）の繰り返しととらえることができる。その過程で，「個人間の相互行為は，見知らぬ他者を客として歓待し『友』になることと，戦いで他者を『敵』として殺害することという二つの極として展開している」（佐川 2011：342）のである（栗本 2016）。

　これは，「戦争と平和の連続体」という考え方である。この問題については，本章の最後で論じる。

第9章　政治・紛争・暴力

3　現代の民族紛争と内戦

新しい戦争——内戦，民族紛争，宗教紛争

　冷戦終結後の世界では，アジア，アフリカの各地や旧社会主義諸国で「新し
い戦争」と呼ばれる内戦，民族紛争や宗教紛争が勃発した。ソマリア，ルワン
ダや旧ユーゴスラビアなどの内戦がよく知られている。これらの戦争の中には，
冷戦構造の消滅と直接的に結びついていない，冷戦時代以前にさかのぼる歴史
的背景をもつものも多い。また，2001年の「9.11」事件以降は，対テロ戦争も
新しい戦争に含まれるようになった。

　1990年代半ばから，内戦や武力紛争の状況下で行われたフィールドワークに
もとづく民族誌的研究が現れはじめた（栗本 1996；Nordstrom and Robben
1995；Richards 2005）。これらの新しい研究は，戦争や暴力の当事者である加
害者と被害者の個別の生きられた経験に焦点をあてることで，従来の国際関係
論や政治学とは異なる紛争理解を提出した。

　エヴァンズ＝プリチャードが研究したヌエル人は，第二次スーダン内戦
（1983年～2005年）と南スーダン内戦（2013年～現在）でも戦いの当事者となっ
ている。南部スーダンは，2011年にスーダンから分離独立して南スーダン共和
国になった。この世界で一番新しい主権国家は，独立後2年半にならないうち
に，内戦状態に陥った。現在の南スーダン内戦を理解するうえで，80年以上前
に実施されたフィールドワークにもとづくエヴァンズ＝プリチャードの研究は，
主要な参照点である。しかし，植民地国家に容易に服従せず統治しにくい臣民
であったかつてのヌエル人と異なり，現在のヌエル人は，副大統領，大臣，将
軍や国会議員など，新興独立国家の支配層を輩出している。つまり，内戦は民
族内・民族間の関係だけでなく，国家という要因を考慮することぬきに理解す
ることはできない。

　南スーダンの例が示すように，新しい戦争に関する人類学的研究は，個別の
武力紛争を一方では国家レベルの政治という枠組みの中で，他方では地域社会
や民族の視点から位置づけて理解しようとする。

129

「還元主義的」説明に対する批判

　マスメディアや国際機関の政策決定者たちは，内戦や武力紛争を，「民族紛争（ethnic conflict）」というわかりやすい図式で問題を説明する傾向がある。たとえば，南スーダン内戦については，ディンカ人とヌエル人の民族対立が直接の原因であるという説明が行われることがある。たしかに，内戦の主役は，ディンカ人である大統領と，ヌエル人である元副大統領だ。しかしこれは，単純すぎる理解であり，南スーダンという国家の政治的動態を無視している。内戦勃発前夜に問題化していたのは，政権中枢部における，大統領と元副大統領をそれぞれのリーダーとする二派間の権力争いであり，その段階では「ディンカ対ヌエル」という民族対立の図式が表面化することはなかった。大統領側にも多数のヌエル人が参加しているし，反大統領側に立つディンカ人も多い。権力争いを政治的に解決できなかった結果，大統領側が軍事的手段に訴えて，反大統領側の一掃を図ったのが，2013年12月に勃発した内戦の出発点であった。現在の内戦は，エヴァンズ＝プリチャードが描いたディンカとヌエルの伝統的敵対の再燃ではけっしてない。

　複雑な内戦や武力紛争の原因を，古くからの民族対立に帰する立場は「還元主義（reductionism）」と呼ばれる。アフリカやイスラーム圏の武力紛争の場合は，これに近代以降の文明と野蛮（未開）の二元論が加わる。つまり，アフリカやイスラーム圏の社会は，近代国家を担うほど十分には文明化しておらず，問題が切迫すると「野蛮」の地金が現れてくる。つまり，民主主義的な手段ではなく，暴力に訴えて問題の解決をはかり，容易に人権侵害や虐殺が横行するというわけだ。これも還元主義の一形態である。

　新しい戦争に関する人類学者の貢献は，還元主義的な説明に繰り返し異議を唱えてきたことにある（Richards 2005）。つまり，ステレオタイプ的な説明を排し，それぞれの国や地域の状況に即した，そして当事者自身の視点に立った記述と分析を行ってきた。また，国連と先進諸国による内戦中および内戦終結後の国や地域に対する「人道主義」や「平和構築」を旗印に掲げた介入に対しても，当然のことに批判的なまなざしを注いできた（Duffield 2001；太田2016）。ここにも普遍主義対個別主義の図式，そして上から，外からの普遍主

義の押し付けに抗して個別主義の側に立つ人類学のありようが発現している。

4　課題と展望——戦争と平和という連続体

さて，ここまで暴力や武力紛争，戦争について人類学的に検討してきた。最後に問われるべきは，戦争と対置される概念である平和とはなにかである。

従来，平和に関する研究は，国際関係論や政治学，あるいは平和学の分野で行われてきた。暴力や戦争に関する人類学的研究以上に，平和の人類学的研究は数少ない（小田・関 2014）。国家間の望ましい関係のあり方としての平和は人類学の研究対象ではないという認識があったのだろう。また，何事も生じないふつうの平常な状態としての平和は，そもそも研究しにくいという思いこみもあっただろう。後者の平和を，本章では「デフォルトとしての平和」と呼ぶ。

数少ない平和に関する文化人類学の研究の主要な貢献は，「戦争・平和の連続体」という概念の提示である（栗本 1999；Richards 2005；佐川 2011）。この概念によれば，戦争と平和のあいだに絶対的な境界があるわけではない。様々な当事者，アクター間の動態的関係の総和として，戦争状態になることもあるし，平和が保たれることもある。部分的に平和な戦争状態もありえるし，部分的に戦争状態である平和もありえる。

平和はデフォルトではなく，戦争と平和は連続体であるという文化人類学的な観点は，1945年以来ずっと平和が続いている日本の人びとには理解しにくいかもしれない。しかし，世界の多くの国や地域の人びとにとって，これは現実であるといえる。そして，この観点は，戦争と平和に関する理解を深めるうえで有益であろう。また，武力紛争終結後の国や地域における平和構築の構想と実施，さらには平和に関する研究自体の進展にとっても不可欠の観点である。

文　献

エヴァンズ＝プリチャード，E.E.　1997　『ヌアー族——ナイル系一民族の生業形態と政治制度の調査記録』向井元子（訳），平凡社。

太田至　2016　「『アフリカ潜在力』の探究——紛争解決と共生の実現にむけて」，松田

第Ⅰ部　基本領域

素二・平野（野元）美佐（編）『紛争をおさめる文化——不完全性とブリコラージュの実践』京都大学学術出版会，i-xxii 頁。

小田博志・関雄二（編）　2014　『平和の人類学』法律文化社。

栗本英世　1996　『民族紛争を生きる人びと——現代アフリカの国家とマイノリティ』世界思想社。

―――　1999　『未開の戦争，現代の戦争』岩波書店。

―――　2014　「戦争と和解の人類学」，日本アフリカ学会（編）『アフリカ学事典』昭和堂，176-177頁。

―――　2016　「『敵』との共存——人類学的考察」，河森正人・栗本英世・志水宏吉（編）『共生学が創る世界』大阪大学出版会。

佐川徹　2011　『暴力と歓待の民族誌——東アフリカ牧畜社会の戦争と平和』昭和堂。

サーダウィ，ナワル・エル　1988　『イヴの隠れた顔——アラブ世界の女たち』村上真弓（訳），未来社。

田中雅一　1998　「暴力の文化人類学序論」，田中雅一（編）『暴力の文化人類学』京都大学学術出版会，3-28頁。

―――　2012　「名誉殺人——現代インドにおける女性への暴力」，『現代インド研究』2：59-77。

福井勝義ほか　2004　「特集 人はなぜ戦うのか」，『季刊民族学』109：3-62。

ホスケン，フラン　1993　『女子割礼——因習に呪縛される女性の性と人権』鳥居千代香（訳），明石書店。

Abu-Lughod, Lila 2011 "Seductions of 'Honor Crime'." *Differences* 22(1): 17-63.

Duffield, Mark 2001 *Global Governance and New Wars: The Merging of Development and Security.* Zed Books.

Fukui, Katsuyoshi, and David Turton (eds.) 1979 *Warfare among East African Herders.* Senri Ethnological Studies No. 3, National Museum of Ethnology, Osaka.

Pillay, Navi 2010 "Statement by the UN High Commissioner for Human Rights, Navi Pillay, Domestic Violence and Killing in the Name of 'Honour'." International Women's Day, 8 March 2010. http://www.un.org/en/events/women/iwd/2010/documents/HCHR_womenday_2010_statement.pdf

Nordstrom, Carolyn, and Antonius C. G. M. Robben (eds.) 1995 *Fieldwork under Fire: Contemporary Studies of Violence and Culture.* University of California Press.

Richards, Paul 2005 "New War: An Ethnographic Approach." In Paul Richards (ed.), *No Peace No War: An Anthropology of Contemporary Armed Conflicts.* James Currey, pp. 1-21.

第10章
宗教と世界観

片 岡 　 樹

　文化人類学的宗教研究は，西欧キリスト教モデルを乗り越えて，世界各地の
宗教現象を「住民の視点から」正当に評価するための視座を提供すべく，これ
まで様々な議論を積み重ねてきた。その中で，宗教の定義に際しては，キリス
ト教モデルから自由に世界の宗教現象を過不足なくすくいあげるための試みが
続けられてきている。また，西欧近代の視点からは一見するとたんなる無知の
所産にもとづく迷信に映るものが，当該社会で何らかの機能を果たしていたり，
あるいは当事者レベルで科学的因果関係とは別次元での意味を提供していたり
する事実が明らかにされてきた。ただし「住民の視点」からの宗教理解を徹底
させるうえでは，文化人類学にとっての文化概念や宗教概念そのものもときに
やっかいな問題となりうる。

1　文化人類学と宗教

　文化人類学とは，世界の文化の多様性を理解するために主に西欧で発達して
きた学問である。この事実は，次の2つの意味で，文化人類学による宗教理解
のあり方を規定している。
　第一に，宗教とは文化の一部である。文化人類学者が宗教を語りうるのは，
そうした認識を前提にしている。文化人類学とほぼ同義の言葉として，社会人
類学というものもあるから，その場合は社会人類学者が宗教を語ることになる。
社会であれ文化であれ，人間が集団生活を送る中で作り上げた営みを意味する。
じつをいうとこうした前提は，当事者自身の理解としばしば食い違うのだが，
その点については後述する。とりあえず，文化（社会）人類学者にとっての宗

第Ⅰ部　基本領域

教というのは，文化（社会）の一環を構成し，それは人間による営みに属する，という原則を確認しておく。

　第二に，宗教とは異文化理解の課題である。では誰にとっての異文化か。この学問の成立経緯を考えれば，その答えは自明である。西欧キリスト教徒たちが，自分たちとは異質な世界の諸宗教を理解するための試みが，文化人類学にとっての宗教研究の課題であり続けてきたことに異を唱える者はいないだろう。文化人類学の宗教論がキリスト教徒にとっての異教論だったとして，それは2つの相反する傾向を同時に生み出してきた。文化人類学者たちは，これまで単なる野蛮な異教徒と蔑まれてきた人々の営みにも，キリスト教と同じように宗教の名に値するものが多く含まれており，一見奇妙な迷信も当事者にとっては一定の合理性があることを明らかにしてきた。しかしその一方で，非西欧社会で営まれる神崇拝や祭式もまたキリスト教と同等の宗教なのだという提言には，副作用も見られる。非キリスト教徒の営みをキリスト教の類似品に「格上げ」しようという一方的な善意は，知らず知らずのうちに宗教そのものをキリスト教の基準で定義し，そうして定義された世界の諸宗教をキリスト教の基準で記述する，ということになりやすいためである。キリスト教モデルの宗教理解への批判と，キリスト教モデルによる諸宗教の理解とが同時に進行してきたのが，文化人類学における宗教論の特徴である。

2　宗教とは何か

様々な宗教的伝統の発見

　キリスト教だけが真の宗教だという先入観を取り払うことで，19世紀以降の人類学者（19世紀末から20世紀初頭の時点では，人類学者というのは事実上西欧を拠点とする者に限られていた）の視野には，様々な宗教らしき現象が世界各地から飛び込んでくることになった。

　その例を挙げると，世界は無数の精霊によって構成されているとするアニミズム，造物主ではなく祖先の霊を神格化する祖先祭祀，特定の動植物を自分たちの出自集団の始祖とみなすトーテミズム，霊媒が他界と交信する（しばしば

第10章　宗教と世界観

トランス状態による憑霊を伴う）ことで神霊の意思を直接確認するシャーマニズムなどである。そのほか，穢れやタブーの概念，あるいは呪術（超自然的因果関係の操作により具体的な効験を得る技法），妖術（当事者がしばしば無自覚に霊的能力を行使して隣人に害を与える）といった現象などが，多くの社会で人々の宗教生活の中心を構成していることも明らかになった。もっとも，これらについては西欧のキリスト教文化圏にも類例は見られたが，世界における人間と神霊とのかかわりを理解するうえでは，これまでキリスト教圏で想定されてきたような，造物主による啓示とそれへの信仰という宗教理解の枠組みには収まりきれない多様な現実に向き合う必要が生じてきたのである。

　この展開は，英語など西欧の言語における宗教という語の用法の変遷とおおむね対応する（Smith 1991）。宗教 religion という語は，かつてはキリスト教への帰依を自明の前提として用いられてきたが，世界における複数の伝統を意味する諸宗教 religions という用法が19世紀末より一般化するに至った。その変遷の結果として，キリスト教もまた，存在論的に対等な複数の宗教的伝統の一つ（a religion）として見いだされていくことになる。

宗教の定義

　文化人類学における宗教の定義もまた，今述べたような展開を反映してきた。宗教に関し，もっとも人口に膾炙した古典的定義はタイラー（Edward Tylor）のものである。彼は「霊的存在への信仰（belief in the supernatural）」を宗教の最小限の定義として提唱した（タイラー 1962）。なぜ最小限の定義なのかというと，世界で宗教と呼ばれている現象の内実があまりに多様であり，あまり多くの条件を加えると，世界のほとんどの宗教がその基準にあてはまらない，ということになりかねないためである。したがってこの最小限の定義というのは，宗教の定義にあたってキリスト教モデルから自由に，世界の諸宗教を同等にすくいあげるための試みということができる。どのような名で呼ばれるにせよ，神やら霊やらが世界に存在するらしいという理解が一定の範囲で共有されていれば，それだけで宗教と呼ぼうというわけである。

　タイラーは宗教の原初形態としてアニミズムを想定した。ここから彼は，社会の進化に伴い神霊の役割が整理され，最終的には一神教に到達するという図

135

第Ⅰ部　基本領域

式を提示した。ここには明らかにキリスト教を宗教の最高形態とみなす考えが存在するが，そうした時代的制約（タイラーは現在のフィールドワーク人類学に先行する19世紀進化主義の時代の研究者である）はさておき，アニミズムと呼ばれる現象をも等しく「宗教」という語で包摂しようとした彼の問題意識は評価されるべきだろう。

　20世紀に入り，フィールドワークにもとづく共時的・機能論的な分析が文化人類学の主流になると，かつての進化主義的な問題群に代わり，宗教はそれが当該社会内で果たす役割との関連で論じられるようになった。

　マリノフスキー（Bronislaw Malinowski）はメラネシアでの調査から，そこで幅広く観察される呪術について，たとえばカヌーの製作や農事に際して呪文が唱えられるのは，彼らが無知で科学的な因果関係を理解していないからなのではなく，そうすることで不確実な将来に対する心理的な不安や緊張を取り除くためであると指摘した（マリノフスキ 2010）。宗教や呪術というのは，えてして部外者の目には荒唐無稽なものに映ることが多い。こうした現象は，そこで語られている命題の真偽ではなく，当事者にとっての心理的機能に即して理解されるべきだというのがマリノフスキーの主張である。

　ラドクリフ＝ブラウン（A. R. Radcliffe-Brown）は，やや異なった角度から宗教がもつ機能に注目した。彼によれば，宗教というのはその社会的機能において理解すべきとされる。宗教とは，親族集団，村落社会，部族社会といった社会集団を統合する装置であり，そうした役割を果たすのが共同的に行われる祭式（儀礼）だというのがラドクリフ＝ブラウン（2002）の理解である。したがって，たとえばトーテミズムを有する社会において，任意の動物を自分たちの祖先だと崇めている集団があるとして，それは彼らが無知により現実を誤認しているのではなく，親族集団をまとめあげるシンボルとして，それらトーテム動物は扱われているのだということになる。

　宗教を社会的機能から説明する機能主義の流れは，20世紀のフィールドワーク人類学にもとづく宗教理解の一つの標準となっていく。これはとくに，地域社会の祭り，王権儀礼，冠婚葬祭などの説明に関しては有効性が高いが，それだけではなく，たとえば妖術などについても，地域社会内における葛藤の解決

136

第10章　宗教と世界観

手段という説明が与えられるようになる。

　ごく大まかにいうと，機能主義の視点から説明される宗教というのは，既存の社会秩序の正当化装置である。人間というのは神を拝んでいるように見えて，実際に崇めているのは自分の属する社会そのものなのだ，とかつてデュルケム（Émile Durkheim）は喝破した（デュルケム 1975）。もちろん，宗教が社会的現象だといっても，それがつねに既存の社会秩序を正当化するとは限らない。たとえば近年の呪術研究が明らかにするのは，呪術がまさに社会的現象であるがゆえに，いっこうに縮まらない貧富の格差や極端に投機的な世界資本主義のあり方などといった，現実の社会における不条理を言語化するイディオムをも提供するという点である（Comaroff and Comaroff 1993）。

　宗教というのはたんに社会秩序のコピーであるとは限らない。実際に世界史の本をひもとけば，宗教運動が既存の秩序の変革を主導してきた例を無数に見出すことができる。そうした視点から宗教の定義を試みたのがギアーツ（Clifford Geertz）である。彼は「モデル」という概念がもつ2つの意味に着目する。それは「についてのモデル（model of）」と「のためのモデル（model for）」である。前者は実在しているものについての描写であり，後者は実在すべきものについての設計図である。ギアーツによれば，宗教というのはこの2つのモデルの役割を果たしている。前者の意味のモデルとして，宗教は既存の社会関係を反映し，それを確認するための契機を提供する。いっぽうで宗教は，後者のモデルとして，個人や社会のあるべき理想の姿をも提示するのである（ギアーツ 1987）。人が宗教を通じて自己の変容を経験するとか，宗教的な理想が社会の変革を先導するとかというのは，この後者のモデルとして宗教が機能する例である。

3　世界を意味づける

宗教は意味を提供する

　ところで宗教的世界観とは何か。簡単にいうと，世界は神霊の介入によって成り立っているという考えかたのことである。これをばかばかしいと感じる人

第Ⅰ部　基本領域

は，入試前の神社の賑わいを思い起こすとよい。成功は9割の努力と1割の運
だとするならば，これは残りの1割を自分の手にたぐり寄せるための試みであ
る。自分の努力だけではどうにもならない部分が世の中には非常に多い。運や
偶然などと呼ばれる，我々によっては制御できない因子を，何とかして制御可
能なものにしようとする人間の試みが，そうした世界観の表れである。これは
言い換えれば，偶然を必然へと変えていくための働きかけでもある。

　ここでマリノフスキーの話を思い出してもよいかもしれない。宗教や呪術は
科学的因果関係の誤認ではなく，それとは別次元での意味を提供するものだと
いう説明のことである。受験生が天満宮で絵馬を奉納するのは，試験の合否を
決めるのが神だと思っているからではない。にもかかわらず人々が神社に押し
かけるのは，俗ないい方をすれば「困ったときの神頼み」である。予測のつか
ないリスクの中で，心理的緊張を和らげ，もし可能であれば1割の運を引き寄
せるための行い，これこそがマリノフスキーの呪術論・宗教論の骨子であった。

　エヴァンズ＝プリチャード（E. E. Evans-Pritchard）は，アフリカの事例から，
妖術（witchcraft）が科学的因果関係とは別に人々に意味を提供する論理を考
察している。彼は『アザンデ人の世界』（原著1937年）の中で，ある人が倒壊
した穀物蔵の下敷きになったという事件が妖術のせいにされたという事例を紹
介している。これは必ずしも，老朽化した建造物は倒壊しやすいものだという
物理的法則を人々が知らないことを意味しない。人々は当然それを知っている。
それならば，なぜそれを妖術のせいにするのか。エヴァンズ＝プリチャードに
よれば，ここで人々が問うているのは，古い建物が荷重を支えきれずに倒れた
というわかりきった因果関係のことではない。それは，なぜ（あの穀物蔵では
なく）この穀物蔵が，なぜ（別の時間ではなく）この時間に，なぜ（他の誰かで
はなく）自分がたまたまその下にいるときに倒壊したのか，という，意味をめ
ぐる問題なのである。物理学はそうした個別の人間にとっての意味までは説明
しない。妖術というのは，まさにこの部分の説明を提供するのだ，というのが，
彼の説明であった（エヴァンズ＝プリチャード 2001）。

　これは何も妖術に限らず，宗教的世界観一般にあてはまるだろう。たとえば
誰かの家で不幸が続いたとする。個々の病因や死因は医学的におそらく説明可

能である。しかし当事者はそれだけでは満足しないかもしれない。医学的説明には、「なぜ私の家に限って不幸が続くのか」という問いへの答えは含まれていないからである。もしその人が、自分たちの不幸の意味を求めて、占いやお祓いをしてもらったとしても、我々はその人を科学的因果関係に無知だと笑うことができるだろうか。

世界を分類する

　世界各地には穢れ（pollution）やタブー（taboo）をめぐる概念がある。それはたいていの場合、不用意に穢れに触れたりタブーに違反したりすると、神霊の介入により不吉な事態がもたらされるという説明とセットになっている。これ（とくに異文化のそれ）は一見すると、たんなる根拠のない迷信のようでもある。しかしここでまず頭に入れておく必要があるのは、こうした考えが必ずしも科学的根拠を求めていないという点である。

　わかりやすい例を挙げると、多くの日本人は葬儀に参列して家に帰るときに、門前で全身に塩をかけてもらう。死者の穢れを落とすためということになっているが、これは科学的な殺菌効果を期待して行うわけではない。同じような例として、インドには穢れを清めるために牛糞を用いる習慣がある。糞によって穢れを取り除くというのであるから、これもまた衛生観念とはあべこべである。これらの例はいずれも、当事者が科学に無知だからやっているというよりは、科学的因果関係とは異なる論理にもとづくものとみることができる。

　ダグラス（Mary Douglas）は『汚穢と禁忌』（原著 1966年）の中で、世界各地の諸民族における穢れとタブーの事例をとりあげ、穢れが当該社会の分類体系の中で分類不能な領域に該当することや、タブーが公的な制裁装置が稼働しない分野の統制手段になっていることを明らかにした。

　一例を挙げると、旧約聖書のレビ記には、鱗のない魚、反芻しない動物、蹄の割れていない動物は穢れているので食べることがタブーだという記述がある。一見するとまことに非合理で無根拠な規定に見えるが、ダグラスによれば、これは実は当該社会での分類体系を反映しているのである。魚というのは鱗をもつのであり、動物は蹄が割れていて反芻するものだ、という定義がある場合、そこから外れる存在は分類不能になってしまう。そうした分類体系に抵触する

第 I 部　基本領域

存在への恐れが，しばしば穢れやタブーの根拠を構成している。

　タブーの制裁機能については，日本語の「バチがあたる」という表現がわかりやすいかもしれない。「バチがあたった」というのは多くの場合，直接には制裁の対象にならないようなルール違反に対する超自然的な制裁をさしている。タブーというのは，そうした「バチがあたる」可能性を警告としてほのめかすことで，人々の逸脱行動を思いとどまらせるのである。

　人々の分類体系というのは，要するに人々が世界を認識する方法である。あらゆる事物が充満する世界を秩序あるものとして理解するために，人々は様々な分類の尺度を用いてきた。レヴィ＝ストロース（Claude Lévi-Strauss）によれば，トーテミズムがまさにそうした例である。彼は，トーテミズムというのは動物界の比喩を用いて人間社会を説明する思考方法なのだと主張する。つまり，ここにウサギをトーテムとする氏族Aとカメをトーテムとする氏族Bというのがあるとして，それは氏族Aと氏族Bとの関係はウサギとカメの関係に等しいと述べているということである。いわゆる未開社会においては，このトーテミズムのように，人々は抽象的な哲学ではなく身辺の動植物などを考察の素材に用いているのであり，それはたんなる無知の所産ではなく，むしろ「具体の科学」と呼ぶべき独自の思考方法なのだとレヴィ＝ストロースは主張する（レヴィ＝ストロース 1976）。

　世界各地にみられる，二項対立の原理を用いる象徴的二分法もまた，世界を宗教語彙によって分類する方法の典型例である。その場合しばしば，世界を右と左に分類し，右を左に対して優位に置くというように，二分法の構成要素に正負の価値が割り振られる（エルツ 2001）。世界を陰と陽の組み合わせで理解する中国の伝統的世界観などもそうした例である。

　デュモン（Louis Dumont）によれば，この非対称な二項対立の図式に浄 − 不浄の分類基準を持ち込み，それを人間社会の序列化に用いたのがインドのカースト制度である（デュモン 2001）。インドの複雑なカースト序列は，あるカーストが他のカーストに比べて清浄とされる，という二進法的分類の積み重ねによって構成されている。人間が世界を階層づけて分類することで，そこに秩序を与えるのだとすれば，それは世界の諸要素に異なった地位を与え，役割分担

第10章　宗教と世界観

を強いることでその目的を達成しているとみることもできる。インドの場合，従事してよい作業や職業が，個々のカーストの浄-不浄の論理により制約されている。しかしそれゆえに，複数のカーストによる分業なくして社会は維持できないのである。また中国の陰と陽にもとづく世界観では，両者のバランスが重視される。死者の世界は陰，生者の世界は陽に分類されるため，人々が大過なく日常を送るためには，生きている子孫と死せる祖先との調和のとれた共存が不可欠となるわけである。

4　再び宗教とは何か

儀礼と信仰

　ここまで読めば，ああなるほど，宗教の信仰とは確かにそういうものですね，という話になりそうである。しかし我々は，ここで一歩立ち止まる必要がある。そもそも宗教というのは信仰によって成り立っているのだろうか。

　今日の一般的な常識からすると，宗教というのはまず教義やそれに対する信仰があり，それを外面的に表現したものが儀礼や祭式なのだ，と思われるかもしれない。しかしいま述べたような理解，つまり宗教とは第一義的に信仰の問題だという考えかたは，宗教改革以降の西欧で比較的近年に生じたものにすぎない。古今東西の諸宗教の事例が明らかにするのは，むしろ儀礼が信仰や教義や神話に先行することのほうが常態であったという事実である（ラドクリフ＝ブラウン 2002）。

　宗教的教義というのは，我々が思うほどには安定したものではない。それはしばしば論争を通じて改訂されたり，あるいはたんに忘却されたりする。信仰もまた，時代の経過とともに変遷する。それに対し，儀礼というのは式次第や所作に一定の様式が持ちこまれるので，その変化は比較的緩慢である。そのため同種の儀礼に，場所や時代によってまったく異なった説明が与えられることも珍しくない。とするならば，教義や信仰は儀礼の根拠ではなく，むしろ儀礼に対する二次的な注釈にすぎないものとなる。極端ないい方をすれば，人々は信仰を自覚したり共有したりしなくても，宗教儀礼はそれ自体として成り立ち

141

第Ⅰ部　基本領域

うるのである（これは日本人の法事へのかかわりを考えてみればわかりやすいだろう）。宗教は一般にまずもって内面的信仰に基礎づけられるものだ，という理解は，ラドクリフ＝ブラウンの表現を借りれば，西欧近代に起源をもつ「まやかしの心理学」にすぎない。

　一例を挙げると，トゥッカー（Deborah E. Tooker）が，タイ国のアカという山地少数民族の事例から，宗教（religion）に相当する土着の概念が，そもそも信仰の要素を欠いていることを指摘している（Tooker 1992）。その土着の概念というのは，人々によって，宗教をその一部に含む聖俗未分化な慣習の総体としてイメージされているため，そこで問われるのは信仰の正邪ではなく，個々の振る舞いが慣習に則しているかどうかとなる。したがってそこには，信仰の要素のみを取り出して概念化するという契機がそもそも存在しない。トゥッカーは，キリスト教に改宗した人々のエピソードをとりあげ，彼らにとっての改宗が内面的状態の転換ではなく，あくまで外面的な慣習の置き換えととらえられていることを指摘したうえで，信仰を前景化した宗教理解の限界について警鐘を鳴らしている。

　もっとも，文化人類学における宗教理解の場から信仰という概念を駆逐すべきかどうかについては一考の余地がある。信仰という概念をつねに特殊キリスト教的なニュアンスで理解しなければならないというわけでもないからである。浜本満は，信仰概念をめぐる人類学者の論争を整理した上で，「××と信じる」という人々の言明は，内面的な心理作用ではなく，むしろある命題に対する当該社会内での異論の有無に関する判断を述べているのだという点に注意を喚起する（浜本 2014）。またロビンス（Joel Robbins）は，「信じる」という言葉の意味には知的言明（believe that）と社会的コミットメント（believe in）という2つの層があること，そのうち後者については必ずしも内面的信仰の意味に解する必要がないことを指摘している（Robbins 2007）。

　とはいえ，文化人類学の宗教理解が，西欧近代キリスト教をモデルに展開されてきたことは否定しがたい事実である。それを文化人類学の立場から体系的に問題視したのがアサド（Talal Asad）である。彼は前述のギアーツの宗教論をとりあげ，それが西欧近代の特殊な宗教観を世界の諸宗教の理解に押しつけ

142

ていると批判する（アサド 2004）。ここで問題となるのが，「のためのモデル」としての宗教観である。これはたんなる社会的現実の反映ではない宗教のあり方を指すものであったが，そうすると論理的には，宗教的信仰というのは社会から独立した変数となるはずである。つまりそれは，ラドクリフ＝ブラウンが批判した「まやかしの心理学」と大差ないものになる。アサドが問題視したのはまさにこの点である。彼は，西欧においてすら宗教は中世にはもっぱら（教会や修道院を中心に展開された）社会的規律のことを意味していたのであり，宗教という語がそうした文脈から離れ，個人を動機づける内面的信仰の問題として再定義されてきたのは，ごく近年のことにすぎないと指摘する。

宗教概念そのものを疑う

　宗教という用語法の成立過程や，そこでの西欧近代的偏向を問題化しようとすると，それは宗教概念自体がはらむ問題へとたどり着く。たとえば，世界各地で宗教の名のもとに見いだされ，比較の対象となってきた現象は，はたして近代西欧でいうところの「宗教」に該当するのだろうか。

　今しがた述べたように，世界で宗教と呼ばれているものの多くは，個人的信仰の要素を単独で取り出し，そこに第一義的な重要性を与えるというかたちでは存在していない。前述のアカの事例のように，それが社会制度の中に埋め込まれていて単独のカテゴリーを構成せず，宗教としての名前さえもっていないケースすら稀ではないのである。そのようなものに，個人的信仰を基礎に組織化され，他の社会制度から相対的に独立したカテゴリーとしての宗教像を当てはめることがどの程度妥当かは疑わしい。西欧近代的な意味での宗教というカテゴリーがそもそも存在しない社会——日本を含めほとんどの非西欧社会は，近代化に際して religion の翻訳概念を創出する必要に迫られている——を分析する際に，宗教という概念を不用意に当てはめると，当該社会に存在しないカテゴリーを西欧近代の基準に従って創作することになる。つまりそれは，世界各地の慣行を西欧近代キリスト教の類似品として再加工したうえで，それを宗教というラベルのもとに比較するということになりかねないわけである。

　本章ではここまで，人類学者による宗教という語の用法をみてきた。ここでもう一つ考える必要があるのは，我々を含む当事者レベルでの宗教の用法であ

第Ⅰ部　基本領域

る。

　日本人の多くは仏式で葬儀を営み，法事に参加し，どこかの寺の檀家になり，もし跡継ぎであれば家に仏壇をもつ。にもかかわらず，「私は仏教徒です」と積極的に主張する人は少ない。自宅でホトケサマを拝むことを当たり前に感じる人が，いっぽうでは仏教への信仰を当たり前に感じていないということになる。こうした点において現代の日本人は極端かもしれないが，しかしこれは宗教というものの本質をある意味で端的に表しているとも言える。

　スミス（Wilfred C. Smith）によれば，宗教と呼ばれる現象は，しばしばその当事者にとっては「××教」といった名前で認識されない。宗教に名前をつけて呼ぶのは部外者であり，当事者が帰依する対象はあくまで神や仏であって「××教」といった制度ではないのである（Smith 1991）。そう考えてみると，神仏を拝むうえで，自分が仏教徒かどうか，神道の信者かどうかという問題は本質的ではないことに気づく。もちろんこれは日本人のみの特徴ではない。渡邊欣雄は台湾の事例から，人々が道教や仏教など，異なる宗教的伝統に属する神仏を無差別に拝んでいる点に注目して，人々にとって重要なのは，あくまでどの廟のどの神にどのような霊験があるのかであって，それがいずれの宗教的伝統に属すかは二義的な意味しかもちえないと指摘している（渡邊 1991）。たとえば，台湾人の宗教が儒仏道三教のシンクレティズム（syncretism）からなるという説明があるとして，それは学者の関心をひくかもしれないが，実際に神仏を拝む人々の動機づけを理解するうえでほとんど役に立たないかもしれないわけである。このことは，人々が神霊を前にしたときの行動を理解する際に，「××教」という制度——あるいは宗教という概念そのもの——は不必要ですらある可能性を示している。

　これと同じことは岩田慶治も主張している。彼によれば，元来は人間一人ひとりが「カミ」（岩田の用語法である）の声に耳を傾けていたのが，社会の制度化が進むにつれ，人とカミの関係が疎遠になり，カミは祠の中に囲い込まれて「神」と呼ばれるようになり，この神や祠を社会制度の中に囲い込むことで「宗教」と呼ばれるようになった。したがって，社会や文化の中で制度化された宗教や神というのは，カミの影にすぎないということになるわけである（岩

田 1991)。

どうやら我々は振り出しに戻ってきてしまったようである。人々の生活に意味を与える社会制度としての宗教に着目し，その一方で宗教という既成概念を疑い抜いていくと，すべてを取り払った後に個人の信仰だけが残される。この堂々巡りに終わりはないのかもしれない。この正解のない堂々巡りは，社会制度と個人の信仰や宗教的経験のどちらに重きを置くかという問題についても当てはまるだろう。

5　課題と展望

この章で見てきたのは，文化人類学の立場からする宗教的世界観の理解の方法についてである。それはすなわち，社会・文化現象としての宗教を，「住民の視点から（from the native's point of view）」（ギアーツ 1999）理解する方法でもある。

最後に，近年の文化人類学でしばしば耳にする，宗教を「真剣にとりあげる（take seriously）」という標語にふれておこう。これは従来の研究が，文化の内側からの理解を標榜しつつも，実際には宗教現象をそれ以外の何かに還元して説明してきたことへの批判を含んでいる。そうした方法に代え，フィールドで当事者が語る神霊の観念を「あるがままに（*sui generis*）」受け入れようというわけである。この提言自体は，文化人類学が目指してきた宗教理解のかたちを考えるなら，十分な説得力をもっている。ただし，そこからはいくつかの問題が生じる可能性がある。

その一つは，人々は往々にして，自分の帰依対象のみが正しいと考えがちだという点である。そうした人々の主張をあるがままに受け入れると，当然ながら，世界の諸宗教を公平な視点からとりあげるという文化人類学者の目標が損なわれてしまう。その一方で，もし我々が，そうした当事者の（他宗教への差別を伴う）価値判断については拒絶し，諸宗教の存在論的対等という従来の学問的立場を固持するならば，それは従来の文化相対主義と大差ないものになる。つまり新たな問題提起としての訴求力が大幅に割り引かれてしまう。

第Ⅰ部　基本領域

　もう一つは，先にスミスや岩田が指摘した点に関連する。宗教現象は，それに没入する人の立場からは宗教として概念化されにくい，むしろそうした概念化を拒むという点がそれである。「カミの影」を取り去ってカミそのものを求める人々に肉薄するには，宗教あるいは文化という言葉が邪魔になってしまう可能性があるのである。

　ここからは，さらなる難題も引き出されうる。もし当事者たちが，「宗教は神に属し，文化と人間はともに神の被造物である」と考えていたら，文化人類学的宗教理解の大前提である「宗教は文化に属し，文化は人間に属する」という考えと，「住民の視点」とが真っ向から相反するものになってしまう。しかしこのことは，必ずしも文化人類学にとっての危機を意味するとは限らない。我々の宗教理解の射程を広げるうえでの新たなチャンスかもしれないからである。ただし現在のところ，この種のやっかいな論争に正解はない。人類学的宗教研究の魅力は，この正解のない問題を考え抜くことにある。

文　献

アサド，タラル　2004　『宗教の系譜──キリスト教とイスラムにおける権力の根拠と訓練』中村圭志（訳），岩波書店。

岩田慶治　1991　『草木虫魚の人類学』講談社。

エヴァンズ＝プリチャード，E. E.　2001　『アザンデ人の世界──妖術・託宣・呪術』向井元子（訳），みすず書房。

エルツ，ロベール　2001　『右手の優越──宗教的両極性の研究』吉田禎吾ほか（訳），筑摩書房。

ギアーツ，C.　1987　「文化体系としての宗教」，『文化の解釈学［Ⅰ］』吉田禎吾ほか（訳），岩波書店，145-215頁。

ギアーツ，クリフォード　1999　『ローカル・ノレッジ──解釈人類学論集』梶原景昭ほか（訳），岩波書店。

タイラー，E. B.　1962　『原始文化』比屋根安定（訳），誠信書房。

ダグラス，メアリ　2009　『汚穢と禁忌』塚本利明（訳），筑摩書房。

デュモン，ルイ　2001　『ホモ・ヒエラルキクス──カースト体系とその意味』田中雅一・渡辺公三（訳），みすず書房。

デュルケム，エミール　1975　『宗教生活の原初形態』古野清人（訳），岩波書店。

浜本満　2014　『信念の呪縛──ケニア海岸地方ドゥルマ社会における妖術の民族誌』

九州大学出版会。

マリノフスキ，B.　2010　『西太平洋の遠洋航海者——メラネシアのニュー・ギニア諸島における，住民たちの事業と冒険の報告』増田義郎（訳），講談社。

ラドクリフ＝ブラウン，A. R.　2002　『未開社会における構造と機能（新版）』青柳まちこ（訳），新泉社。

レヴィ＝ストロース，クロード　1976　『野生の思考』大橋保夫（訳），みすず書房。

渡邊欣雄　1991　『漢民族の宗教——社会人類学的研究』第一書房。

Comaroff, Jean, and John Comaroff (eds.) 1993 *Modernity and Its Malcontents: Ritual and Power in Postcolonial Africa*. University of Chicago Press.

Robbins, Joel 2007 "Continuity Thinking and the Problem of Christian Culture: Belief, Time, and the Anthropology of Christianity." *Current Anthropology* 48(1): 5-38.

Smith, Wilfred Cantwell 1991 *The Meaning and End of Religion*. Fortress Press.

Tooker, Deborah E. 1992 "Identity Systems of Highland Burma: 'Belief', Akha *Zaŋ*, and a Critique of Interiorized Notion of Ethno-religious Identity." *Man* (*N.S.*) 27: 799-819.

第11章
儀礼と時間

松 岡 悦 子

　本章では，人類の文化を多彩な様式で活気づかせてきた儀礼に焦点を当てる。
人がある地位から別の地位への移行に際して行う行為は通過儀礼と呼ばれ，そ
の構造には文化を越えた共通性が見られる。人類学において一般に儀礼と呼ば
れる行為は，通常の目的合理的な行為からはずれて「型にはまり」「繰り返さ
れ」「何かを伝える」特徴があるとされる。そのことから，儀礼研究は象徴の
探求を中心として展開され，境界性（リミナリティ），コミュニタス，分類の境
界，体系から排除されるアノマリー（anomaly），穢れなどの概念を生み，象徴
人類学の豊かな蓄積をもたらした。だが，儀礼研究が象徴に偏ってきたことへ
の批判も見られる。また社会のグローバル化は個別文化を揺るがせ，一方で儀
礼から離脱する人々や儀礼の縮小を生み，他方で儀礼の持つ政治的な力への期
待や，世界を安定化に向かわせる儀礼の創出も課題となっている。

1　人類学における儀礼研究

　儀礼とはどのような行為を指すのかをめぐって，じつに多様な表現がなされ
てきた。たとえば，「型にはまった繰り返される行為」「道具的，技術的ではな
い行為」「何かを表現する行為」といった言い回しは，儀礼が通常の因果関係
とは異なる行為であることを示している。そして，儀礼が道具的な行為ではな
いとすれば，それは何かを表現したり伝達したりする象徴的な行為であるとい
う理解が，これまでの人類学研究において主流を占め，象徴を中心テーマとす
る象徴人類学が儀礼研究の中心となってきた。
　たとえば，現代日本で儀礼として思い浮かべる行為を挙げてみよう。近代的

第11章 儀礼と時間

なビルの施行前に神主を呼んで行う地鎮祭，子どもの成長を願って行う宮参りやお食い初め，結婚式，葬式などの人生儀礼，寺や神社の宗教儀礼，地域で季節ごとに行われる伝統儀礼などが浮びあがる。また人類学的文献においては，アフリカの仮面結社による儀礼，世界各地のシャーマンや治療師による治療儀礼，割礼などの加入儀礼，事故・不妊・不作などに際して行われる占い，王の就任儀礼や国家の式典などが儀礼として記述され，かつ分析されてきた。このように，儀礼というカテゴリーでとらえられる行為を見渡したとき，なぜ人類学者がそれを通常の行為と区別して儀礼と呼ぶのかをあらためて問うと，そこにはある行為を特定の場所でしなければならない必然性がなく，目的と行為とが根拠なく恣意的に結ばれているという特徴が見えてくる（浜本 2001）。当該文化の外にいる研究者から見て，目的合理的でない行為を儀礼とみなすならば，儀礼研究が意味や表象を問う象徴研究に偏ってきたのは当然と言えよう。

　従前の儀礼研究をふりかえって，竹沢尚一郎は儀礼研究の歴史を次の3つの時期に分けている。第一は19世紀後半から20世紀前半にかけてのフレイザー（James G. Frazer）やタイラー（Edward Tylor）の時期，第二は1920年代のマリノフスキー（Bronislaw Malinowski）やラドクリフ＝ブラウン（A. R. Radcliffe-Brown）の時期，そして第三はレヴィ＝ストロース（Claude Lévi-Strauss）やターナー（Victor Turner）の時期である（竹沢 1987：3）。第一期のフレイザーは，呪術的儀礼を「未開人」による誤った因果論に基づく行為だとした。つまり「未開人」は，呪術的儀礼が現実の変化を引き起こすと誤って考えていたと言うのである（フレイザー 1980；松岡 1984）。また第二期のマリノフスキーやラドクリフ＝ブラウンは，儀礼がそれを行う人々の心理や社会全体を統合・維持する機能を果たすと考えた（竹沢 1987：6-7）。しかし現在につながる儀礼研究の潮流は，竹沢の述べる第三の時期——儀礼を象徴的な行為とみなして，それが意味するものを考えるターナーやレヴィ＝ストロースの研究——から始まる。そこで本章では，この分野の先駆的存在であるファン・ヘネップの古典『通過儀礼』（原著1909年）を紹介し，そのうえで儀礼の象徴研究に焦点を当て，最後に今後の儀礼研究の可能性に触れたい。

149

第Ⅰ部　基本領域

通過儀礼──A. ファン・ヘネップ

　通過儀礼を全面的に取り上げ，後の宗教研究や儀礼研究に大きな影響を与え
たのが，ドイツ生まれでフランスで活躍した民俗学者ファン・ヘネップ
（Arnold van Gennep）である。彼は，どのような社会にも，人があるステータ
スから別のステータスに移行する際には，共通した特徴を持つ儀礼が見られる
と述べ，それらを総称して「通過儀礼」（英語では rite of passage）と呼んだ。
たとえば，境界を示す門，柱，石，溝，敷居などを越えるときに浄めの水をか
ける，犠牲を捧げるなどの儀礼が行われたことが歴史上の文献に見られる。敷
居を越えることは新しい世界に入ることを象徴し，このような空間の移動と社
会的な身分の変化とが重ねあわされ，門をくぐったり道を横切ったりする儀礼
によって身分の変化が表現されることがある。

　また通過儀礼には，「分離（separation）」，「過渡（transition）」，「統合（inte-
gration）」という３つの儀礼が普遍的に見られる。たとえば，何か（へその緒，
髪の毛，爪など）を切ること，何かを壊すこと，身体に傷をつけること，ベー
ルで顔を隠すことなどは，世界各地の分離儀礼によく見られ，贈り物の交換，
１つの皿から一緒に食べること，宴会や共食は統合儀礼によく見られる。ただ
通過儀礼の種類によって（たとえば結婚式なのか，加入儀礼や葬式なのか），３つ
の儀礼のどの部分が強調されるかは異なる。概して，葬式ではこの世からの分
離儀礼が強調されると思われがちだが，ファン・ヘネップはあの世への統合儀
礼が精緻化されていると述べており，実際にインドネシアのベラワンやトラジ
ャでは，葬式の最後の段階である統合儀礼が非常に手の込んだ形になっている
（メトカーフ・ハンティントン 1985）。

　ただし，ファン・ヘネップは，３つの儀礼の中でも過渡期が通過儀礼の核に
なるとして，そこで行われる儀礼を「リミネール儀礼」（リミネールはラテン語
で「敷居」を意味する語「リーメン」から来ている）とも呼んだ。この過渡期へ
の注目が，後のターナーのコミュニタスの概念へとつながり，儀礼研究をいっ
そう発展させることになった。

　ファン・ヘネップが『通過儀礼』を出版したのは1909年で，それからすでに
100年以上が経過している。だが，彼が見出した分離，過渡，統合の図式や儀

150

礼の細部の意味は，現代人の行為を理解するうえでも有効なツールであり続け
ている。現代の人々の行為は100年前の習俗とはまったく異なるにもかかわら
ず，そこに私たちが通過儀礼の図式を読み取り，それを通過儀礼として解釈す
ることで多くの意味が明らかになるとするならば，通過儀礼は非常に汎用性の
高い有効な概念と言えるだろう。

2　リミナリティのもつ力──ヴィクター・ターナー

　ファン・ヘネップがリミネールと称した過渡期に焦点を当て，リミナリティ
（liminality 境界性）の言葉を用いて儀礼研究の可能性を大きく広げたのがスコ
ットランド生まれのターナー（Victor Turner）である。彼は，アフリカのザン
ビアに住むンデンブ（Ndembu）の人々の間で長期の調査を行い，成人式や狩
猟の儀礼，病気なおしの儀礼に見られるシンボリズムを分析した。そこで得ら
れたリミナリティやコミュニタス（communitas）の概念を，現代社会のカーニ
バルや巡礼，また歴史上の運動や人物にも応用し，儀礼を宗教とのつながりだ
けでなく政治や文化，演劇などとも結びつけ研究の範囲を一気に押し広げた。

リミナリティ

　「リミナリティのあるいは境界にある人間（敷居の上の人たち）の属性は，例
外なく，あいまいである。…（中略）…境界にある人達はこちらにもいないし，
そちらにもいない。かれらは法や伝統や慣習や儀礼によって指定され配列され
た地位のあいだのどっちつかずのところにいる」（ターナー 1976：126）。ター
ナーはこのように述べて，リミナリティにある人の特徴を，死，子宮の中にい
ること，不可視なもの，暗黒，男女両性の具有，日月の蝕などに喩えている
（ターナー 1976：127）。そこで，ターナーが調査したンデンブの首長任命儀礼
を例に，リミナリティの特徴を見てみよう。

　ンデンブ社会の首長は政治的な頂点に立つだけでなく，彼の心身の健康や力
はその社会の資源の豊かさや健全さと同一視されている。任命儀礼は，まず死
を象徴する木の葉の小屋を作るところから始まる。首長に選ばれた人物とその
儀礼上の妻は，ボロの腰布だけを身につけ，日没直後にこの小屋に入る。彼は，

儀礼上の妻（それは第一夫人の場合も女奴隷の場合もある）と同じ呼称で呼ばれる。首長と妻が小屋の中に小さくなって坐ると，二人への説教と侮辱的な罵りの行事が始まる。「あなたは利己的な愚か者であり，気むずかしい人間である。さもしさと盗みとがあなたのすべてである！…（中略）…あなたの妻に，ここ首邑にやって来る人たちのために食物の用意をさせなさい。利己的であってはならない。…（中略）…あなたはみなに対して不寛容であってはならない。…（中略）…あなたは自己本位のやり方をやめねばならない。あなたは首長なのだ！」（ターナー 1976：135-136）。この長い説教が終わると，さらに別の人が彼を罵り，恨みを微に入り細にわたって表明し，その間首長はずっと頭を垂れて坐っていなければならない。彼は眠ることを禁じられ，彼と妻には薪取りやその他の卑しい仕事が命ぜられる。「首長はその職を継承する前の晩は奴隷のようである」（ターナー 1976：136）とンデンブの人たちは言う。このような試練を経た後に，首長は公開の場で首長に任命され，任命儀礼が終了する。

　この事例からターナーは，リミナリティの特徴を次のように述べている。首長という最高の権力の座につく者はリミナリティにおいて奴隷のように扱われ，性別のない（儀礼上の妻と同じ名前と服装の）匿名の存在になる。試練や辱めは以前の身分を破壊するための手段であり，彼は社会構造上の地位や属性をはぎ取られた白紙の状態になる。このように，権力を持つ者がまず謙虚さを学ばなければならないとする在り方は，キリスト教の修道士や中世の騎士にも見られるとターナーは述べ，このリミナリティにおいて立ち現れるのがコミュニタスだと述べる。

コミュニタスと構造

　ターナーによれば，コミュニタスとは境界的な時期に認識される平等で未分化な共同体や仲間関係を指している。ターナーは，そのような社会関係をラテン語の「コミュニタス」という語で呼び（ターナー 1976：128），社会構造と対比的な概念として提出した。彼は，コミュニタスが出現する代表的なものとして巡礼やカーニバルを挙げ，そこに参加する人びとの間には階級や性，人種といった社会的区分がなくなり，平等な関係が現出するとしている（ターナー 1981）。このコミュニタスと社会構造の関係を非常にわかりやすく示すのが身

分逆転の儀礼だろう。先ほど見たンデンブの首長任命儀礼もそうであるが，身分の低い者が高い者を一時的に貶め，地位の逆転を演じる儀礼はあちこちに見られる。たとえばイギリスでは，クリスマスの晩餐に陸軍の兵隊たちが下士官たちから給仕を受け，ハロウィーンでは子どもたちが怪物の装いをして大人を脅して歩く（ターナー 1976：244）。またインドの村の愛の祭りでは，カーストの低い者が高位のカーストを罵ったり，村の女たちが富裕な農場主たちをやっつけたりする転倒が演じられる（ターナー 1976：264-270）。

　このような地位の逆転は，社会秩序の正反対であり，社会構造を転覆させる危険なものに見える。だが現実には，一時的な逆転によるコミュニタスの出現が，日常の秩序を破壊するどころか，逆に構造を強化することになる。つまり，コミュニタスが一つの活力として社会を活気づけ，その力を隅々にまでもたらすことによって，構造はいっそう強固になるのだとターナーは述べる。構造とコミュニタスが弁証法的に生起することで社会が維持されているとするならば，儀礼は余剰どころか社会の維持そのものを助けていることになる。つまり，儀礼のリミナリティという側面から現れるコミュニタスの力が，社会の維持・存続に大きな役割を果たしているのである。

3　分類と境界

穢れと場違いなもの —— メアリ・ダグラス

　穢れの概念を体系や秩序，宇宙観との関連でとらえ，象徴人類学に大きな影響を与えたのがダグラス（Mary Douglas）である。彼女は指導教授の影響で，ヒンドゥー教やユダヤ教の儀式における汚穢（pollution）や聖潔（ritual cleanness）に関心を持つようになり，アフリカのコンゴでフィールドワークを行った。汚穢の信仰について研究する中で，彼女は汚穢の概念が社会秩序の侵犯の比喩になっており（ダグラス 1995：22），汚物への反応は，曖昧なものや異例なもの（アノマリー：anomaly）への人間の反応だと考えるようになった（ダグラス 1995：24）。ただ，西洋人は過去1世紀ほどの間に病原菌の考え方に染まってしまったために，それ以前の見方をとることが難しくなっているけれども，

汚物とは場違いのもの（matter out of place），体系的秩序からはみ出たものだという観念は西欧でも変わらないとしている。つまり，汚さの理由を汚物そのものに求めるのではなく，それを生み出す分類体系に注意を向けるべきだとして，「穢れのあるところには必ず体系があるのだ」（ダグラス 1995：79）と主張している。したがって，靴それ自体は汚いものではないが，それを食卓の上に置くことは汚いこととなり，食物それ自体も汚くはないが，食物を衣服になすりつけることは汚いことになる。つまり汚物の中に汚さの源泉があるのではなく，分類体系から排除されることによって汚物が生み出されるというのである。このように視点を汚物そのものから，それを成り立たせる体系に移動させることで，ダグラスは儀礼や象徴の研究に大きなインパクトを与えた。

　ダグラスは，さらに排泄物がなぜ汚いのか，あるいは逆に力の源泉となるのかという問いに対して，身体は社会のモデルであり，社会や共同体がその周辺部を守るように，身体の周辺部も守られねばならないからだと考えた。「肉体の開口部は特に傷つき易い部分を象徴していると予想するべきであろう。そういった開口部から溢出する物質は，この上なく明白に周辺部の特徴をもった物質なのである。唾，血，乳，尿，大便あるいは涙と言ったものは，それが溢出するというただそれだけのことによって，肉体の限界を超えたことになる。身体から剥落したもの，皮膚，爪，切られた毛髪および汗等も全く同様である」（ダグラス 1995：230）。このようにダグラスは，穢れが体系や秩序からはみ出たものであり，人間の身体は体系や秩序の象徴的媒体として，社会の秩序を儀礼の場で目に見えるようにしているのだと説いた。

境界の持つ力 —— エドマンド・リーチ

　分類と境界が持つ意味を，時間や空間，服装，色彩，音などにも広げて論じたのがリーチ（Edmund R. Leach）である。彼は，現イラクのクルド人，ビルマ（現ミャンマー），セイロン（現スリランカ）などで調査を行い，ケンブリッジ大学キングズカレッジの学長（provost）を務めた。リーチによれば，「人は，視覚上区切れなく続く連続体を，意味のあるさまざまな対象に区切り，区別可能ないろいろな役割をもつ個々人に分ける」（リーチ 1976：71）。こうしてできた人工的な境界は曖昧であるため，不安や紛争の種になり，そこで儀礼が行わ

第11章 儀礼と時間

れると主張した。

　リーチは，連続と人工的に持ち込まれた区切りという考え方を，空間，時間，人の一生，社会的地位にも当てはめ，ほとんどの儀式は社会的範疇の移行であって通過儀礼だとしている。そしてそれらの範疇は，他の要素と対比されてはじめて社会的に意味をもつようになると述べ，次のような例を挙げている。たとえば，衣服はそれだけでは何の意味も持たないけれども，他の服と組み合わされると意味を持つようになる。男と女，子どもと大人，主人と従者の区別は両者の服装が対比されることで意味を持ち，また兵士や警官の服装も一般人の服と対比されることで，兵士や警官のものであることが明らかとなる。そして儀礼においては，こうした衣服の変化が地位の変化を表すものとして利用される（リーチ 1976：116-120）。また，太鼓を打つ，トランペットを吹く，爆竹や鐘を鳴らすなどの音が時間や空間の境界を記すものとして儀礼で用いられるのは，音が沈黙との対比によって意味を獲得するからだとする（リーチ 1976：131-132）。リーチのこのような議論は，ファン・ヘネップやダグラスの主張を構造主義の文脈で整理しなおしたものであり，さらに自然が連続的であるのに対して，文化は人工的な分類を持ち込むと述べ，自然と文化を対比的に論じている。

通過儀礼における子どもと大人

　ここで再び，子どもから大人への通過儀礼をとりあげてみたい。ファン・ヘネップおよびターナーやリーチらによってこの概念は洗練され，日本においても彼らの理論を通して通過儀礼を学ぶことが多い。つまり，彼らの解釈を通して私たちも通過儀礼を見るようになる。この問題性を指摘したのが慶田勝彦であり，彼はリーチが述べる「自然のままでは連続していて切れ目のないところに切れ目をわざと入れた人工的な分断」（リーチ 1976：73）という見方は，子どもから大人への過程を連続的な成長あるいは発達としてとらえる見方であり，はたしてそれは現地の人々の見方を反映しているのだろうかと疑問を呈している（慶田 1999）。

　慶田は，エヴァンズ＝プリチャード（E.E. Evans-Pritchard）が報告したスーダンのヌアー社会の成人式を例にひいている。ヌアー社会では，14歳から16歳

第Ⅰ部　基本領域

の間に男子は全員「ガル」と呼ばれる非常に苛酷な手術を受けて大人の仲間入りをする。彼らは額の上にナイフで骨に達するほどの深さの切り傷を6本入れられるのだが，この傷は死後の頭蓋骨にも跡をとどめるほどのものだ。これが分離儀礼となり，手術後に子どもたちは隔離され，様々なタブーを課された後に，供犠と祝宴の統合儀礼が行われる。慶田によれば，ヌアー社会では「『成人式』そのものが子供を大人にする」のであり，「成人式が今もって重要な機能を果たす社会では子供と大人は『絶対的な区別』として存在している。…（中略）…むしろそれは『転換』や『変身』と呼んだほうがよい」（慶田 1999：88）。それに対して，日本や西欧では「子供はいずれ大人になる。ここには子供から大人への連続性が前提とされ…（中略）…儀礼を欠落させても子供から大人への移行は保証されている」（慶田 1999：88）としている。

　成人式を含む通過儀礼を分析する視点が，連続性の中に区切りを入れるというリーチのような見方になるのは，子どもから大人への連続性を前提とする西欧的な視点であるのかもしれず，それは子どもと大人との間に絶対的な区別を見るヌアー的な視点とは異なる。慶田は，「リーチやターナーによって理論的に整備されたことで，かえって巧妙な形で西欧的な『時空間の観念』の中に再配置されてしまうことになる」（慶田 1999：91）と述べ，私たちの儀礼を見る視点が，連続性を前提とする「通過」という概念によって「読みなおされる」ことを指摘している。日本の多くの社会で成人式が名のみとなり，通過儀礼の役割を果たさなくなっているのは，子どもは自然に大人になるという連続的な見方を前提とするからであり，儀礼がなければ子どもが大人になれないと考えるヌアー社会とは大きく異なっているのである。

4　象徴研究とその先へ

象徴的効果──クロード・レヴィ＝ストロース

　儀礼を象徴の総体としてとらえて，儀礼がなぜ実効性をもつのかという問題を，象徴の効果としてより徹底的に研究する方向性もある。竹沢尚一郎は，象徴の特性はその表現能力よりも「人間の五官を刺激する感覚特性を持ち，それ

によって人間の身体と心理の奥底に働きかける力をもつ点にある」（竹沢 1987：227）としている。実際ある種の儀礼が身体に変化をひき起こす目的で行われるとするなら，どのようにして変化がひき起こされるのかという疑問が出てくる。これを正面から取り上げたのが，レヴィ＝ストロースによるクナのシャーマンをめぐる論考である（レヴィ＝ストロース 1977）。

　彼は，クナ（現パナマ共和国）のシャーマンが難産で疲れ果てた女性のもとに呼ばれ，彼女に長々と語って聞かせる物語（神話）を分析している。その物語は，女性の魂が捕えられているムウの棲家（子宮を表す）までシャーマンが上って行き，ムウたちと華々しい戦いを繰り広げた後，勝利を収めて無事に戻ってくる様を描写している。ムウの道を上るときには，シャーマンは途中で様々な怪物に行く手を阻まれながら，やっとのことでムウの棲家にたどり着く。そして，女性の魂を取り戻して，帰るときには広くなった道を一気に下りてくる。レヴィ＝ストロースは，「シャーマンは，その患者にいい表されず，またほかにいい表しようのない諸状態が，それによってただちに表されることができるような言葉をあたえるのである。…（中略）…患者がその進行に悩んでいた一連の過程の好ましい方向への再組織をひき起こすのは，この言語表現への移行である」（レヴィ＝ストロース 1977：218）と述べ，シャーマンの語る神話が変化をひき起こす言葉を与える，つまり神話の細部で語られる内容が，対応する器官の反応を呼び起こすのだろうと述べる。「しかしそれが産道の膨張の現実的進展を伴わぬ限り，患者は経験の形でそれを所有することができないであろう。神話と出産の平行関係の調和を保証するのは，象徴的効果である」（レヴィ＝ストロース 1977：222）としている。

　レヴィ＝ストロースは，クナのシャーマンによる治療と西洋の精神分析による治療との対比（類似）を用いながら，いずれも言葉という象徴が現実の器官や経験の変化をもたらすがゆえに，象徴を用いた儀礼が効果をもたらすのだと述べている。そして，私たちにとっては荒唐無稽な神話がクナの女性にとって効果をもつのは，患者がその神話を信じる社会の一員であり，守護霊と悪霊，超自然的怪物と魔術的動物は，彼女の宇宙観の一部を成しているからだとしている（レヴィ＝ストロース 1977：218）。

第Ⅰ部　基本領域

象徴的行為の先へ —— 浜本満

　浜本満は，儀礼の研究が象徴の分析に偏ることによって，儀礼的行為をめぐ
る重要な問題を見落としてきたと批判している（浜本 2001：99）。彼は，ケニ
アのドゥルマ社会でのフィールドワークをもとに，儀礼が儀礼であるのはその
原理的無根拠性にあり，彼らの実践を二項対立や象徴論的に解釈することは可
能であるけれども，それは儀礼の本質ではないと述べる。浜本は，まず「どん
なことを」「どのような仕方で」する行為を指して，私たちは「儀礼」と呼ぶ
のだろうと問いかける（浜本 2001：61）。そして，ドゥルマ人が行う「巣立ち」
の儀礼——服喪期間の終了を告げる儀礼——を例にあげる。この儀礼の最終日
に，死者の未亡人は彼女の名前が 3 回呼ばれるのを聞いた後に大声で返事をし，
一目散に走りだし，近くの木によじ登ろうとする。儀礼の施術師はそれを押し
とどめて，彼女に薬液を浴びせ，唱えごとをしながら薬液をさらにふりかけ，
彼女の身体に薬草とヒマの油を塗布する（浜本 2001：62-64）。

　この一連の行為を私たちが「儀礼」と呼ぶとするなら，これを儀礼たらしめ
ているのは何なのだろうか。なぜ未亡人を木に登らせたり，走り回らせたりす
ることが「巣立ち」になり，なぜそれによって服喪期間の禁止が解除されるの
だろうか，と浜本は問いかける。それは，歌であれ，ダンスであれ，演劇であ
れ，ある行為がそのコンテクストで行われる一種の違和感なのではないか。あ
る状況で必ず行われねばならないとされていながら，当の状況とのつながりが
ほとんど見てとれないような行為を見たとき，私たちはそれを「儀礼的」と考
える（浜本 2001：66）。「ある行為の中に，こうした無根拠性を見出した時，そ
の行為は呪術的・儀礼的に見えてくるのだ」（浜本 2001：91-92）。すなわち，
儀礼の本質とは象徴行為ではなく（この巣立ちの行為を象徴的に，あるいはリー
チのように二項対立を用いて読み取ることはもちろん可能だが），行為とコンテク
ストとの間にある違和，不連続，無根拠性なのだとする。

　だが，「儀礼的」に見える行為は，当の現実を生きている人々にとっては文
字通り現実であり，自明なことであり，けっして無根拠なのではない。つまり，
私たちから見て「儀礼的」に見える行為が，その文化の人々にとって日常の秩
序であるとするなら，ひるがえって私たちの日常を成り立たせている秩序の中

枢にも，無根拠性や恣意性があると言えよう。したがって，「人類学の作業の一つは，そうした現に生きられている秩序とそれを構成する語り口や恣意的な連結や相対的な動機付けを描き出していくこと，そしてそれを通して自分たちとは異なる語り口が可視化する秩序とそれを生きる現実感覚に出来る限りの接近を試みること」だと浜本は述べている（浜本 2001：394）。このように，浜本の視線はドゥルマの人々の「儀礼的実践」を通して，私たちの日常的実践を明らかにすることに向けられている。

5　課題と展望──グローバル社会における儀礼と政治

　儀礼が人々のライフサイクルや生業活動に伴う日常的実践である以上，なぜその行為をしなければならないのかを問うことは，文化そのものがなぜそうなっているのかを問うのに等しい。とすると，人が文化の外に出たとき儀礼に何が起こるのかを考える必要があるだろう。なぜなら，グローバル社会において人は文化を越えて移動し，ある社会で自明のことが他の社会ではまったくそうでないことに日々遭遇するからである。浜本は，「儀礼的実践」をあるルールに従って行われるゲームにたとえて，そのルールが当の人々にとってはあまりに当たり前なために，ルールであると気づかれないと述べている。だが，ルールがゲームの外部にいる人には適用されないのならば，移動の激しい現代社会においてルールの自明性は失われることになる。

　同様のことを，アフリカにおける長距離交易やイスラム化の進行による影響として，竹沢は次のように述べている。「長距離交易の活発化は，この儀礼体系から切り離された『自由な』人間を生みだすことができる。…（中略）…要するに，彼らは伝統的な儀礼体系からの離脱をおこなったということである」（竹沢 1987：291）。グローバル化が儀礼の自明性を奪い，そこから離脱する人々を生みだすことで，儀礼自体の衰退を想像することはたやすい。その意味で，儀礼研究は現代における文化人類学の中心的テーマではないのかもしれないが，儀礼自体が現代社会で重要性を失うわけではない。

　青木保は，1997年の香港の中国への「返還」という国際政治の重大場面が，

第Ⅰ部 基本領域

儀礼を通じて見事に成し遂げられる様を描いている。6月30日午前零時に，イギリスからの「分離」と中国への「統合」が速やかに一瞬の遅滞もなく行われたのは，周到に準備された儀礼のおかげだと青木はみている（青木 1997：6-7）。一見，伝統的な儀礼が国家によって創出され，動員され，国家の威信や安定を可視化する装置であることは，『創られた伝統』が明らかにしている（ホブズボウム・レンジャー 1996）。このことは，現代でも災害や大事故，テロなどの危機に際して国家的な儀礼が行われ，社会全体が再び安定を取り戻そうとする様に現れている。今村仁司らによれば，「社会は儀礼的なものなしには存続し得ない」（今村・今村 2007：20）のであり，国家の再生産と維持存続にとって国家儀礼は不可欠な装置なのである。またギアーツ（Clifford Geertz）は，19世紀のバリ島の宮廷は，それ自体が儀礼を行うための装置であり，儀礼こそが国家の存在理由だと述べている（Geertz 1980：13）。

　このように，儀礼と国家や政治が切り離せないものだとすると，現代社会が抱える課題を解決する手段として儀礼を活用することができるだろうか。たとえば，現代社会で顕在化しているマイノリティや移民などの社会的排除の課題に，新たな儀礼を用いて社会を安定に導くことができるだろうか。オジェ（Marc Augé）は，儀礼は本質的に政治的な性質を帯びたものであり，人間相互の関係を安定させることを目指しているという（オジェ 2002：125）。そうであるならば，世界が不安定さを増す現代にこそ大規模な儀礼が創出される可能性がある。実際，儀礼がもつ身体的，情緒的，個人的，対人的，社会的，認知的なレベルの効果を応用して，儀礼をデザインする方法について述べた人類学者もいる（Davis-Floyd and Laughlin 2016：7）。グローバル社会の儀礼が，現代社会の秩序の修復と構築をめざして，普遍性の高いルールのもとに行われるようになれば，人類学における儀礼研究は象徴研究から次の段階へと移行することになるだろう。

文 献

青木保　1997　「儀礼という領域」,『儀礼とパフォーマンス』（岩波講座文化人類学　第
　　9巻）岩波書店，1-19頁。

今村仁司・今村真介　2007　『儀礼のオントロギー——人間社会を再生産するもの』講談社。

オジェ，マルク　2002　『同時代世界の人類学』森山工（訳），藤原書店。

慶田勝彦　1999　「子供観——子供は大人になれるのか？」，浜本満・浜本まり子（編）『人類学のコモンセンス——文化人類学入門』学術図書出版社，78-98頁。

竹沢尚一郎　1987　『象徴と権力——儀礼の一般理論』勁草書房。

ダグラス，メアリ　1995　『汚穢と禁忌』塚本利明（訳），思潮社。

ターナー，ヴィクター　W.　1976　『儀礼の過程』富倉光雄（訳），思索社。

————　1981　『象徴と社会』梶原景昭（訳），紀伊國屋書店。

浜本満　2001　『秩序の方法——ケニア海岸地方の日常生活における儀礼的実践と語り』弘文堂。

ファン・ヘネップ，A.　1977　『通過儀礼』綾部恒雄・綾部裕子（訳），弘文堂。

フレイザー，J.　1980（1951）　『金枝篇』永橋卓介（訳），岩波書店。

ホブズボウム，E．T・レンジャー　1996　『創られた伝統』前川啓治・梶原景昭ほか（訳），紀伊國屋書店。

松岡悦子　1984　「J.G.フレイザー」，『象徴人類学』（現代のエスプリ別冊　現代の人類学4）至文堂，243-246頁。

メトカーフ，ピーター，リチャード・ハンティントン　1985　『死の儀礼——葬送習俗の人類学的研究』池上良正ほか（訳），未来社。

リーチ，エドマンド　1976　『文化とコミュニケーション——構造人類学入門』青木保・宮坂敬造（訳），紀伊國屋書店。

レヴィ＝ストロース，クロード　1977　「象徴的効果」，『構造人類学』田島節夫（訳），みすず書房，205-227頁。

Davis-Floyd, Robbie, and Charles D. Laughlin 2016 *The Power of Ritual*. Daily Grail Publishing.

Geertz, Clifford 1980 *Negara: The Theatre State in Nineteenth-century Bali*. Princeton University Press.

第12章
医療と文化

白 川 千 尋

　一般に病気は個人の心身に生じる問題として，また医療はそれに対処するための知識や技術として認識されているのではないだろうか。医療に関していえば，具体的には病院などで使われている西洋医療がイメージされるだろう。これに対して，文化人類学は，世界各地で受け継がれてきた西洋医療とは異なる医療（非西洋医療）を研究の中心的な対象とすることで，あるいは西洋医療の専門家とは異なる一般の人々の病気をめぐる認識や経験に焦点を当てることで，医療や病気に対する認識を相対化してきた。また，西洋医療と非西洋医療の関係の検討を通じて，西洋医療の浸透後も各地で非西洋医療が存在し続けている背景を明らかにしてきた。こうした成果を中心に，本章では医療の領域における文化人類学的研究のあり方の一端を紹介する。

1　非西洋医療への関心

西洋医療

　人間にとって自らの，あるいは家族や親族をはじめとした自らとかかわりをもつ人々の心身の状態は，つねに主要な関心事の一つであり続けてきた。そのことは，世界のどの社会や民族の間にも，心身の状態を把握したり，そこに生じた問題に対処したりするための知識や技術が存在することからも窺える。こうした知識や技術が医療であり，それが対処する問題の最たるものが病気である。ひとまずそう位置づけておこう。

　医療というと病院やクリニックなどが思い浮かぶかもしれない。現代の日本の場合，これらの医療施設で主に使われているのは生物医学（biomedicine）に

第12章　医療と文化

もとづく医療である。生物医学は近代以降，とりわけ19世紀以降に西欧や北米を中心とする西洋世界で発達した科学の一分野である。しかし，それにもとづく医療は，非西洋世界に対する欧米諸国の植民地主義的，帝国主義的な関与政策などに伴い，世界中に浸透していった。こうした経緯から，この医療は「西洋医療（western medicine）」，「近代医療（modern medicine）」，「科学的医療（scientific medicine）」などと呼ばれる。これらのうち，本章では生物医学にもとづく医療を指す語として「西洋医療」を用いることにする。

　日本において西洋医療は国によって高度に制度化されている。西洋医療の専門家である医師になるには，国が定めた教育機関で専門教育を受け，国家資格の医師免許を取得しなければならない。また，その後の活動も医師法などの法律で規定されており，それを犯した者は活動の停止や免許の取り消しなどの処分を国から受ける。こうした特徴から，日本の西洋医療のような制度化された医療は「制度的医療（institutional medicine）」と呼ばれることがある。

非西洋医療

　西洋医療は多くの国々や地域において制度的医療として存在し，社会の中で中心的位置を占めている。とはいえ，心身の問題に対処するための知識や技術が西洋医療しかないという社会など，おそらく存在しないだろう。非西洋世界では古くから様々な在来の医療がみられ，なかにはアーユルヴェーダや中国医学，漢方などのように西洋医療の浸透後も盛んに利用されているものが少なくない。とくにアーユルヴェーダはインドで，また中国医学は中国で，国によって西洋医療とともに制度化されており，大きな存在感を放っている。一方，西洋医療のお膝元の西洋世界でも，生物医学の登場以前から使われていたハーブを用いた療法や，18世紀後半にドイツで生まれたホメオパシー（同種療法）のような生物医学とは異なる考え方にもとづく医療がみられる。

　西洋医療と異なるこれらの医療に対しては，「非西洋医療（non-western medicine）」という語が使われることがある。また，それを西洋医療の限界や問題を乗り越え得るものとして肯定的に評価する人々は，「代替医療（alternative medicine）」と呼ぶこともある。他方で，比較的歴史の新しいホメオパシーを除くと，上述のアーユルヴェーダ，中国医学，漢方，西洋世界のハーブを用い

163

第Ⅰ部　基本領域

た療法は，いずれも各地の社会や民族の間で古くから継承されてきたものである。この点を踏まえて，それらを「伝統医療（traditional medicine）」や「民族医療（ethnomedicine）」などと呼ぶことも多い。

　医療の領域に関していえば，文化人類学が当初盛んに取り組んだのは非西洋医療の研究であった。これは文化人類学が非西洋世界を対象とした学問として出発したことと関係している。非西洋世界でのフィールドワークに赴いた文化人類学者たちは，ほかの様々なものごとと並んで，フィールドの人々によって担われている心身の問題に対処するための知識や技術にも関心を寄せた。そして，それらのあり方やそれと関係する人々の病気観や身体観などを詳細に明らかにすることで，生物医学や科学の観点からすると奇妙にみえるところもある非西洋医療が，社会の中で一定の合理的な機能や役割を果たしていることを示した。また，それを通じて西洋医療が唯一の医療ではないことや，心身の問題に対処するための知識や技術として必ずしも絶対的な存在ではないことを浮き彫りにし，西洋医療を相対化してきた。これらは医療の領域における文化人類学の最大の貢献の一つである。また，そうした営為の下で，文化人類学の下位分野の医療人類学（medical anthropology）が形を成してきたのだった。

2　多元的医療論

西洋医療と非西洋医療の関係

　ただし，以上のような貢献の反面，当初の研究では非西洋医療に焦点が絞られるあまり，すでにフィールドの人々の間に浸透していた西洋医療に関心が向けられることは少なかった。こうした傾向が生じた背景には，当時の文化人類学者たちに色濃く共有されていた伝統指向の姿勢がある。文化人類学者たちは研究の対象とする社会に在来の伝統的な事象には注目した反面，外来の新しい事象には同等の注意を払わなかった。フィールドにおいて外来の新しい事象であった西洋医療もまたしかり，というわけである。

　しかし，やがて1960年代ごろから西洋医療にも目を向けた研究が増え始め，70年代に入ると非西洋医療と西洋医療の双方を取り上げた研究が本格化する。

それとともに，一つの社会に複数の医療が並存している状況を指す語として，「多元的医療体系（plural medical system）」という用語が使われるようになる。そして，この多元的医療体系下における人々による医療の使い分けや各医療に対する認識，医療間の相互関係などに着目した研究が蓄積されてゆくようになった。これらの研究は「多元的医療論」または「医療多元論（medical pluralism）」などと呼ばれる。

　たとえばパプアニューギニアの人々の伝統医療と西洋医療に対する認識について研究を行ったバーカー（John Barker）やフランケル（Stephen Frankel）は，人々が病気を血液循環の障害や特定の食物を食べることなどによって生じるものと，霊や邪術（sorcery）などによるものに分けているとする。そして，前者には西洋医療が有効であるのに対して，後者には在来の伝統医療が効果があるととらえており，この認識にもとづき人々は2つの医療を使い分けていると述べている（Barker 1989；Frankel 1986）。

　多元的医療論の多くの研究は，研究対象地域の伝統医療が西洋医療の浸透後も活発に使われ続けていることや，両者が相互補完的な関係にあることなどを指摘してきた。この場合，バーカーらの研究もそうだが，両者は対処する病気の守備範囲を違えながら並存しているとされる。病気をめぐっていわば分業関係にあるというわけだ。こうした相互補完的な分業関係に関する指摘は，西洋医療の浸透後も非西洋医療が廃れることなく存在し続けている背景を理解するうえで重要であり，この点で一連の研究の意義は大きい。

パーソナリスティックな病因とナチュラリスティックな病因

　これらの研究において伝統医療や民族医療はしばしば，バーカーらの研究と同じように，霊や邪術によって引き起こされる病気を守備範囲とするものと報告されてきた。病気を引き起こす原因の観点からみた場合，霊や邪術などは「パーソナリスティック（personalistic）な病因」，もしくは「人格論的病因」と呼ばれる。これに対して，バーカーらの研究で言及されていた血液循環の障害や食物などは，「ナチュラリスティック（naturalistic）な病因」や「自然論的病因」という。

　パーソナリスティックな病因である邪術は，エヴァンズ＝プリチャード（E.

E. Evans-Pritchard）の定義によると，特定の相手に意図的に危害を加えることを目的として使われる超自然的，神秘的な知識や技術を指す。それらが学ぶことで後天的に習得されるのに対して，血縁などを通じて先天的に継承され，意図とは無関係に相手に害悪を及ぼすものは妖術（witchcraft）という（エヴァンズ＝プリチャード 2001）。

　邪術は多くの社会においてもっぱら特定の相手に対する怒りや恨み，妬みなどにもとづいて行使されると考えられており，人間関係のトラブルをはじめとした問題と深く結びついている。したがって，邪術を病因とする病気に適切に対処するためには，邪術の被害者の心身に生じている症状だけでなく，ここで述べたような社会的な問題も視野に入れねばならない。

　一方，霊による病気は往々にして人間の側の不適切な言動などが発端となる。たとえば霊に対する儀礼が適切に行われなかったため，怒った霊が当事者を病気にしてしまうといった場合である。しかし，そのように霊に直接否定的な作用を及ぼすようにはみえない言動も，病気のきっかけとなることがある。特定の集団の中で共有されている規範や道徳からの著しい逸脱が，霊の不興や怒りを買い，当事者に病気がもたらされるといった例がこれにあたる。この場合，病気をもたらした霊は，村の守り神や親族集団の祖霊のように当事者の帰属する集団を統括するような存在であることが多い。いずれにしろ，邪術による病気の場合と同様，霊による病気に対処する場合も，病気にされてしまった者の心身に生じている症状への対処だけでは不十分であり，霊への対処も行うことで人間と霊の間に生じた問題を修復しなければならない。

　このように邪術や霊などのパーソナリスティックな病因による病気の場合，病気を患っている個人の心身の問題のみならず，人間と人間，あるいは人間と霊との間に生じている問題にも対処することが不可欠である。そこでは病気は個人の心身に限定された個人的なものにとどまらず，社会的なものとしても立ち現れている。バーカーらの研究をはじめとした多元的医療論の研究では，そうしたニーズに対応できるものが伝統医療や民族医療であるとされている。これに対して，西洋医療はもっぱらナチュラリスティックな病因による病気を守備範囲とするものと位置づけられている。

多元的医療論の意義

　以上，ここでは，多元的医療論の研究の中で西洋医療と非西洋医療の関係について指摘されてきた相互補完的な分業関係の一例として，《西洋医療＝ナチュラリスティックな病因による病気に対処するもの》，《非西洋医療＝パーソナリスティックな病因による病気に対処するもの》という構図を紹介した。先述のように，こうした相互補完的な分業関係の構図は，西洋医療の浸透後も非西洋医療が存続している背景を理解するうえで重要である。また，これらの研究には医療や病気を考えるうえで示唆的な指摘も少なからずみられる。たとえば非西洋医療の対処する病気には，現代の日本などで広く共有されている病気のイメージに合致するような特定の個人の心身に限定された問題だけでなく，パーソナリスティックな病因による病気のように，邪術や霊を介して社会的な問題とも密接に関係したものがあることが指摘されている。これは《病気＝心身の問題》，《医療＝心身の問題に対処するための知識や技術》という一般的なイメージを相対化する重要な指摘といえよう。

　このように，これまでに概観した多元的医療論の研究はいくつもの点で意義深いものである。しかし，そこで提示されている相互補完的な分業関係が，西洋医療と非西洋医療の関係のすべてかといえばそうではない。例として，以下では南太平洋の島嶼国ヴァヌアツのトンゴア島における西洋医療と伝統医療の関係についてみてみよう。

3　非西洋医療をめぐるグローバルな動向

ヴァヌアツ・トンゴア島の西洋医療と非西洋医療

　トンゴアの人々は西洋医療を「メレシン・ブロン・ワエトマン」，もしくは「ホスピタル・メレシン」と呼ぶ。両語は「メレシン（medicine）」，「ワエトマン（white man）」，「ホスピタル（hospital）」などの英語由来の単語からなり，メレシン・ブロン・ワエトマンは直訳すると「白人の医療」，ホスピタル・メレシンは「病院の医療」となる。島にはこれらの語によって指示される西洋医療として，国営の保健所などの小規模な医療施設が2つと，商店で売られてい

第Ⅰ部　基本領域

る数種類の市販薬がある。島では長老派教会が19世紀後半からキリスト教の布
教活動を始めたが，西洋医療はその際にもち込まれた。宣教師たちが簡単な施
薬なども行っていたのである。その後，長老派は島ではじめての西洋医療の施
設であり，先の保健所の前身である施薬所を1950年代に開設している。

　一方，人々の間では「カスタム・メレシン」という語も使われている。英語
のカスタム（custom）に由来する「カスタム」は伝統的なものごとを指すので，
この語は直訳すると「伝統医療」となる。それによって指示されるものには薬
草，マッサージ，呪文，治療儀礼などがあり，なかでも薬草はトンゴアの伝統
医療の中核を占めている。それらに関する豊かな知識をもち，人々から伝統医
療の担い手と目されているのが「ナムヌア」と呼ばれる治療者である。治療者
は一般の人々と異なり，病因を特定するための特別な知識や技術をもつ。

　大雑把にいうと，人々は医療を，メレシン・ブロン・ワエトマン（ホスピタ
ル・メレシン）とカスタム・メレシンの2つのカテゴリーに分けてとらえてい
る。これらのカテゴリーを示す語はいずれも英語由来の単語からなり，メレシ
ンという単語を含んでいる。そのことや医療を指す現地語の単語がほかにみら
れないことを踏まえるならば，宣教師によってメレシン・ブロン・ワエトマン
（西洋医療）がもち込まれた際に，心身の問題に対処するための知識や技術を
一括してとらえるメレシン（医療）という概念も人々の間に浸透し，その概念
の下に位置づけられるとみなされた在来の伝統的な知識や技術が，カスタム・
メレシン（伝統医療）というカテゴリーに入るものとしてとらえられるように
なったと考えられる。つまり，西洋医療の浸透に伴い，医療に相当するものと
みなされた在来の知識や技術が，伝統医療という語のもとに新たに概念化され
た（伝統医療として「医療化」された）わけである。こうした現象は西洋医療の
浸透とともに世界各地で生じており，一定の普遍性を帯びたものである。

分業関係の構図を超えて

　ところで，トンゴアの人々は伝統医療（カスタム・メレシン）と西洋医療（メ
レシン・ブロン・ワエトマン）を，どのような関係にあるととらえているのだろ
うか。それに対する答えとして，まず次の点を挙げることができる。人々は
《伝統医療＝カスタム・シックに対処するもの》，《西洋医療＝カスタム・シッ

第12章　医療と文化

ク以外の病気に対処するもの》として，分けてとらえているという点である。

　英語のカスタムとシック（sick）に由来する単語からなる「カスタム・シック」という語は，直訳すると「伝統的な病気」となる。このカテゴリーに含まれる病気の最たるものに霊や邪術による病気がある。人々によれば，これらの病気を中心としたカスタム・シックは，西洋医療が生まれた西洋世界には存在しないトンゴアに固有の病気であるため西洋医療では治すことができず，トンゴアに固有の医療である伝統医療でなければ対処できないという。

　他方で，人々はしばしば「寒い場所に長くいると熱が出る」，「悪くなったものを食べると下痢をする」などと語る。この場合，病因として想定されるのは霊や邪術などの超自然的なものごとではなく，気温や食物といった自然の事象である。カスタム・シック以外の病気は，こうした自然の事象を病因とする病気などで占められ，霊や邪術による病気は含まれない。

　前出のパーソナリスティックな病因とナチュラリスティックな病因という語を用いた場合，カスタム・シックは前者，カスタム・シック以外の病気は後者に対応するといえる。また，それを踏まえて伝統医療と西洋医療の関係に関する人々の認識を整理すると，《伝統医療＝パーソナリスティックな病因による病気に対処するもの》，《西洋医療＝ナチュラリスティックな病因による病気に対処するもの》としてとらえられているということになる。これは先述のバーカーらの研究で提示されていた相互補完的な分業関係の構図と同じである。

　しかしながら，人々の認識にはこの構図ではとらえきれない側面もみられる。たとえば人々は発熱や下痢などに見舞われると，伝統医療を用いて対処しようとすることがある。この場合，伝統医療は対症療法的な手段として使われ，そこではパーソナリスティックな病因の介在は想定されない。また，保健所でマラリアやデング熱などと病名が特定された後，これらの病気に対処するものとして伝統医療が利用されることもある。この場合もパーソナリスティックな病因の介在は想定されない。これらの病気はある種の病原体によって生じたものとみなされ，そうしたナチュラリスティックな病因に有効とされる伝統医療（ほとんどの場合，薬草）が使われるのである。

　これらの点からは，伝統医療がたんに「パーソナリスティックな病因による

169

病気に対処するもの」の域にとどまらず，ナチュラリスティックな病因による病気にも対処できるものとして認識されていることがわかる。また，先に例示したマラリアとデング熱のうち，デング熱は西洋医療の根治薬が未開発の感染症として知られるが，人々の間ではそれを根治し得るという薬草が知られている。さらに，伝統医療の治療者の中には，やはり根治薬が未開発のHIV／AIDSや，治療の難しいある種のガンといった西洋医療における難病を治すことのできる薬草を知っているという者もいる。これらの病気もナチュラリスティックな病因によるものとされる。こうした例からは，伝統医療がパーソナリスティックな病因による病気と，ナチュラリスティックな病因による病気の双方に対処できる汎用性をもつだけでなく，西洋医療の限界を乗り越える可能性を秘めたものとしても認識されていることが窺える。

非西洋医療をめぐるグローバルな動向

多元的医療論における西洋医療と非西洋医療の相互補完的な分業関係の構図にうまくあてはまらない，以上のようなトンゴアの人々の伝統医療に対する肯定的な認識は，伝統医療をめぐるグローバルな動向の影響のもとで醸成されたものといえる。ヴァヌアツでは1980年の独立以降，政府レベルを中心に伝統医療を積極的に評価しようとする機運が高まった。インドのアーユルヴェーダや中国の中国医学のように伝統医療を制度化する政策が実施されたわけではないが，分娩介助の経験が豊富な伝統医療の女性治療者を助産師の助手として活用しようとするプロジェクトが行われたり，制度的医療（西洋医療）の現場で薬草を積極的に活用するべく，国内各地で使われている薬草の成分分析が試みられたりした。つまり，伝統医療の中でもとくに生物医学や科学の観点からみて妥当と評価できるものを，積極的に活用しようという動きが顕在化したのである。

こうした動きが生じた背景には，ヴァヌアツへのプライマリー・ヘルス・ケア（Primary Health Care，以下PHC）の導入がある。この理念は，1978年に世界保健機関と国連児童基金がカザフスタン（当時ソ連）のアルマトイ（アルマアタ）で開催した国際会議で取り上げられ，そこで採択されたアルマアタ宣言によって公にされたものである。そこでは医療分野の活動が行われるにあたっ

て，次の諸点に留意する必要性などが強調されていた。活動の対象となる人々のニーズを適切に理解すること，活動を人々の積極的な参加（住民参加）を伴うものとすること，活動対象地域の実情に即した適正技術を利用すること，地域に存在する人的，物的資源を最大限に活用することなどである。

　これらの諸点のうち，直接的には適正技術や地域の人的，物的資源の活用などとの関連で，PHC の理念が公になって以降，多くの国々において医療行政の中で伝統医療を積極的に評価し，活用しようとする動きが活発化した。そしてその結果，各国の伝統医療は大きな影響を受けることになった。トンゴアの人々の伝統医療に対する肯定的な認識も，以上のようなグローバルな動向の中に位置づけることができる。ヴァヌアツ政府も保健省に PHC 課という部署を設けるなどして，この理念にもとづく活動に取り組むようになった。伝統医療を積極的に評価しようとする政府レベルの動きはそうした中で生じたものであり，トンゴアの人々の伝統医療に対する認識は，この動きを介して PHC をめぐるグローバルな動向とも結びついているのである。

4　病気のとらえ方

疾病と病

　こうしてみてくると，非西洋医療をめぐる状況は西洋医療の側を起点としたグローバルな動向とも密接に関係しており，非西洋医療に関する理解を深めようとする場合，それ自体を対象化するだけでなく，以上のような動向に注意を払うことも不可欠であることがわかる。それほどに西洋医療は医療の中で大きな位置を占めており，世界各地の医療にかかわる動向や現象を理解するうえで無視できない存在なのである。

　西洋医療が依拠する生物医学は人間の身体を，人間が生活ないし生存してゆくうえで不可欠な機能や役割をもつ多様なパーツからなる構造体のようなものとみなすとともに，各パーツの機能や役割を物質の作用としてとらえる。また，そのようなものとしての身体が，社会や民族などの違いを超えて人間に共通のものであることを前提としている。臓器移植などはこうした身体観にもとづい

第Ⅰ部　基本領域

て発達した医療技術の代表例といえよう。さらに，生物医学では個々の病気には対応する特定の原因があり，それらはマラリア原虫やデング熱ウィルスといったように物質，およびその作用として把握できるものとされている。

　こうした身体観や病気観にもとづく生物医学の観点から専門的に病気をとらえる場合，文化人類学や医療人類学ではそれを「疾病（disease）」と呼ぶ。これに対して，生物医学や西洋医療の専門家ではない一般の人々からみた病気や，これらの人々が当事者として経験する病気は「病（illness）」と呼ばれ，疾病と区別される。また，両者を包括する語として「病気（sickness）」が使われることもある。

　疾病と病は，「体調が良くないと思ったので病院で検査してもらったら，案の定，病気だった」というように重なる場合も多いが，「検査では異常がみつからなかったのに体調が悪い（疾病ではないが病である）」，あるいは逆に「検査で異常がみつかったのに元気だ（疾病ではあるが病ではない）」というように異なる場合も珍しくない。疾病と病の差異に関するこの2つの例は，生物医学にもとづく病気のとらえ方と，病気を経験している個人のそれとの差異にかかわるものである。しかし，病気のとらえ方はそのように個人によって異なるだけでなく，社会によっても異なる場合がある。

マラリアのとらえ方

　例としてマラリアを取り上げてみよう。この語は「悪い」を指す「マル（mal）」と「空気」を指す「アリア（aria）」を組み合わせた古いイタリア語である。かつてのイタリアの人々は悪い空気にあたるとこの病気にかかるととらえ，問題視していた。サルデーニャ島の人々の生活とマラリアの関係に関する研究を行ったブラウン（Peter Brown）によると，人々は低地には悪い空気があるとし，良い空気のある丘の上などの高地に居住していた。低地には繁殖源の川などがあるためマラリアを媒介するハマダラカが分布しているのに対して，高地には繁殖源がなくハマダラカもいない。必然的にマラリアの感染も起きない。人々はマラリアをハマダラカが媒介するものではなく，悪い空気によるものととらえていたが，高地に居住することは結果的にハマダラカの吸血活動を防ぐことにつながり，生物医学的にみてもマラリアの予防策として理に適って

いた（Brown 1981）。

　このようにイタリアにおいてマラリアは病気として問題視されていた。ところが，対照的にマラリアの感染が頻発していたアメリカのミシシッピ川周辺やアフリカのリベリアなどの人々の間では，マラリアは問題視されるどころか，そもそも病気としてさえとらえられていなかった。なぜなら，これらの地域ではマラリアは誰もがかかるものであったため，人間の成長や自然環境への適応の過程で，すべての者が不可避的に経験するものとみなされていたからだという（フォスター・アンダーソン 1978）。

　以上のように病気のとらえ方は社会や個人によって異なる場合があり，それらと生物医学にもとづく病気のとらえ方も異なることがある。一方，病気のとらえ方が異なるように，病気の治癒のとらえ方も，たとえば生物医学や西洋医療の専門家と一般の人々の間では，重なる場合もあれば異なることもある。

　先述のように生物医学では個々の病気には対応する特定の原因があり，それらは物質やその作用として把握される。したがって，特定の個人の身体内にそうした物質や作用が認められれば，その個人は病気（疾病）とみなされるし，認められなくなれば病気は治癒したと判断される。しかし，病気の当事者も同じようにとらえるかといえば，そうではないことも少なくない。病院の血液検査でマラリアの病原体（マラリア原虫）が検出されなくなったものの，当の本人は相変わらず体調が優れない感じがし，マラリアが治ったという実感が湧かないといった場合がこれにあたる。

5　課題と展望

治療と癒し

　こうした例における当事者の実感は，従来の文化人類学の研究では，気持ちや気分などの語によって表現されるような精神的な次元を含むもの，あるいは病気をめぐる当事者の経験の個別性にかかわるものと位置づけられ，西洋医療では十分に対処できないものとされることがあった。西洋医療に対するそのような認識は，西洋医療に関してしばしば耳にする「病気をみて人をみない」と

第Ⅰ部　基本領域

いう批判とも重なるものといえる。そこでは西洋医療はもっぱら疾病に対処するものとみなされる。この西洋医療における疾病への対処を，文化人類学では「治療（curing）」と呼ぶことがある。マラリアの例に戻ると，その治療ではマラリア原虫の検出と除去が行われる。マラリア原虫は物質的なものであり，すべてのマラリア患者に認められるという点で一般性をもったものである。このように治療では病気の物質的な次元や一般性に焦点があてられるとされる。

　これに対して，精神的な次元も含めた病気への対処や，病気をめぐる患者の経験の個別性と向き合おうとする対処法などは，「癒し（healing）」と呼ばれる。疾病に対処するものとしての治療に対置される形で，癒しはしばしば病に対処するものと位置づけられてきた。また，西洋医療が疾病の治療にあたるのに対して，非西洋医療は病の癒しを提供するものとされることがあった。

二項対立的図式の見直しへ

　先述のバーカーらの研究をはじめとした多元的医療論の研究の中で提示されていた，西洋医療と非西洋医療に関する相互補完的な分業関係の構図を彷彿とさせる以上のような二項対立的な図式にもとづく見方は，わかりやすく説得力がある。しかしその一方で，2つの医療を過度にステレオタイプ化してとらえてしまっている可能性もある。とするならば，この見方では西洋医療はもっぱら疾病の治療にあたるとされているが，はたしてそうなのか，病気をめぐる当事者の経験の個別性に対処することはできないのか，病の癒しを提供することはできないのか，などと問うてみる必要もあるだろう。

　これらの問いに答えるためには，あらためて西洋医療の現場を注意深くとらえ直さねばならない。疾病と病は異なる場合もある反面，重なることもあるが，このとらえ直しにあたっては後者が手がかりになるかもしれない。疾病と病が重なるとは，生物医学にもとづく専門的な病気のとらえ方と専門家ではない人々のとらえ方が重なるということである。それが実現している背景を深く理解するためには，専門家ではない患者が医師の提示する病気に関する専門的な情報を，自身の病気をめぐる感覚的経験とどのように結びつけたり，折り合わせたりしているのかといった点をめぐって検討を行うことが不可欠である。その際には，たとえば専門的な情報が提示される場での医師の行為（語り口，表

情，振る舞いなど）や，提示される情報の物質的な形態（数値，図表，画像，立体模型，実物サンプルなど）に留意するとともに，それらが患者にとってどのような意味をもち，いかなる形で受容されているのかといった点にも注目する必要があろう。そうした西洋医療の現場をめぐる微視的検討の積み重ねの果てに，先述の二項対立的な図式の下で捨象されていた西洋医療の別の側面が浮き彫りになり，ひいてはこの図式自体が見直しを迫られることになるかもしれない。

文　献

飯田淳子　2013　「『手あて』としての身体診察——総合診療・家庭医療における医師－患者関係」，『文化人類学』77(4)：523-543。

池田光穂　2001　『実践の医療人類学——中央アメリカ・ヘルスケアシステムにおける医療の地政学的展開』世界思想社。

池田光穂・奥野克巳（編）　2007　『医療人類学のレッスン——病いをめぐる文化を探る』学陽書房。

エヴァンズ＝プリチャード，E. E.　2001　『アザンデ人の世界——妖術・託宣・呪術』向井元子（訳），みすず書房。

黒田浩一郎（編）　1995　『現代医療の社会学——日本の現状と課題』世界思想社。

白川千尋　2001　『カストム・メレシン——オセアニア民間医療の人類学的研究』風響社。

波平恵美子　1994　『医療人類学入門』朝日新聞社。

フォスター，ジョージ M.，バーバラ G. アンダーソン　1978　『医療人類学』中川米造（監訳），リブロポート。

道信良子　2011　「健康・病気・医療」，波平恵美子（編）『文化人類学（カレッジ版・第3版）』医学書院，157-189頁。

モル，アネマリー　2016　『多としての身体——医療実践における存在論』浜田明範・田口陽子（訳），水声社。

Barker, John 1989 "Western Medicine and the Continuity of Belief: The Maisin of Collingwood Bay, Oro Province." In Stephen Frankel and Gilbert Lewis (eds.), *A Continuing Trial of Treatment: Medical Pluralism in Papua New Guinea*. Kluwer Academic Publishers, pp. 69-93.

Brown, Peter J. 1981 "Cultural Adaptation to Endemic Malaria in Sardinia." *Medical Anthropology* 5(1): 313-339.

Foster, George M. 1978 "Disease Etiologies in non-Western Medical Systems."

第Ⅰ部　基本領域

American Anthropologist 78(4): 773-782.

Frankel, Stephen 1986 *The Huli Response to Illness*. Cambridge University Press.

Leslie, Charles 1976 "Introduction." In Charles Leslie (ed.), *Asian Medical Systems: A Comparative Study*. University of California Press, pp. 1-12.

Young, Allan 1982 "The Anthropology of Illness and Sickness." *Annual Review of Anthropology* 11: 257-285.

第13章
グローバリゼーションと移動

湖中真哉

　本章では，グローバリゼーションの人類学について考える。グローバリゼーションによって世界中の文化は均質化し，異文化に暮らす他者はいなくなるのだろうか。グローバルな巨視的視野がより重要なのであれば，フィールドで微細に対象と向き合ってきた人類学の民族誌的研究は意味を持たないのだろうか。グローバリゼーションにアプローチすることは，人類学の諸前提への挑戦でもある以上，必然的に人類学が進む方向に大きな転回を要請する。本章では，このような問題意識のもとに，グローバリゼーションの人類学の転回を，歴史化的転回，否定論的転回，連接論的転回，存在論的転回，ポスト・グローバリゼーション的転回の5つに整理し，初期グローバリゼーション研究から将来のグローバリゼーション研究への展望を示すことを試みる。

1　グローバリゼーションの人類学

人類学の新たな危機

　この章では，グローバリゼーションの人類学（anthropology of globalization）について考える。この分野が唱えられるようになったのは，ここ20年ほどに過ぎない。グローバリゼーション研究（globalization studies），あるいは，グローバル研究（global studies）は，人類学のみならず多くの学問領域が協働する学際的な分野である。そして，その中で人類学が果たしている役割は，けっして大きいとは言えない。グローバリゼーション研究の文献を数量的に調査したガイレン（Guillén 2001：240）は，経済学，社会学，政治学の領域で文献の数が爆発的に増加した一方で，歴史学と人類学は取り残されていると述べている。

第Ⅰ部 基本領域

冒頭に述べたように，グローバリゼーションによって人類学もフィールドワークも意義を失う可能性がある。もともとローカルを指向する人類学はグローバリゼーションとは進む向きが逆なのかもしれない。

　それゆえ，グローバリゼーションの人類学は，人類学に新たな一項目を加えること以上の意味をもつ。人類学がローカリティや異文化やフィールドワークの意義をただたんに強調してさえいればよい牧歌的な時代はグローバリゼーションによって終わりを告げた。この課題にアプローチすることは，人類学の諸前提への挑戦でもあり，必然的に人類学が進む方向に大きな転回を要請する。

グローバリゼーションの人類学の転回

　はたしてグローバリゼーションが突きつけるこうした難題に，人類学はどのような転回をもって応えることができるのだろうか。そして，人類学は新たな問いをグローバリゼーション研究に対して投げ返すことができるのだろうか。もし人類学が地球上の人々がつくりあげた世界を知ることによって私たちの知の可能性を拡げると同時に，自らの知が拠って立つ前提そのものを問い直すことを特徴とする学問であるならば，グローバリゼーションは，地球上の諸社会が一体化しつつある新たな状況の下で，人類学がいったいどのような知的営為であり得るかを問い直す試金石であると言えるだろう。

2　グローバリゼーションとは何か――歴史化的転回

グローバリゼーションの概念

　「グローバリゼーション」という概念は，すでに1960年代に使用され始めたといわれているが，この概念が一般にも広く用いられるようになったのは，1990年代に入ってからのことである。この概念の定義の数は，一説では450種類あると言われており，研究者ごとに定義が異なっている。ここでは，さしあたり，ロバートソン（Roland Robertson）を参考に，グローバリゼーションを「地球規模の一体化現象」として理解しておく（ロバートソン 1997：19）。わが国では，グローバリゼーションに類似した概念として，1980年代に「国際化（internationalization）」という概念が用いられるようになった。グローバリゼー

ションは，日本語では「グローバル化」と表記されることもあり，こう表記される際にはとりわけ，たんなる「国際化」と同様の意味で理解されてしまいがちである。ただし，「国際化」は，特定の国民国家からみて，その国家が国外との関連を深めていくことを意味するのに対し，「グローバリゼーション」は地球規模の観点からみており，観点が異なっていることには注意しておきたい（ロバートソン 1997：4）。

初期のグローバリゼーション研究

　初期のグローバリゼーション研究の内実は，従来からあった議論の延長に過ぎず，それらとグローバリゼーション研究の違いも明白ではなかった。しかし，従来の議論と変わらないのであれば，「グローバリゼーション」の語をあえて研究に銘打つ必要はない。人類学でもこうした状況は変わらず，概念の歴史性が問われることのないままに，国境を越えた文化や社会の流動化や多様化が採り上げられた。移民や観光などをめぐって，文化の異種混交性，クレオール化，ディアスポラなどが注目された。また，グローバリゼーションが進行すると世界中の文化が均質化するのか，それとも各地で多様化するのかが問題とされた。

概念の歴史化

　ここではまず，グローバリゼーションを普遍的にとらえるのをやめ，それを「歴史化（historicize）」することを試みてみよう。グローバリゼーションの歴史的起点は，冷戦体制が崩壊した1989年に遡る。その主な要素は，以下の3点に要約できるだろう（Eriksen 2007：3-4）。第一に，冷戦後に政治イデオロギーによる縛りが緩むようになり，それに代わって，権力を掌握するために民族的・宗教的アイデンティティを利用して対立を新たに煽り，民衆を動員することが顕著となった。第二に，冷戦体制が崩壊したことにより，旧社会主義・共産主義陣営や発展途上国も市場経済に包摂され，その結果，文字通り地球規模の単一市場経済ネットワークが形成されるようになった。第三に，冷戦期の米軍の軍事通信技術が民生転用されたことによって，TCP/IP プロトコルによるインターネットの情報ネットワークが国境を越えて世界中を結びつけるようになった。つまり，世界中で相互依存関係が著しく強まり，社会や文化の在り方が大きく流動化してきたのは，冷戦体制崩壊によって，権力，資本，情報のフ

ロー（流れ）が国民国家を越えて文字通り地球規模に拡大した歴史の結果に過ぎない。

　冷戦が終結した1989年に，IMF（国際通貨基金），世界銀行，米国財務省の3機関が合意した対外経済戦略「ワシントン・コンセンサス」が打ち出されたことは重要な意味を持つ。そこでは，世界中の諸社会は，米国を頂点とする進化の過程を辿るはずだという進化主義的な前提のもとに，グローバル経済に適合するように世界各国の政策を改革することが主張された。コンセンサスの内容は，ある意味でグローバリゼーションのイデオロギーを反映しており，それは「新自由主義（neoliberalism）」と総称されるようになった。新自由主義とは，人々を自発的な市場競争に誘う環境を整備することによって，最小限の政体による最大限の統治を実現する考え方であるが，結果的には世界に経済的繁栄ではなく富と権力の集中による格差拡大をもたらした（ハーヴェイ 2007）。

　このようにグローバリゼーションを歴史化してとらえた場合，初期のグローバリゼーション研究において盛んに取り上げられた流動化や多様化に対するとらえ方も自ずと異なってこよう。松田素二（2009）は，流動化は単純に支配や統制から逃れる術にはならないどころか，グローバリゼーションの新たな支配と統制の技法に適合していると述べている。文化の多様化についても，「グローカリゼーション（glocalization）」という言葉自体が日本企業の海外進出戦略に端を発していることからも明らかなように（Robertson 1995），グローバル資本主義が海外展開していく際の文化戦略と相似しており，文化の均質化を前提とした多様化であることには注意を払う必要がある。今日，グローバリゼーションにアプローチするにあたってまず必要な最初の転回は，これを目新しい普遍的概念としてとらえるのではなく，この概念を「歴史化」することである。

3　さまよえるグローバリゼーション研究——否定論的転回

肯定論と否定論

　グローバリゼーション研究では，グローバリゼーションをめぐって，多くの論争が繰り広げられてきた。ここでは，グローバリゼーションを肯定的にとら

えるべきなのか，否定的にとらえるべきなのかという論争をめぐって，アパド
ゥライ（Arjun Appadurai）の遍歴を辿ろう。彼が1996年に出版した『さまよえ
る近代』（アパデュライ 2004）は，グローバリゼーション研究に広範な影響を
与えた。彼は，新しいグローバルな文化経済を分析するために，流動的で不規
則な形状をもつ想像力の基盤として「スケープ（-scape）」を提唱し，「エスノ
スケープ（ethnoscape）」，「メディアスケープ（mediascape）」，「テクノスケー
プ（technoscape）」，「ファイナンススケープ（financescape）」，「イデオスケー
プ（ideoscape）」の５つの次元の乖離構造の増大としてグローバルなフローの
多様性を分析しようとした。

グローバリゼーションの暗黒面

　しかし，アパドゥライの著作に対しては，1990年代初頭のグローバリゼーシ
ョンをあまりに薔薇色に描いている一方で，暴力，排除，拡大する不平等とい
った暗い側面についての検討が不十分だと批判する人々が現れるようになった
（アパドゥライ 2010：xii, 4）。そこで，2006年に出版された『グローバリゼー
ションと暴力』（アパドゥライ 2010）では，彼はこうした批判に応えて「グロ
ーバリゼーションの暗黒面と直接対峙する」と述べている。彼は，グローバリ
ゼーションが進む世界において，マイノリティが暴力の対象とされるのは，彼
らが，ネーションが完全なものでないことをたえず思い起こさせる存在だから
であると分析している（アパドゥライ 2010：69-70）。

　グローバリゼーション研究では，グローバリゼーションを肯定的にとらえる
立場は「肯定論（positivism）」，否定的にとらえる立場は「否定論（negativ-
ism）」と呼ばれる。肯定論者は，グローバリゼーションの進行によって人類に
様々な恩恵がもたらされると認識している。これに対して，否定論者は，グロ
ーバリゼーションの進行は人類に恩恵をもたらさないばかりか，かえって状況
を悪化させていると認識している。初期のグローバリゼーション研究において
影響力が強かったのは，グローバリゼーションの恩恵を強調する肯定論であっ
た。しかし，今日，少なくとも人類学者の多くがかかわってきた周縁社会につ
いて言えば，グローバリゼーション初期の楽観的な見通しは現実感を失い，代
わって新自由主義的グローバリゼーションがもたらしてきた多くの否定的影響

第 I 部　基本領域

が世界各地で顕在化してきたことに注意が向けられるようになった。アパドゥ
ライが辿った思考の軌跡は，異種混交性や流動性を肯定的にとらえてきた初期
の肯定論から，グローバリゼーションがもたらす否定的な側面と対峙する否定
論に，人類学が大きく転回してきたことを象徴していると思われる。

4　ローカリティとフィールドの消滅——連接論的転回

ローカリティとフィールドは消滅するか

　グローバリゼーションによって，人類学者がフィールドワークを行うフィー
ルドも，自明の空間ではなくなりつつある。たとえば空港やショッピングモー
ルのように，グローバリゼーションの結果，世界中どこに行っても同じような
光景が展開している場所ならぬ場所を，オジェ（Marc Augé）は「非-場所
（non-place）」と呼んだ（Augé 2008）。それでは，人類学者が好んで扱うような
ローカルな空間はどうか。アパデュライ（2004：317-353）によれば，ローカリ
ティ（locality）の空間も主体も，あらかじめ存在するものではなく，空間にか
かわる社会的行為によってそのつど産み出されてきたに過ぎず，「フィールド」
もその一つに過ぎない。それゆえ，人類学者が他領域との差異化をねらって採
りがちな，グローバルに対してローカルを対置して対抗する戦略も，それが依
拠するローカリティ自体がそもそも揺らいでいる以上，必ずしも有効な戦略と
は言えなくなりつつある。グローバリゼーションに向き合う人類学者は，ロー
カリティも異文化も他者もフィールドも，何一つ自明ではない状況のもとでフ
ィールドノートを開かねばならない。

システムからフローへ

　グローバリゼーションは，地球規模の権力，資本，情報のフローであること
はすでに述べた。ならば，構造や体系性をもった異文化をあらかじめ措定する
ことをやめて，フローに目を転じてみよう。これは，人類学的には，けっして
目新しいアプローチではない。たとえば，マリノフスキー（Bronislaw
Malinowski）が分析したクラ交換や，レヴィ＝ストロース（Claude Lévi-
Strauss）が分析した交差イトコ婚による女性の交換は，局所的なフローに他な

らない。このフローは何らかのネットワークを形成したり，作りかえたりしな
がら，そのネットワークにそって流れると同時に，他のネットワークへと接続
する。

　資本主義も科学も政治もグローバルな連接（connection）に依存し，普遍的
な計画を実現しようとする。もし，グローバリゼーションが事前に計画できた
り，予測したりできたりするなら，それを現場に即して描くフィールドワーク
や民族誌に意義はない。しかし，グローバルな連接は，人類学者が赴くフィー
ルドにおいて，思いもよらない結果をもたらすことがある。ツィン（Anna
Tsing）は，カリマンタンの熱帯雨林をめぐる様々なグローバルな連接を予測
不可能な「軋轢（friction）」として分析した（Tsing 2005）。彼女はグローバル
な権力を，潤滑油に満たされた機械がスムーズに作動するようにみる見方を退
け，繁栄，知識，自由といった普遍的な概念が特定の時空間に着地する際の軋
轢を描いた。グローバリゼーションの人類学は，あらかじめ構造や体系性をも
った存在としての異文化から出発するのではなく，フローやネットワークやそ
の連接から出発し，逆にそこから事後的にシステムを見出す（湖中 2010）。
「文化は，差異を跨いだぎこちなく，不平等で，不安定で，創造的な相互連結
の性質であり，わたしが『軋轢』と呼んでいる相互作用の中で共同作業によっ
て絶えず生産される」（Tsing 2005：4）。

新たな起点

　ならば，「フィールド」は，明確に区切られて独特の文化を持つ特定の場所
ではなく，グローバルな連接の観点からとらえなおさねばならないだろう。グ
プタ（Akhil Gupta）とファーガソン（James Ferguson）はフィールドとホーム
という二分法自体を疑問視している。「この連接した世界では，われわれは決
して真にフィールドの外に出ることなどないだろう」（Gupta and Ferguson
1997：35）。それゆえ，彼らは，「区切られたフィールド（bounded field）」から
「転移する課題の在処（shifting location）」に焦点を移す。民族誌的介入は，無
色透明の真理探究ではなく，社会文化的な課題の在処の間で網状の相互連接
（web-like interconnection）を張り巡らせていくことなのである。

　ローカリティも異文化も他者もフィールドも，何一つ自明ではない状況のも

第Ⅰ部　基本領域

とでフィールドノートを開く人類学者が直面するのは虚無でなく可能性である。人類学者はどこかの誰かとともにフィールドワークをするまさにその行為自体によって，奇妙な連接を新たに創り出してきた。それこそが，既存のグローバルな言説の正当性を問い直し，固定化された文化の差異を揺さぶることを可能にし，新たな現実をつくりあげる可能性を開いてきたのである。

　つまり，グローバリゼーションの人類学において方法的起点となるのは，所与のローカリティやフィールドではなく，連接である。人類学者はフィールドワークという行為自体を通じて，ホームとフィールドを縦横に結ぶ連接を張り巡らせ，事後的に，そのどちらにも属さないような新たな現実を作りだしていく。それゆえ，人類学は，グローバリゼーションによって異文化や他者が消失してしまうことを案じる必要はない。それは伝統文化が永遠に不滅だからでも，現地で新たに異種混交的な異文化が生成するからでもない。ことさらに異文化や他者を追い求めるような姿勢自体が，人類学者にはもはや不要だからである。

5　グローバルなものとローカルなもの——存在論的転回

グローバリゼーションの認識論

　次に，グローバルなもの（the global）とローカルなもの（the local）の関係を考えてみよう。先に述べたように，1990年代ころの人類学におけるグローバリゼーション研究の初期においては，グローバリゼーションによる文化の均質化が問題となった。こうした問題意識のもとに，グローバルに普及しているマクドナルド（ワトソン 2003）やコカコーラ（Miller 1997）のようなグローバリゼーションを象徴する商品や事物が採り上げられ，それがローカルではどのように認識されたり，解釈されたりしてきたのかが問題化された。

　コマロフ夫妻（Jean Comaroff and John L. Comaroff）による研究も，方法論的にはこの系譜に連なるだろう（Comaroff and Comaroff 2001）。新自由主義は，世界各地で経済的格差の拡大や不安定な雇用など，これまでになかったような経済状況を生みだした。彼女らは，アフリカの妖術やロシアの新興宗教など，この時期に勃興した世界各地の様々なオカルト現象が，こうした新しい経済状

況を理解可能な現象として説明する認識枠組みを提供してきたことを分析している。ここでは，こうした研究の方向性を「グローバリゼーションの認識論（epistemology）」と呼ぶ。一見グローバルで普遍的に見える現象も，各地のローカルな色眼鏡を通して認識論的に見ると違って見えるというわけである。

言説としてのグローバリゼーション

　さて，ここでまず，はたしてグローバリゼーションが普遍的な実体なのかどうかを考えてみなければならない。すでに私たちは，この概念を歴史化した。グローバリゼーション研究では，その影響力を過大評価しない立場を採る人々を「懐疑論者（skeptics）」と呼ぶ。懐疑論者にとってグローバリゼーションとは神話や虚構であり，まったく新しい現象であるとみなす見方は誇張に過ぎない。この意味では，グローバリゼーションは，普遍的な実体ではなく，政治家や科学者やメディアや市民が形成してきた地球規模の巨大な言説の集積体に他ならない。文化間の分断に注意を払うガルシア＝カンクリーニ（Néstor García Canclini）は，アンダーソン（Benedict G. O. Anderson）が国家を「想像の共同体」ととらえたのと同様に，グローバリゼーションを「想像のグローバリゼーション（imagined globalization）」としてとらえた（García Canclini 2014：42）。

　ただし，グローバリゼーションが言説であることは，それが無力な空想であることを意味しない。まさに言説こそが地球規模でものや人を動員し，それを普遍的に実現してきたからである。ファーガソンは，越境より分断が進むアフリカではグローバリゼーション研究の様々な前提が通用しないことを指摘しながら，すべてを覆い尽くすようなグローバリゼーションに対する見方など存在せず，どんなに権威があろうとも，すべての見方は，ある特定の場所から見たものに過ぎないと述べている（Ferguson 2006：49）。つまり，グローバルなものを普遍的な実体としてとらえる必要はない。それは地球上に数多あるローカルな視点の一つに過ぎず，この意味で，グローバリゼーションは，たんに規模が大きいだけの「西洋近代のローカリゼーション（localization）」に過ぎない。

グローバリゼーションの存在論

　グローバリゼーションの認識論は，たしかに均質化論に対する批判としては意義をもつ。しかし，その前提となっていたのは，グローバルとローカルの二

第Ⅰ部 基本領域

分法であり，グローバルなものを普遍的な実体と見る見方は疑問に付されない一方，ローカルなものの役割は，たんなる認識主体に貶められてしまった。

基本的にグローバリゼーションの認識論は，グローバルな普遍的世界が一方に実在し，ローカルな色眼鏡がそれを様々に認識しているという図式を前提としている。世界は一つだが，地方独特の色眼鏡によってその見え方だけが様々に異なっているというわけである。しかし，ここでこのような図式を捨てて，グローバルな普遍的世界などそもそも存在せず，つくられ方自体が異なる世界が複数あると考えてみよう。そうすれば，世界が一つで認識の色眼鏡だけが異なっているのではなく，世界そのものが複数あり得るという見方が可能になる。したがって，グローバリゼーションの影響として社会科学的に分析できる普遍的世界が一方に実在し，地域によってはあたかもそれが妖術のように認識されているのではない。むしろ，社会科学者が「構造調整」や「脱埋め込み化」といった専門用語と結びつけて社会科学的な説明による世界を組み上げているその傍らで，妖術師が妖術と結びつけて世界を組み上げているとみるべきである。

人類学の存在論的転回（ontological turn）（第23章第3節参照）は，あらかじめ実在している何かが各文化にいかに認識されてきたのかを問題にするのではなく，そうした実在そのもののあり方が関係のネットワークを通じていかに創り上げられてきたのかを問題としてきた。存在論が，単一の普遍的な自然を多様な文化がそれぞれに認識してきたという人類学の基本的な前提を突き崩した（Viveiros de Castro 1998）のと同様に，グローバルな普遍的世界が世界各地のローカルな文化によって多様に認識されてきたことを分析してきたグローバリゼーションの認識論の前提も問い直す必要がある。ラトゥール（Bruno Latour）が言うように，鉄道や電話線はローカルでもありグローバルでもある。われわれがグローバルな組織や全体ととらえがちなものは，「長く伸びた西洋人のネットワーク」に過ぎない（ラトゥール 2008：198-199）。

それゆえ，グローバルな巨視的視野がいかに重要であったとしても，フィールドで微細に対象と向き合ってきた人類学の民族誌的研究が意義を失うことはない。それは，詳細な資料を用いた実証的研究によってマクロな研究の一部として貢献できるからでもなければ，普遍性に対抗して草の根的な，あるいは下

からのグローバリゼーションの多様なカタログを作成できるからでもない。フィールドで対象と向き合う営みを通じて微細に考え抜くことこそが、われわれが依拠しているグローバルな視野の普遍的基盤そのものを逆に揺さぶり、世界の成り立ち自体の多様性を解明することを可能にするからである。グローバリゼーションの存在論は、グローバルとローカルの二分法を出発点とするのではなく、こうした二分法を含め、世界そのものが成り立つありさまを問い直すことによって、グローバリゼーション研究に新たな問いを投げ返すだろう。

6　課題と展望——ポスト・グローバリゼーション的転回

ポスト・グローバリゼーション期

　第2節で述べたように、グローバリゼーションは普遍的なものではなく、歴史化する必要がある。歴史である以上、薔薇色の未来像を謳歌したグローバリゼーションの時代にも必ず終焉の時が訪れる。世界銀行総裁（当時）のゼーリック（Robert B. Zoellick）は、2010年に行われた講演でワシントン・コンセンサスが終幕を迎えていると述べた。つまり、新自由主義的イデオロギーの限界を、それを形成した当事者側が自ら認めたのである。2008年のリーマンショックは、グローバリゼーションによる経済的繁栄のシナリオに修正を迫った。2016年の英国のEU離脱決議や同年の米国大統領選挙に見られたように、近年、グローバリゼーションに対する反動的なナショナリズムが先進諸国の中間層や貧困層を中心に勃興し、移民や難民を排斥する動向が顕著になっているが、それはグローバリゼーションの結果なのである。いずれにせよ、初期の楽観的なグローバリゼーション像は終焉を迎えつつあり、現在の世界はその後の「ポスト・グローバリゼーション期」に入りつつある。

　ポスト・グローバリゼーション期においては、新自由主義的な世界が終焉したわけではなく、むしろそれが徹底した結果、格差の拡大や国民国家の機能不全など、グローバリゼーションのあらゆる限界が露呈し始めている。グローバリゼーションの恩恵に与れない区域は、先進国か途上国かを問わずに遍在し、「グローバル・サウス（global south）」と呼ばれている。貧困と格差、紛争と難

187

第Ⅰ部　基本領域

民，地球環境と資源など，新自由主義的グローバリゼーションが産み出した諸問題は，「グローバル・イシュー（global issue）」と呼ばれるようになった。ポスト・グローバリゼーション期は，それが世界中に山積している時代に与えられるべき時期区分である（湖中 2012）。

グローバル・イシューの人類学

　グローバル・イシュー（global issue）に対峙してきた人類学者の一人としてファーマー（Paul Farmer）が挙げられる。医療を人権としてとらえる彼は，ハイチ，メキシコ，ロシアなどを往き来しながら，医療の現場が，「費用対効果」の名の下に貧困者への医療を縮小するなど，新自由主義的な市場原理主義に蝕まれてきたことを批判している（ファーマー 2012）。その一方で，彼は，文化相対主義が，不平等と排除を文化の差異に置き換え，人権の抑圧に荷担する結果を招いたことについても厳しい批判の目を向けている。ファーマーは，医療に対しても人類学に対しても厳しい自己批判の目を向けながら，文字通り地球規模で医療や人権の概念やあり方自体を現場からつくりかえてきたのである。彼の一連の仕事は，新自由主義が猛威を振るった後に残された今日の世界において，人類学がいったいどのような知的営為であり得るのかを例示している。

　本章で示した４つの転回は，人類学がポスト・グローバリゼーション期において，グローバル・イシューに立ち向かうための新しい道具立てとなるだろう。グローバリゼーションを歴史化すること。否定的な側面に対峙すること。起点となるのは，異文化をそれ自体で完結したシステムとして囲い込むことではなく，連接であること。グローバリゼーションをローカルな認識ではなく，世界そのものの複数性としてとらえること。これらの転回はグローバルへの服従にもローカルなあるいはナショナルな反動にも与しない狭路に通じている。

　この先に構想されねばならないのは，人類学的な連接自体が一つの予測不可能なエージェントとなり，グローバリゼーションや世界の在り方自体を揺さぶり，軋轢とともに作りかえていくような人類学である。人類学ほど地球規模，人類規模の実験に文字通り体当たりで挑み，しかもそれを徹底して自省的にとらえなおしてきた学問は他にない。ポスト・グローバリゼーションの人類学は，

188

新自由主義以降に残された世界において，世界各地の現場でささやかに芽生え
つつある可能性と連接しながら，それを歴史の次章として展開していく地球規
模の共同作業の一つとなっていくことだろう。

文 献

アパデュライ，アルジュン　2004　『さまよえる近代──グローバル化の文化研究』門
　　田健一（訳），平凡社。
アパドゥライ，アルジュン　2010　『グローバリゼーションと暴力──マイノリティー
　　の恐怖』藤倉達郎（訳），世界思想社。
湖中真哉　2010　「序 「グローバリゼーション」を人類学的に乗り越えるために」，『文
　　化人類学』75(1)：48-59。
────　2012　「ポスト・グローバリゼーション期への人類学的射程──東アフリカ
　　牧畜社会における紛争の事例」，三尾裕子・床呂郁哉（編）『グローバリゼーション
　　ズ──人類学，歴史学，地域研究の現場から』弘文堂，257-284頁。
ハーヴェイ，デヴィッド　2007　『新自由主義──その歴史的展開と現在』渡辺治（監
　　訳），森田成也・木下ちがや・大屋定晴・中村好孝（訳），作品社。
ファーマー，ポール　2012　『権力の病理 誰が行使し誰が苦しむのか──医療・人
　　権・貧困』豊田英子（訳），みすず書房。
松田素二　2009　『日常人類学宣言！──生活世界の深層へ／から』世界思想社。
ラトゥール，ブルーノ　2008　『虚構の「近代」──科学人類学は警告する』川村久美
　　子（訳），新評論。
ロバートソン，ローランド　1997　『グローバリゼーション──地球文化の社会理論』
　　阿部美哉（訳），東京大学出版会。
ワトソン，ジェームズ（編）　2003　『マクドナルドはグローバルか──東アジアのファ
　　ーストフード』前川啓治・竹内恵行・岡部曜子（訳），新曜社。
Augé, Marc 2008 *Non-places: Introduction to an Anthropology of Supermodernity*.
　　Verso.
Comaroff, Jean, and John L. Comaroff 2001 "Millennial Capitalism: First Thoughts on a
　　Second Coming."In Jean and John L. Comaroff（eds.）, *Millennial Capitalism and the
　　Culture of Neoliberalism*. Duke University Press, pp. 1-56.
Eriksen, Thomas H. 2007 *Globalization: The Key Concepts*. Berg.
Ferguson, James 2006 *Global Shadows: Africa in the Neoliberal World Order*. Duke
　　University Press.
García Canclini, N. 2014 *Imagined Globalization*. Duke University Press.

第 I 部　基本領域

Guillén, Mauro F. 2001 "Is Globalization Givilizing, Destructive or Feeble? A Critique of Five Key Debates in the Social-Science Literature." *Annual Review of Sociology* 27: 235-260.

Gupta, Akhil, and James Ferguson 1997 "Discipline and Practice: 'The Field' as Site, Method, and Location in Anthropology." In Akhil Gupta and James Ferguson (eds.), *Anthropological Locations: Boundaries and Grounds of a Field Science*. University of California Press, pp. 1-46.

Robertson, Roland 1995 "Glocalization: Time-Space and Homogeneity-Heterogeneity." In Mike Featherstone, Scott Lash, and Roland Robertson (eds.), *Global Modernities*. Sage Publications, pp. 25-44.

Miller, Daniel 1997 "Coca-Cola: A Black Sweet Drink from Trinidad." In Daniel Miller (ed.), *Material Cultures: Why Some Things Matter*. University College London Press, pp. 169-187.

Tsing, Anna L. 2005 *Friction: An Ethnography of Global Connection*. Princeton University Press.

Viveiros de Castro, Eduardo. 1998 "Cosmological Deixis and Amerindian Perspectivism." *Journal of the Royal Anthropological Institute* 4(3): 469-488.

第14章

開発と文化

関 根 久 雄

　本章では，開発と文化に関する議論が，地球規模で普遍化する西洋的政治経済システムと，それに対し受動性を基調としつつも様々な応答をみせる社会や人々の個別的現実との関係性を思考の基本的枠組みとして展開されてきたことを述べる。とくにそれに関連して，途上国開発が依拠してきた近代化の意味をギデンズの議論を用いて紹介するとともに，エスコバールの開発言説アプローチや，現地の人々や調査者を含む外部者たち双方の感情の視点から地域社会の開発の動向に目を向けるアプローチについて説明する。さらに，2015年以降の途上国開発において地球レベルの共通課題として注目されるようになった持続可能な開発概念に関する議論を通じて，開発のもつ普遍性と個別性について解説する。最後に，開発という社会的課題を研究対象とする際に逃れることのできない現地の人々との協働を含む人類学者の実践ないし応答のあり方に関するさらなる議論の深まりを，「開発と文化」研究に関する課題として示す。

1　普遍性と個別性

単純な近代化

　「途上国」と呼ばれる国や地域における開発実践を文化の視点でとらえようとするとき，19世紀以降において圧倒的な影響力を持ち，地球規模で普遍化する西洋的政治経済システムと，それに対し受動性を基調としつつも様々な応答をみせる社会や人々の個別的現実との関係性が，開発と文化に関する思考の基本的枠組みとしてある。

　第二次世界大戦後の時代における経済開発は，経済成長を重要な指標にして

第Ⅰ部　基本領域

進められた。その文脈における近代化とは，基本的には経済の工業化と，人間と社会生活や社会組織の様式を，西洋的に編成し直す過程のことである。ギデンズ（Anthony Giddens）の言葉を借りれば，それは，各地の社会関係や文化的諸要素がローカルな文脈から引き離され，時空間の無限の広がりの中で，資本主義化，市民社会や国民国家の形成を通じて再構築される過程として位置づけることができる（Giddens 1990：21-23）。そして，西洋の資本主義社会は時空間を無限に拡大させ，いわゆる「未開社会」と接触する過程でそれらを変化させてきた。西洋近代を特徴づける諸概念，たとえば国民国家，資本主義，市民社会，工業社会などにもとづく社会形態は，地域ごとの特定の文脈に埋め込まれていた伝統的社会的諸関係を，国際分業体制や西洋的合理性にもとづいてそこから引き離してきたのである（ギデンズ 1993：35-36）。

　さらに，引き離された後，伝統的社会的諸関係は，個人や集団の特性にかかわりなく流通する交換媒体としての貨幣と，専門家システムへの信頼を通じて，時空間のグローバルな広がりの中に再構築された（ギデンズ 1993：35-42）。ギデンズは，このような伝統やそれと密接にかかわる自然を対象に近代化してゆく過程を，「単純な近代化（simple modernization）」（Giddens 1994：42，80-87）と呼ぶ。単純な近代化を希求する社会の流れは，実際にはそれによって環境破壊や経済格差，貧困，ジェンダー格差が拡大し，さらにその延長線上に紛争や戦争，社会秩序の混乱，アイデンティティ喪失などの否定的現象をも生み出し，顕在化させてきた。人々はそのような近代の否定性に対するモニタリング（省察）を自己の行動とその文脈に絡めて行い，近代を際限なく再構築する過程，すなわち再帰的近代化（reflexive modernization）の過程に身をおいている。

もう一つの発展論

　他方，西洋近代を普遍的な社会の枠組みとして「単純に」それを指向する近代化とは異なる方向性を模索する議論に，「もう一つの発展論」がある。それは，物質的・精神的な基本的要求（Basic Human Needs，BHN）の充足，各経済社会単位の歴史的・構造的状況に応じた多様な発展様態，各社会がもつ自然的・文化的環境を活用した地域経済の自立性，環境との健全な関係性を柱にして，開発という現象に対する従来の経済成長優先型の西洋中心主義的モデルに

代わり，「民族的個性の問題を提出し，その個性の担い手としての民衆の力に依拠する民衆参加の開発」（武者小路 1980：167-168）を目標とするものである。このような開発は，担い手として「地域社会・住民」の重要性が強調される。さらにそれは，途上国の側，とりわけ地域社会や地域住民の側から具体的な開発案件の立案や実施が行われなければならないとする内発的発展論とも結びつく（鶴見 1989）。

　もう一つの発展論は，1970年代半ば以降に表面化した近代化論の「直輸入」に対する批判や，非西洋社会における独自の価値や伝統の再評価という２つの軸に依拠しつつ展開されたものである（西川 2000：5）。そのような，西洋近代を「鵜呑み」にすることへの疑義や警戒，独自の文化的・歴史的背景から自己を再評価する思想は，引き離された伝統的社会的諸関係を再び地域社会に埋め込むことを意味し，開発のあり方に関する一種のパラダイム転換を促した。

地域的近代

　しかしながら，現代世界を主導する主体が西洋近代的システムであり，西洋近代的価値観が他を圧倒するほどの影響力をもつという事実が揺らぐことはない。西川潤は，ユネスコが主導した内発的発展論に関する研究プロジェクトが終了した1980年代以降に，地域の個性を主張する「地域主義」が途上国開発や発展に関連して議論されるようになったと述べる（西川 2000：61，67）。ここで言う地域とは，西洋的価値観に立脚した「普遍的」諸制度とは大きく（あるいは一部）異なる「個別の」社会的諸事情のもとにある社会のことを指すが，それが西洋近代との関係を度外視してまったく独自に存在するわけではない。宮本憲一は日本の都市経済に関する論考の中で，内発的発展は従来の外発型開発に代わるもの，代替的なものではあるが，外からの援助，技術や文化の導入を完全に拒否するものではなく，地域の主体性がある限りにおいて，それらを補完的に用いることの妥当性を述べている（宮本 1990：70-71）。「完全に」内発的である開発・発展など実際にはありえず，個別性を備え，地域主義的に見えても西洋近代の普遍的枠組みから逃れることはできない。そのような外発的普遍性を含意したもう一つの発展を模索する時代状況を「地域的近代」（関根 2015b：10）と呼ぶとすると，ある社会における開発・発展や近代化をめぐる

第Ⅰ部　基本領域

普遍性と個別性双方の側面は，相互に対立したものとしてあるのではなく，それらを両極とする連続線上のどこかに位置づけられることになる。

2　言説としての開発

低開発の意識を内面化する過程

　途上国の「貧困」を克服することを究極の目標とする開発を，実体としてではなく，途上国支配のための言説ととらえる見方がある。

　開発人類学者のエスコバール（Arturo Escobar）は，第二次世界大戦後の新興独立諸国における低開発状態を，言説としてとらえることを試みた。言説とは不特定多数の聞き手や読み手の間を行き交う言葉や文章などの集合であるが，これが権力と結びついて現実を反映させるとともに，現実を創造し，それによって他者を特定の方向へ向かわせることになる。ここでいう権力とは無数の力関係であり，あらゆる瞬間にあらゆる地点で発生し，それらが行使される領域に内在しており，かつそれらの組織の構成要素でもある。権力は排除，統御，所有制限などの操作を行い，それらによって言説が統御され，選択され，組織化され，再分配される（フーコー 1981）。

　エスコバールによると，低開発状態とは歴史的産物であり，西洋世界が，いわゆる途上国に対する支配を確実にするための言説と，それによる強力な実践を引き起こしてきたという。その言説とは，「世界には富める国と貧しい国があり，富める国は自分たちの進歩のブランド（発展の姿）を世界中に流布させる財力，技術力をもっている。そしてその力によって貧しい国は裕福になり，低開発世界は発展した国に成長する」（Escobar 1984 : 384-385）という内容を含むものであった。この言説においては，富める国の優位と貧しい国の劣位に明確に二分され，前者の技術力や制度を後者に提供することによってのみ貧しい国は発展する（近代化する）という発想を基盤としている。

　エスコバールは，このような言説を通じて途上国の人々が低開発の意識を内面化する過程を，「開発の発明」「開発の専門化」「開発の組織化」の３つの戦略に分類して説明している。開発の発明とは，途上国の人々が貧困（現金収入

の不足），栄養不良，低識字率など，近代社会における「異常」を認識することである。これによって権力の介入する場がつくられる。正常と異常の判断は，近代に関する知識を科学的に扱う「中立的な」専門家によって行われる。彼らが正当化した開発案件を開発の専門的組織が実践化する。これらの過程を通じて，「途上国」あるいは「低開発状態」というものがまさにそこに実在するものとして出現し，やがて途上国の人々も自らの低開発を克服するために開発の必要性を内面化させる（Escobar 1988：428-432）。足立明は，途上国において一般的に見られてきたこのような開発の姿を，「歴史的に権力と知のアンサンブルの中で構成された言説の束」（足立 1995：133-134）と呼ぶ。権力は，開発の発明，専門化，組織化という3つの戦略にもとづく開発案件を推進するために，開発言説を駆使する。国家権力だけでなく，国際社会からある国の村社会，親族や家族の長に至るまで，あらゆるレベルにおける権力関係が開発言説を操作しているということである。言説として開発現象をとらえる視点は，西洋近代の枠組みにおいて実践される開発行為そのものを批判するとともに，それを支える学問知識の権力性に対する批判をも含むのである（足立 1995：126）。

開発論ともう一つの発展論への批判

　開発にかかわる諸実践はつねに現地の人々に恩恵をもたらすわけではない。その実践活動によってさらに否定的な状況に置かれることもある。そのような開発の「失敗」はさらなる「貧困」を生み出すとともに，それを克服するために別の開発を正当化し，開発言説を再生産することにもなる。すなわち，開発は低開発状態を生産しながらさらに開発言説に促された新たな開発を再生産する循環の中にあるということである。

　開発を言説としてとらえるアプローチは，普遍性を帯びた西洋近代的論理にもとづく開発論を，言説のもつ権力性の観点から批判する。さらにそれは，そのような開発論を批判したもう一つの発展論（内発的発展論）に対しても，識字率の向上や女性の地位向上，BHN充足路線や地域主義などを標榜して個別性を強調しつつも，西洋近代的視点からの開発言説を展開しているにすぎないという批判を展開した。

　このような議論は，自明となっていた従来の開発諸概念に疑問を投げかけ，

第Ⅰ部　基本領域

途上国開発の負の側面を浮かび上がらせたという意味において，一定の意義を見いだせる。しかし，「開発＝悪」という単純な図式が強調されるあまり，従前の開発行為が全面的に否定され，その反動として地域社会における住民自身による小規模な実践の意義が過度に強調されているという批判もある（鈴木2011：56）。それは，西洋の普遍的枠組みを受け入れた上での地域的個別性の追求という意味で，前節で述べたもう一つの発展における「内と外」の連続性の指摘に通底する議論である。

3　感情によって揺れる開発

文化的構築物としての感情

　さて，開発にかかわる出来事の民族誌は，その開発実践のプロセスがたんに人々の動向を追求するだけでは把握しきれない，関係する人々の様々な感情に大きく左右されることを示している。人々はつねに合理的，理性的に意志決定しているわけではなく，自らの利害計算や信念に反してある行為を選択することもあり得るからである。たとえば，ある村落社会で現金収入にかかわる開発プロジェクトが行われたとしよう。そのプロジェクトの目的も理念も手法もそれに参加する人々に理解され，それらが共有されていたとしても，個々人の思惑どおりの便益を得られない事態に直面すると，参加者間で活動や資金などをめぐって疑心暗鬼になり，他者への怒りや妬み，不信感などによって対立し，プロジェクトの進行が頓挫するという事態は珍しいことではない。それは，人々にとっての開発実践が，親和的な状態から「開発＝悪」へと感情において転化する姿である。

　長らく人類学では，デュルケム（Émile Durkheim）とモース（Marcel Mauss）が，感情を個人の内面に起きる自然力としてとらえ，その明示しづらい性質から分析対象になり得ないとしたことを受けて（Durkheim and Mauss 1963：87），感情はあくまでも心理学や生理学の範疇に入るものであり，人類学の扱う対象ではないという見方が支配的であった。その後，フィリピンのイロンゴット族で調査を行ったロサルド（Renato Rosaldo）は，異文化の出来事を象徴論的に

とらえるのではなく,「同じ人間」としてもつ感情の揺れ動きの中で把握しようとした（ロサルド 1998）。それは日常的な相互関係の中に埋め込まれた行為として感情をみる見方であり，人類学が感情を正面から取り上げる契機となった。そのことに関連してルッツ（Catherine A. Lutz）とアブ＝ルゴッド（Lila Abu-Lughod）は，心理人類学における本質主義的な感情研究を批判し，社会的な相互行為の中で立ち上がってくる感情にかかわる言説の束に注目することの重要性を指摘している（Lutz and Abu-Lughod 1990）。感情が文化的に構築されるものとするアプローチが，感情経験の社会的・認識的次元への注目を促すこととなった。

感情社会学では，感情経験を，生理的感情という一次的なものと，他者との関係において社会的に生み出される二次的な感情の2つの次元で理解しようとする。つまり，一次的な感情を二次的に言語化・行為化する際には，状況に適合するように感情を調整する装置としての社会的文化的規範（感情規則）と照らし合わせを行っているということである。たとえば，社会的に平等な人間関係を基盤とする社会に住む世帯が，それまでそこには見られなかった新しい農耕技術をどこからか聞きつけて導入し，それによって収穫量が増え，収穫物の味も良く売れ行きが好調で，他の世帯よりも多くの現金収入を得ることができるようになったとする。その状況において他の世帯の人々が新しい技術を使い始めた世帯に対して妬みを覚え，「怒り」の感情に結び付くことはありうることである。その感情を人々がどのように表明するか，つまりどのように社会の中に示すかは，その社会にある一定の感情規則という価値判断の枠組みに依存することになる。

「驚き」を原点として感情が生じる過程

デカルト（René Descartes）は，驚き，愛，憎しみ，欲望，喜び，悲しみの6つの感情（passion）を基本的感情と呼んだ。その中でも「驚き」は，その対象となった事柄の善し悪しが判別されないうちに沸き起こるものであり，その意味においてあらゆる感情の原点であると述べる（デカルト 2008：53）。何か重大な知らせを通知されたとき，受け手はまず驚きを表明し，その後の通知者による話の展開を踏まえて同情などの適切な感情表現を選択する（北澤 2012：

第Ⅰ部　基本領域

9-10)。すなわち，上の例で言えば，新しい技術によって収量を増加させた他者に「驚き」，そこから個人は感情経験をスタートさせるということである。内堀基光は，「感情は個人の外側，つまり社会との交渉のなかで形成されるものならば，その社会がどのような特徴をもつ社会であるかによって，感情のあり方も変わってくる可能性がある。ある社会が人々の行為を価値づける体系を文化と呼ぶとすると，感情の現れ方は文化によって異なる」(内堀 2012：35-36) と述べている。感情を文化的構築物としてとらえる見方である。社会文化的諸要素は感情表出の前提であり，その意味においてフィールドワークを通じて対象に微視的に接近する人類学的解釈や方法は感情の理解に不可欠な要素であるともいえる (関根 2015a)。

　開発の文脈において感情を取り上げるということは，現地における開発の受益者や支援者自身，直接の受益者となり得ない現地の人びとなどが持つ価値判断の枠組みとの関係において彼らや自らの感情を読み取る作業のことである。それは，受動的であった「驚き」の感情が価値判断の枠組みを通じて能動性を帯びる過程や結果を主たる対象とすることを意味する。

　人間が感情に動かされやすいという現実を素直に認め，その現実に即して開発にかかわる事象についての認識を組み立てることに意義を見いだせるとすれば，文化的構築物としての感情を認識し，それに注目することは，開発と文化にかかわる普遍と個別の連続性をとらえる視点の一つとなりうる。

4　「持続可能な開発」と文化

経済開発と社会開発の両立に向けて

　ところで，2015年は，「持続可能な開発」が途上国開発にかかわる新たなグローバル目標として設定されたという意味において，画期的な年であった。持続可能な開発は，現在の世代だけでなく将来世代における欲求をも満たす開発のことであり，環境保全と開発振興の両立を含意した用語である。2015年に国連加盟国は，ミレニアム開発目標期間 (2000～2015年) において積み残された開発課題を17の持続可能な開発目標 (Sustainable Development Goals，SDGs) に

分類し，まとめた「持続可能な開発のための2030アジェンダ（2030 Agenda for Sustainable Development)」を採択した。その中には，「持続可能な農業の推進」（目標 2），「持続可能な消費と生産のパターン」（目標12），「海洋と海洋資源の持続可能な開発」（目標14），「森林の持続可能な管理」（目標15）など，自然環境の保全とそれにもとづく生業活動の推進を謳った目標や，「小規模農家への投資の促進」（目標 2），「安定的な賃金労働の確保」（目標 8），「産業化による雇用拡大効果は社会によい影響を及ぼす」（目標 9）など経済成長を想起させる内容も含まれている。これらは，貧困からの脱却において「誰も置き去りにしない（leaving no one left behind)」ことを確実にするための新たな開発の枠組みとして位置づけられている。少なくとも2030年まで，途上国開発は「持続可能な開発」を最上位のキーワードとするパラダイムの中で行われることになる。

　1980年代以降，それまで国家レベルの「上から」の経済開発中心であった途上国開発は，徐々に小規模農業や教育，女性啓発，保健と栄養改善など地域住民を明確に意識して行われる「下から」の社会開発にも力点がおかれはじめ，経済開発と社会開発双方のバランスの取れた開発が強調されるようになった。いわば，社会や人々の生活における西洋的普遍性と地域的個別性の共在を指向する開発の流れであり，SDGs もこのような一般状況の延長線上に位置づけられる。しかし，途上国開発において SDGs が地域社会や環境，人々の生業活動に注目する視点を内包し，産業社会と人々の暮らしとの新たな関係性を構築することを目標とするものであるなら，持続可能な開発概念には，必然的に国や地域，あるいは何らかの集団レベルごとの独自の解釈がそこに盛り込まれなければならない。そのことについて，筆者が調査している太平洋島嶼地域を例にみてみよう。

サブシステンスとともにある生活を可能にする開発

　太平洋島嶼地域における経済的特徴の一つに，サブシステンス（subsistence）がある。サブシステンスは，一般的には「生命の維持や生存のための活動」のことであり，自給自足的生業経済と表現される場合もある。しかし実態としては，自足させているだけでなく，現金を必要とする物品購入や学校教育などのために生産物や漁獲物の一部を市場などで販売したり，都市や開発地

第Ⅰ部　基本領域

における賃金労働に従事したりするなど，現金収入にかかわる活動も含まれている。それは，市場経済とのかかわりを維持しながらも，それに依存するのではなく，自然との共生の中で，家族や地域社会における非市場的経済活動を中心とする，生活の自立・自存をめざした活動のことである（イリイチ 1982；影山・熊田 2002：74-75）。

南太平洋のソロモン諸島国のマライタ島では，2004年にマライタ州政府が定置型有機農業の普及を政策として打ち出した。マライタ州は約13万人の人口を擁し，全国人口の約26パーセントを占め，同国9州の中でもっとも人口が多い。住民の多くは日常生活の様々な面で森や川，海などの自然資源に依存している。彼らは焼畑耕作を生業の基本とするが，近年の人口増加に伴い一人当たりの農地が減少し，焼畑に不可欠な休耕期間を十分に取ることができない。そのため土壌の劣化を招き，農作物の生育に不調をきたすようになった。このような現実を踏まえ，日本の開発NGOが2001年以来，マライタ島北部にある村を拠点に，環境的・経済的負荷の少ない持続可能な自然循環型農法の普及と定着を目的とする活動を展開している。人々は，生産効率がよく，市場性の高い農産物の生産に適した新しい農業振興（開発）に強い関心を示す。しかし同時に，日常の生活域にある自然環境，そしてそれを利用したサブシステンスを指向した生活にも関心を寄せ続ける。彼らは現金収入を求めてはいる。しかし，あくまでも「サブシステンスとともにある生活を可能にする開発」の持続を求めているのである。

他の太平洋島嶼諸国を含め，程度や内実に多少の違いは見られるものの，一般に同地域はサブシステンスに依存し，そして海外からの開発援助，移民からの送金などをそれと組み合わせながら国内経済を維持している。そこでの開発は，人々と自然環境との結びつきと彼らの近代的欲求との接合によって，もっとも身近に想像できるものである。しかしもちろん，人々はけっして貨幣経済に背を向けようとしているわけではない。むしろ現金の必要を強く感じ，近代的欲求を満たしたいと考えている。子どもを上の学校へ進学させたいと考え，電化製品もカヌーのエンジンも欲しいと願っている。携帯電話は必需品になりつつある。地元の作物や魚介類だけでなく，輸入食品や国内産の加工食品を食

べ，ビールやワインを飲みたいとも思っている。人々の暮らしにおいて，現金収入を求めてはいても経済成長をひたすらに追い求める社会のあり方ではなく，自然環境との調和，自律性を追求するサブシステンス指向の生活という地域的個別性が，太平洋島嶼地域における「持続可能な開発」を考える際に必要な要素として浮かび上がってくるのである（関根 2017）。

5　課題と展望

フィールドにおける人類学者のあり方

　最後に，「開発と文化」にかかわる人類学の課題と展望について述べておこう。

　人類学は，1920年代のマリノフスキー（Bronislaw Malinowski）による研究スタイルを一つのモデルとして成立し，基本的に今日に至るまで維持されている。それは，現地社会に身を投じつつ当該社会を観察する「参与観察」，その過程で現地の人々との間に「信頼関係」を築くこと，そしてそのような個人的経験を通して現地の人々の文化を知る，という特徴を備えた研究スタイルである（マリノフスキ 2010）。しかしそれは，1980年代以降のオリエンタリズム批判の中で，観察する人類学者は調査対象の人々から距離をとって「客観的に」現実世界を眺め，人々の「文化」をモデル化しようとする特権的視座に立つものであることが厳しく指摘された。それは，民族誌において「書かれる」現地の人々と「書く」人類学者という，権力的かつ固定的，非対称的な関係性に対する疑問であった。

　人類学者は，フィールドにおいて現地の人々と同じ時間を共有し，現地の人々との実際のやりとりにおいて，日常の何気ない会話や振る舞い，活動だけでなく，特定の状況や個人，団体などとの間で，怒りや憎しみ，不満，不快，あるいは好意や賛同，愛情など，必ずしも理性的とはいえない感情に支配されることもありうる。フィールドにおいて調査者は，必ずしも客観的で特権的であるわけではなく，相互的な主観が交錯する中にいるはずである。

　開発の文脈における人類学のフィールド実践は，現地の人々との対話，議論，

あるいはたんなる雑談にとどまる場合もあれば，それらから具体的な活動に発
展することもありうる。たとえば，新しい現金収入にかかわるビジネスや，学
校建設や改修のプロジェクトを地域社会内で始めたり，外資系企業が持ち込む
森林伐採事業やリゾート観光業のような大規模開発に反対したり，受け入れた
り，などである。フィールドにおいてこのような事態に遭遇したとき，それら
に対する人類学者の協働のありように定式化された姿はなく，普遍的システム
と社会の実情や個人の感情を含む個別の事情を踏まえて，多様な形態・形式の
もとで創発的に生み出されうる。このような協働を内包する実践的諸活動は，
フィールドワークを通じて開発の過程を詳細に把握したとしても，必ずしも民
族誌（書くこと）に帰結するわけではない。足立は，アクターネットワーク論
をレビューする中で，開発過程における政治的メッセージを含めない民族誌
（たとえば「悪者」や「陰謀」を指し示さずに記述する民族誌）の有用性を指摘す
る（足立 2001）。しかし，たとえば陰謀と関連する嫉妬の感情が開発の動向を
左右するように，それが当該開発事業の過程を理解するうえでもっとも重要な
ファクターの一つである場合も少なくない。それらの政治性を記述しないこと
で，民族誌の有用性が損なわれる可能性もある（関根 2007：375-376）。

フィールドの人々との協働

　国際社会をはじめとする普遍的な社会的諸制度や価値の体系が権力性を備え
た開発言説を再生産しながら存続していることは，揺るぎない事実である。
SDGs を前面に押し出した開発路線も，その一つである。しかしそのようなマ
クロな動きがあるにもかかわらず，ミクロな社会レベルでは，それに対し個別
的に様々な応答を行っている。ときに地域住民は開発言説に促されつつも，そ
こに権力性が潜んでいようとも，目の前の開発に対して感情的に「気に食わな
ければ」それに見向きもせず，あるいは妬みから妨害したりもする。逆に「や
りたければ」開発を受け入れたり，外部からやってくる開発支援者と何らかの
方法で協働したりすることもありうる。

　地域社会には，歴史的背景や固有の価値意識，普遍的システムとの結びつき，
それらとの関係の中で形成され表出される個人の感情に至る，多様な個別事情
が存在する。人類学は普遍的枠組みと個別の事情を踏まえて，どのようにフィ

第14章　開発と文化

ールドの人々との協働を成し得るのであろうか。前述の太平洋島嶼国における
サブシステンス指向の開発のような動きにいかに応答できるのだろうか。フィ
ールドや社会への「応答的な」人類学的実践のあり方に関する議論は，いまだ
十分に深まっているとは言えない。そのことは本章で取り上げた途上国開発の
文脈に限ったことではない。たとえば，災害復興や保健や福祉のフィールドに
文化の視点からアプローチする研究にも通ずる課題である。マリノフスキー以
来，近代人類学がこだわり続けてきた徹底した経験主義のもとで，いかにフィ
ールドの人々の目線に近づき，協働することができるのだろうか。フィールド
ワークのあり方とともに，この課題を乗り越えることで，「開発と文化」の研
究，ひいては社会的諸実践と人類学研究の裾野がさらに広がってゆくはずであ
る。

文　献

足立明　1995　「開発現象と人類学」，米山俊直（編）『現代人類学を学ぶ人のために』
　　世界思想社，119-138頁。

───　2001　「開発の人類学──アクターネットワーク論の可能性」，『社会人類学
　　年報』27：1-33。

イリイチ，イヴァン　1982　『シャドウ・ワーク──生活のあり方を問う』玉野井芳
　　郎・栗原彬（訳），岩波書店。

内堀基光　2012　「感情の起源」，内堀基光『「ひと学」への招待──人類の文化と自然』
　　NHK 出版，34-44頁。

影山彌・熊田伸子　2002　「生活の自立・自存の問題──Ⅰ．イリイチの所論をとおし
　　て」，『郡山女子大学紀要』38：61-78。

北澤毅　2012　「感情はどこにあるのか──社会化・制度化への着目」，北澤毅（編）
　　『文化としての涙──感情経験の社会学的探求』勁草書房，3-21頁。

ギデンズ，アンソニー　1993　『近代とはいかなる時代か？──モダニティの帰結』松
　　尾精文ほか（訳），而立書房。

鈴木紀　2011　「開発人類学の展開」，佐藤寛・藤掛洋子（編）『開発援助と人類学──
　　冷戦・蜜月・パートナーシップ』明石書店，45-66頁。

関根久雄　2007　「対話するフィールド，協働するフィールド──開発援助における人
　　類学の実践スタイル」，『文化人類学』72(3)：361-382。

───　2015a　「はじめに」，関根久雄（編）『実践と感情──開発人類学の新展開』

春風社，10-27頁。

───── 2015b 『地域的近代を生きるソロモン諸島──紛争・開発・「自律的依存」』
筑波大学出版会。

───── 2017 「太平洋島嶼地域におけるサブシステンスと持続可能な開発」，『開発
学研究』27(3)：7-15。

鶴見和子 1989 「内発的発展論の系譜」，鶴見和子・川田侃（編）『内発的発展論』東
京大学出版会，43-64頁。

デカルト，ルネ 2008 『情念論』谷川多佳子（訳），岩波書店。

西川潤 2000 『人間のための経済学──開発と貧困を考える』岩波書店。

ノラン，リオール 2007 『開発人類学──基本と実践』関根久雄ほか（訳），古今書院。

フーコー，ミシェル 1981 『言語表現の秩序』中村雄二郎（訳），河出書房新社。

マリノフスキ，B. 2010 『西太平洋の遠洋航海者──メラネシアのニュー・ギニア諸
島における，住民たちの事業と冒険の報告』増田義郎（訳），講談社学術文庫。

宮本憲一 1990 「地域の内発的発展をめぐって」，『鹿児島経大論集』30(4)：55-83。

武者小路公秀 1980 「現代における開発と発展の諸問題」，川田侃・三輪公忠（編）
『現代国際関係論』東京大学出版会，153-184頁。

ロサルド，レナード 1998 『文化と真実──社会分析の再構築』椎名美智（訳），日本
エディタースクール出版部。

Durkheim, Emile, and Marcel Mauss 1963 *Primitive Classification*, Translated by
Rodney Needham. Cohen & West.（デュルケーム，エミール『分類の未開形態』小
関藤一郎（訳），法政大学出版局，1980年。）

Escobar, Arturo 1984 "Discourse and Power in Development: Michel Foucault and the
Relevance of His Work to the Third World." *Alternatives* 10(3): 377-400.

───── 1988 "Power and Visibility: Development and the Invention and Management
of the Third World." *Cultural Anthropology* 3(4): 428-443.

Giddens, Anthony 1990 *The Consequences of Modernity*. Stanford University Press.

───── 1994 *Beyond Left and Right: The Future of Radical Politics*. Polity Press.

Lutz, Catherine, and Lila Abu-Lughod 1990 *Language and the Politics of Emotion*.
Cambridge University Press.

第15章
観光と文化

川森博司

観光が文化人類学の研究対象として定着したのは比較的最近のことである。それは観光という現象自体が19世紀半ばに成立した新しい現象であるという理由にもよるが，観光を研究対象にするためには，伝統的な文化人類学における「文化」概念を根本的に問いなおす必要があったことが大きい。観光を研究することはたんなる研究対象の拡大ではなく，文化人類学を次世代に向けてアップデートするための重要な方法論的試みなのである。本章では，文化人類学において観光を研究対象とすることの意義を考察した後に，観光文化と生活文化の相互関係の検討を軸にして，観光現象が批判的に検討すべき側面を多く持ちながらも，より自由で開かれた社会への希望の道筋を探るための貴重な視点を提供してくれることを論じていく。

1 観光現象と文化人類学

人類の文化としての観光

観光という現象は人類が生み出した文化である。つまり，人類以外の動物は観光という行為をしない。したがって，観光という場で行われる相互行為を研究することは，人類の文化の解明のために大きな手がかりとなるはずである。しかしながら，観光が文化人類学の研究対象になったのは，比較的最近のことである。具体的には，1974年のアメリカ人類学会（American Anthropological Association）の年会で，観光をテーマにしたシンポジウムが行われ，それにもとづいてスミス（Valene L. Smith）編の『ホスト・アンド・ゲスト——観光人類学とは何か』の初版が1977年に刊行された時期あたりから，文化人類学にお

第Ⅰ部　基本領域

ける観光研究はスタートしたといえる。

　観光がそれまで文化人類学の研究対象とされてこなかったことについては，以下の2つの理由が考えられる。第一は，観光が人類社会の産業化に伴い19世紀になって出現した人類史の中では新しい現象であることである。近代化の過程において新たに登場した現象を研究対象とする枠組みが，当時の文化人類学には準備されていなかったのである。

　第二は，観光がかつての文化人類学が研究対象としてきた地域社会の境界を越えて人々が移動する現象であり，また，地域社会の一部の人々が一時的にかかわる現象であったことである。1920年代にマリノフスキー（Bronislaw Malinowski）によって確立された現地調査のモデルは，特定の土地に定住している人々に共有される統合的な文化を対象とするものであったので，観光はその調査手法の適用範囲の外に置かれていたのである。

ポストモダン状況と観光の人類学

　マリノフスキーによって調査モデルが確立された文化人類学が研究対象としてきたのは，特定の集団によって営まれる生活の文化であった。それに対して，観光の場において作り上げられる文化は，そのような土地と人とによって区切られた領域の中に閉じられたものではない。この点について，ブルーナー（Edward M. Bruner）は次のように述べている。

　　観光は，1980年代初め頃に西欧の社会科学や人文諸科学に生じた新たなポストモダンの流れを典型的に表している。文化は，もはや完結した均質的な実体としては考えられない。それはグローバルな流れ，人や資本やアイデアの移動の結果であり，運動，混合，ハイブリッドの産物なのである。観光にあっては，限られた時間ではあるがさまざまな人びとが同じ場所で出会う。そこでは異なる利害関心，期待，他者理解のもとに，さまざまな人びとが邂逅する。かつて民族誌家による分析対象であった「共有された文化」など，観光にはない（ブルーナー　2007：2-3）。

　そして，ブルーナーは続けて，「私が目的としていたのは，文化の存在までも否定してしまうような極端な形での新たな批判を回避しながら，新しいポストモダン人類学をいかにして展開しうるのかを示すことであった」（ブルーナ

第15章　観光と文化

－ 2007：3）と述べている。ここに文化人類学において観光現象を積極的な研究対象とすることの意味が存在すると言える。つまり，現地調査にもとづく具体的な事例研究を踏まえながら，ポストモダンの状況に対応した現代社会の文化人類学的研究を進めていくうえで，観光はきわめて有効な視点を提供してくれるのである。

2　観光のまなざしと生活文化

観光のまなざしと疑似イベント

　観光という現象が生じるためには，観光に出かける人々の期待の枠組みが形成されていなければならない。観光とはどこかに出かけて何かを体験することであるが，その中でも「何かを見てくる」という視覚的体験への期待が優位に立っている。この期待の枠組みを，アーリ（John Urry）は「観光のまなざし（tourist gaze）」と名づけ，次のように説明している。

> いろいろな場がまなざしを向ける対象に選ばれるが，選ばれる理由は，とくに夢とか空想を通して，自分が習慣的に取り囲まれているものとは異なった意味をともなうようなものへの強烈な愉楽への期待なのである。このような期待は，映画，テレビ，小説，雑誌，CD，DVD，ビデオなどのさまざまな非・観光的な技術でたえず作り上げられている（アーリ・ラースン 2014：7）。

　こうした「まなざし」をアーリは「ロマン主義的まなざし」と呼んでいるが，観光のまなざしは「集合的まなざし」という特徴もあわせ持っている。「他人も同じ場所を見ていることが，愉快さ，祝祭的気分，活況を与える。たくさん他人がいることがその場の『らしさ』を醸す。こういう活況や他人を見ることがその場の集合的消費には必要なのである」（アーリ・ラースン 2014：30）。

　上記のように，「ロマン主義的まなざし」と「集合的まなざし」があわさった「観光のまなざし」の形成には，様々なメディアがかかわっている。そして，メディアによって形成されたイメージを確認するために観光に出かけるという側面が生じてくる。ブーアスティン（Daniel J. Boorstin）は，「現代のアメリカ

207

第Ⅰ部 基本領域

人の観光客は，疑似イベントでもって経験を満たしている」（ブーアスティン
1964：91）と指摘している。1960年代に提示されたこの「疑似イベント論」は，
エリート主義的であるとして今日では批判的に扱われることが多いが，観光の
一つの重要な側面を言い当てているのは確かである。彼は観光客が「疑似イベ
ント」を体験する様子を次のように述べている。

　これらの「おもしろい催物」が提供するものは，巧妙にこしらえあげられ
　た間接的経験であり，本物が空気と同じように無料で手にはいる所で，わ
　ざわざ金を払って買う人工的製品である。土地の人を「見物する」という
　行為自体が，旅行者を土地の人から隔離している。土地の人は隔離所に入
　れ，観光客はエア・コンディショニング付きの快適な部屋の窓から彼らを
　眺める。それは世界中のどこの観光地でも今日見いだされる文化的蜃気楼
　である（ブーアスティン 1964：111）。

　このように「巧妙にこしらえあげられた間接的経験」のために「わざわざ金
を払って」出かける観光客の態度を，ブーアスティンは批判的にとらえている
が，彼の問題提起を受け継ぐかたちで，では「なぜ多くの人々は疑似イベント
としての観光に魅力を感じ，わざわざメディアの『イメージ』によって現実を
確かめるために移動するのか」という問いを，山口誠は立てている（山口
2014：128）。この問いは，観光という現象をとらえていくうえで，とても重要
である。

観光イメージと観光リアリズム

　メディアに媒介されて形成されたイメージを，疑似イベントとして経験する
ことが観光の大きな部分をなしているとすると，観光客がそこでどのような経
験をしているかを具体的な場に即して実証的に考察していくことが，観光の文
化人類学的研究の課題になる。ブルーナーは「芝生の上のマーサイ——東アフ
リカにおける観光リアリズム」（1994年）という論文において，ケニアにおけ
る観光アトラクションとしてのマーサイの人々によるパフォーマンスを研究対
象として，生活文化と疑似イベントの関係を考察している。

　イギリスから植民したメイヤーズ家が経営する「メイヤーズ牧場のマーサイ
族は，注意深く協働で構築された民族誌的現在の中で，高貴な野蛮人を演じる

ことで生計を立てている」（ブルーナー 2007：53）。ここを訪れる西洋人の観光客たちは，マーサイに対して「高貴な野蛮人（noble savage）」というイメージをあらかじめ持っているのである。そのようなイメージは，ガイドブックやパンフレットなどの観光関連資料に記されているとともに，メイヤーズ牧場のガイドもそのイメージの形成に寄与している。ガイドたちは次のような説明をするという。「マーサイ族は，科学技術の器具がない代償を喜んで支払い，代わりに，純粋で，単純で，自然な生き方を選択する。彼らは不滅のマーサイ族なのである。マーサイ族は自立し，堕落した文明の誘惑よりも自らの伝統を重んじる。マーサイ族は自らに誠実で屈服しない」（ブルーナー 2007：82）。

　観光客はメイヤーズ牧場に 2 時間足らずの間滞在して，マーサイのパフォーマンスを見る。それは観光客にとって，とても自然なものに感じられるが，じつは背後で念入りな統制が行われている。マーサイがデジタル時計，Tシャツ，サッカー靴下などを身につけることは許されず，ラジオ，ウォークマン，金属製品，プラスチック，アルミ缶，大量生産された台所用品などの日常用品は，観光客の目に触れないところに隠されている。このような仕掛けのもとに実現されるパフォーマンスの「自然さ」をブルーナーは「観光リアリズム（tourist realism）」と呼んでいる。

　さて，ここで行われている統制は，マーサイの人々にステレオタイプを押し付けて見せ物にするためのものだろうか。たしかに，そのパフォーマンスは現在のマーサイの日常生活の実情を反映したものではない。しかし，彼らはメイヤーズ牧場で生活しているので，観光の時間と生活の時間をはっきり区別することができなければ，自身の生活を安心して営むことができない状況にある。つまり，この統制，そして，そこから生み出される観光リアリズムは，彼らの生活文化を守るためにも機能しているのである。

　ブルーナーはこのような状況を念頭に置いて，「私は，プロデューサーをコントロールするものと見，地元民を搾取されるものと見，さらに観光客をだまされやすいカモと見るような固定的で静的なモデルに反論する」（ブルーナー 2007：23）と述べている。ここで文化人類学者に必要とされるのは，観光の文化を生活の文化から独立したものとしてとらえたうえで，その相互関連を視野

第Ⅰ部　基本領域

に置きながら研究を進めることである。

観光文化と生活文化

　橋本和也は『観光人類学の戦略』（1999年）において，「観光者の文化的文脈と地元民の文化的文脈が出会うところで，各々独自の領域を形成しているものが，本来の文脈から離れて，一時的な観光の楽しみのために，ほんの少しだけ，売買される」ものを「観光文化」と定義している（橋本 1999：55）。ここで「地元民の文化的文脈」において独自の領域を形成しているものを「生活文化」と定義しておくことにしよう。先のマーサイの例では，観光客には知られない念入りなかたちで「観光文化」が作り上げられていた。「生活文化」の研究を蓄積してきた文化人類学の研究課題としては，生活文化に対する観光文化の役割を考察することが考えられる。

　観光は意識的な活動である。しかし，それを地元の人々にとって無理のないかたちで推進していくためには，生活文化と観光文化の切り替えがスムーズに行われる状況でなければならない。そのためのモデルとして，かつて政治学者の丸山眞男が政治活動と日常生活の関係について，次のように述べたことが参考になる。「大多数の市民は政治以外に生業をもち，主たる行動領域は政治の外にあって，ただいわば臨時にパートタイムに政治に参加するにすぎない。それが，ノーマルなのであり，また，それでなければ健全な社会とはいえない」（丸山 1998：36）。

　ここで「政治」を「観光」に置き換えて，「現地民の主たる行動領域は観光の外にあって，ただいわば臨時にパートタイムに観光に参加するにすぎない」という認識を持つことが，観光文化を考える際にまず重要である。そのうえで，どのようなかたちで「臨時にパートタイムに」観光に参加していくのが適切かという問題を，次節で考えていくことにしたい。

3　地域イメージと演じられる文化

地域イメージと文化の客体化

　日本国内の観光においても，「観光のまなざし」のもとで「観光文化」が作

りだされている。筆者が調査している岩手県遠野市の事例を紹介することにしよう。遠野はかつての城下町のまわりに農村地帯が広がる東北地方の盆地の一つであるが，1910（明治43）年に柳田國男が出版した『遠野物語』によって，「民話のふるさと」「日本のふるさと」というイメージが形成された。『遠野物語』の出版は，柳田と佐々木喜善（遠野出身で上京していた小説家志望の青年）との出会いによるもので，民話伝承の宝庫というイメージと遠野が結びついたのは，たんなる偶然と言えなくもない。しかし，『遠野物語』はその独特の文体によって強い文学的インパクトを持っていたので，数多くの農村の中でも，とくに古い伝承がそのまま残されている地域というイメージが定着するようになった。

　そのようなイメージの枠組みの中で，遠野の人々は観光の場での自己表象の試みを進めていくことになる。一つは，「とおの昔話村」などの観光施設を建設して，「民話のふるさと」のイメージに適合したまちづくりを進めていこうとする行政の試みである。もう一つは，実際にその観光の場で「ふるさとイメージ」を演じる昔話の語り部の実践である。このような動きをとらえる際に，先のブルーナーの言葉を借りれば，「地元民を搾取されるものと見，さらに観光客をだまされやすいカモと見るような固定的で静的なモデル」を採用するか，あるいは地元民の裁量の余地に注目して，地元の人々の主体性を発見していこうとするモデルを採用するかによって，観光研究の方向は大きく分かれる。

　太田好信は，現代社会における観光現象を考察するために，「文化の客体化（objectification of culture）」という分析概念を導入している。太田は次のように述べている。

　　文化の客体化とは，文化を操作できる対象として新たにつくりあげることである。そのような客体化の過程には当然，選択性が働く。すなわち民族の文化として他者に提示できる要素を選びだす必要が発生する。そして，その結果選びとられた文化は，たとえ過去から継続して存在してきた要素であっても，それが客体化のために選択されたという事実から，もとの文脈と同じ意味をもちえない（太田 2010：72）。

　さらに太田は，この「文化の客体化」という概念を用いることによって，

第Ⅰ部　基本領域

「エキゾチシズムに訴える観光形態にはたしかに抑圧的な構造が存在すること
を認めたうえで，観光を担う人々がいかにその構造に抵抗するか，あるいはそ
うするために観光のイメージをいかに利用するか，などという問題意識から観
光を分析することが可能」になると主張する（太田 2010：62）。

　ここで注意すべき点は，「文化の客体化」が個人のレベルにおいて行われる
のか，あるいは集団のレベルにおいて行われるのか，ということである。筆者
は，観光の場における遠野の語り部個人個人の実践について，1993年から95年
にかけて参与観察的な調査・研究を集中的に行った（川森 1996）。以下，そこ
から見えてきたことについて記すことにしよう。

個人の実践と文化

　文化は集団的なものであるが，それは個人の実践（practice）に枠組みを与
え，ある意味で個人の実践を拘束するものである。その観点からすると，「文
化の客体化」はまず個人のレベルで行われるものと考えられる。遠野の語り部
個人に即して見ると，文化はどのようにとらえなおされているであろうか。代
表的な語り部として活躍した鈴木サツ（1911〜1996）は，観光の場で昔話を語
るにあたって，地元の方言のとらえなおしを行ったことを，次のように述べて
いる。

　　私は，いま昔話かたるときに，「とど」とか「がが」っていうでしょ。そ
　　れを，「お父さん」「お母さん」とかっていうような言葉を，ふつう使って
　　らんだもの。ところが，それでは昔話は通らねんだもの。だから，そのと
　　き，なまじっかこういう言葉（通用語［地域で日常的に使っていることば］）
　　を使わねばいかったって思ったって，まさかね，床屋してて［サツは以前，
　　床屋をしていた］子どもが来て，「これこれぇ，この童子達（わらしゃど）」
　　なんつ，そなな言葉使ってもいられねえからね（笑），けっきょく，通用
　　語になってしまうことによって，方言すっかり忘れてしまったのす。だか
　　ら，私は，昔話するためにばかり，方言を思い出したのす（鈴木 1999：
　　332-333，［　］内は筆者の補足）。

　ここに見られるのは典型的な「文化の客体化」のプロセスである。外部から
与えられた地域イメージに対応して，地元の文化を「民話のふるさと」という

かたちで表現していくためには，ハコモノの整備とともに，個人レベルでの対応（言葉の再習得）が必要であったことを，この事例は示している。また，鈴木サツより若い世代の語り部は，自身の経験を次のように述べている。

　　私もちょっと埼玉にいたり，仕事の関係とかで，無理に遠野弁を消そうとした時代がありました。若いときには，遠野弁が恥ずかしい，かっこう悪いという思いがあって，無理に言葉を直そうとした記憶があります。でも，今は逆に，本当に純粋の遠野言葉を覚えたいという気持ちになっています（1995年に筆者が行ったインタビューによる）。

　観光の場を観光客と地元民の相互作用の場としてとらえていくためには，このような個人レベルでの文化のとらえなおしのプロセスに注目していく必要があるのである。

観光客の経験

　それでは，遠野を訪れた観光客たちは，どのような経験をしているのだろうか。それを知るために筆者は，観光客に対するインタビューと記述式のアンケート調査を行った。「語りべホール」で語りべの昔話を聞いた感想（アンケートの記述）の例をいくつか挙げてみよう。

　「直接語りべを聞けてよかった」（東京都，女23歳）

　「おばあちゃんのピュアな遠野の言葉を聞いたのがとてもよかった」（山形県，男32歳）

　「なつかしい昔話のひびきに触れることができました」（山形県，男33歳）

　「昔話の語りが聞きたくてきました。鈴木さんのお人柄がにじみでてくるような語りでした」（青森県，女46歳）

　「生の語りが聞けるなんてすばらしいですね」（神奈川県，男・女48歳）

　「方言がわからないながらも，全体の雰囲気で充分楽しかったです」（福島県，女53歳）

　これらの記述は，全体として，遠野の方言による語りを聞くことに観光客の関心が向けられていること，そして，内容そのものよりもその場の雰囲気を楽しんでいることを示している。観光客が求めているのは，新しいことを知ることではない。すでに彼らが「期待の枠組み」として持っているイメージを確認

第Ⅰ部　基本領域

して，その雰囲気を楽しむことを求めているのである。

4　情報化時代における場所の意味

ディズニーランドとアニメ聖地

　現代日本の若者に人気の観光地としてまず挙がるのがディズニーランドであり，その他にアニメの舞台を訪ねる観光（いわゆる「聖地巡礼」）も盛んになっている。イメージが先にあって，それを確かめるために特定の場所を訪れるというパターンから考えると，これらの観光のあり方も「観光のまなざし」を前提とした行動として理解される。しかしながら，そこには従来見られなかった要素も見られる。それは高度な情報化社会の進展を背景としている点である。

　ディズニーランドの人気は，情報化の進展による欧米をモデルにしたライフスタイルの均質化が，その背景にあると言ってよいだろう。能登路雅子は「子どものころから親しんできた無数のディズニーのシンボルやイメージの断片が，ディズニーランドという空間のなかに集大成されている」（能登路 2007：123）と指摘する。「従来の観光地が何らかの歴史的な因縁や地理的自然を素材としているのにたいし，ディズニーランドではすべてが観光アトラクションとしてゼロから人工的に演出されたもの」（能登路 2007：123）であるが，それが第二の自然として違和感なく受け取られていく状況は，まさに情報化社会の本質を表している。

　一方，アニメ聖地は，現代日本で絶大な人気を誇るアニメ情報が，愛好者たちの間で共有されている状況を背景にしているが，ディズニーランドほど万人向けというわけではなく，それぞれのアニメのコアなファン層の存在によって成立している。アニメ聖地巡礼という現象を，体験的踏査を踏まえて研究している岡本健は，その特徴を次のように述べている。

　　聖地となっている場所は，なんの変哲もない場所。だが，巡礼に訪れた私にとってはキャラクターが暮らす場所に見える。アニメの世界観によって現実の見え方が変わり，コンテンツとなるのだ。それはある人にとってはただの風景で，興味のないもの。でも，少し見方を変えると，わざわざそ

こに足を運び，楽しむことができる観光資源となるのだ（岡本 2013：27）。

このようにアニメ聖地は，その土地の現実の生活文化とは関係なく，アニメ作品のイメージが一方的に仮託される場所となっている。

場所の虚構化

こうした場所で起きているのは，「場所の虚構化」とでも呼ぶべき現象である（須藤 2012を参照）。それは，ある土地の風土に根ざした生活文化を，アニメ作品に由来する架空のイメージが凌駕している状況である。おそらく，従来の文化人類学の発想からすると，地域固有の文化の衰退を嘆く方向で議論が進むであろう。しかし，架空のイメージに凌駕されるほど地域固有の生活文化が希薄化している状況を，積極的にとらえ返すということも現代には必要である。好むと好まざるとにかかわらず，「生活文化の希薄化」が進んでいる状況では，「場所の虚構化」は新たな地域づくりの出発点にもなりうる。土地の人々と接点をもたずに，一方的にイメージが消費されていく状況も想定されるが，むしろ束縛的な旧来の文化を脱して，自由度の高い開かれた文化を創造していくための拠点として，アニメのイメージが地元の人々によって使われる可能性もある。このように考えると，アニメ聖地についても先に挙げた遠野の事例と共通の枠組みで，「観光文化」の可能性を考察する姿勢が望まれる。

5　課題と展望

観光という現象は人類が生み出した文化である。そして，それは生活の文化と対になって存在している。生活の文化は，人がその中に生まれ落ち，とくに意識されずに日々の行動の前提となり，また行動の束縛にもなっている。それに対して，観光の文化は意識的に作られるものであり，特定の土地が特定の観光文化を生み出す必然性があるわけではない。しかしながら，観光という現象は，イメージが先行するかたちで成立するので，白紙の状態からフリーハンドで観光の文化を作っていけるわけではない。あらかじめ存在する中心（欧米／中央／都市など）と周縁（非欧米／地方／田舎など）の力学を前提として，その中で生き延びるための苦しまぎれの試みという側面も観光文化にはある。そう

第Ⅰ部　基本領域

した状況下で，ブーアスティンのいう「疑似イベント」が作られるわけだが，それが観光客に何らかの楽しみ（広い意味での快楽）をもたらすものでなければ，観光現象は成立しない。先行するイメージを前提にして，そのイメージの中に自分を位置づける快楽，山口誠の言葉を借りれば「再帰的な快楽」が，パソコン上のネット検索と異なるのは，その快楽が身体的な移動をとおして確認される点である（山口 2013）。そこから具体的な場所への欲求が生じてくる。観光と地域づくりが結びついて「観光まちづくり」という現象が生じるのは，このような理由によるのである。

　最後に，観光の現場における調査方法について考えてみよう。第一の可能性は，調査者自らがツアーに参加するなど，観光客としてその地域を訪れて参与観察を行うという方法である（橋本 2011を参照）。第二の可能性は，観光まちづくりや地域振興に携わる人々の「たまり場」になっている場所に通って，それぞれのアクターの動きを観察しながら，観光現象の展開を中長期的視野から追跡することである。第三の可能性は，地元で行われている協議会や研究会などに継続的に参加して，中央と地方の入り組んだ力関係を「実感」するという方法である。こうした実感がなければよい民族誌は書けない。

　筆者の見るところ，実際の調査で念頭に置くべきは，観光現象の研究が「未来社会への展望をどのように切り開くか」という問いである。観光客が見ているものと，現地の人々が見ているものとの間には，一般的にズレがある。しかし，そのズレを原動力として，観光現象が生みだされているとも言える。文化人類学がモットーとするのは「現地の人々の視点から（from the native's point of view）」であるが，「観光する」ことを人類文化の一環としてとらえるとき，「観光する人々の視点から」の研究も求められるだろう。

　たしかに，観光の場には摩擦やある種のすれ違いが見られる。しかし，それをより自由で開かれた社会を構想するプロセスとしてとらえなおすことも大切である。たとえば，アニメ聖地観光について，前述の岡本は，「地域住民は，最初は不思議に思い，場合によってはオタクに付随するネガティヴなイメージを持つが，直接関わりを持つことによって印象は好転することが多い」と述べている（岡本 2013：73）。つねにそのようにスムーズにいくとは限らないだろ

うが，最近話題になることが多い外国人観光客の観光行動も，日本社会をより自由で開かれたものにするための契機としてとらえなおすことができる。観光文化の研究はまだ日が浅いだけに，未開拓な領域やテーマが多い。「観光（tourism）と自由（freedom）」もその一つである。

文　献

アーリ，ジョン，ヨーナス・ラースン　2014　『観光のまなざし（増補改訂版）』加太宏邦（訳），法政大学出版局。

太田好信　2010　『(増補版) トランスポジションの思想——文化人類学の再想像』世界思想社。

岡本健　2013　『n次創作観光——アニメ聖地巡礼／コンテンツツーリズム／観光社会学の可能性』NPO法人北海道冒険芸術出版。

川森博司　1996　「ふるさとイメージをめぐる実践——岩手県遠野の事例から」，『思想化される周辺世界』（岩波講座文化人類学　第12巻）岩波書店，155-185頁。

鈴木サツ　1999　「昔話と私〈鈴木サツ・聞き書き〉」，小澤俊夫ほか（編）『鈴木サツ全昔話集』福音館書店，309-337頁。

須藤廣　2012　『ツーリズムとポストモダン社会——後期近代における観光の両義性』明石書店。

スミス，ヴァレン・L.（編）　2018　『ホスト・アンド・ゲスト——観光人類学とは何か』市野澤潤平・東賢太朗・橋本和也（監訳），ミネルヴァ書房。

能登路雅子　2007　「ディズニーランドの巡礼観光——元祖テーマパークが作り出す文化」，山下晋司（編）『観光文化学』新曜社，119-128頁。

橋本和也　1999　『観光人類学の戦略——文化の売り方・売られ方』世界思想社。

―――――　2011　『観光経験の人類学——みやげものとガイドの「ものがたり」をめぐって』世界思想社。

ブーアスティン，ダニエル J.　1964　『幻影の時代』東京創元社。

ブルーナー，エドワード M.　2007　『観光と文化——旅の民族誌』安村克己・遠藤英樹・堀野正人（訳），学文社。

丸山眞男　1998　『丸山眞男講義録　第三冊　政治学1960』東京大学出版会。

山口誠　2013　「『ここ』を観光する快楽——メディア時代のグローカルなロケーション」，『観光学評論』1(2)：173-184。

―――――　2014　「メディア」，大橋昭一・橋本和也・遠藤英樹・神田孝治（編）『観光学ガイドブック——新しい知的領野への旅立ち』ナカニシヤ出版，126-131頁。

第16章
民族誌と表象・展示

高倉浩樹

民族誌は，特定の人間集団の実態あるいはその集団を支えるアイデンティティや象徴を描くものである。したがって，民族誌に描かれた具体的事例を用いて，文化人類学の理論が構築されることになる。とはいえ，民族誌の記述はつねに理論を内包しており，たんなるデータや事実の断片ではない。本章では，文化人類学における民族誌の歴史的発展について，その思想的背景や方法論を踏まえて解説する。客観性を軸とする従来の民族誌と，主観性や内省を軸とする近年の民族誌の両方の可能性と問題点を明らかにしながら，今日，民族誌研究は学際的研究や異文化交流の実践とも結びついていることを論じる。他者の生に共感をもってアプローチする民族誌は，人文社会科学および自然科学の中で独自の位置を占めており，大きな可能性を秘めている。

1 民族誌とは何か

文化人類学における民族誌

民族誌は，「特定の人々あるいはエスニシティについて誌されたもの」という意味である。この言葉は英語の ethnography に由来する翻訳語である。ここで民族を意味する ethno- が冠されているのは，抽象的な人類一般ではなく，歴史的・地理的・社会的にかつて存在した，あるいはいま存在している民族集団を対象としているからである。彼らの実態だけではなく，集団を支えるアイデンティティや象徴について記すこともある。英語の ethnography は「民族誌」以外に「民俗誌」「エスノグラフィ」と訳される場合もあるが，基本は同一である。

人類は地球のあらゆる場所に住んでいる。その多様性は，基本的には自然生態系の違い（たとえば砂漠や熱帯雨林など）に由来するが，社会階層の違い（たとえば都市のホームレスから大邸宅に住む人々にいたるまで）に起因する部分も少なくない。さらに，スポーツクラブや暴走族などのように，特定の目的をもって日常的に顔を合わせているものの，同じ場所で生活はともにしていないという場合もある。様々な形で組織化され，あるいは再編され続けている人間の集団，共同体，コミュニティーなどを描写したものが，民族誌なのである。

文化人類学は，人間の集団的特徴を民族誌として記述することで，人類の文化的多様性を明らかにすることを目的としている。と同時に，その多様性を支える普遍性が存在することをも探求する。後者の意味では，民族誌はいわば事例であり，理論探求のための素材である。その一方で，記述を支える枠組みは理論によって支えられ，民族誌はつねに理論を内包している。民族誌の記述が理論を切り開く場合もあるし，理論が記述のスタイルを変えることもある。

異文化遭遇の歴史

自分たちとは異なる集団に関心を抱き，その特徴を記述する行為は，人類に普遍的なものである。古くは古代ギリシアのヘロドトス（Herodotus）の『歴史』に登場するペルシア人や，『日本書紀』に見られる隼人や蝦夷の記述がそれを示している。これらの書物には，書き手や編纂者の偏見や誤解が混じっていたかもしれないが，文化的他者を理解したいという思いは，時代を越えて人類社会に等しく見られるものである。旅行，巡礼，交易，戦争などが異文化の情報を得る機会であった。

人類史上，そうした異文化との遭遇がもっとも高頻度かつ広範囲にわたって見られたのは，15世紀から17世紀のヨーロッパの大航海時代であった。宣教師や探検家によって多くの旅行記が書かれ，そこに異文化の記述が様々な形で登場したのである。イエズス会の宣教師フロイス（Luis Frois）による『日本史』はその一つといえる。学問としての民族誌の萌芽は，この時代に形成されたと言っても過言ではない。日本では，江戸幕府による鎖国政策のため，海外の異文化を記述する機会に恵まれなかった。しかし18世紀以降に，都市居住で文字を使う武士や町人が農村の生活について関心をもち，旅行をしながら各地の風

俗を記述することが行われるようになった（福田 2009）。その一人が菅江真澄
（1754〜1829）であり，彼は当時の蝦夷地にまで足を延ばしてアイヌ文化を描い
ている。一方，19世紀になると江戸幕府は対ロシア政策のため，日本北方の情
報収集を探検家に行わせるようになった。その一人の間宮林蔵は，アイヌ語を
身につけ，サハリンやアムール川流域を調査して，その地に暮らす住民の風俗
や社会について民族誌的情報を記録した（加藤 1986）。

民族誌の刷新

19世紀の西欧では，旅行記などの断片的な異文化記述を資料として，文化人
類学的研究が行われるようになった。その内容は，たとえばアニミズムやシャ
ーマニズムのような宗教現象を，人類文化の多様性の表出としてとらえ，人類
に共通の普遍性を探求するというものだった。

そうした状況下で，研究者は科学的分析に耐えうる信頼性の高い民族誌資料
を必要とするようになり，自ら収集を行うようになった。たとえば，マルクス
（Karl Marx）にも影響を与えたアメリカのモルガン（Lewis Henry Morgan）は，
実際に現地を訪問したわけではなかったが，ニューヨークでイロクォイ族から
直接聞き取りを行った。イギリスでは，トレス海峡で現地調査を行ったリヴァ
ーズ（William H. R. Rivers）らが，長期滞在型の調査が民族誌研究にとってき
わめて重要であることを確信するようになっていた。おそらくこの点でもっと
も先駆的だったのは，ロシアの民族誌研究だった。当時の帝政下で政治犯とし
て何人もの若い知識人がシベリアに流刑され，彼らの中からたとえばボゴラス
（Vladimir G. Bogoras）のように10年近くも現地で暮らし，現地語を学んで民族
誌を記述する者が現れたからである（枡本 1993）。

2　人類学と民族誌記述の歴史

非西欧研究としての文化人類学

国民国家の成立と産業近代化が進んだ19世紀の西欧諸国では，科学の制度化
が進むと同時に，様々な文系の学問が大学で教えられるようになった。その背
景には，国民としての文化的アイデンティティの創出が必要となったという事

情がある。そうしたイデオロギー的動きを牽引したのが言語学，文学，そして近代歴史学といった人文諸学であった。これとほぼ同時進行で，国民国家内部の変化を分析の対象として，新たに創造／想像された国民という共同体の同一性強化に貢献したのが社会科学である。産業化の進行と科学技術の進歩は，社会の流動化を促すとともに，進歩あるいは社会進化というイデオロギーをもたらした。国民社会のアイデンティティ形成という時代の要請に，社会科学も応えたのである。

　ウォーラーステイン（Immanuel Wallerstein）は，19世紀に独自の分野として発達した政治学，経済学，社会学の特徴として，第一に，実証的基盤をもつ法則定立的研究であること，第二に，研究者自らの母国，すなわち資本主義経済の中核諸国が分析対象となったこと，の2点を挙げている（ウォーラーステイン 1993：32-33）。研究対象となった社会変化は，あくまで産業化・文明化された国民に関するもので，それ以外の人々の生の営みは度外視された。彼らは，産業社会＝文明社会に包摂されることによってのみ，社会科学の法則にもとづく変化＝進化を経験すると考えられたのである。この「彼ら」を研究するために登場したディシプリン（学問分野）が，東洋学と人類学であった。

　周知の通り，東洋学の対象は文字をもつ非産業社会であるが，その本質は西洋にとっての異文化の文字を解読することにあった。すなわち解読された文字の数だけディシプリンは細分化されたのである。これに対して人類学は，文字をもたない「未開社会」という枠組みを設定することで，その対象を一元的に固定した。「未開社会」の資料を実証的に用いた法則定位的研究——これがディシプリンとしての人類学の初期における姿である（この時代の人類学は自然人類学と文化人類学に分岐されていなかった）。そしてこの文字をもたない人々を対象とした実証的資料が，旅行記，宣教師，行政官などによる異民族の記述を祖型とする民族誌なのである。ここにおいて，人類学を構成する一分野としての民族誌研究が成立した。

文化比較と法則定位

　民族誌のスタイルは，当時の西欧産業社会における出版文化のあり方と密接に結びついている。山口昌男（1990：300）は，文字の出現と印刷技術の発展が

第 I 部 基本領域

百科事典登場の背景にあるとみている。彼が指摘したように，百科事典は現実を細分化して小さなスペースに押し込み，細部に関する正確な知識を提供するものの，細部の相互関係は不明で，特定の細部が読み手の世界に占める位置や意味も不明である。同様に，当時の民族誌には，特定の民族や集団を対象として，たとえば結婚や葬式のあり方，経済生活や政治制度のあり方が描かれていた。細分化された記述の断片を文化という観点から集積する点に，民族誌の本質があると考えられていたのである。

　それゆえ，本や論文の中で説明分析されている特定の文化項目（たとえば「成人式」）をとり出し，それらを複数集めることで，民族や集団を越えた文化比較が可能になると考えられていた。事実，民族誌は人類学の黎明期における課題——人類史の法則定位という理論的課題——を検討するために，「実証的」に用いられ始めたのである。

　初期人類学の理論的基盤である文化進化論や文化伝播論は，しばしば思弁的で推論的と批判されている。たしかに，これらの理論は今の視点からみると，資料の活用法や比較において大きな方法論的困難を抱えているが，その目的は「未開社会」に関する資料を使って法則定位を試みることに他ならなかった。たとえば，サハリンの先住民ニヴフ（別称ギリヤーク）の婚姻制度を現地調査によって明らかにしたロシアのシュテルンベルグ（Lev Y. Shternberg）の報告の一部は，エンゲルス（Friedrich Engels）の古典『家族・私有財産および国家の起源』（1884年）の中で「新たに発見された集団婚の一例」として紹介されている。エンゲルスは，このニヴフの民族誌資料によって，モルガンによって提唱された文化進化論的婚姻論が実証されたことを嬉々として述べている。その後，人類学的理論に大きな影響を及ぼした文化伝播論は，複数の地域における文化要素の相互関連を分析して，文化史の再構成を目指すものであった。そこでは文化進化論の先験的な立脚点が批判され，文化要素を「文化圏（culture area）」という枠組みで歴史的地理的に解明することによって，より厳密な人類学的方法論の確立が提唱されていたのである。

マリノフスキーの長期参与観察

　しばしば「近代人類学の祖」と呼ばれるマリノフスキー（Bronislaw

第16章　民族誌と表象・展示

Malinowski）の最大の業績は，民族誌記述の方法を革新したという点に尽きる。現地に長期間滞在して，被調査集団から直接見聞することの重要性は，マリノフスキー以前から認識されていたが，彼はそれを徹底的に実践したのである。

　代表作『西太平洋の遠洋航海者』（原著 1922年）の序論で，マリノフスキーは民族誌記述には「部族生活の骨組み」だけではなく「血肉」が与えられなければならないと説いた。それは，長期の参与観察（participant observation）によって詳細な実例を収集することで，社会構造の明瞭で確実な輪郭を描き，その法則と規則性を解明するとともに，人間生活の現実，日常の出来事の静かな流れ，さらに祝祭・儀礼などを記述するということである。「骨組み」と「血肉」という比喩からうかがえるように，調査された各々の文化項目（たとえば経済と儀礼）は，研究者によって自由に並びかえられる見出しではなく，現地の人々の社会・文化の中で有機的に連関しあっている。なぜなら，彼らの風俗・習慣・信仰は「手のこんだ部族組織・共同体組織・親族組織に対応する，義務と特権の網の目のなかに捕らえられている」（マリノフスキ 2010：44）からだ。ここにおいて，特定社会の文化を解明するうえで，民族誌記述がはじめて実証的な資料になったことに留意したい。マリノフスキー以前の「実証」性とは，研究者の学術的営みにおける論理的思考とほぼ同義であったが，旅行記や宣教師の記録に代わって，人類学者自身が実証のための資料を収集するという方法は，『西太平洋の遠洋航海者』によって確立されたのである。

3　民族誌の発展

民族誌の客観性と HRAF

　その後，機能主義や構造主義の登場といった理論的展開の中で，様々な民族誌記述のあり方が提示された。とくに注目したいのは，言語学者パイク（Kenneth Pike）が提唱したエミック（emic）とエティック（etic）という対概念である。エミックのもととなった音素論（phonemics）とは，個別言語内で意味の生成に関与する音の最小単位である音素に関する学問で，エティックのもととなった音声学（phonetics）とは，国際音声記号にみられるように，音の

第Ⅰ部　基本領域

聴覚属性を体系化して普遍的に記述する学問である。この対比から文化研究に
応用可能なエミックとエティックという視点が導き出された。前者は個別文化
の内側において意味のある概念を見いだす視点であり，後者はあらゆる文化に
適用可能な概念を研究者が見いだす視点である。

　エティックの視点による文化比較の方法は，マードック（George P.
Murdock）を中心にアメリカのイェール大学で開発された「人間関係地域目録
（Human Relations Area Files, HRAF）」によって精緻化が進んだ。HRAF は世
界中のあらゆる社会や民族集団の文献を集め，これに図書分類のように地域別，
文化項目別の分類番号をつけて，番号ごとにファイル化したものである。この
基礎資料の整備によって，統計処理を用いた通文化比較（cross-cultural）研究
がより容易となった。また特定地域・民族の事例研究において，基礎的で古典
的な資料が容易に入手できるようになった。このような民族誌記述の客観性お
よび再検証可能性を確立する試みは，1960年代以降，生態人類学，認識人類学
などの分野においても進められ，心理学，認知科学，生物学との共同研究を可
能にした（福井 1991）。

日本の民族誌

　日本では，20世紀前半に活躍した鳥居龍蔵をはじめとする人類学者が海外で
現地調査を行い，日本語で民族誌を書くようになっていた。ここでは，独自の
問題意識をもって民族誌記述の方法開発にとりくんだ３人を紹介する。

　第一は，日本民俗学の創設者として知られる柳田國男である。20世紀初頭に
刊行された『後狩詞記』（1909年）は，宮崎県の椎葉村（現・東臼杵郡椎葉村）
における狩猟風俗についての見聞をまとめた民族誌（民俗誌）である（柳田
1964）。柳田には，平地の農耕民との対比における，異文化としての山地の狩
猟民という認識があった。『後狩詞記』には，村の歴史，環境，生業（焼畑），
狩りの技術，紛争時の調停などが描かれているが，重要なのは被調査者が用い
る現地語（民俗語彙）に即して説明されている点である。その後，柳田門下は
全国の山村踏査に着手したが，彼らは複数の研究者が共通の調査項目について
聞き取りを行い，その結果を記入する『採集手帖』という印刷物を用意して，
統一的な民族誌調査を試みた（福田 2009：122-125）。記念碑的業績と言われる

『山村生活の研究』（1937年）は，この『採集手帖』を基に編まれたものである。柳田が考案した方法は，後の日本民俗学の調査方法のモデルとなるもので，民俗語彙を手がかりに規格化された民族誌（民俗誌）がここから生み出された。

　第二は，国立民族学博物館初代館長を務めた梅棹忠夫である。生物学出身の彼は，戦前に行った調査の報告である「乳をめぐるモンゴルの生態」の中で，自然科学的な視点に立脚したフィールドワークの資料収集法，資料の提示法，および考察の手法を明示した（梅棹 1967）。徹底的な記録化と，観察と解釈の厳密化，人間行動の計量的把握の工夫や，一般化を導くための質問方法などは，後の生態人類学にみられる科学的な民族誌記述のモデルとなった。

　第三は，戦後に活躍した中根千枝である。その主著『社会人類学——アジア諸社会の考察』（1987年）は，アジア文明圏の民族誌調査にもとづく考察であり，日本，朝鮮，中国，インドの家族制度を比較している。同書で，中根は研究対象との距離が民族誌調査には求められると説き，日本人研究者はまず日本以外で調査を行うのが好ましいと指摘した。また歴史の長い文明社会での調査経験を踏まえながらも，人類学が得意とするミクロ研究の重要性を主張している。たとえば，中国の山村フィールドで観察される現象は，歴史や複合性の末端としても解釈できる。ただ，それを精緻化するよりも，幅広い理論的関心に支えられた分析こそが人類学にとって重要だという立場を打ち出した（中根 2002）。これは，民族誌の一義的貢献は地域研究（area studies）としてのそれではなく，人類学の理論的発展に資するべきだという考えであり，後に多数の人類学者がこれを支持するようになった。

4　民族誌批判

解釈人類学

　このように，民族誌的記述には様々な方法やスタイルがある。しかしそこには一つの共通理解があった。それは，民族誌は学術資料として客観的，かつ実証的であるべきだという理解である。これに対して，ギアーツ（Clifford Geertz）が提唱した解釈人類学は，人文学的観点を導入した。彼は主著『文化

第 I 部　基本領域

の解釈学』（原著 1973年）の第1章で，民族誌家とは「書く者」だと端的に記している。そして，民族誌は他者の行為に関する別の他者による解釈であり，さらにその解釈に関する再解釈を人類学者が行うのだと主張した。こうしたとらえ方は従前の研究にはなかったものである。ギアーツによれば，現地調査で人類学者が直面するのは，他者のもつ複雑な概念構造とその多重性であり，それらを理解することは，あるテクストを解釈するに等しい。その意味で，文化の解釈は文化を読むことに他ならないのだという。「厚い記述（thick description）」を通して，はじめて文化の解釈が可能になるのだというのがギアーツの立場であった（ギアーツ 1987）。

　ギアーツは，民族誌には次の4つの特色があると指摘する。（1）解釈が含まれること，（2）解釈の対象は社会的な対話の流れであること，（3）対話はテクストとして書かれていること，（4）記述は微視的であること，である。最後の点は，日常の小さな出来事を内側の論理によって描くという意味で，「住民の視点（native's point of view）」と呼ばれている。ギアーツによれば，現地の社会を構成する「彼ら」の言説はローカルな知の形態であり，それが埋め込まれている社会的文脈を抜きにして記述することはできない（ギアーツ 1991：103）。たとえば，英国の日本人小学校の入学式で紅白幕が用いられなかったと，父兄が語った場合，その背後には日本では紅白の色の組み合わせが祝い事を示し，入学式・結婚式・祭礼や企業の式典でも用いられること，また紅白まんじゅうなどの食べ物もあるといった文脈が想起されているのである。ギアーツは社会に暮らす人々が象徴をどのように用いているかを分析することの重要性を主張したのである。その後，多くの人類学者がギアーツの立場を支持するようになったので，民族誌的知見を脱文脈化したり，HRAF のような通文化比較によって理論化したりする試みは，疑問視されるようになった。

日記とオリエンタリズム

　1960年代から人類学における内部批判が現れた。マーカス（George Marcus）とフィッシャー（Michael Fischer）によれば，それは次の3点に集約される。第一は，現地調査における研究者の植民地主義的態度に対する批判である。第二は，民族誌における非歴史性と非政治性に対する批判である。そして第三は，

機能主義にせよ構造主義にせよ，人類学的理論にもとづく民族誌は，人類学者＝分析者の解釈による記述であり，現地の人々のローカルな観念を十分とらえていないという批判である。解釈人類学は，いわば第三の批判に応えたかたちで登場した（マーカス・フィッシャー 1989：75）。

　人類学の植民地主義批判の端緒の一つとなったのが，1967年に出版された『マリノフスキー日記』であった。調査中，マリノフスキーは母語のポーランド語で日記をつけていた。それが死後，妻の許可を得て英語で出版されたのである。『西太平洋の遠洋航海者』における冷静な分析者，かつ現地のコミュニティーにとけ込んだ姿とは逆に，被調査者のトロブリアンド島民に対する侮蔑的な感情と自民族中心的な優越感や激しい望郷の念を彼は日記に綴っていた（マリノフスキー 1987）。この暴露によって，近代人類学の父というマリノフスキーの評価は大きく揺らいだだけでなく，人類学の基本的前提であった客観的・中立的な民族誌記述そのものが疑問視されるようになった。この『日記』は，民族誌の革新者であるマリノフスキーもまた植民地主義的態度から逃れられていなかったことを示した。

　もう1点挙げておきたいのは，サイード（Edward Said）の『オリエンタリズム』（1978年）である。彼は，西洋語の東洋学（英語では Orientalism）に内包される植民地主義を強烈に批判した。東洋学とは，対西洋という比較軸を絶対化して，西洋人が記述した小説，図象，学術研究などを通じて，他者を表象＝代弁（represent）する行為にすぎない，とサイードは喝破したのである。一方的な他者表象は軍事的・政治経済的な優位と平行関係にある。植民地支配の中で，東洋を制御可能なコードと化す表象様式が東洋学であり，それは西洋の文化的イデオロギーだとサイードは主張した（サイード 1986）。彼のオリエンタリズム批判の射程は，後に「未開社会」の研究から始まった人類学にも及んだ。

文化を書く

　こうした民族誌批判の潮流に決定的な影響を与えたのが，1986年に出版された論集『文化を書く』（原題には「民族誌の詩学と政治性」という副題がついている）であった。その序論で，編者のクリフォード（James Clifford）は，先のギアーツの問題提起を先鋭化して，民族誌を書くこと自体の政治性を問うた。と

第Ⅰ部　基本領域

くに，民族誌がアカデミズムという制度によって，その信頼性が保証されていることを問題視した。さらに，民族誌は一つの絶対的真実を描いたものではなく，「部分的真実（partial truths）」しか解明できないと批判したのである（クリフォード・マーカス 1996：3, 12）。また同論集の中でアサド（Talal Asad）は，民族誌とそこに描かれた他者との関係を論じた。彼は，表象＝代表行為の政治性を批判しつつ，書かれた他者が，その書かれた内容を内面化することによって，自文化を理解し，その重要性を主張をしていると指摘した。この点で民族誌は，人々の文化と歴史のアーカイブとなりうるものである。一方で，人類学者の記録が文化伝承において「聖典」になりうるという点でその特権性を批判したのだった（クリフォード・マーカス 1996：290-299）。

　こうした批判を乗り越えるための一助として，「実験的民族誌（experimental ethnography）」への取り組みが始まった。その代表例が，クラパンザーノ（Vincent Crapanzano）の『精霊と結婚した男——モロッコ人トゥハーミの肖像』（原著 1980年）である。宗教的幻想を含む主人公トゥハーミの語りを中心とするこの作品は，人々の言語的コミュニケーションの中にこそ現実は存在するという構築主義的観点から，事実と非事実の境界を越えた文化の実像を民族誌は描けることを示したのである（大塚 1991）。

5　民族誌の可能性

地域研究と気候変動

　解釈人類学の影響を受けつつ展開した民族誌批判は，他者をステレオタイプ的に理解する本質主義と，それを学問の名のもとに正当化する政治性に焦点があてられた。前者について言えば，一般に「伝統文化」と思われているものでもつねに変化しているので，その生成に見られる歴史的文脈を踏まえることが必要なのである。また本質主義と対峙する構築主義を踏まえて民族誌を書くことは，現代の人類学者にとって常識化した感がある。

　本質主義アプローチは，ある行為たとえば葬儀そのものの特徴を把握する。そのうえで諸民族・諸地域での事例を比較し，人類の葬儀の一般化を行うので

ある。構築主義的に文化を解明する場合，歴史的な変遷の解釈や，外部社会からの影響の評価，当該社会の多様な意見の勘案など，その文化現象を幅広い文脈に位置づけて理解しなければならない。それゆえに，民族誌記述は，好むと好まざるとにかかわらず，地域研究による知見を取り込むことが必要となる。その結果，民族誌は現代社会を理解する上で重要なテクストとなるのだ。

　ケニアの首都ナイロビを描いた松田素二の民族誌『都市を飼い慣らす──アフリカの都市人類学』はその好例である。松田は植民地史と独立後の経済開発史を踏まえたうえで，出稼ぎで都市に流入した住民の語りを通して，彼らがクランや村落を基盤として生活しつつ，より広いネットワークを構築している様を描いた（松田 1996）。これこそ現在のアフリカの都市の実像であり，松田の民族誌はグローバル化した都市空間を理解するための方法を提示したといえよう。

　民族誌の学際性の幅は，歴史学，社会学，政治学，経済学など，従来の隣接分野に限定されていない。たとえば，近年では自然科学との協力によって，地球規模の気候変動や災害が襲う中，自然の外力に社会や文化がどのように応答すべきかについて，民族誌は貴重な知見を提供している（阪本ほか 2009；藤田ほか 2013；檜山・藤原 2015）。

フォーラムと協働による展示

　民族誌批判の一つの効用は，人類学が学問そのものの枠を越えて，より広い社会との接点を必要としているという気づきを生んだことにある。いくら研究者が内省しても，また自らの「立場性（positionality）」（太田 1998）に配慮しても，結局，異文化表象＝民族誌は人類学者という専門家の手に委ねられている。つまり，究極的に彼らの所有物であったという点に，従来の民族誌の問題があった。

　この問題が先鋭化したのは，民族誌標本として扱われる物質文化資料（民具など）を，博物館に展示して表象するという文脈においてである。一般に博物館は社会教育としての機能を備えている。そこに展示されているモノの位置づけは，たとえ上述のように構築主義や歴史性を踏まえた分析であっても，あくまで学術＝科学の基準によって行われる。一方，被調査者（たとえば先住民）

第Ⅰ部　基本領域

は，標本とされた資料（たとえば先祖の骨）であっても，それを実生活の文脈で（たとえば宗教儀礼の対象として）意味づけようとする。こうした被調査者の行為は，文化が学者によって独占的に「正しく」理解されることへの異議申し立てであると同時に，国家の周辺に置かれたマイノリティ集団の場合，正統な歴史に対する抵抗でもある。こうした状況に鑑みて，近年では，被調査者自身が参与するフォーラム型の博物館を開設して，そこで異文化表象を行うというスタイルがとられるようになった（吉田 2013）。

　ただし，表象の政治性に着眼することは，民族誌を学術＝科学から追放することを意味しない。むしろ，研究者は表象の「正しさ」を追求する姿勢を保ちつつ，それが社会の中で占める特権的地位を十分自覚して，より多くの人々とのかかわりを模索しながら研究を進めるべきだということを，我々に教えてくれているのである。そうした研究者側の意識変化の表れとして，最近では博物館以外での展示が注目されている。調査者と被調査者に加えて，地域の市民社会を巻き込んだ「協働（collaboration）」による民族誌展示は，双方向的な異文化理解を推進するであろう（高倉 2015）。ここで留意したいのは，学界と一般社会との関係を再考する潮流は，文化人類学に限ったことではないということだ。医学におけるインフォームドコンセント，近年の気候変動科学における「超学際性」に象徴されるように，学界全体が社会や文化との関係を考慮する必要に迫られているのである。

6　課題と展望

　異質なものと触れたときに生ずるカルチャーショックは，外国にいようが自国にいようが多くの人々が経験する。民族誌はこの経験を出発点として，個別の人間集団を記述し表象する。それは当初は謎めいてみえる「現地の人びと」の「生のかたち」に共感しながら，これを「いきいきとわかることをめざす」実践である（菅原 2006：4）。人間の生はけっして単独で成り立っているものではない。なぜなら，文化そのものが過去の多くの人びとの営みを受け継いだ結晶だからである。

第16章　民族誌と表象・展示

　民族誌批判から人類学が得たものは，内省（reflexivity）という視点である。それは，自らの立場性や主観を織り交ぜながら，社会・文化現象を記述することを可能にした。その前提として求められるのが，各研究者の政治的立場の認識である。ただし，これは客観性の放棄を意味しない。むしろ，客観的に記述することが困難な社会現象，たとえば被差別集団や人権が著しく損なわれている人びとの現状を，学術的に記述＝説明することを可能にしたと言ってよい。

　事実，ある種の人々を記述する際には，中立的な立場では十分アプローチできず，逆に倫理的な配慮を欠いてしまうことがある。現実の場面において，特定の集団に支援を行うことと，彼らを学問的に理解することとのバランスを保つことは難しい。しかし内省はそうした問題を克服する大きな一助となる。もちろん，内省的アプローチはあくまで一つの方法であって，これまで人類学者が練り上げてきた客観的方法も，場面や課題によっては今なお有効である。

　マリノフスキーによって確立した参与観察という人類学的手法には，研究対象との関係を共感的（empathetic）に構築する契機が備わっている。他分野で頻用されている統計調査や質問紙（アンケート）調査では明らかにできない人間の生の諸相を克明に記述し，人々の喜怒哀楽や未来への希望を描ききったとき，民族誌は人文社会科学および自然科学の中で独自の領域を切り開き，一つの社会批評としても価値ある知見を生み出すだろう。

文　献

ウォーラーステイン，I.　1993　『脱＝社会科学』本多健吉ほか（訳），藤原書店。

梅棹忠夫　1967　「乳をめぐるモンゴルの生態」，蒲生正男・大林太良・村武精一（編）『文化人類学』角川書店，145-162頁。

太田好信　1998　『トランスポジションの思想――文化人類学の再想像』世界思想社。

大塚和夫　1991　「実験的民族誌と『トゥハーミ』――訳者解説として」，クラパンザーノ，V.『精霊と結婚した男』大塚和夫・渡部重行（訳），紀伊國屋書店，307-323頁。

加藤九祚　1986　『北東アジア民族学史の研究――江戸時代日本人の観察記録を中心として』恒文社。

ギアーツ，C.　1987　『文化の解釈学 I・II』吉田禎吾ほか（訳），岩波書店。

ギアーツ，クリフォード　1991　『ローカルノレッジ』梶原景昭ほか（訳），岩波書店。

クリフォード，ジェイムズ，ジョージ・マーカス（編）　1996　『文化を書く』春日直樹

第Ⅰ部　基本領域

　　　ほか（訳），紀伊國屋書店。

サイード，エドワード　1986　『オリエンタリズム』今沢紀子（訳），平凡社。

阪本真由美・矢守克也・立木茂雄・林勲男　2009　「開発途上国の被災者の生活再建と
　　　国際支援に関する研究——インド洋津波災害とジャワ島中部地震災害の事例より」，
　　　『地域安全学会論文集』11：235-255。

菅原和孝（編）　2006　『フィールドワークへの挑戦——〈実践〉人類学入門』世界思想
　　　社。

高倉浩樹（編）　2015　『展示する人類学——日本と異文化をつなぐ対話』昭和堂。

中根千枝　2002　『社会人類学——アジア諸社会の考察』講談社学術文庫。

檜山哲哉・藤原潤子（編）　2015　『シベリア——温暖化する極北の水環境と社会』京都
　　　大学学術出版会。

福井勝義　1991　『認識と文化——色と模様の民族誌』東京大学出版会。

藤田昇・加藤聡史・草野栄一・幸田良介（編）　2013　『モンゴル——草原生態系ネット
　　　ワークの崩壊と再生』京都大学学術出版会。

福田アジオ　2009　『日本の民俗学——「野」の学問の二〇〇年』吉川弘文館。

マーカス，ジョージ，マイケル・フィッシャー　1989　『文化批判としての人類学』永
　　　渕康之（訳），紀伊國屋書店。

枡本哲　1993　「レニングラード民族学派」，クレイノヴィッチ，E. A.『サハリン・ア
　　　ムール民族誌——ニヴフ族の生活と世界観』枡本哲（訳），法政大学出版局，
　　　378-395頁。

松田素二　1996　『都市を飼い慣らす——アフリカの都市人類学』河出書房新社。

マリノフスキー，B.　1987　『マリノフスキー日記』谷口佳子（訳），平凡社。

マリノフスキ，B.　2010　『西太平洋の遠洋航海者——メラネシアのニュー・ギニア諸
　　　島における，住民たちの事業と冒険の報告』増田義郎（訳），講談社学術文庫。

柳田國男　1964　『定本柳田國男全集　第27巻』筑摩書房。

山口昌男　1990　『人類学的思考』筑摩書房。

吉田憲司　2013　『文化の「肖像」——ネットワーク型ミュージオロジーの試み』岩波
　　　書店。

第17章

フィールドワーク論

佐 川　　徹

　フィールドワークは，人類学が中心となって発展させてきた調査法の一つであり，人類学的実践の根幹を成す営みでもある。今日でも大部分の人類学者はフィールドワークを行い，多様な手法を組みあわせながらデータを収集している。本章では，人類学者がフィールドワークをいかなる営みとしてとらえているのかを概観したうえで，その様態が歴史的にどのように変化してきたのかを振り返る。そして，フィールドワークに伴う倫理のあり方や，調査の過程で遭遇する危険や困難に，今後さらなる注意を払っていく必要があることを指摘する。

1　人類学的フィールドワークの特徴

フィールドワークへの関心の高まり

　フィールドワークとは，調査対象が存在する現場に調査者自身が赴いて実施する調査のことである。2000年前後から，日本ではフィールドワークの教科書やその経験を主題とした著作の出版が相次いでいる。執筆者の専門分野は人類学や社会学を中心としながらも，言語学，地理学，生態学，霊長類学，建築学など多岐にわたっている。また初等・中等教育の現場や企業の市場調査でも，フィールドワークの導入が進んでいるという。これまで支配的だった量的調査や座学の問題点が認識され，質的調査やアクティブ・ラーニングの可能性に注目が集まる中で，フィールドワークへの関心が高まっているのだ。ただし，この語が意味する内容やそこから喚起されるイメージには，それぞれの分野や領域ごとに違いがある。人類学者がフィールドワークを説明する際の強調点の置

き方は，他分野の執筆者と比べたときに2つの点で異なっていることが多い。

人類学的なものの見方を養う場

　一つ目の違いは，フィールドワークをたんなる調査法としてとらえるのではなく，人類学的な視点を身につけるために不可欠な営みであることを強調する点である。フィールドワークを研究に必要なデータを収集するための手段と考えると，それを首尾よく行うために必要な一連の技術が同定される。たとえば，適切な調査対象者の選び方，インタビューを円滑に進める会話の仕方，フィールドノートの上手な整理法，といったことである。実際，多くのフィールドワークの教科書で記されているのは，そのような内容である。

　だがフィールドワークとは，自分が生まれ育った自然・社会環境とは異なる現場に身を置き，そこに暮らす人やヒト以外の存在と長い時間をともに過ごすことで，自己を変容させていく一連の過程でもある。この過程を通して，調査者はそれまで意識化されることのなかった自身の身体感覚や認識枠組みの特殊性を自覚するとともに，フィールドに入った当初は奇異に思われた現地の人びとの振る舞いが了解可能なものとして感じられるようになる。

　人類学的実践の一つの特徴は，「当たり前のことを奇妙なことにし，奇妙なことを当たり前のことにすること（making the familiar strange and the strange familiar）」だといわれる。フィールドワークとは，調査者自身の身体を舞台にしてこの実践を遂行する機会なのであり，調査者はフィールドでの経験を媒介として人類学的なものの見方を文字通り「体得」していくのである。

仮説検証型と問題発見型

　フィールドワークを一つの調査法としてとらえた場合にも，いかなる方針で調査を進めるのかという点に関して異なる立場が存在する。フィールドワークを机上で考案した仮説を検証するための場だと考えれば，事前に定めた調査項目やサンプリングの手法に沿って調査を進め，その結果を分析して仮説の妥当性を判断すればよい。これは「仮説検証型」のフィールドワークと呼ばれる。

　それに対して人類学者が強調するのは，研究の問いとはフィールドワークに従事する過程で発見するものだという点である。調査者はなんらかの問題意識を抱いてフィールドへ出向く。だがフィールドでは，その地を訪れる前には予

想もしなかった出来事に遭遇し，調査者は即興的な対応を迫られていく。そのような経験を重ねて多くの気づきを得る中で，調査者は現場からの視点に依拠してより具体的な研究の問いを見出し，その探究へ進む。これは「問題発見型」ないし「仮説発想型」（川喜田 1967）のフィールドワークと呼ばれる。

　もっとも，2つの調査の進め方を相互排他的にとらえる必要はないだろう。現場で見出した問いを研究に結実させていくためには，フィールドワークを進めながら調査項目を立て，ある程度は体系的に調査を進めていく必要がでてくる。また，実際にデータを収集する過程では，仮説や調査項目が対象地域の現実から乖離したものになっていないかを，つねに確認する必要がある。問題発見と仮説検証との相互往還を繰りかえすことで，現場の地に足のついた実りある調査を成し遂げる可能性が開かれるのだ。

もろい防護服だけを着た人類学者

　人類学者が自身のフィールドワーク経験を回顧した著作では，他者との出会いを通して新たな視点が得られ，自己が自明としている前提をたえず問い直していけることが，フィールドワークの醍醐味だとしばしば記される（Okely 2012）。このような語りは，フィールドワーク未経験者に両義的な感情を抱かせるだろう。フィールドでの未知なる経験に期待を募らせる一方で，はたして自分にも他者との豊潤な出会いが訪れるのかと不安を覚えるのである。

　では，そのような出会いはいかなる条件下で起きるのだろうか。運や偶然が大きく作用することはもちろんだが，調査者がそのような出会いを引きよせる姿勢を取っておくことも重要だろう。ピーコック（James Peackok）はフィールドに「一番もろい防護服」を着ていくのが人類学者だと述べる（ピーコック 1987）。異文化との接触は様々な心理的葛藤をもたらすため，訪問者は自己を防御する方策を精密に講じてからフィールドに入ろうとしがちだ。だが自分たちへの強い警戒心を抱く訪問者に，フィールドの人たちも警戒心を緩めることはない。それに対して人類学者は，「一番もろい防護服」だけをまとった自己をフィールドに放りこむことで，人びとの身構えを解き，多くの刺激的な出会いの機会を引きよせるのである。

第Ⅰ部　基本領域

2　フィールドワークの現在

古典的フィールドワークへの批判

　人類学における古典的なフィールドワーク像を確立したのは，マリノフスキー（Bronislaw Malinowski）である。彼はニューギニア東部のトロブリアンド諸島で約2年にわたり調査を行い，その成果をまとめた著作『西太平洋の遠洋航海者』を1922年に出版した（マリノフスキ 2010）。マリノフスキーは，人類学的な調査の目標を「人々のものの考え方，および彼と生活との関係を把握し，彼の世界についての彼の見方を理解する**こと**」（同書65頁，傍点は原著者）と定め，それを達成するためには，長期にわたり現地に滞在し，現地語を習得し，現地社会の一員として受け入れられる必要があると指摘する。自己の身体を「現地住民のどまんなか」に置き，人びとと信頼関係を築きながら，生活のあらゆる側面に関するデータを集めるというフィールドワークのモデルが，この著作で示されたのだ。

　だが，このようなフィールドワーク像は1970年前後から多くの批判にさらされるようになった。最大の衝撃をもたらしたのは，1986年に出版された論文集『文化を書く』であった（クリフォード・マーカス 1996）。マリノフスキー以来，人類学者はフィールドワークで得た事実を客観的に分析した成果として民族誌を出版し，異文化理解の専門家として振る舞ってきた。『文化を書く』ではこの人類学者の権威が，本の副題にもなっている「民族誌の詩学と政治性」の観点から解体されたのである。

　同書によれば，民族誌とは多様な修辞法を駆使しながら構成された文学的なテクストの一種なのであり，そこで標榜される記述の客観性の根拠は，煎じつめれば「人類学者がその現場にいた」こと以外にはない。そもそも人類学者は執筆の過程でデータを自由に取捨選択できるのだから，民族誌がフィールドの現実を適切に反映している保証はない。また，フィールドワークの実施から民族誌を執筆する過程には，西洋人の調査者が非西洋人の被調査者を一方的に調査・表象するという権力関係が構造化されている。このような主張によって，

人類学的実践の客観性や道義性は強い懐疑にさらされることとなった。

新しいフィールドワークと関係性

　『文化を書く』の出版を契機に，人類学はフィールドから乖離した思弁的な議論に支配される内向の時代を迎えたと批判的に評価されることが多い。だが少なくとも1990年代半ばのアメリカでは，フィールドワークが廃棄されるべきだと考えていた人類学者はほとんどいなかったし，2000年代半ばには大部分の人類学者が，「人類学者による文化の解釈はつねに不備があり偏ったものにならざるを得ないが…（中略）…われわれは手持ちの限られた資源——共感と思いやりを抱きながら注意深く相手の声を聴き観察する能力——を用いてベストを尽くすことはできるのだ」と記したシェパー＝ヒューズ（Nancy Scheper-Hughes）の見解に同意していたという（Robben and Sluka 2007：22-23）。

　そもそも『文化を書く』の編著者の一人だったマーカス（George E. Marcus）自身，激動する世界の現実に即した新たなフィールドワークのあり方を開拓する必要性をその後の著作で主張している。とくに「複数現場のエスノグラフィ（multi-sited ethnography）」という方法の提起は重要である。グローバル化の進展により人やモノ，情報の流動性が飛躍的に高まったことで，単一の現場にとどまる古典的な調査だけを続けていては，人びとのリアルな生活経験を描き出せなくなるおそれが強くなった。マーカスは，調査対象の動きにあわせて人類学者自身が複数の現場を渡り歩くことで，世界システムの作用とローカルな生活との関係を解き明かすことができると考えたのである（Marcus 1995）。

　調査する側とされる側との非対称な関係という問題を真摯に受けとめた人類学者により，フィールドでの新たな関係構築を目指した取り組みも進んだ。調査地の人びとを単なる調査対象者としてではなく，人類学的知識をともに生産・活用する担い手としてとらえる「協働リサーチ（collaborative research）」は，今日世界各地のフィールドで営まれている（Lassiter 2005）。また，フィールドの人びとが直面する差別や貧困などの問題に，「学問の中立性や客観性の保持」の名のもとに不関与を決めこむ態度を批判し，むしろ問題を是正するための活動を積極的に推し進めていくべきだとする「闘争人類学（militant anthropology）」の提案（Scheper-Hughes 1995）は，多くの人類学者に刺激を与

第Ⅰ部　基本領域

えた。

いくつものフィールドワーク

　今日から振りかえれば，1980年代以降は人類学の停滞の時代としてではなく，人類学をアップデートするための多様な試みが同時並行的に進んだ時代として特徴づけたほうが適切だろう。実際，人類学者が対象とするフィールドやテーマもこの時期に拡大の一途をたどった。人類学の伝統的な調査地は異国の民族集団だったが，調査者自身が帰属するコミュニティーや国家，つまり「ホーム」をフィールドとした調査が現在では活発に行われている。近年出版された人類学者の著作を紐解けば，病院や難民キャンプ，学校や科学実験室，工場や美術館，商店街や株式市場など多彩な現場の様子が描かれており，もはや人類学者が調査対象としない現場は存在しないのではないかと思えてくるほどだ。

　『文化を書く』による批判や調査手法と調査現場の多様化によって，古典的なフィールドワークの規範性は大きく揺らいだ。遠い異国で1年以上にわたって「現地住民のどまんなか」に暮らし続ける調査者は，次第に数を減らしつつある。重要なことはかつての規範を墨守することではないだろう。フィールドワークの価値は，調査期間の長短や「ホーム」からの空間的・文化的距離の遠近によって一義的に決定されるものではない。他者との出会いを通して人類学的なものの見方を養う場という位置づけは保持しながら，それぞれの現場の事情に即したいくつものフィールドワークが行われることで，人間の生活に関するより多様で新鮮な事実が私たちのもとにもたらされるであろう。

3　フィールドワークにともなう倫理

研究倫理の必要性

　研究活動に倫理がともなうことはすべての学問分野にあてはまる。だが，フィールドワークを学的営為の中心におく人類学においては，とくに調査対象地域の人びとに対する倫理の重要性を，2つの理由から強調する必要がある。

　一つは，人類学者による調査活動やその成果が，植民地支配や戦争遂行の過程で国家により利用され，調査対象者の生活に無視できない影響を与えてきた

歴史があるからである。もう一つは，フィールドワークが調査対象者の生活の現場で，人びとと親密な関係を築きながら調査を進める点と関係している。この関係の「近さ」こそがフィールドワークの強みだが，「近さ」に甘えることで，人びとの平穏な暮らしを妨げる恐れやそのプライバシーを侵害する危険，相手からの好意で得た情報を一方的に利用するだけの「情報搾取」の関係に陥る可能性も，強くはらむことになる（宮本・安渓 2008）。

　ただし，人類学者が倫理的な配慮をすべき第一の相手は調査対象者であるという認識は，つねに自明なわけではない。前節で触れたフィールドの拡大によって，現在では人類学者が行政機関や多国籍企業などの構造的強者を調査先に選ぶのは珍しいことではなくなった。調査先の組織が構造的弱者の生活に多大な負の影響を与えているとき，組織の職員はその内容を調査されたり記述されたりすることを望まないかもしれない。そのような場合，倫理的な選択とは調査対象者の意向を尊重することだろうか。それとも弱者の窮状に思いを寄せ組織の問題点を公にすることだろうか。調査者はフィールドの外部にいる他者への想像力も働かせながら，後述する「倫理的冒険」に挑まなければならない。

倫理の制度化の功罪

　研究者が従うべき行動規範を定めたものが学会の制定する倫理規定である。日本文化人類学会は2008年に「日本文化人類学会倫理綱領」を制定し，学会員が研究や教育を行うにあたって遵守すべき倫理上の原則と理念を示した。また大学や研究機関によっては独自に倫理規定を設けたり，その構成員が調査を実施する際に倫理委員会による審査を義務づけたりしている。

　人類学者による調査研究が倫理的問題をはらむ局面が多くあることを考えれば，このような規定や審査は必要だろう。ただし，アメリカやイギリスの人類学界では，「倫理の制度化」に対する多くの批判的検討がなされていることにも留意しておくべきだろう。主な批判点としては，実験系の研究領域を基準に作成された倫理規定や倫理審査を，事前に調査内容の確定が困難な人類学的フィールドワークには適用できない点，倫理規定や審査基準が存在することで，そこに記された内容さえ遵守すれば十分だと考える倫理への不感症的態度が育まれてしまう点，倫理審査では形式性が過度に重んじられるために，書類作成

第Ⅰ部　基本領域

などの準備作業が煩雑になり審査の過程でも実質的な議論が交わされなくなる点，倫理審査を通過したことが調査対象者の保護にはつながらず，むしろ研究機関や調査者の免責を保証する根拠となってしまっている点などが挙げられる。

倫理的冒険としてのフィールドワーク

　以下では上の批判の最初の2点に焦点を絞って議論を進めよう。倫理規定に記される「調査に際しては調査対象者に調査目的を説明しなければならない」，「研究成果の調査対象者への還元に努めなければならない」といった内容を，調査者が配慮すべき一般的な行動原則として否定する者はいないだろう。ここで問題となるのは，倫理規定に示された定言命法だけに依拠していては，フィールドで直面する倫理的問題に対処できない事態がしばしば生じることだ。

　たとえば，調査対象者に「直接的・間接的な危害や不利益が生じないように万全の体制を整えて調査・研究に臨まなければならない」（日本文化人類学会倫理綱領5条）という原則に強く異を唱える者もいないだろう。しかし，人類学者が自己とは異なる慣習や価値観を有した対象の理解を目的としてフィールドに向かうとすれば，少なくとも調査の初期段階で，どのような行為や言動が現地の人びとに「危害や不利益」を生じさせうるのかを正確に判断することは，原理的に不可能である。

　もちろん，この指摘はたんなる居直りを推奨するためのものではない。一般的に倫理とは，なにが善でなにが悪であるのかを規範的に提示するものとしてとらえられている。だがランベック（Michael Lambek）によれば，単一の善なる判断が事前に同定できない状況は日常生活でも頻繁にあるし，調査者の「あたりまえ」が通用しないフィールドワークの過程では，とくにそれが顕著である。調査者はフィールドで新たな状況に直面するたびに，なにが相手に「危害や不利益」をもたらしうるのかを思い悩みながら，自己の行為や言動を選択するよう迫られる。ランベックは，このように生活の具体的な場面でなにが善であるのかを不断に問いただす営みとして，倫理をとらえることもできると述べる。彼が「フィールドワークとは倫理的冒険（ethical adventure）の場」であり，「調査者の倫理的気質を涵養する場」でもあると記すのは，このためである（Lambek 2012：143）。

フィールドで育まれる倫理

「倫理的冒険」は，フィールドワークで得たデータを成果としてまとめていく過程でも続く。浮ヶ谷幸代は，北海道の病院での調査内容をいかなる形で記述すればいいのかを，調査地の人びとと1年にわたり対話を進める中で，彼女が懸案事項として考えていた匿名性の問題が，人びとにとっては重要な問題ではなかったことがわかったという。彼女は対話の経過を振り返りながら，研究倫理に向き合うこととは，出来合いの倫理規定にただ従うことではなく，地域固有の文脈に配慮がなされた倫理のあり方を，多様な思いを抱えた調査地の人たちとともに模索する過程のことなのではないかと記す（浮ヶ谷 2014）。

だからといって倫理規定で提示される一般的な原則が不要になるわけではない，という浮ヶ谷の指摘は重要である。むしろ脱文脈化された原則がまず存在し，実際に調査活動を進める過程で求められる倫理的判断と，その原則との間に横たわるずれが意識されることで，フィールドの状況に依存した倫理の姿が浮き彫りになってくるのだという。一般的な原則とローカルな文脈との狭間で，フィールドの人たちとともに，しかしフィールドの外部への想像力も働かせながら，いかなる選択が善たりうるのかを考え続けることが，人類学者が挑むべき「倫理的冒険」なのである。

4　フィールドワークで遭遇する危険と困難

身近にある危険

不慣れな生活環境下で生身の人間を相手に実施するフィールドワークは，様々な危険や困難に遭遇する場でもある。アメリカ人類学会が1986年に行った調査では，調査対象とされた204人の人類学者の39パーセントが，フィールドワーク中に窃盗や暴行などに遭遇した経験があると答えている（Howell 1990）。また2008年にイギリスでなされた大学院生16名への調査によれば，フィールドワーク中には，調査の停滞がもたらす絶望，調査地の人から裏切られたことにより生じる失望，相談相手がいないことから来る孤独などの感情を抱き，調査が終了してもそれらの負の感情から逃れられない人がいる（Pollard 2009）。現

第 I 部　基本領域

場で困難な状況に置かれることは珍しくなく，その際の対処を誤ればフィールドワークが散々な経験に終わる恐れも十分にあるのだ。

環境による危険

『危険なフィールドワーク』（1995年）という著作では，フィールドワークで遭遇する危険が２つに分類されている（Lee 1995）。「環境による危険（ambient danger）」は，その現場にもともと存在していた危険であり，伝染病の流行が頻発する地域ではその病気に感染する危険が，紛争下にある社会では紛争に巻きこまれる危険が高い。また，強権的な政府が統治する国では，政治的に敏感な内容の調査を行うことは難しい。政治に直接かかわりのない調査をしていても，「反政府的な」情報活動をしているのではないかと役人や警察から疑いの眼を向けられ，調査助手や調査対象者も政府の監視対象とされるため，調査にあたっては細心の注意が求められる（栗本 1996）。

「環境による危険」は，フィールドに行く前に可能な限り情報を収集すれば，その存在を推測することが可能であり，適切な予防策をとれば危険に遭遇する可能性もある程度までは減らすことができる。事前に得た情報でフィールド候補地の危険度が高いことが判明した場合には，その地でいま調査を実施することが本当に可能なのか，そして本当に必要なのかを熟考すべきであろう。

状況による危険

もう一つの危険は「状況による危険（situational danger）」，つまり調査者が現場に参入して生活する過程で生じる危険である。たとえば，フィールドワーク中に一部の住民から性的嫌がらせを受けることは，残念ながら多くの女性研究者に共通した経験である（Clark and Grant 2015）。嫌がらせは，ホスト・ファミリーの一員など近しい人から受けることが多く，調査者は強いショックを受ける。また，相手が調査の継続に不可欠な存在だった場合，今後の調査の進め方がわからなくなり暗澹とした気分になる（Kloß 2016）。

女性への性的嫌がらせは，その背景にしばしば当該社会の男性優位的なジェンダー認識があることを考えれば，「環境による危険」といえる。だが，熱心に話を聞き近しい関係を築こうとしている調査者の様子が，恋愛感情や性的関心の表れとして相手からとらえられたことでその行為が誘発されたとすれば，

「状況による危険」の側面も有していることになる。

　「状況による危険」は，調査者が調査先で育む人間関係と深く関連しながら生じるものなので万能の予防策は存在せず，現場で臨機応変に対処していかざるを得ない。ただし性的嫌がらせに関しては，女性研究者が男性研究者に比して調査地の人びとからの働きかけに脆弱な存在であることを，フィールドに向かう前に最低限認識しておくべきであろう（Clark and Grant 2015）。また，深刻な嫌がらせを受けた場合には，まずはフィールドから物理的に離れていかなる善後策が適切かを冷静に考えることが，その後の調査と自分自身への否定的な影響を最小化するために必要だと忠告する論者もいる（Kloß 2016）。

経験の共有と予防の必要性

　フィールドで危険や困難に遭遇した経験は，「自分がいかに困難な状況下で実りある調査を成し遂げたのか」という成功譚の引き立て役として言及されることはあっても，そのようなストーリーに回収できない真に深刻な経験が語られることは少なかった。上述した2008年のイギリスでの調査に答えた女性の大学院生は，この沈黙の背景には，人類学コミュニティーに存在する「マッチョなフィールドワーク像」が作用していると述べる。失敗や挫折の経験を語ることで，教員や先輩から「フィールドワーカー失格」という烙印を押されてしまうというのだ。結果としてそれらの経験は共有されず，調査者は自分一人の限られた知識で危険や困難への孤独な対処を迫られることになる（Pollard 2009）。

　近年，この「語られざる経験」を直視する必要性が指摘されている。たとえば『フィールド調査における災難』（2015年）という著作では，調査許可の取得から調査対象者との関係のもち方にいたるまで，フィールドワークを失敗に終わらせないための準備と対処法がまとめられている（Ice et al. 2015）。この著作がたんなるマニュアル本に堕していないのは，著者たちがフィールドで直面した具体的なエピソードに言及しながら，その経験を広く読者と共有しようと試みているからである。イギリスやアメリカと比べれば，日本では一般向けの著作や非公式の場でそのような経験がより頻繁に語られてきたものの，今後はフィールドワーク時の危機管理について，より体系的な教育とサポート体制の整備が必要だろう。

第Ⅰ部　基本領域

　本節の目的は，フィールドワークへの恐怖を煽りたてることではないし，フ
ィールドワークは「安全・安心」が確証された状況でのみなされるべきだ，な
どという主張をすることでもない。フィールドワークには「経験しなくてもよ
い危険や困難」が多く待ち構えていること，それを避けるためには調査に向か
う前段階からフィールドの情報を集めたり，先人の失敗談に学んだりしておく
べきであること，対策をしてもトラブルに遭遇する可能性は残るので，その際
の被害を最小化するための対処法とサポートの受け方を考案しておく必要があ
ることを強調したのである。そのような事前の準備作業が，人類学者がフィー
ルドでまとう「一番もろい防護服」（第1節参照）を作る生地になるのだ。

5　課題と展望

　『西太平洋の遠洋航海者』の出版から1世紀近くを経た現在でも，大部分の
人類学者は頻繁にフィールドへ向かい，そこから得たデータや発想を基盤に置
いた研究を進めている。これは，人類学が取り扱う理論やテーマが歴史的にめ
まぐるしく変化してきたことを想起すれば，驚くべきことである。フィールド
ワークという現場に身を置いて調査を進めるシンプルな営みが，きわめて汎用
性の高い調査法であり，多くの研究者を惹きつけてやまない魅力も内包した経
験であることが，この1世紀で明らかになったともいえよう。フィールドワー
クに人類学の象徴的役割を担わせる発想から自由になるべきだ（Faubion
2009）という主張には傾聴すべき内容が含まれているものの，少なくともいま
しばらくのあいだ，フィールドワークは人類学的実践の根幹を担い続けるだろ
う。

　最後に，今後さらなる議論の活性化が求められるテーマを2つ挙げておこう。
一つは，フィールドワーク教育に関する話題である。学部教育でのフィールド
ワーク実習から，すばらしい研究成果が生まれていることは明らかにされてい
るが（菅原 2006），その経験が教育をする側とされる側にいかなる影響をもた
らすものなのかを総合的に分析した研究は少ない。とくに，フィールドワーク
が「いかに学ばれているのか」を学生の視点に立って解き明かすことは，職業

人類学者が抱く固定化したフィールドワーク像を相対化する斬新な視点を提供してくれるだろう。もう一つは，近年興隆しつつある，ウェブ上での出来事を研究テーマとした「インターネット・エスノグラフィ（internet ethnography）」に関する話題である（Fielding et al. 2017）。調査対象と全身体的に関わる従来型のフィールドワークとは異なる仮想空間上での「フィールドワーク」も，人類学的なものの見方を養う経験となりうるのだろうか。仮想空間を対象とした研究の増加が見込まれる中で，議論の深化が求められている。

文　献

浮ヶ谷幸代　2014　「人類学フィールドで〈ローカルな倫理〉が生まれるとき」，『社会学研究』93：51-78。

川喜田二郎　1967　『発想法――創造性開発のために』中央公論社。

クリフォード，ジェイムズ，ジョージ・マーカス（編）　1996　『文化を書く』春日直樹ほか（訳），紀伊國屋書店。

栗本英世　1996　「招かれざる人類学者の絶望と希望――エチオピアにおけるアニュワ人の調査」，須藤健一（編）『フィールドワークを歩く――文科系研究者の知識と経験』嵯峨野書院，159-167頁。

菅原和孝（編）　2006　『フィールドワークへの挑戦――〈実践〉人類学入門』世界思想社。

ピーコック，ジェイムズ L.　1987　『人類学と人類学者』今福龍太（訳），岩波書店。

マリノフスキ，B.　2010　『西太平洋の遠洋航海者――メラネシアのニュー・ギニア諸島における，住民たちの事業と冒険の報告』増田義郎（訳），講談社学術文庫。

宮本常一・安渓遊地　2008　『調査されるという迷惑――フィールドに出る前に読んでおく本』みずのわ出版。

Clark, Imogen, and Andrea Grant（eds.）2015 "Special Issue on Sexual Harassment in the Field." *Journal of the Anthropological Society of Oxford* 7(1): 1-87.

Faubion, James D. 2009 "The Ethics of Fieldwork as the Ethics of Connectivity, or the Good Anthropologist（Isn't What She Used to Be）." In James D. Faubion and George E. Marcus（eds.）, *Fieldwork Is Not What It Used to Be: Learning Anthropology's Methods in a Time of Transition*. Cornell University Press, pp. 145-164.

Fielding, Nigel G., Raymond M. Lee, and Grant Blank（eds.）2017 *The SAGE Handbook of Online Research Methods*（2nd ed.）. Sage Publications.

第Ⅰ部 基本領域

Howell, Nancy 1990 *Surviving Fieldwork: A Report of the Advisory Panel on Health and Safety in Fieldwork*. American Anthropological Association.

Ice, Gillian H., Darna L. Dufour, and Nancy J. Stevens 2015 *Disasters in Field Research: Preparing for and Coping with Unexpected Events*. Roman & Littlefield.

Kloß, Sinah Theres 2016 "Sexual(ized) Harassment and Ethnographic Fieldwork: A Silenced Aspect of Social Research." *Ethnography* DOI: 10.1177/1466138116641958.

Lambek, Michael 2012 "Ethics out of the Ordinary." Richard Fardon et al. (eds.), *The Sage Handbook of Social Anthropology*. Sage Publications, pp. 141-152.

Lassiter, Luke Eric 2005 *The Chicago Guide to Collaborative Ethnography*. University of Chicago Press.

Lee, Raymond M. 1995 *Dangerous Fieldwork*. Sage Publications.

Marcus, George E. 1995 "Ethnography in/of the World System: The Emergence of Multi-Sited Ethnography." *Annual Review of Anthropology* 24: 95-117.

Okely, Judith 2012 *Anthropological Practice: Fieldwork and the Ethnographic Method*. Berg.

Pollard, Amy 2009 "Field of Screams: Difficulty and Ethnographic Fieldwork." *Anthropology Matters Journal* 11(2): 1-24

Robben, Antonius C. G. M., and Jeffrey A. Sluka (eds.) 2007 *Ethnographic Fieldwork: An Anthropological Reader*. Blackwell.

Scheper-Hughes, Nancy 1995 "The Primacy of the Ethical: Propositions for a Militant Anthropology." *Current Anthropology* 36(3): 409-440.

第Ⅱ部
新たな展開

第18章
構造主義の現代的意義

出 口　　顕

　構造主義とは1960年代のフランスに端を発する思想で，欧米を席巻し，日本で
も1967年から71年の間に数多くの雑誌で特集が組まれ，関連の書籍が出版され
た。「構造主義」と呼ばれるのは，火付け役となったレヴィ＝ストロース（1908-
2009）が，ヤコブソン（Roman O. Jakobson）の構造言語学の影響を受け，1958
年，自らの立場をマニフェストした『構造人類学』という論文集を出版したこ
とによる。レヴィ＝ストロースによる1962年の『野生の思考』は，当時影響力の
強かった実存主義哲学者のサルトルを批判し，実存主義から構造主義へという
潮流をつくった。しかし数理的なモデルにもとづく静態的な体系を強調しすぎ
ており，歴史的動態とそこに生きる個人を無視していると批判され，次第に顧
みられなくなった。とはいえ，近年の存在論的転回との関連で再びレヴィ＝ス
トロースの研究は言及されるようになっている。しかし昔も今も構造の観念は
必ずしも正しく理解されていない。本章では，構造主義における主体と構造に
ついてあらためて考えるとともに，存在論との関連でその意義を再評価したい。

1　構造の定義

　構造の概念について，レヴィ＝ストロース（Claude Lévi-Strauss）は以下の
ように定義している。
　　「構造」とは要素と要素間の関係とからなる全体であって，この関係は，
　　一連の変形過程を通じて不変の特性を保持する（レヴィ＝ストロース
　　1979：37）。
この定義で注目すべき点は3つあるとレヴィ＝ストロースはいう。第一に「要

第Ⅱ部　新たな展開

素」と「要素間の関係」とを同一平面に置くという点。第二は「不変」の概念
であり，他の一切が変化するときに，なお変化せずにあるのが「構造」である
という点。そして第三が変形という点である。

要素と要素間関係

　まず，第一についてだが，構造は体系と同義もしくはそれに近い意味で使わ
れることが多く，その場合，要素と関係は同一平面にあるとは想定されない。
たとえ要素が２つしかなくとも，全体は要素よりも高いレベルに属する。たと
えば世帯がＡとＢの２軒しかない村Ｖがあり，ＢはＡの小作なので村長はＡの
家長ａが務める場合，（他の村に対して）Ｖを代表する場合と，（Ｂに対して）Ａ
を代表する場合では，ａの役割は異なる。これが全体と要素は同レベルにない
という意味である。要素間の関係（この場合，支配と従属）も，要素の外側に
想定され全体の特徴を規定するものであって，要素と同レベルにはない。それ
では，「要素」と「要素間の関係」を同一平面に置くとは，どういう意味だろ
うか。レヴィ＝ストロースのライフワークであった神話や儀礼を例にして説明
してみよう。

　北アメリカ先住民アラパホ（Arapaho）の神話では，太陽と月は兄弟で，２
人は配偶者を探す旅に出て月は人間の女性を妻にした。月の妻になった彼女は
突然出産する。太陽と月の老いた父親は，子どもを産むのはすばらしいが，警
告なしに出産してはならないといい，まず生理があり，生理が止まって８か月
たったのち出血を伴う出産があるべきだと定めた。出産後に月の妻は菜園に出
かけ，しなびた植物を掘り起こすと穴が開いて地上の世界が見えた。地上に戻
りたくなった彼女は赤ん坊を背負い，ロープを垂らして降りようとするが，ロ
ープの長さが足りず，彼女と子どもは宙づりになってしまった。宙づりになっ
た女性を儀礼で再現したのが，サンダンス（sun dance）である。サンダンスで
は，儀礼用のあずまやの中央に据えられた柱に結わえられた紐を，胸に突き刺
さった木釘につなぎ，宙づりになることを強いられる苦行者（男）は，月の妻
を表しているのである（レヴィ＝ストロース　2007b：234-247）。

　月経と出産は，女性特有のものである。しかしそれは太陽と月の父親の発し
た定めに従ったのであり，男性の言葉を受肉化したものといえる。今これを女

＝女＋男と表現してみよう。一方１年に１度，願いを叶えるためあるいは願い
が叶ったことに感謝するため，サンダンスで苦行を進んで行う男は，月の妻を
再現するだけでなく，木釘を胸に挿すことで，女性同様出血する。これを男＝
男＋女と表現してみよう（出口 2011）。

　アラパホの男女間関係についての観念を一つの構造と仮定してみるなら，要
素である男性と女性も，それぞれにもう一方の要素を巻き込んだ関係的なもの
として表現することができる。しかも，女の中に含まれる男との関係は，男の
中に含まれる女との関係と同一ではない。

　男が命じた定めを受肉して，規則的で周期的な生理があるという点で，どの
女も女であるのに対して，すべての男がサンダンスで血を流すわけではない。
またある男が血を流すにしても，女のように毎月というサイクルではなく，１
年に１度というサイクルである。男が含む女との関係は，女が含む男との関係
より「隔たって」いる。逆に女が含む男との関係は，より「密接」である。分
離（隔たり）という関係と接近（密接）という関係の関係，つまり関係の関係
性ということを，構造を考える上で見落としてはならない。

　似たようなことは昼と夜という時間のリズムにも見出される。新世界の先住
民神話には，太陽と月の起源や，昼と夜の交代のサイクルの起源を語る神話が
多くある。日中は太陽が昇り，夜は沈んでいることから，一日というサイクル
を昼／夜＝太陽／月＝明／暗という単純な二項対立として私たちはとらえてし
まいがちである。しかし昼に比べて暗いとはいえ，夜はいつもまったくの闇と
いうわけではない。月や星の光があるため，たとえ弱まっているにせよ，夜に
は昼の特徴として想定される明るさがある。一方，厚い雲に覆われているため
に，夜の特徴として想定されがちな暗さがある昼間というものもある。これを
昼＝昼＋夜，夜＝昼＋夜と表現できる。しかしどんなに暗いとはいえ昼は夜ほ
ど暗くなく，満月が煌々と輝いていても夜は昼ほど明るくない。また，一日の
時間のリズムも，接近（太陽が近づいて暗さを呑み込む）の関係と，分離（太陽
が遠ざかり，明るさが届かない）の関係としてとらえるべきなのである。

変　形

　次に変形についてだが，地主Ａと小作Ｂの２軒からなる村Ｖにおける家と村

第Ⅱ部　新たな展開

の例を思い出してみよう。Ｖは階層的な村である。今Ａの祖先とＢの祖先が，村が現在ある場所に同時にやってきて，両者の家格も対等だったと想定すると，村長の選出はＡの家とＢの家から交代で選ぶということも考えられ，その場合に階層的村ではなく，平等的な村が出現することになる。これが変形という操作である。さらに村を構成する対等な家の数を２から３にすると，交互ではなくＡ→Ｂ→Ｃ→Ａと一方向に循環する方式で村長を選ぶという方式も考えられる。こうした形態は，村と村長の選出ではなく，妻を娶るという縁組の理論として『親族の基本構造』（原著 1949年）でレヴィ＝ストロースによって考察されているものである（レヴィ＝ストロース 2000）。では神話の変形とはどのようなものか。再びアラパホの神話で検討しよう。

　太陽と月の兄弟が妻を探しに出かけたとき，兄である太陽は天上界を流れるワシ川に沿って下流（西から東）に進み，弟である月は上流（東から西）に進んだ。彼らは同時に出発して帰還したのも同時だった。太陽はカエルを妻にし，月は人間の女を妻にした（レヴィ＝ストロース 2007b：244-247）。

　天体である兄弟が川に沿ってはじめは遠ざかり，妻を見つけた後はまた近づくという神話の骨格を変形すると，兄弟ではない地上の人間の男２人が，川に沿ってではなく水上を絶えず一定の距離を保って移動し，どちらか一方の既に妻になっている女性を探すという神話を想定してみることができる。

　そしてそのような神話は実在するのである。それが『食卓作法の起源』（原著1968年）の冒頭に基調神話として語られる，南アメリカのトゥクナ（Tucuna）による神話である。それは，モンマネキという一人の男が，カエル，アラパソ鳥，ミミズ，コンゴウインコ，人間と次々に結婚しては別れ，別れては結婚するという物語であるが，ここで注目したいのは，４番目の妻についてのエピソードである。モンマネキの母の仕打ちに怒ったコンゴウインコである妻が，「自分を愛しているなら後を追ってきてくれ」と言ってモンマネキのもとを去って行く。モンマネキは義弟とカヌーをつくり，モンマネキが船尾に，義弟が船首に乗って川を下って，妻のコンゴウインコが隠れ住む里をめざす（レヴィ＝ストロース 2007b：15-16）。

　この変形を図示とすると以下のようになる。

第18章 構造主義の現代的意義

アラパホ		トゥクナ
天体	→	地上の人間
兄弟	→	義兄弟（妻の弟と姉の夫）
川沿いの旅	→	カヌーを使った水上航行
同じ時間	→	同じ距離（カヌーの船首と船尾）

不　変

　最後に不変について考える。モンマネキと義弟は，カヌーの船首と船尾にいて水上航行している。カヌーの中を移動して距離を縮めようものなら，カヌーは転覆する恐れがあるから，彼らは船首と船尾という適切な距離を保持しなくてはならない。一方アラパホの神話では，太陽と月の兄弟は妻探しのため，はじめは遠ざかりまた接近するというように，空間的な距離は一定ではない。しかし同時に出発し同時に出発地点に戻るという一定の時間のリズムを維持しながら行動している。さらに女も規則正しい月ごとの生理を繰り返し，男も１年に１度周期的にサンダンスで血を流す。ここでは詳しく紹介できないが，同様の時間のリズムは，昼夜の交代や季節の循環の起源を語る神話にも見出すことができる。空間にかかわることにせよ，時間にかかわることにせよ，適正な距離やリズムの設定と持続（あるいはその必要性）が神話から浮かび上がるのである。これが神話の構造の不変性である。

　しかし，それがすべてではない。天体に関する神話には周期性に関するものだけでなく，彗星や隕石などの不規則で突発的な出来事に関するものもある。アラパホに近い北アメリカ平原インディアンのポーニー（Pawnee）には，次のような隕石の起源神話がある。

　パハタコワという男が敵に殺され，体をばらばらに切り刻まれると，鳥や動物たちがやってきて肉や内臓を食べた。天にいる神々が彼を生き返らせようと思い，動物たちに肉を戻すようにと言ったが，脳だけは戻ってこなかった。脳以外は元に戻ったパハタコワは，この後隕石になって空から地上に降り，今後隕石が天から落ちても，それはこの世の終わりではないから怖れることはないと人々に告げた（レヴィ＝ストロース　2007a：365-366）。

　一見この神話とアラパホやトゥクナの神話とは無関係に思える。しかし北ア

253

第Ⅱ部　新たな展開

メリカ北東部のイロクォイ（Iroquois）の昼と夜の交替神話と比較してみると，非周期的な神話と周期的神話の間にも関連性が浮かび上がることがわかる。その交替神話は以下のようなものである。

　双子の造化の神のうち邪悪なほうが，生まれ出るとき母親を殺して首を切り落とした。双子の祖母は首を東の木につるした。もう一方の善良な神が従者を連れカヌーに乗って東に向かい，首を奪い取ると首は天体になり（首が太陽になると首から下は月になる，あるいはその逆というヴァージョンもある），毎日，毎月，決まった道筋をきちんと運行し，昼と夜の交替を確実にした（レヴィ＝ストロース　2007b：166）。

　ポーニーのパハタコワの身体は，動物たちに喰われるが外形は元通りに修復される。しかし脳は戻らなかった。隕石になる男の体は，いわば中身が詰まっていない身体である。一方イロクォイ神話では，女の体は切断されたままであるが，天体になる頭部の脳は抜き取られてはおらず，中身が詰まったまま天体になる（出口　2012：第2章）。すなわち，以下のように図示できる。

　　隕石　　　　　　　　　太陽あるいは月（太陽と月）
　　非周期　　　　　　　　周期性
　　中身が詰まっていない　中身が詰まっている

　つまり，非周期的現象に関する神話は，リズムに関する神話と二項対立的に関連づけることができる。このように無関係に思われる神話も論理的につなぐことのできる道筋があるということ，それが不変なのである。

2　文化と自然の連続

　レヴィ＝ストロース自身は変形を説明するとき，トムソン（D'Arcy Wentworth Thompson）の自然種の形態の変形をわかりやすい例としてあげている（レヴィ＝ストロース　2010：851）（図18-1参照）。この視点は16世紀の画家デューラー（Albrecht Dürer）にまで遡る。人間の横顔を方眼紙状の座標空間の中に画き，縦軸や横軸の単位の長さを変えたり垂直軸の代わりに彎曲した軸を用いたりして得られた新しい座標空間に，最初の横顔をはめ込むように移

第18章 構造主義の現代的意義

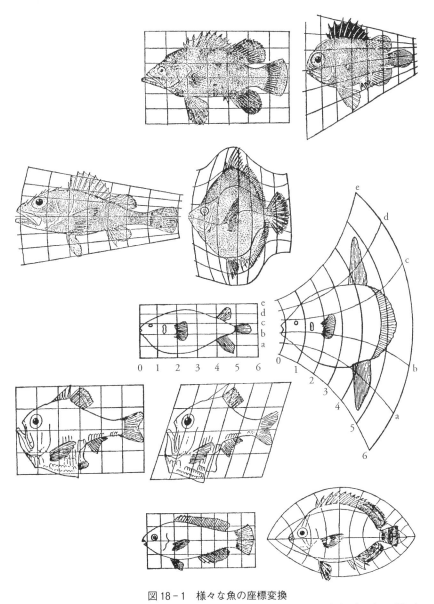

図18-1 様々な魚の座標変換
(出所) レヴィ＝ストロース, クロード 2010 『裸の人2 神話論理Ⅳ』吉田禎吾・渡辺公三・福田素子・鈴木裕之・真島一郎 (訳), みすず書房, 851頁。

第Ⅱ部　新たな展開

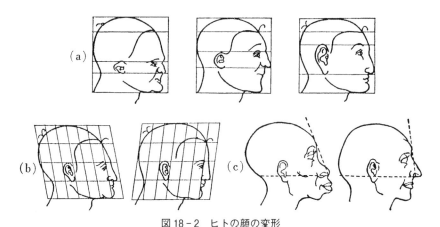

図18-2　ヒトの顔の変形

（出所）　トムソン（1973）186頁。

すと，最初の顔は変形して，別の新しい横顔が生成する（図18-2参照）。神話の変形もこれと同様の仕組みによるといえる。

　生物であれ，無生物であれ，物体のかたちや変形はすべて力の作用の結果として説明される。それゆえに，かたちというものはそのかたちをもつものに作用した力の表現形である（トムソン　1973：6）。

　レヴィ＝ストロースが，人間の文化の領域に属する神話の変形を説明するとき，自然の領域に属する種（人間の横顔も生物としての形態として注目されている）に言及しているのは，たんにわかりやすい例示のためだけではない。すでに自然の中で変形が始まっているからこそ，文化における変形が可能なのである。

　変形だけにとどまらない。神話や言語に見出すことのできる不連続な二項対立の組み合わせという特徴は，自然の中に見られる二項対立，たとえばDNAの二重螺旋をA（アデニン）とT（チミ），G（グアニン）とC（シトシン）という塩基が対になってつなぐ構造と，類似した特徴を示している。私たちの心の中で起きていると思われている事柄は，「生命そのものの基本的現象と大きく違うわけでも，根本的に違うわけでもない」（ワイズマン　1998：170）。文化と自然は連続しているのである。

　だとすると，自然において変形を生じさせる力が個体に内在するのではない

ように（たとえば重力は有機体の形態に大きな影響を与える力の一部である［トムソン 1973：184］），神話の変形をもたらす力も，それを語る個々人や特定の集団に内在するのではないというのがレヴィ＝ストロースの考え方だということになる。万華鏡の筒の中に紙片を入れ，筒を回しながら中を覗くと，紙片の組み合わせからなる模様が様々に変わっていく。これも変形の例としてあげることができるだろうが，その場合，私たちは，筒をもちそれを回す主体が何であるかを考え，そこに人間という答えを用意しがちである。しかしそれが正解なのではない。むしろ万華鏡の筒がひとりでに回っていくと考えるべきなのである。

　この例からもわかるように，個人や人間から能動的な主体という地位や役割を奪おうというのが，レヴィ＝ストロースをはじめとする構造主義の特徴である。構造主義は，個々の要素や事項よりも，あるいは意識的・理性的に思考し判断して行動する個々人よりも，個に先立ち個の意味を決定する関係性を強調する。この関係性が個の意味を決定するからである。誤解を恐れずに言えば，この関係性が構造ということになる。

3　主体の解体，作者の死

　当時「構造主義の四銃士」と呼ばれ，ブームの担い手となったのが，文化人類学のレヴィ＝ストロース，文芸批評のバルト（Roland Barthes），哲学・思想史のフーコー（Michel Foucault），精神分析のラカン（Jacques M. E. Lacan）である。彼らは自分たちの間にあまり共通性はないというものの，「主体」を解体するもしくはそれを自明視しないという点で立場が一致している。

　しかし，主体の解体あるいは自明視の否定を，「理性的に思考し行為する自立した個人・自己すなわち主体が，他者との相互作用によって形成されるということだ」と，単純に受けとってはならない。こうした理解の仕方が間違っているわけではないが，思わぬ陥穽が潜んでいることも見落としてはならない。そこには，個人というものの外部に，個人とは独立して，他者と他者との関係が存在しているという思い込みがある。しかし構造主義が唱えるのはそのよう

第Ⅱ部　新たな展開

な考えではない。他者や他者との関係のネットワークが展開する場は，個人か
ら切り離された外部ではなく，個人の内部に巻き込まれているのである。個人
あるいは自己とは，つねにすでに「他者」なのである。

　他者や関係性を切り離さず，自己の内部に巻き込む働きをするのが言語であ
る。言語は個人に先立って存在する。特定の個人が言語を発明したのではない。
言葉遣いを人は日々の暮らしの中で徐々に変えていくことができるにしても，
すでにある言語の規則やそれまでの慣行すべてを無視しながら，言葉の革新を
生み出せるわけではない。個人に先立つ言語は個人の思考や行動を拘束するの
である。このことをバルトは「作者の死」として論じている（バルト 1979a）。

　小説や詩などの文学作品の解釈の手がかりが作者のまわりに集中することは，
今でも日本の国語教育の現場などで数多く見られる。「この作品は作者の人生
体験をどのように反映しているか」などという問いかけがなされるのは，その
典型である。そこでは，作者は作品の過去であり，作者と作品は父と子の関係
としてとらえられている。

　しかし仮にそうだとしても，どのような作品のどのような言葉遣いもすでに
別の時空間で，そして別の作品で発せられ書かれたものである。もちろん使わ
れ方や込められた意味は異なるだろうが，どのような文・言葉もそれ以前に出
現した別の人による文・言葉とまったく無関係に成り立っているのではない。
一方，今ここにある作品の文・言葉は，未来の文・言葉や作品に何ほどかの影
響を与えるだろう。だとしたら，どの作品の文・言葉であれ，それは必ず過去
と未来の中間に位置するものであり，作者とだけ関係づけることはできない。
バルトは作者が作品を決定づけるという読み方を，神の思想が聖書の意味を支
配するような「神学的読解」として批判し，作者から作品を引き離し，過去・
現在・未来の作品群の中に位置づけて考えるべきことを提唱した。バルトは作
者の死を宣言し，作品ではなく，テクストという概念を導入したのである（バ
ルト 1979a, 1979b）。

第18章　構造主義の現代的意義

4　神話が考える

では，レヴィ＝ストロースは主体の解体をどう論じたのだろうか。彼は，ライフワークの『神話論理』の第1巻『生のものと火を通したもの』（原著 1964年）の中で，「主体というものを取り除いて，ある意味では，神話たちはお互いに考え合っている，と想定すべきであろう」（強調は原文）と述べ，北アメリカ先住民のオジブワ（Ojibwa）が，神話を「意識をもち，思考と行動のできる存在であるとみなしている」という注を付している（レヴィ＝ストロース 2006：20）。

この引用はオジブワ人のテクストを採集したジョーンズ（William Jones）の本（Jones 1917-Ⅱ）からのものであるが，神話という物語の形式が「意識をもち，思考し行動できる」と考えてはならない。オジブワを調査したアメリカの人類学者ハローウェル（A. Irving Hallowell）は，聖なる物語である神話で重要なことは，登場人物が太古から生きている存在とみなされているということだと述べている。「神話」に相当する現地語は，物語の形式のことではなく，そこに登場する存在を指すのだと，ハローウェルは述べている。私たちが神話と呼ぶものを，彼らは生きている「ひと」（person，ただし人間以外の存在 other-than-human というクラスに分類される）の過去の出来事を取り上げた本当の物語だと考えている（Hallowell 1960：26）。したがって物語が「意識をもち，思考と行動のできる存在」であるわけではない。ジョーンズの言い方を借りれば，「木，岩，火，風，断食や寝ずの番に祝福を与える霊など」すべてが生きている「ひと」なのである（Jones 1917-Ⅱ：574）。

だとしたらレヴィ＝ストロースは，オジブワの考えを強引に自分の主張に沿うように曲解したのだろうか。このような批判はしばしばレヴィ＝ストロースに投げかけられるが，そうではない。たしかに彼の引用は，原典に当たるなら誤解を招きやすい。しかしここで重要なのは，神話の語り手たちが意識的・主体的に彼らの心の中で造型し着想した空想的な物語をもって，神話と呼ぶわけではないということである。神話に登場する「ひと」が思考し行動する実在の

第Ⅱ部　新たな展開

「存在」であるなら，彼ら（あるいはそれら）が互いに考え合い行動し合って生じた過去の出来事が，現在の人々のもとにただ到来し，人々はそれを語るだけだと考えるべきである。神話には様々なヴァージョンがあるが，それはちょうどある出来事を目撃した人たちの語りがけっして完全に一致しないようなものにすぎない。つまり神話は語り手の内部からではなく，それがまさに語っている太古の時と場所という外部に起源をもつのである。「われわれは，人々が神話においてどのように考えているかを示そうとするものではない。示したいのは，神話が，ひとびとの中で，ひとびとの知らないところで，どのようにみずからを考えているかである」（レヴィ＝ストロース 2006：20，訳文は筆者が修正）というレヴィ＝ストロースの見解は，そのように考えるべきである。

　後にレヴィ＝ストロースは，同じことが自分と自分の著書の関係にも当てはまると述べている。「わたしの著書は，わたしの知らぬまにわたしにおいて考え出されている」（Lévi-Strauss 1978：3）。オジブワなどアメリカ大陸先住民の神話を分析した彼の著作は，彼の外から彼のもとに到来するのである。いわばレヴィ＝ストロースはオジブワの思考と同調・同期化しており，彼は自らのアイデンティティを自らで否定するのである。

　　わたしは以前から現在に至るまで，自分の個人的アイデンティティを感じるという知覚体験をしたことがありません。わたしとは何かが起こる場所のようにわたし自身には見え，「わたしが」とか「わたしを」ということは全くないのです（Lévi-Strauss 1978：3-4）。

5　構造主義の倫理

　レヴィ＝ストロースがこのように同調・同期化するアメリカ先住民の思考において共鳴するのは，「他者のための空洞」という倫理である。

　北アメリカ先住民の神話の中には，フランス民話をもとにしたものがある。フランス系白人が入植して先住民と交易を行っていたとき民話が伝播したのだが，既にある先住民神話の傍らに新たな神話がただ付け加わったというのではなく，二項対立と変形にもとづく関係によって，新たな神話はそれ以前の神話

に結びつけられていることを，レヴィ＝ストロースは明らかにしている。それ
だけではない。新たな神話が加わることで，既にある神話相互の関係のつなが
りもより論理的に入念なものになる。先住民の神話の群れは，体系的まとまり
という点で充実しておらず，パズルのピースが欠けたような余白とか空洞が存
在していても，ただちにそれを埋めようとする性質のものではない（何か新た
な神話が生まれるというのではない）。むしろ，やがて到来してその体系を充た
してくれるような他者がもたらす神話のために，空洞はそのままにされている
のである（レヴィ＝ストロース 2016）。そして自らとは異質な他者のために場所
を空けて俟っておくという神話のあり方は，そのような神話を語る先住民の間
にある倫理を形作ることになる。

　『神話論理』の第 3 巻『食卓作法の起源』の最後にレヴィ＝ストロースは，
神話を語り伝える人たちが，そのことによって抱くことになる倫理について述
べている。それは「人間のまえにまず生命を，生命のまえには世界を優先し，
自己を愛する以前にまず他の存在に敬意を払う必要がある」という「正しい人
間主義」である（レヴィ＝ストロース 2007b：588）。この人間主義では，かつて
サルトル（Jean-Paul Sartre）が「地獄とは他人のことだ」と述べたのとは逆に，
「地獄とはわれわれ自身のことだ」と考え，世界や他者を前にしてへりくだる
という「謙虚さへの教え」が説かれるのである。この教えは，世界をわれわれ
という存在で充満させ飽和させるのではなく，それを嫌悪し，充満しそうにな
ると引き返そうとし，空隙や真空の余地をつくる作法を説く。「われわれ」に
よる世界の飽和は破壊的である。なぜなら飽和は他者を受け入れる余地を認め
ず，かつてのナチズムのように他者を排除しようとするからである。一方，引
き返す作法によって，空隙や真空を他者のためにとっておくというのが，新世
界先住民の倫理である（出口 2011：88-93）。

　「記憶をこえた昔からの人類の遺産のもっとも素晴らしい部分を破壊し，さ
らには数え切れないほどの生命の形態を破壊することに没頭しているこの世
紀」において，「謙虚さへの教え」にわれわれは耳を傾けるべきだとレヴィ＝
ストロースが言ったのは20世紀半ばのことであるが，破壊への没頭が加速して
いる21世紀においても先住民の倫理に共鳴したレヴィ＝ストロースに，われわ

第Ⅱ部　新たな展開

れは聞く耳を持つべきであろう。

　人類であれ何であれひとつの生物種が，たとえ二百万ないし三百万年のあいだこの地上に生きることができたからといって，結局は死滅する時をいつか迎えるのであってみれば，この地上をひとつの物体のように恣いままにし，恥も慎みもなく振る舞うことが許される口実とはならない，ということが必要なのではないだろうか（レヴィ＝ストロース　2007b：588）。

6　課題と展望

　今日の世界の文化人類学において，一つの大きな潮流をなしているのが「存在論（ontology）」である。ブラジルのヴィヴェイロス・デ・カストロ（Eduardo B. Viveiros de Castro），フランスのラトゥール（Bruno Latour），デスコラ（Phillipe Descola），イギリスのストラザーン（Marilyn Strathern），ジェル（Alfred Gell）らがその代表的旗手である。レヴィ＝ストロースの研究は彼らにも影響を与えている。デスコラは直接の指導学生であるし，ヴィヴェイロス・デ・カストロもレヴィ＝ストロースについて論じている（ヴィヴェイロス・デ・カストロ　2015）。ストラザーン自身は直接レヴィ＝ストロースに言及していないものの，彼女の著書『部分的つながり』の訳者の一人である大杉高司は，訳者あとがきで彼女を「レヴィ＝ストロースの子どもたち」の一人と評している（ストラザーン　2015：336）。

　存在論についての説明は第23章に譲るが，しかしレヴィ＝ストロースの思想が彼らによって継承され乗り越えられたかどうか，にわかに判断すべきではないだろう。

　たとえばストラザーンは，欧米の個人（individual）に対して分人（dividual）という概念を提唱する。彼女によれば，メラネシアにおいて，人間は別の人との様々な関係や社会や自然環境とのかかわりをその内部に含んだ存在である。そのような人間観を彼女は分人と呼んだ。それは関係性として個人をとらえる視点であり，フラクタル的である（図18-3）。分人は，その父と母の配偶の関係，父の父と父の母の配偶関係，母の父と母の母の配偶関係……という同一の

第18章　構造主義の現代的意義

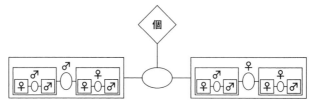

図18-3　ストラザーンの分人
（出所）　Alfred Gell, *The Art of Anthropology: Essays and Diagrams*, Athlone Press, 1999: 50.

セットの反復を包含していると考えることができる。

これはレヴィ＝ストロースによるアラパホの男女関係（女＝女＋男，男＝男＋女）を彷彿させる。しかしアラパホの女が，女と男のより「接近」した関係を包含するのに対して，アラパホの男は，男と女のより「分離」した関係を包含しており，メラネシアのような同一関係のフラクタル的反復ではない。この違いが何によるのか，どこに帰着するかを慎重に検討するまでは，ストラザーンを「レヴィ＝ストロースの子」とは呼べない。

またストラザーンのメラネシアでは，人は両性具有的な存在だが，生物学的女性が「男性」に，あるいは男女を問わず一群の人たちが「一人の女性」として振る舞うなど，状況に応じてどちらか一方の性になることが求められている。しかし両性具有的存在を単性的存在へと「変形」する力とはどのようなものか，さらにはフラクタル的な分人をつくりだす「力」や，自然の中の変形の力とどのように関係するかなどについて，ストラザーンがどこまで考えているか判然としない。「静かな革命（quiet revolution）」と呼ばれる存在論的人類学を革命的だと受け入れるのは性急であろう。

文　献

ストラザーン，マリリン　2015　『部分的つながり』大杉高司・浜田昭範・田口陽子・丹羽充・里見龍樹（訳），水声社．
出口顯　2011　『神話論理の思想――レヴィ＝ストロースとその双子たち』みすず書房．
――――　2012　『レヴィ＝ストロース――まなざしの構造主義』河出書房新社．
トムソン，ダーシー　1973　『生物のかたち』柳田友道・遠藤勲・古沢健彦・松山久義・高木隆司（訳），東京大学出版会．

第Ⅱ部　新たな展開

バルト，ロラン　1979a　「作者の死」，『物語の構造分析』花輪光（訳），みすず書房。

──── 1979b　「作品からテクストへ」，『物語の構造分析』花輪光（訳），みすず書房。

ヴィヴェイロス・デ・カストロ，エドゥアルド　2015　『食人の形而上学──ポスト構造主義的人類学への道』檜垣立哉・山崎吾郎（訳），洛北出版。

レヴィ＝ストロース，クロード　1979　「構造主義再考」三好郁朗（訳），『構造・神話・労働　クロード・レヴィ＝ストロース日本講演集』大橋保夫（編訳），みすず書房。

──── 2000　『親族の基本構造』福井和美（訳），青弓社。

──── 2006　『生のものと火を通したもの　神話論理Ⅰ』早水洋太郎（訳），みすず書房。

──── 2007a　『蜜から灰へ　神話論理Ⅱ』早水洋太郎（訳），みすず書房。

──── 2007b　『食卓作法の起源　神話論理Ⅲ』渡辺公三・榎本譲・福田素子・小林真紀子（訳），みすず書房。

──── 2016　『大山猫の物語』渡辺公三（監訳），みすず書房。

ワイズマン，ボリス　1998　『レヴィ＝ストロース』椋田直子（訳），現代書館。

Hallowell, A. Irving 1960 "Ojibwa Ontology, Behavior, and World View." In Diamond, Stanley (ed.), *Culture in History: Essays in Honor of Paul Radin*. Columbia University Press, pp. 19-52.

Jones, William 1917 *Ojibwa Texts* (2 volumes). Publications of the American Ethnological Society, Volume 7.

Lévi-Strauss, Claude 1978 *Myth and Meaning*. University of Toronto Press.

第19章

「もの」研究の新たな視座

床 呂 郁 哉

われわれ人間は普段から膨大な「もの」に囲まれ，様々な「もの」とかかわりながら生活を営んでいる。日常生活を少しでも省みれば気がつくように，各種の「もの」なしには，われわれは快適な生活を営むことはおろか，そもそも生存することすら覚束ないだろう。たとえば衣食住にかかわる物質文化は，人間の生活のもっとも基本的で必要不可欠な領域であり，人間の社会生活は，こうした多種多様な「もの」との関係を抜きには成立しえない。近年の人類学では，広義の物質文化，ないしは人間を取り巻く多種多様な「もの」（人工物，生物，自然物など）についての新たな関心の高まりに応じて，様々な研究と概念化が試みられつつある。それは「人類学の静かな革命」と称されることもあり，一つの新たな潮流を形成しつつある。本章では，近年の人類学における「もの」研究の動向と，そこにおける新たな視点や問題意識について解説を試みる。

1 「もの」研究の系譜

人類学における「もの」研究の系譜——初期人類学から20世紀半ばまで

19世紀の初期人類学では，西欧中心主義的な社会進化論と物質文化への関心が結びついていた。これは制度的には博物館の誕生を背景としていたことが知られている。少し時代が下って19世紀後半になると，「物質文化（material culture)」という言葉は，人類学にとって不可欠なものとなった。そして20世紀初頭まで，物質文化研究は人類学の主要な関心の一つであり続けた。

しかし，20世紀に入って，イギリスではマリノフスキー（Bronislaw Malinowski）やラドクリフ＝ブラウン（A. R. Radcliffe-Brown）らの手で，アメ

265

第Ⅱ部　新たな展開

リカではボアズ（Franz Boas）とその門下の手で，人類学が独自の学問分野として確立され，大学内でも制度化されるようになると，物質文化研究は次第に人類学内部で周辺化されるようになった。やや乱暴に整理すれば，20世紀の前半から中盤，そして1970年代ごろにかけての人類学は，フィールドで出会う個別具体的な「もの」そのものより，抽象的なシステムや関係性へと関心をシフトさせていった。より具体的に言えば，構造機能主義から構造主義を経て，さらに象徴人類学や解釈人類学へと至る展開の中で，人類学者は個別具体的な「もの」それ自体への関心から，フィールドで遭遇した事物や事実から抽象化された社会関係や文化的コード，記号や表象のシステムへと関心を移行させていったのである。

　レヴィ＝ストロース（Claude Lévi-Strauss）の『仮面の道』（原著 1975年）など，いくつかの例外を除けば，20世紀半ばくらいまでの人類学では，概して物質文化への関心は，徐々に低下していった。そして1980年代に入ると，いわゆる「ライティング・カルチャー・ショック（writing culture shock）」による民族誌記述の見直し（第22章参照）や，知と権力の関係に無自覚だった人類学者の自己批判，およびポストコロニアル論などに関心がシフトしていった。当時は，内省的（reflexive）で認識論的な問題や，人類学的フィールドワークの政治性に関する議論が注目を集め，物質文化に大方の関心は向かなかった。

2　近年の人類学における「もの」への回帰

　前述のように，19世紀から20世紀初頭までの初期人類学において，けっして無視できない位置を占めていた物質文化研究であったが，20世紀に入って人類学の制度化がアカデミズム内で進むと，物質文化や「もの」への関心は後景に退いていった。そして1980年代には，民族誌記述や表象をめぐるポストモダン（ないしポストコロニアル）な語りが，人類学を席巻するようになった。

「人類学の静かな革命」と存在論的転回

　だが，こうした議論が欧米で隆盛を極める一方で，実はもう一つの動きが目立ちはしなかったが，着実に進行していた。それは「人類学の静かな革命

（quiet revolution）」とでも呼ぶべき動向である（Henare, Holbradd, and Wastell 2007：7-8）。この「革命」の主導者らは，当時の「ライティング・カルチャー・ショック」をめぐる袋小路的な内省との決別を強く志向していた。

それは，よりマクロな文脈で言えば，世界を主体／客体，人間／もの，人間／非人間などに二分する，デカルト（René Descartes）以来の近代西欧的な知の在り方や，近代的世界観の基本的枠組み（パラダイム）それ自体への批判を目指した野心的な試みであった。この試みこそ，まさに「もの」志向の人類学と称すべき新たな分野で，広義の物質文化研究を再び人類学の主要課題として登場させたのである。

この「もの」志向の人類学は，独立した研究者による個別の研究から生まれたが，場合によっては，いくつかの学派や研究集団として一括されることもある。20世紀後半以降の欧米で，とくに注目に値する代表的な研究者として，アパドゥライ（Arjun Appadurai），ミラー（Daniel Miller），ジェル（Alfred Gell），ラトゥール（Bruno Latour）らを掲げることができる。

また，研究対象を狭義の物質文化や人工物・人造物に限定せず，人間以外の生物をも含む広義の「もの」研究では，デスコラ（Philippe Descola），ヴィヴェイロス・デ・カストロ（Eduardo B. Viveiros de Castro），コーン（Eduardo Kohn）らが代表的である。彼らは，「存在論的転回（ontological turn）」，「マルチスピーシーズ・エスノグラフィ（multispecies ethnography）」などと称される新たな研究動向の主導者である。彼らは主として人間以外の生物を主題として，脱人間中心主義的な視点からの研究を試みつつある。

「もの」の社会生活

まずアパドゥライとコピトフ（Igor Kopytoff）の研究について述べよう。彼らの研究は，物質文化研究を社会的な文脈に回収するという一種の還元論に対抗して，それに陥るリスクをいかに回避するかという問題意識から生まれた。従来の人類学者によるマルクス主義的な「物象化」論では，「もの」それ自体に価値を認めることは「物象化」の効果と原因を混同する錯誤であり，「もの」（商品）の研究は，生産関係から派生する社会関係に還元することができるという考えが強かった。こうした社会還元論に対して，アパドゥライとコピトフ

第Ⅱ部　新たな展開

は方向転換を迫ったのである。彼らは「もの」にも人間と同じように社会生活
（social life）があり，その次元で分析されるべきであると主張した。そして，
特定の「もの」は文脈に応じて商品の相に入ったり出たりする（つまり商品化
したり脱商品化したりする）という視点から，「もの」に焦点を当ててその軌跡
を追うというアプローチを提唱した（Appadurai 1986）。

　この視点を応用すれば，たんに「もの」をそれが生産されたローカルな文
化・社会的文脈の中で理解するのではなくて，「もの」は異なる状況に応じて
異なる価値や意味をもつように姿を変えるという視点も得られるだろう。

「もの」のマテリアリティ

　次にミラーの研究について述べよう。彼はマルクス主義における物質へのア
プローチを批判的に再検討する中で，「もの」のマテリアリティ（materiality
物質性）に注目した。そこでは，マルクスの解釈とは異なり，商品は必ずしも
否定的な存在ではなく，むしろ主体が消費を通じて自己構成する媒体として重
視される。すなわち，商品を含む「もの」は人間によって生産されるが，逆に
言えば，消費の場面では人間自身も「もの」によってつくられるのだ。マルク
スは前者の側面を強調したが，ミラーは逆に人間が「もの」の消費によって自
分自身を構成する側面に注意を向けた（Miller 1987）。このように，ミラーに
代表されるマテリアリティ研究では，「もの」と社会が相互に構成しあう点に
焦点が当てられている（Miller 2005）。

アクター・ネットワーク論

　また，近年の人類学や考古学における「もの」研究では，エージェンシー
（agency）すなわち行為の主体性や能動性をめぐる問題が大きな焦点となって
いる。この点に関しては，先に挙げたイギリスのジェルと，フランスのラトゥ
ールらを中心とするアクター・ネットワーク論（Actor Network Theory,
ANT）を取り上げないわけにはいかない（Gell 1998；ラトゥール 2008）。人間
だけにエージェンシーを認めてきた従来の発想に代えて，彼らは人間以外の存
在のエージェンシー（nonhuman agency）という問題を設定する。そこから，
人間と「もの」が織り成す複雑な相互作用や，人間と非人間の行為者（アクタ
ー）から構成される対称的なネットワークへと関心が向けられていく。ANT

における人間と非人間の間の対称的な関係性という論点は，先のデスコラやヴィヴェイロス・デ・カストロ，コーンらの研究とも関係が深い。

日本における「もの」研究

　最後に日本における研究についてもごく簡単に触れておこう。まず，川田順造による「技術の文化」や「もの」と身体技法に関する考察（川田 1992），および吉田憲司による博物館展示と物質文化の研究（吉田 1999）に見られるように，日本の人類学では物質文化への関心が一貫して強いことに注目すべきである。また民具学の系譜を引く研究（印南ほか 2002）や，民芸運動研究を取り上げた松井健の研究（松井 2005）なども注目に値する。

　さらに近年では，東京外国語大学アジア・アフリカ言語文化研究所（AA研）を拠点とする通称「資源人類学」研究プロジェクトにおいても，小生産物班（代表：小川了）や認知・加工班（代表：松井健）を中心に，広義の物質文化研究が行われてきた（内堀 2007）。そして，このプロジェクトの後継として立ち上げられた AA 研「ものの人類学的研究」プロジェクト（代表：床呂郁哉），およびその成果を公表した論集（床呂・河合 2011）も，日本における近年の「もの」研究の成果の一つとして挙げておきたい。

3　「もの」研究のいくつかの視点

意味からエージェンシーへ

　前節では学説史的に「もの」研究の流れを概観した。本節以降は，近年の「もの」研究でとくに重要な論点や，新たな視点を取り上げて紹介する。

　いわゆる「言語論的転回（linguistic turn）」のもとに，多くの研究者は言語モデルや言説主義に大きく依存してきた。だが近年では，そこからの脱却が「もの」研究の一つの課題となっているので，まずそれについて説明したい。

　概して，1960年代から1980年代ごろまでの人類学では，言語モデルを使って物質文化を把握し，「もの」の意味をあたかも記号や言説のように解読していくアプローチが有力であった。とくに構造主義やポスト構造主義の影響を受けた象徴人類学や解釈人類学では，「もの」は意味を帯びた記号，シンボル，言説

第Ⅱ部　新たな展開

としてとらえられた。そこでは，人類学者の仕事は，たとえば工芸品や墓に施された装飾の意味や，家屋や集落の配置の意味を，まるで暗号解読のように見つけることだとされた。「もの」は親族関係や社会関係を反映したり，象徴的・文化的意味が書き込まれたりするメディア（媒体）として扱われていたのである。

　こうした見方では，「もの」は社会関係や文化システムのたんなるイラストレーション（例示）なりトークン（象徴）に還元されてしまう。それに対して，近年の人類学における「もの」研究では，還元主義──「もの」をたんなる社会関係の反映とみなしたり，文化的意味が書き込まれた記号とみなしたりすること──を超えた視点や研究方法を模索している。

　この点で参考になるのは，先述のジェルやラトゥールらの議論である。まずジェルは，絵画などの芸術作品（アート・オブジェクト）の研究にあたって，そこに込められた象徴的な「意味」を，人類学者が解読すべき記号ないしテクストとしてみなすことに異議を唱えた。むしろ彼は，見る者に対して畏怖，恐怖，魅惑といった様々な感情（感覚）を引き起こすメディアとして，アート・オブジェクトをとらえようとしたのである（Gell 1998）。

　さらにジェルは，アート・オブジェクトを社会的エージェントとみなして，作り手の行為を拡張し媒介するエージェンシーという視点から議論を展開した。それは，従来の物質文化研究における言語モデルや，意味解釈中心主義からの脱却であった。スローガン化して言えば，「意味からエージェンシーへ」という転換であり，より広い観点からすれば，人類学を含む人文社会科学で強い影響力をもった「言語論的転回」への抵抗，あるいは批判的再検討の試みとして位置づけられよう。

　またラトゥールをはじめとするANTでも，エージェンシーは重要な論点である。ラトゥールは，近代西欧的学問の基本的枠組みであった主体／客体，人間／非人間といった二元論を批判して，人間と非人間の対称性を強調した（ラトゥール 2008）。ANTは人間と非人間の両者に対して対称的にアプローチする。人間だけが特権的にエージェンシーをもつとは考えずに，人と「もの」が織りなす関係的なネットワークを見る。このネットワークに関与している限りにおいて，「もの」は人間と同じ重要性を有するとされる。

270

シンボルからインデックスへ

「意味からエージェンシーへ」の転換は，哲学における言語（表象）中心主義への反省や，フランスの哲学者ドゥルーズ（Gilles Deleuze）らの脱言語中心的（脱人間中心主義的）思考の再評価とも通じるものがある（Roff and Stark 2015）。さらに最近の哲学の文脈では，「思弁的実在論（speculative realism）」と称される潮流が活性化しつつあることに留意したい（メイヤスー 2016；シャヴィロ 2016）。

人類学における「もの」回帰は，言語論的転回や内省の議論（先述のライティング・カルチャー・ショック以降の民族誌記述をめぐる自己言及的議論）と距離をとる。それは，フィールドで遭遇する触知可能（tangible）で，いわば「手触り感」のあるリアリティへの回帰として位置付けることができよう。モース（Marcel Mauss）からブルデュー（Pierre Bourdieu）に至るフランスの人類学・社会学の系譜や，近年の心理学・認知科学の一部では，言説的な知識に還元できない実践的知識（たとえば身体技法やハビトゥス），「暗黙知」，「状況認知」などを重視するが，今日の「もの」回帰はこうした研究とも無関係ではない（モース 1976；ブルデュー 1988；ポランニー 2003；レイブ・ウェンガー 1993）。

ただし付言すると，以上の指摘は，言語や言語的実践が物質文化の研究にとって重要ではない，ということではない。言葉の使用と「もの」の使用は相補的であり，ときに分かち難く絡み合っている。この点に関して言えば，人類学的「もの」研究に言語モデルを応用する場合，比較的最近までソシュール（Ferdinand de Saussure）流の構造主義的な言語・記号観に依拠して，「もの」を文化的規約にもとづく恣意的シンボルとして分析することが多かった。この枠組みでは，指示記号（シニフィアン）と指示内容（シニフィエ）の対応は恣意的で規約的とされ，主体と客体，精神と物質は徹底的に分離されている。

しかし，「もの」を記号として見る場合，シンボルだけではなく，インデックス（index）的ないしイコン（icon）的な記号作用が働くことを看過してはならない。言いかえれば，「記号」と「その意味内容や生きたコンテキスト」の間には，たんなる恣意的な規約ではなく，何らかの実質的な関係を想定できる事例もあるということである。一例を挙げるならば，現実の犬と，それを示す

第Ⅱ部　新たな展開

「犬」「イヌ」"dog"といった記号の関係は，ソシュールの言う恣意的な規約による関係であると言える。これに対して，犬の足跡から，少し前に犬がその場所を通過したことを推論するような場合には，犬とその足跡との関係は，たんなる恣意的な規約によるものではなく，因果的な関係にもとづくインデックス的な関係にあるとされる。また犬を模写した絵などと犬の関係も，たんなる恣意的な規約というよりは，意味するものと意味されるものの間の実際の形状などの類似性にもとづくイコン的な関係が強い。このようにソシュールの記号論に代表される恣意性と規約にもとづくシンボルを中心とする記号論に依拠した物質文化論から，インデックスやイコンを重視する記号論——その代表はパース（Charles Peirce）の記号論である——へのシフトは，前掲のコーンによっても重視されている（コーン 2016）。こうしたインデックス的な記号観による分析視点も，「もの」研究の新しい動向として挙げておきたい。

4　脱人間中心主義的人類学の可能性

近代的「もの」観の相対化

　20世紀末以降の人類学において，広義の「もの」研究が再び活性化している背景には，西欧中心の近代的「もの」観——より広く言えば世界観——の相対化という試みがある。ここで言う近代的「もの」観とは，おおむね以下のような特徴を有する。第一に，人間と「もの」や，人間と非人間（nonhuman 人間以外の生物や人工物，自然物などの存在者［being］）は，まったく異質の存在として位置づけられ，両者の境界は動かし難く固定化される。言い換えれば，両者の関係は連続的というより非連続的，対称的というより非対称的に概念化される。

　第二に，このうち人間だけがエージェンシーや知能，心を備えた主体として特権化される。対照的に，非人間の存在者は，技術を通じて人間によって操作され，統御される従属的で従順な客体としてとらえられる。こうした近代的な世界観や「もの」観にあっては，人間／非人間，主体／客体，心／物などの一連の二項対立が，自明なものとして前提される。欧米の世俗化された近代社会では，取り立てて問題視されることのない「常識」かもしれないが，じつはき

わめて人間中心主義的な世界観と言えなくもない。

　一方，非欧米を主な舞台とする人類学者のフィールドでは，人間と非人間の存在者（自然物，人工物，生物など）の関係を仔細に観察すると，以上のような近代的な「もの」観に回収しきれない事例に遭遇する。換言すれば，世界各地における人間と「もの」の関係は多様性に富んでいて，人間と非人間の間の境界はいつのまにか変化したり，両者のハイブリッド（異種混交）なエンタングルメント（絡み合い）がよく見られたりする。そして人間と非人間の関係は，必ずしも主体としての人間が一方的に客体としての非人間に働きかけて操作・統御するのではなく，そこに双方向的なインタラクション（相互作用）が見られることも少なくない。

人間／非人間の境界のゆらぎと越境

　まず動物を例にとると，近代西欧社会では，概してヒト以外の動物を人間のように交渉・応答可能な存在者，つまり人間と対称的で連続的な存在者とみるのではなく，一種の「自動機械」のようにみなす傾向が強かった。とりわけデカルト以降に顕著になった「動物機械論」の思想では，動物は人間と似た心，魂，理性，感情をもった生き物であるという考えは退けられ，むしろ生きた機械だとする見方が支配的となった。その後，この動物機械論は通俗化したかたちで西欧社会に普及して，随所に影響を及ぼしていった。

　しかし，よりマクロな人類史を俯瞰すれば，こうした見方はむしろ例外的（特殊近代西欧的）ではないかと思わせる事例が世界各地に溢れている。人類学や考古学の分野で古典的な例としては，アニミズム，トーテミズム，先史時代を含む非西欧文化圏各地における動物の埋葬などを挙げることができる。また現代の狩猟民社会でも，こうした感性はけっして失われていない。たとえば，アマゾン流域のアチュアル人の社会を調査したデスコラによると，現地では狩猟の対象となる動物は尊敬の対象でもある。さらに言えば，動物も植物も人間と同じように魂をもった一種の「ひと（person）」とみなされている（Descola 2013：4-6）。

　また筆者が調査している日本の真珠養殖の現場でも，真珠貝と人間の関係には興味深いものが見られる（床呂 2011）。かいつまんで言えば，日本の真珠養

第Ⅱ部　新たな展開

殖に携わる技術者の間では，真珠貝をたんなる利益獲得のための手段や，もの言わぬ心なき客体として統御の対象とみるのではなく，逆に心ある存在として扱って，交渉的・対話的な態度で臨んでいる。

「ひと」としての自然物・人工物

　同じ非人間の存在者でも，生命を備えた生物の場合は，人間にとっての他者として扱いやすいだろう。だが，無生物の路傍の石や自動車のような人工物まで「ひと」に準じた存在として，つまり人間との連続性の相において見ることには抵抗があるかもしれない。

　しかし，ウイルスの例を持ち出すまでもなく，生物と非生物の境界は必ずしも自明ではない。とくに広義の他者をより広く考察する際には，両者を二分する思考は有効だとも言い難い。そもそも，生物をその物的環境から切り離して考えること自体，無意味だという指摘もある（Ingold 2000：20）。人間と非人間の対称性，連続性，交渉可能性という観点は，通念上「こころ」や生命を持たない自然物や人工物と，人間との関係を研究するうえで有益である。

　自然物に関しては，石，岩，山，海，月，太陽，星，そして台風といった自然物や自然現象が神格化される事例は，世界各地で報告されている。日本の神道（神祇祭祀）でも，岩や巨石がご神体とされることは珍しくない。

　人工物に関しては，モースが『贈与論』（原著 1925 年）で言及した「人格（ペルソナ persona）」を有する「もの」という現象が，人類学の古典的例である。モースによると，マオリの「贈与の霊」のように，「もの」そのものが「人格」を持っているという観念は，世界の至る所に存在している（モース 2014）。

　人工物があたかも人間と同じように行為の主体性（エージェンシー）を発揮したり，逆に人間が人工物に振り回されたりする民族誌的事例も各地で報告されている。以下，2 人の日本人研究者による事例を紹介しよう。

　第一は，タイに輸出された日本製の中古コンバインと，それを使用する農民との関係を描いた森田敦郎の民族誌である。諸々の環境の違いから，現地で日本製のコンバインは不調をきたすことが多く，絶えざるケアが必要であるという。そこでタイの農民は，機械の動作がおかしくなるたびに，詰まったワラを取り除いたり，脱穀部の入口やワラの排出口を調整したりして，機械が動かな

くなるのを防ごうとする。こうした光景を見ていると，はたして人間がコンバインを動かしているのか，コンバインが人間を動かしているのかわからなくなる瞬間が訪れる，と森田は記述している（森田 2012：185）。

　第二は，インドネシアのバリ島で仮面劇の調査をした吉田ゆか子の民族誌である。現地で「トペン」と呼ばれる仮面劇に使われる仮面には霊的な力が宿るとされ，各種の儀礼が仮面に対して行われ供物が捧げられる。そうした仮面を相続したり贈られたりすると，それは受け手（演者）に対して舞踊を促す力を持つとされる。吉田によれば，演者が次々と仮面を取り替えながらトペンを演じるとき，仮面は文字通り演者がつける「仮の面」のように見える。しかし，仮面が親から子へ，子から孫へと世代を超えて受け継がれることや，寺院が所有する仮面が時代を超えて地元の人々によって上演時に用いられることを想起すれば，演者の身体はむしろ仮面にとって「仮の胴」でもあるという，もう一つの次元が見えてくるという（吉田 2011）。

　客観的に見れば，心や知性はおろか生命さえ持たないはずの人工物が，それを使う当事者の眼にはあたかも一種の人格を帯びた他者として立ち現れるという現象は，なにも「伝統的」で「エキゾチック」な文化に限ったことではない。むしろ今日の欧米を含む高度に都市化された社会でも，場合によっては人が人工物に何らかの他者性を感知したり，広義の他者としてインタラクションやコミュニケーションの対象としたりすることがある。その典型がコンピューター（ないしそのプログラム，人工知能などのソフトウェア）やロボットである。近年の人類学はこうした対象も視野に入れている（久保 2015；床呂 2016）。

5　課題と展望

　本章では，20世紀末以降の人類学における広義の物質文化研究，または「もの」をめぐる研究の歴史を振り返り，「ものへの回帰」を軸とする新たな潮流に焦点をあてて検討した。この潮流は，脱人間中心主義を背景に登場した「人類学の静かな革命」や「存在論的転回」と密接に関連している。

　そこでは，人間と非人間の非連続性や非対称性を前提とした近代社会の「も

第Ⅱ部　新たな展開

の」観に代わって，人間と人間以外の存在者や「もの」との関係の連続性や対称性，「もの」のエージェンシー，インデックスを中心とする非ソシュール的な記号観など，いくつかの新しい視点が提唱されている。人類学におけるこうした「ものへの回帰」は，哲学，心理学，認知科学，考古学などの関連分野における動向と結びつきながら，現在，着実に進行しつつある。本章では，アパドゥライ，ミラー，ジェル，デスコラ，ヴィヴェイロス・デ・カストロ，コーン，ラトゥールらの研究を取り上げて，具体的に検討した。

　ただ注意すべきは，こうした代表的論者の間には，共通点と同時に少なからぬ差異や不一致もあるという事実である。たとえば，デスコラ，ヴィヴェイロス・デ・カストロ，そしてコーンは，人工物にあまり関心を払わない。それに対して，ラトゥールの ANT においては，人工物を中心とする非人間と人間との対称性が強調されている。こうした問題意識や論点の違いをどう評価するかは，議論が分かれるところであろう。

　そのほかにも，「存在論的転回」における「存在論（ontology）」の強調について，論者の意見は分かれている。すなわち，「存在論」は従来の人類学における「文化（culture）」，あるいは特定の文化における「認識論（epistemology）」や「世界観（world view）」，「自然観（view of nature）」などと本当に違うのか，それともたんなる言い換えにすぎないのかという点について，欧米の人類学でも議論が交わされている（Carrithers et al. 2010）。

　また考古学者のホッダー（Ian Hodder）からは，「もの」の人類学のアプローチの多くが，「もの」が人間に対して何ができるかという点に焦点を当てていて，そのスローガンとは裏腹に，「もの」の「もの」性，たとえば対象の物理的・客観的な性質に由来する物質的属性を，実は軽視しているのではないかという疑問が寄せられている（Hodder 2012：39-40）。

　こうした批判を踏まえたうえで，場合によっては自然科学的アプローチも取り入れた，より視野の広い「もの」研究の可能性について，今後は検討していくべきであろう。いずれにせよ，「もの」や広義の物質文化，非人間（non human）といった問題系は，21世紀の人類学を牽引する重要なテーマの一つである。今後も多様な議論や新たな研究が生まれることは間違いない。

文　献

印南敏秀・神野善治・佐野賢治・中村ひろ子（編）　2002　『もの・モノ・物の世界』雄山閣。

内堀基光（編）　1997　『「もの」の人間世界』（岩波文化人類学講座　第3巻）岩波書店。

内堀基光（総合編集）　2007　『資源人類学』（全9巻）弘文堂。

ヴィヴェイロス・デ・カストロ，E.　2015　『食人の形而上学——ポスト構造主義的人類学への道』檜垣立哉・山崎吾朗（訳），洛北出版。

川田順造　1992　「身体技法の技術的側面——予備的考察」，『西の風・南の風』河出書房新社，64-122頁。

久保明教　2015　『ロボットの人類学——20世紀日本の機械と人間』世界思想社。

コーン，エドゥアルド　2016　『森は考える——人間的なるものを超えた人類学』奥野克巳・近藤宏（監訳），近藤祉秋・二文字屋脩（訳），亜紀書房。

シャヴィロ，スティーヴン　2016　『モノたちの宇宙——思弁的実在論とは何か』上野俊哉（訳），河出書房新社。

床呂郁哉　2011　「「もの」の御し難さ——真珠養殖をめぐる新たな「ひと／もの」論」，床呂郁哉・河合香吏（編）『「もの」の人類学』京都大学学術出版会，71-89頁。

───　2016　「野生のチューリングテスト」，河合香吏（編）『他者——人類社会の進化』京都大学学術出版会，399-418頁。

床呂郁哉・河合香吏（編）　2011　『「もの」の人類学』京都大学学術出版会。

ブルデュー，ピエール　1988　『実践感覚I』今村仁司・港道隆（訳），みすず書房。

ポランニー，マイケル　2003　『暗黙知の次元』高橋勇夫（訳），ちくま学芸文庫。

松井健　2005　『柳宗悦と民藝の現在』吉川弘文館。

メイヤスー，カンタン　2016　『有限性の後で——偶然性の必然性についての試論』千葉雅也・大橋完太郎・星野太（訳），人文書院。

モース，マルセル　1976　『社会学と人類学〈2〉』有地亨・山口俊夫（訳），弘文堂。

───　2014　『贈与論（他二編）』森山工（訳），岩波文庫。

森田敦郎　2012　『野性のエンジニアリング——タイ中小工業における人とモノの人類学』世界思想社。

吉田憲司　1999　『文化の「発見」——驚異の部屋からヴァーチャル・ミュージアムまで』岩波書店。

吉田ゆか子　2011　「仮面が芸能を育む——バリ島のトペン舞踊劇に注目して」，床呂郁哉・河合香吏（編）『ものの人類学』京都大学学術出版会，191-210頁。

ラトゥール，ブルーノ　2008　『虚構の「近代」——科学人類学は警告する』川村久美子（訳），新評論。

レイコフ，ジョージ，マーク・ジョンソン　2004　『肉中の哲学』計見一雄（訳），哲学

第Ⅱ部 新たな展開

書房。

レイブ, ジーン, エティエンヌ・ウェンガー 1993 『状況に埋め込まれた学習——正統的周辺参加』佐伯絆（訳）, 産業図書。

レヴィ＝ストロース, クロード 1977 『仮面の道』山口昌男・渡辺守章（訳）, 新潮社。

Appadurai, Arjun 1986 *The Social Life of Things: Commodities in Cultural Perspective.* Cambridge University Press.

Boivin, Nicole 2008 *Material Cultures, Material Minds: The Impact of Things on Human Thought, Society, and Evolution.* Cambridge University Press.

Buchli, Victor (ed.) 2002 *Material Culture Reader.* Berg.

Candlin Fiona, and Guins Raiford 2009 *The Object Reader.* Routledge.

Carrithers, Michael et al. 2010 "Ontology Is Just Another Word for Culture: Motion Tabled at the 2008 Meeting of the Group for Debates in Anthropological Theory." *Critique of Anthropology* 30: 152-185.

Descola, Philippe 2013 *Beyond Nature and Culture* (trans. by Janet Lloyd). University of Chicago Press.

Edwards, Elizabeth, Gosden Chris, and Ruth Phillips (eds.) 2006 *Sensible Objects: Colonialism, Museums and Material Culture.* Berg.

Gell, Alfred 1998 *Art and Agency: An Anthropological Theory.* Clarendon Press.

Henare, Amiria, Martin Holbraad, and Sari Wastell (eds.) 2007 *Thinking through Things: Theorizing Artifacts Ethnographically.* Routledge.

Hodder, Ian 2012 *Entangled: An Archaeology of the Relationships between Humans and Things.* Wiley-Blackwell.

Ingold, Tim 2000 *The Perception of the Environment.* Routledge.

Knapett, Carl 2005 *Thinking through Material Culture: An Interdisciplinary Perspective.* University of Pennsylvania Press.

Knapett, Carl, and Lambros Malafouris (eds.) 2008 *Material Agency: Towards a Non-anthropocentric Approach.* Springer.

Mauss, Marcel 1954 (1925) *The Gift: Forms and Functions of Exchange in Archaic Societies* (trans. by Ian Cunnison). Routledge & Kegan Paul.

Miller, Daniel 1987 *Material Culture and Mass Consumption.* Blackwell.

———— (ed.) 2005 *Materiality.* Duke University Press.

Olsen, Bjornar 2010 *In Defense of Things: Archeology and the Ontology of Ojbects.* Altamira Press.

Roff, Jonathan, and Hannah Stark (eds.) 2015 *Deleuze and the Non/Human.* Palgrave Macmillan.

第20章

災害とリスクの人類学

木 村 周 平

　日々，社会的なリスクにかかわるニュースを目にすることが多い。大都市を襲い，仮設住宅での孤独死などの問題を顕在化させた阪神・淡路大震災（1995年），地震・津波・原発事故の複合災害となった東日本大震災（2011年）を筆頭に，国内では繰り返し大きな災害が発生している。世界を見ても，アジアからアフリカにかけて広範囲に被害を及ぼし，30万人以上の死者を出したインド洋地震津波（2004年）などの巨大災害に加え，地球規模の気候変動の中で多くの気象災害も発生している。さらに，環境破壊や感染症，戦争やテロ，その結果としての難民問題など，社会として，あるいはグローバルなレベルでの対応が必要な問題も深刻化しつつある。本章では，こうした災害や社会的リスクに対して，人類学は何に着目し，どうアプローチするのか，事例をもとに説明する。

1　生活・環境・災害

環境への適応

　生物は自らを取り囲む環境とのかかわりの中で生きる。環境への適応はその生物が生を持続するための条件であり，環境との関係が大きく変化すれば，生の持続は脅かされる。このことは人類にとっても例外ではない。人類は，気候の変化や外敵などと戦いながら地球上を移動し，それぞれの地域で環境を資源として利用し，時に大きく改変したり，また逆に対応能力を超える変動にダメージを受けたりしながら，社会を形成し，生活を営んできた。それゆえ人類の歴史は，ある面から見れば，環境がもたらす不確実性への対応の歴史だということができる。人類は，神話や口頭伝承から土木技術や保険制度まで，生を取

第Ⅱ部　新たな展開

り囲む不確実性をできるだけ予測し、そこからなるべく被害を受けないように
する仕組みを作り上げてきた。

洪水とともに生きる

　そうした仕組みの例として、バングラデシュ北東部の村落を挙げる（高田
2015）。広大な流域面積を誇る複数の大河川の河口にあたるこの地域では、毎
年のように洪水が発生する。ただし洪水と言っても、日本で見られる鉄砲水と
は異なり、どこからともなく水が流れてきて、じわじわ水位が上がる。また、
水とともに豊かな土壌や魚介類が運ばれてくるので、生活に役立つ側面すらあ
る。そのため現地の人々は、洪水を災厄として防御するより、洪水と共存する
ための生活様式を作り上げてきた。つまり、洪水を見越して家屋の建て方を工
夫したり、水位が上がっても生育できる稲の品種を採用したりすることで、洪
水が起きても、ある程度までの規模なら被害を抑えて利益を得られるような仕
組みを作り上げているのだ。これは政府や国際機関が開発援助の文脈で進めよ
うとしてきた大規模な堤防建設というハード中心の対応とは大きく異なる。

旱魃に抗する在来知

　別の事例として、東アフリカの乾燥地で暮らす牧畜民レンディーレ
（Rendille）の環境への適応戦略を見てみよう（孫 2012）。彼らが暮らす地域で
は1年は雨季と乾季に分けられるが、降雨量はきわめて少なく、年変動の幅も
大きいので、農耕はもちろん、暦にもとづく移牧も困難を伴う。さらに数年お
きに深刻な旱魃も発生する。このような環境でレンディーレの人々は、複数の
戦略を組み合わせて暮らしている。一つめは集住と離散のサイクルである。水
場が比較的安定し、家畜の食べる草本も多い雨季は集住するが、乾季になると
子どもや老人を残して若者が放牧に出る。次に、彼らは、ラクダやヤギ、ウシ
のように、異なる性質の家畜（何を食べるか、乾燥に強いか、子どもを多く産む
か、など）を組み合わせて飼い、1回の災害での家畜の全滅を防ぎ、素早い回
復を可能にしている。さらに、周辺の民族集団と良好な関係を維持し、緊急時
には水場を共有できるようにもしている。また近年は、大規模な旱魃警報シス
テムの導入や携帯電話などの情報ツールの普及も、牧畜のあり方に影響を与え
つつある。

第20章　災害とリスクの人類学

このように人類学では，とくに生業に焦点を当てながら，それぞれの地域に特徴的な環境への対応にかかわる在来的な知や制度の研究を積み重ねてきた。

災害の人類学

これに対し，1980年代ごろから，開発にかかわる理論的・実践的な関心の高まりを背景に，災害に焦点を当てた文化人類学的な研究が現れてきた。これをここでは「災害の人類学（anthropology of disaster）」と呼ぶ。この分野の傾向として，研究者自身と現地社会との長期間にわたる（しばしば被災前からの）かかわりあいを背景に，被災者の視点から，復興というプロセスを包括的に記述する，ということが挙げられる。人類学は一般的に，調査してから成果を形にするまで長い時間がかかるので（そのため「スロー・サイエンス」や「スロー・ワーク」などと言われる），人類学の成果が，当該の災害による被害の軽減や，そこからの復興に直接的に役立つことは少ない。しかし，災害やその後の対応を現地社会の歴史的文化的な文脈の中でとらえ，また災害を契機にして社会や人々がどう変容していくのかを時間をかけて見ていくことで，他分野にない独自の問題提起ができる。

なお，本章ではあえて災害の定義はせず，自然災害と人為災害も区別せず論じる。なぜなら，人類学では「何をもって災害とするのか」に客観的な基準を与えるより，社会や人々の立場によるとらえ方の差異に注目するからである。また人為／自然という線引きも，「その被害は誰（何）に責任があるのか」をめぐる社会内外での諸アクターの駆け引きの結果だと考えられるからである（東日本大震災に伴う原発事故の補償のあり方はその典型である）。

2　被災（害）者という対象

周辺化される被災者

上述の通り，人類学は被災（害）者に深い関心を寄せてきた。オリヴァー＝スミス（Anthony Oliver-Smith）は，かつてフィールドワークを行った地域が1970年のペルー地震で被災したことにショックを受けて再び現地入りし，災害を人類学的に扱った先駆的な民族誌『殉死した街』（1986年）を書いた。彼は

281

第Ⅱ部　新たな展開

復興過程にかかわりながら，ユンガイという，地震をきっかけにした雪崩によって大きな被害を受けた町の，直後の応急対応から長期的な復興過程までをつぶさに観察した。そして，中央政府の対応が現地で様々な問題を生じさせたこと——被災直後の，被災者同士の社会的格差を超えた助け合いが，援助物資が入ってくることで失われてしまったこと，復興援助が画一的で非効率的な事務手続きを伴ったこと，中央政府が派遣してくるスタッフが現地に無知で，復興住宅の分配において結果として現地の社会階層間の格差を再生産してしまったことなど——を，きわめて詳細に描き出している。この民族誌が明らかにするのは，災害への対応においては被災社会のローカルな災害対応の仕組みを見るだけでは不十分であり，国家や政府機関なども主要なアクターであること，そしてそれら「外部」のアクターがときに現地に様々な問題をもたらしかねないということである。

　こうしたことは，いわゆる「発展途上国」の，法制度が未整備な状況においてのみ言えることではない。たとえば，2005年にアメリカを襲ったハリケーン・カトリーナ後の被災者を追ったアダムス（Vincanne Adams）は，市場原理主義的な枠組みの中で政府の復興資金が企業や団体の利益追求に利用され，いかに被災者を苦しめたのかを描き出している（Adams 2013）。奇しくもオリヴァー=スミスとアダムスはともに，自分にとっては「復興」こそが災害だった，と語る被災者の声を紹介している。このように人類学は，翻弄され周辺化される被災者の姿から，復興というプロセスを批判的に描いてきた。

語り・苦しみ・主体

　また人類学者は，被災者の声に耳を傾け，その経験を汲み取り，言語化しようとしてきた。清水展はその典型である。彼は，1991年にフィリピンで発生したピナトゥボ山噴火によってそれまでの生活を失い，厳しい避難生活を強いられた先住民アエタ（Aeta）の人々と長い年月かけて向かい合ってきた。著書『噴火のこだま』（2003年）では，アエタの人々の語りを通じて，彼らの避難から復興への苦闘と変化——フィリピン社会の中で周辺化されていた彼らが，被災後の外部支援者とのかかわりの中で自分たちの文化への意識と誇りを持つようになり，自覚的な「先住民」として自己を主張していくようになること——

が，著者自身のかかわりや，その中での戸惑いや葛藤とともに，克明に描き出されている。

　当事者の痛みや苦しみの経験は，しばしば言語化に抗う。それは，その経験が文字通り「言葉にできない」ほど深いということでもあるし，語ったところで聞き手に受け止めてもらえないかもしれないという当事者の懸念が，自らの口を閉じさせるからでもある。これは暴力や病などの問題に取り組む人類学者が直面してきた問題である。たとえばダス（Veena Das）は，1947年のインド・パキスタン分割時の混乱の中，拉致やレイプなどの暴力を被った女性たちの身体に刻まれた痛みや沈黙に向かい合わざるをえなかった（ダス 2011）。沈黙の背景には，彼女らにそれを強いる伝統的なジェンダー観や家族観がある。ダスは哲学，文学，精神分析など様々な知見を動員して，苦しみながらも生きてゆく女性たちの筆舌に尽くしがたい生を描き出した。このように，当事者の経験を言語化しようとする営みは，きわめて繊細で困難な，ポリティカル（政治的）かつポエティック（詩的）な作業となるのである。

誰が被災（害）者なのか

　当事者の主体性への関心は，「誰が被災者なのか」をめぐるポリティクス（politics）への関心ともつながる。人類学が明らかにしてきたのは，被害は必ずしも客観的な基準で把握されうるものではないということ，そして誰が被災者かということも社会状況の中で変化するということである。

　1986年にソヴィエト連邦（当時）で発生したチェルノブイリ原発事故の被害者について，ウクライナで現地調査を行ったペトリーナ（Adrina Petryna）は，被害者の認定が，国家の政策，医学を中心とした科学の言説，当事者の置かれた政治経済的状況という，きわめて複雑な要因の絡み合いによって行われていることを明らかにした。ソ連崩壊で独立したウクライナは，国民を支援すべく補償基準を緩和する政策を打ち出したが，皮肉にもそれは大量の「被害者」を生み出し，国家財政を圧迫することになった。ペトリーナは，自らの被ばく量を測り，その数値と，その数値に応じた補償との関係の中で自己──現在の症状や過去の行動──を認識し，人生を意味づける人々のあり方を，「生物学的市民（biological citizen）」という概念を使って描く（ペトリーナ 2016）。

283

第Ⅱ部　新たな展開

　難民についても，災害同様，こうした制度と知識と経験の絡み合いとしての
認定が大きな問題となる。2017年現在，難民は世界で6000万人以上いると言わ
れるが，その受け入れはきわめて政治的な問題である。国や時期によって基準
が異なるし，ケースごとの申請や交渉のあり方が結果に影響することも少なく
ない。それゆえ，国家の庇護からこぼれ落ちる人々がつねに出てくる。こうし
た現実に対して，国際機関や支援団体などは，個々人の置かれている状況を
「難民性（refugee-ness）」によって判断し，難民（＝支援対象者）の範囲を決定
するが，これも当然，不安定さをはらむ。生の基盤の危うさが長期化する中，
人々は様々なかたちで居場所を作り出そうとする（久保 2014）。

誰が被災するのか──脆弱性

　では，誰が被災者に「なる」のか。災害や戦争は突発的な事態なので，実際
に起きてみないとわからないのだろうか。この問いにかかわるのが「脆弱性
（vulnerability）」という概念である。これは，災害や戦争などからの被害の受
けやすさや，そこからの回復のしやすさは，日常的な社会過程の中で個人や集
団が置かれた状況によって異なっている，とする考え方である。このように，
災害が起きる前に，その人の属性や経済状況，生活環境などから，災害でより
苦しめられやすい人々を見出せるとすれば，事前に持続的な状況改善を進める
ことが可能になるだろうし，また必要にもなる。

　なお，「脆弱性」を理解するうえでは，ある時点における個人や集団の性質
としての脆弱性を，歴史的，政治的，文化的に構築されたものとして見る視点
が必要である。たとえば上述のオリヴァー＝スミスは，ペルー地震の被害につ
いて，スペインによる植民地化で地震に強い伝統的な家屋建築の手法が失われ
たことを主要因の一つとして挙げ，この地震を「500年の災害」と呼んでいる。

　以上，本節では「被災（害）者」と呼ばれる人々に注目し，その人々とかか
わる人類学の取り組みについて説明した。次節では，災害を一連の社会的プロ
セスとしてとらえ，その段階ごとに見ていく。

3 災害というプロセス

災害が襲うとき

　まず，災害発生前後の緊急期を取り上げよう。災害にかかわる他の学問や支援活動の多くはこの時期に集中するが，第1節で述べたように人類学は「スロー・ワーク」なので，この時期に関して「人類学的」と言える研究は多くない。人類学は災害対応のための専門知ではなく，その意味で人類学者は現場ではあくまでもアマチュアなのである。そうした中で，参与観察を中心とする伝統的なやり方でフィールドワークを行い，見聞きしたものを書くという行為を超えて（そして，うかつに現地に入り込もうとして，かえって被災者やその周囲の人々に迷惑をかけたり傷つけたりしてしまうのをできるだけ避けながら）何をすべきか，何ができるのかは大きな問題である。

　しかし近年，こうした問題を超えて，専門家ないし市民として積極的に対応活動に関与する人類学者が，この時期について民族誌的な活動報告を書いている。医師であり人類学者でもあるファーマー（Paul Farmer）は，2010年のハイチ地震後の1年間に何が起き，自身や同僚の医師たちがどう対応したのか，震災後の状況がそれ以前のハイチの政治経済的な歴史によってどう形作られてきたのかを記述した著作を公刊している（ファーマー 2014）。また東日本大震災直後に大槌町吉里吉里に「入った」竹沢尚一郎は，当事者たちからの聞き取りをもとに，地域ごとの歴史的社会的な背景と関係づけながら，津波避難や避難所生活がどのように行われたかを具体的に記述している（竹沢 2013）。

　この時期を人類学的に理論化するのは容易ではないが，現場の人々の振る舞いや直面している状況を，その地域の歴史や文化に位置づけて理解することは，大きな意義をもつ。

復興と支援

　次に取り上げるのは，災害発生後の緊急援助の時期を越えた長期的な復興期である。災害の人類学ではこの段階の研究が中心であり，第2節ではその中でとくに国家の法制度とのかかわりで生じる諸問題について紹介した。

第Ⅱ部 新たな展開

災害の規模がある程度以上になると，被災者への支援は政府だけでなく国内外の様々な組織・団体・個人からも寄せられる。人類学者が見てきたのは，外部からの支援が当事者だけはできないことを可能にすることもあれば，善意の支援がかえって現地に負の影響を与えることもある，ということである。

たとえば2004年に発生したインド洋地震津波では，国際機関や各国による「支援合戦」の状況を呈し，支援金の分配に偏りが生じたことや，国際機関が支援対象者よりも資金提供者へのアカウンタビリティ（説明責任）を重視したことなどについて，多くの報告がなされた。山本博之はこの津波をはじめ，2000年代にインドネシアで発生した複数の災害での調査をもとに，支援側が地域のあり方を十分にとらえきれていないこと，また支援を受ける側がたんに生活の必要だけでなく，メディアへのアピールも含めて様々に支援する側を利用することを指摘している（山本 2014）。

災害が襲ったとき，地域の中の様々なシステムが機能しなくなり，さらに政府が機能不全に陥ることも稀ではない。こうした事態に対応するためには，自助・共助だけでなく，外部からの支援をうまく活用することも不可欠である（近年では「受援力」という言い方もされる）。そのような状況において，現地社会をよく知る人類学者は，支援側の非難に終始せず，支援側の諸アクターと被支援者を仲介し，生活再建を円滑化する役割を果たすことが望まれる。

復興から社会変化へ

災害という社会的プロセスは，もちろんそれ自体も対応すべき問題だが，同時に，その社会がはらんでいた問題点を明るみに出すこともある。その意味で，災害時に人々が経験する苦難は，発災以前に始まっているとも言えるが，逆に，災害をきっかけにして，社会に潜んでいた諸問題にこれまでとは違った仕方で取り組む動きが現れてくることもある。先に挙げたピナトゥボ山噴火後のアエタの人々による主体的な「先住民」としての自己主張（清水 2003）は，その一例である。

こうした，災害に直面した際の当事者たちの主体的な動きを，レジリエンス（resilience）という概念からとらえることもできるかもしれない。レジリエンス（「対応力」「回復能力」などと訳される）は，前述の脆弱性と対に扱われるこ

との多い概念で，脆弱性が被害の受けやすさという受動的な側面に注目していたのに対し，レジリエンスは主体やシステムの，外力を跳ね返すような能動的な側面に注目したものである。

　あるいは，別の側面から見れば，これはすでに起きた災害の経験を生かす「災害文化」の醸成・継承の問題ともとらえられる。「災害文化」は2005年の第2回国連防災世界会議で提示された「兵庫行動枠組（Hyogo Framework for Action）」でも取り上げられた言葉で，これを踏まえて災害の記憶の「語り継ぎ」や，博物館などの展示に携わる動きが人類学にも現れている。ただし，ここでいう「文化」は，道具的かつ人為的操作が可能なものとして扱われており，人類学がこれまで使ってきた「文化」概念の用法とずれがあることに留意する必要がある。

風化に抗する民族誌／エスノグラフィ

　災害発生から時間が経つと，被災地の外ではその災害への関心が急速に薄れていき，被災地内では被害から早く立ち直った人々とそうでない人々との差異が広がっていく。何年後かの災害発生日に式典や宣言などで「区切りをつける」ことが行われることもあるが，それに対して被災者は複雑な思いを抱く。

　被災者と長期的にかかわる人類学者の中には，民族誌を書き，世論に訴えることで忘却に抗する者もいる。フォータン（Kim Fortun）は，1984年にインドのボパールでアメリカ系の多国籍企業が起こした化学工場爆発事故の被災者のアドボカシー（advocacy）の運動にかかわってきた。この事故では，工場から有毒ガスが大量に周囲に飛散して，甚大な被害を引き起こした。しかし国内外の複雑な政治・経済的状況下で，企業に対する訴訟は困難をきわめ，被害者に低額の補償金が支払われるだけで，訴訟は決着しようとしていた。フォータンはインドとアメリカで並行的に調査を重ね，ボパールの被害者をめぐる多面的で錯綜した関係性を，様々な記述のジャンルを併用して実験的に描いた（Fortun 2001）。そして，人類学者として，当事者とともにネットワークを広げ続けることで，問題の安易な決着や忘却を回避することの重要性を主張したのである。

　これに対し，より実用的に災害の経験を記録し，活用する動きもある。防災

第Ⅱ部　新たな展開

研究者による「災害エスノグラフィ」は，現場でどのような問題が発生し，当事者はどのように対応したのかについて，行政の担当者などに半構造的インタビューを行うことで，当事者の試行錯誤や逡巡の経験にもとづく対応上のノウハウを記録し，文字化したものである（林・重川・田中 2009）。この「災害エスノグラフィ」は，収集したデータを災害という「異文化」を伝えるものとして，自治体や省庁の職員研修や，地域の自主防災組織などで用いられている。このように，エスノグラフィ（民族誌）を「成果」としてだけでなく「ツール」として活用する視点は，人類学でももっと共有されてもよい。

　以上，災害にかかわる人類学のアプローチを説明した。次節では巨大事故，感染症，テロなどを含む社会的なリスクについての人類学的取り組みを見ていく。

4　リスクに備える

リスクという見方

　私たちの生活には多かれ少なかれ，災害をはじめとしてつねに未来に対する不安が存在する。そうした不安に対して人は，情報を集める，万が一に備える，神に祈る，無視する，など様々な態度をとる。未来に起きうる無数の事態のうち何を不安視し，どのような態度をとるかは，「リスク観」や「リスク認知」と呼ばれるもので，どの時代のどの集団にも見られる。

　他方，より専門的な文脈では，リスクは，この「未来に対する不安」に対して，近代に発明された確率・統計理論をもとにした技術や制度を利用して，実際に生じうる損害を数量的に把握することで，客観的に分析・意思決定できるようにする，という科学的な手続きと結びついている。たとえば「リスク管理」は，このより限定的な意味でのリスクにもとづく実践である。

　従来，リスク観については，専門家が数値にもとづいて正しく判断するのに対して，一般市民はイメージに影響されて偏った見方をすると言われてきた。これは科学社会論でいう「欠如モデル」であり，一般市民に正しい知識を与えればリスクに対する正しい対応ができるようになる，という考えを生んだ。こ

れに対して，ダグラス（Mary Douglas）はリスク観の文化理論を提唱し，何を
リスクとみなしどう反応するかは，社会集団のあり方（集団内の階層性の強さ
や，外集団との境界の明確さなど）によって異なると論じた（Douglas and
Wildavsky 1982）。彼女の議論はアメリカのエコロジー運動を事例としている
が，欧米では1960年代ごろから近代化・産業化の副産物として生み出された環
境破壊への危機意識が高まりつつあった。こうした意識は，「持続的開発」を
打ち出した1992年の地球サミットや，先進国の温室効果ガスの削減目標を定め
た1997年の京都議定書などを通じて，国際的な枠組みへと発展した。

現代社会とリスク

　環境意識の高まりと並行して，現代社会を「リスク社会（risk society）」と
してとらえる議論がなされてきた。社会学者のベック（Ulrich Beck）は，科学
技術の発展の中で「副産物」として生み出される問題群に注目する。その代表
例は環境破壊や原発事故だが，これらはいずれも，科学技術によって生み出さ
れたものであり，影響は国境などの政治的な境界を越えて広がっていくが，問
題の検知や測定もまた科学技術に依存せざるをえない。さらに，問題発生のメ
カニズムが複雑であるため，総体としての被害を算定することも，責任者を確
定して賠償させることも難しい。これらの特徴のために，現代的なリスクは通
常の仕方——市民の代表が議会で議論して，基準や制度を定めるという方法
——で管理することは困難だとベックは言う（ベック 1998）。

　「リスクである」ということは，定義上，具体的な被害はいまだ潜在的なま
まにとどまり，明確に誰かが被災（害）者になっているというわけではない。
場合によっては，当人たちが置かれた状況のリスクの高さについて，意見が分
かれるかもしれない。そうした中で，いかに問題を共有し，様々な情報やアク
ターを結びつけながら状況を改善していくかを考えることは，当事者として重
要であるし，人類学からのリスクへアプローチする一つの仕方でもある。

事故を防ぐ文化

　上述のように，ベックは現代的なリスクを科学技術の副産物だとみなした。
高度な科学技術を伴う現場では，多数の人とモノがきわめて複雑なシステムを
形成している。そこでは事故を防ぐための仕組みが何層にもわたって構築され

第Ⅱ部　新たな展開

ているが，それでも，小さなミスがシステム内部に予想外の影響を生み出し，大事故につながるという可能性はゼロにはならない。この状況では，事故は技術的なコントロールだけでは防げず，システムにかかわる組織の側に，ある種の「組織文化（organization culture）」――通常の「何もない」状態を維持するための制度的な仕組みや，成員の意識的で持続的な努力――が必要になる（福島 2010）。

　たとえばハッチンス（Edwin Hutchins）は，米軍の巨大空母でフィールドワークを行い，大事故を起こさない組織のあり方について考察している（Hutchins 1995）。調査を通じて彼が明らかにしたのは，空母の乗組員が組織のヒエラルキーに従って役割分担をしつつも，そこには同時に役割の重なり合い（冗長性 redundancy）が存在し，それによって認知や情報の「穴」が空かないような仕組みが作られていたことであった。

　他方ヴォーン（Diane Vaughan）は，実際に起きた事故をもとに，それを生み出した諸要因を探った（Vaughan 1997）。たとえば1986年に起きたスペースシャトル・チャレンジャー号の爆発事故の直接の原因は，「Ｏリング」と呼ばれる部品の不具合であったことが知られている。では，なぜこの技術的問題は見過ごされたのだろうか。じつはＯリングの欠陥は事故以前から技術者には把握されていた。それなら，問題は欠陥を懸念する声に耳を貸さなかったNASA の意思決定プロセスにあったのだろうか。ヴォーンは，実際に起きた形でしか起きえなかったのではなく，同様の事故は別の形でも発現しえたと考える。そして事故から遡るのではなく，結果的に事故につながった過程を時間的に再構成するという方法で，シャトル製造にかかわった諸部局の「組織文化」の葛藤に事故の原因を求めた。

　ただ，この「組織文化」の調査に人類学的手法を用いるうえで，上述の「災害文化」同様，「文化」のとらえ方の異同について意識的である必要がある。

セキュリティ

　次に，リスクを管理するメカニズムを見てみよう。企業や組織の経営における内部監査や説明責任などの制度や手続き，治安に対する監視カメラや GPSのような視覚的なテクノロジーなど，リスクを管理する技術や制度は日々増殖

しつつある。

このメカニズムは，対象とするリスクがいかなるもの（と認識されている）かによって規模や複雑さが異なる。たとえば近年しばしば話題になる SARS（重症急性呼吸器症候群）や鳥インフルエンザのような感染症の場合，どう発生するかは予測困難だが，発生が判明したら即座に適切な対応を取らなければ，爆発的に感染が拡大してしまう危険性がある。そのため，コンピュータ・シミュレーションなどの科学技術をはじめとして，多様な事物や人々を大規模に動員した複雑なセキュリティのシステムが形成されている。

この仕組みについてレイコフ（Andrew Lakoff）は，哲学者フーコー（Michel Foucault）の「統治性（governmentality）」についての議論をもとに「プリペアドネス（preparedness）」という概念を提示し，このセキュリティのあり方は，リスクへの対応であると同時に，人々を巻き込む現代の「統治」のかたちだとする（Lakoff 2008）。現代社会のリスク対応の仕組みは，より積極的な形で，そこで生きる人々の生を枠づけるものになりつつあるのだ。その意味で，「人間とは何か」を現場から問う人類学にとって，リスクは重要な切り口なのである。

5　課題と展望

災害の公共人類学

2011年3月11日に発生した東日本大震災は，とくに日本を「ホーム」あるいは「フィールド」とする人類学者に，人類学の知識や方法を使って被災者のために何ができるのか，という問いをつきつけた（ギル・シテーガ・スレイター 2013）。その問いに答える過程で現れてきたのは，フィールドワークの手法を応用して，地元の人々が愛する民俗芸能や無形民俗文化財の領域での支援につなげる動きや，被災者を含む多様な人々の声を聞き，彼ら・彼女らの多様な経験を社会に向けて理解可能なものにしようとする動きであった（橋本・林 2016）。

こうした，研究と実践の中間に位置するような取り組みや，従来の調査者／

被調査者という図式が融解するような協働的（collaborative）な活動を総称して「公共人類学（public anthropology）」と呼ぶことができる（山下 2014）。災害は，被災者自身に加え，行政，警察や消防，医療関係者，NPO／NGO，ボランティア，マスメディア，そして様々な分野の研究者と，きわめて多様な資格と資質をもった人々が，「被災者のため」「被災地のため」という形で緩やかに共有される目的のもと，個別の具体的な問題に対してときには連携し，ときには対立しながらかかわりあう場である。そうした中で，こうした公共人類学的な取り組み，さらには人類学にもとづく人道支援への動きは，今後も国内外の災害や事故，事件などに呼応して生まれてくるであろう。

人類学の変化？

　参与観察型のフィールドワークと，包括的で質的な記述としての民族誌（エスノグラフィ）の作成という従来の人類学的手法には，上述の「災害エスノグラフィ」やヴォーンの事故分析からも明らかなように，幅広い応用可能性がある。しかし，多様な領域への応用は同時に，これまでの「正しい」人類学のあり方からはみ出すような動きも生じさせうる。災害の事例で言えば，繰り返し指摘した「スローさ」を問題視して，それを乗り越えようと「ファスト化」する，ということが挙げられる。社会的な要請に応えるには，学問的な手続きの厳密さや記述の「厚さ」よりも，いち早く現地についての詳細で迫力ある記述や，見落とされがちな問題の存在を指摘して，世論を喚起することを優先するべきかもしれない。あるいは，石牟礼道子が方言を交えた生々しい語りを再現しつつ，水俣病患者の生を描いた『苦海浄土』のように（石牟礼 2004），厳密な意味での現実描写を超えた記述や，社会への「呼びかけ」もありうるかもしれない。その意味で，災害や社会的リスクにかかわる研究は，人類学全体のあり方に再考を迫るのである。

グローバルなリスクをめぐる想像力

　以上に関連して，最後にもう1点指摘しておきたい。2010年代に入ってから，大規模な気候変動への危機感が世界的に高まっているが，この危機感を背景に「人新世（Anthropocene）」という概念が，学問分野を超えて広まりつつある。人新世は更新世などと同様の地質学的な時代区分であり，人間の活動が氷河期

などと同じ規模で地球環境や生命活動に不可逆的な影響を及ぼし始めたことを重視した自然科学者によって提唱された（Crutzen and Stoermer 2000）。ただ、この概念はまだ論争の渦中にあり、様々な批判もある。気候変動や環境破壊という問題自体は以前から指摘されていたことであり、人新世は一過的な流行語で終わる可能性もある。

　しかし問題はこの概念自体ではない。気候変動、感染症、テロなど、ベックが指摘した通り国家の枠を超え、また様々な人々や組織が個別の利害を超えて対応すべきグローバルな課題が次々と現れ、切迫性が増しているということは、すでに揺るぎない事実である。「人新世」という語がその指示内容を超えて示唆するのは、こうしたグローバルな課題に対して、様々な人々がともに立ち向かうための基盤を作りだすことの重要性である。そこでは、国際的な条約や国レベルの合意などでは不十分で、多様な人々の想像力／創造力に訴えかけ、協働の契機となるように、人間と環境のかかわりの歴史／物語を編み直していくことが必要になる。この点で、現場との持続的で真摯な対話から民族誌を生み出してきた人類学は、こうした大きな「災害」の研究に貢献できるはずである。

文　献

石牟礼道子　2004　『新装版　苦海浄土——わが水俣病』講談社。

ギル、トム、ブリギッテ・シテーガ、デビッド・スレイター（編）　2013　『東日本大震災の人類学——津波、原発事故と被災者たちの「その後」』人文書院。

久保忠行　2014　『難民の人類学——タイ・ビルマ国境のカレンニー難民の移動と定住』清水弘文堂書房。

清水展　2003　『噴火のこだま——ピナトゥボ・アエタの被災と新生をめぐる文化・開発・NGO』九州大学出版会。

孫暁剛　2012　『遊牧と定住の人類学——ケニア・レンディーレ社会の持続と変容』昭和堂。

高田峰夫　2015　「バングラデシュの『ボンナ』（洪水）——巨大開発計画を超えて」、林勲男（編）『アジア太平洋諸国の災害復興——人道支援・集落移転・防災と文化』明石書店、192-217頁。

竹沢尚一郎　2013　『被災後を生きる——吉里吉里・大槌・釜石奮闘記』中央公論新社。

ダス、ヴィーナ　2011　「言語と身体——痛みの表現におけるそれぞれの働き」、アーサ

第Ⅱ部　新たな展開

ー・クラインマンほか『他者の苦しみへの責任――ソーシャル・サファリングを知る』坂川雅子（訳），みすず書房，33-68頁。

橋本裕之・林勲男（編）　2016　『災害文化の継承と創造』臨川書店。

林春男・重川希志依・田中聡　2009　『防災の決め手「災害エスノグラフィー」――阪神・淡路大震災秘められた証言』NHK出版。

ファーマー，ポール　2014　『復興するハイチ――震災から，そして貧困から　医師たちの闘いの記録2010-11』岩田健太郎（訳），みすず書房。

福島真人　2010　『学習の生態学――リスク・実験・高信頼性』東京大学出版会。

ベック，ウルリヒ　1998　『危険社会――新しい近代への道』東廉・伊藤美登里（訳），法政大学出版局。

ペトリーナ，アドリアナ　2016　『曝された生――チェルノブイリ後の生物学的市民』粥川準二（監訳），森本麻衣子・若松文貴（訳），人文書院。

山下晋司（編）　2014　『公共人類学』東京大学出版会。

山本博之　2014　『復興の文化空間学――ビッグデータと人道支援の時代』京都大学学術出版会。

Adams, Vincanne 2013 *Markets of Sorrow, Labors of Faith: New Orleans in the Wake of Katrina*. Duke University Press.

Crutzen, Paul J., and Eugene F. Stoermer 2000 "The 'Anthropocene'," *IGBP Newsletter* 41: 16-17.

Douglas, Mary, and Aaron Wildavsky 1982 *Risk and Culture: An Essay on the Selection of Technical and Environmental Dangers*. University of California Press.

Fortun, Kim 2001 *Advocacy after Bhopal: Environmentalism, Disaster, New Global Orders*. University of Chicago Press.

Hutchins, Edwin 1995 *Cognition in the Wild*. MIT Press.

Lakoff, Andrew 2008 "The Generic Biothreat, or, How We Became Unprepared." *Cultural Anthropology* 23(3): 399-428.

Oliver-Smith, Anthony 1986 *The Martyred City: Death and Rebirth in the Andes*. University of New Mexico Press.

Vaughan, Diana 1997 *The Challenger Launch Decision: Risky Technology, Culture, and Deviance at NASA*. University of Chicago Press.

第21章

人 と ヒ ト

―― 文化人類学と自然科学の再接合 ――

田 所 聖 志

　人類学は，人類の文化的側面を研究する文化人類学と，人類の生物学的側面を研究する自然人類学の2つの分野に分化した。文化人類学は，哲学をはじめ人文社会科学の知見も取り入れ，人類の持つ多様な思考や行動のあり方を明らかにしてきた。一方，自然人類学とは，形質人類学，生物人類学，霊長類学，古人類学，生理人類学などの総称で，遺伝子解析など自然科学の方法と知見を取り入れて，人類の進化と多様化のメカニズムの解明を目指して発展した。この分化は，人類学全体の研究方法と関心領域を広げた一方で，両者の差異を拡大して対話を困難にもした。だが近年，文化人類学が自然人類学ひいては自然科学で議論されるテーマにアプローチするケースや，その逆の動きも見られるようになった。本章では新たに生じたこの双方向性について考える。

1　文化人類学の対象とする人とヒト

　人類学は，狭義には民族の差異を超えたホモ・サピエンスを，広義には猿人とホモ属を含む直立二足歩行する生物種を「人類」と概念化して研究してきた。人類には，文化や理性を持つ「人」と，生物種としての「ヒト」の2つの側面が含まれる。人類学は本来，この両面の解明を目指す総合科学でありながら，文化人類学が「狭義の人類」を対象に人の多様な文化を扱い，自然人類学が「広義の人類」を対象にヒトの生物学的特性やその進化を扱うという区分が生じた。

　アメリカやフランスにおける人類学教育では，自然科学の側面を持つ形質人

第Ⅱ部　新たな展開

類学（physical anthropology）や考古学も，文化人類学や言語学とともに教育シ
ステムの中で併存している。一方，そうではない日本やイギリスでは，文化
（社会）人類学は自然科学から距離を置くようになった。自然人類学者が，統
計学の手法を使った自然科学の定量分析によって論文を書く一方，文化人類学
者は感覚的もしくは観念的な議論を行うことが多い。現在，統計手法を使った
自然人類学の研究論文を読みこなす日本の文化人類学者は稀である。こうした
事情で双方の対話と交流が困難であったため，とくに日本やイギリスでは，文
化（社会）人類学者が自然科学の手法を用いたり自然科学で議論されるテーマ
を扱ったりという動きは長い間見られなかった。

　だが近年，日本やイギリスの文化（社会）人類学と自然人類学にも，両者の
研究テーマと手法を相互に関連させ，人類の持つ人とヒトの両面を総合的に理
解しようとする動きが見られる。イギリスの大学では，従来別個であった社会
人類学と生物人類学（biological anthropology）の学科が統合されもした。

　本章では，この動きを，文化人類学と自然科学の「再接合（reconnection）」
と呼ぶ。それは，研究テーマが交錯しあう理論的な接合と，研究者同士が協
働・交流する人的な接合の２種類に弁別できる。後者については，近年では自
然科学の研究教育機関でスタッフや調査者として活動する文化人類学者が増え，
彼らと自然科学の研究者が同じ部屋で机を並べ，関連する研究を進める状況も
生まれている。

　「再接合」の発生には，人文社会科学や自然科学において動物や機械と比べ
たときの「人間（human）」の独自性についての理解が揺れ，人類の持つ人と
ヒトの側面は分けられないという認識が強まったことも影響している。

2　文化人類学からの「再接合」

人／動物・機械という境界の揺らぎ

　こうした認識の変化は，科学史家のフェルナンデス＝アルメスト（Felipe
Fernández-Armesto）によれば，霊長類学（primatology），動物の権利に関する
社会運動，古人類学（paleoanthropology），遺伝学的な研究，人工知能の研究に

よるところが大きいという（フェルナンデス＝アルメスト　2008）。

　霊長類学はこれまで，動物行動学（ethology）の影響を受けつつ，チンパンジー，ゴリラなど，人類以外の霊長類の生態を明らかにし，人類が他の霊長類と似通っていることを指摘してきた。たとえば，宮崎県の幸島のサルの間では「イモ洗い」が受け継がれているし，チンパンジーも生息地域によって道具の利用方法が異なることが知られており，文化があるとされている（マックグルー　1996）。

　動物の権利に関する社会運動は，動物の中で人類だけが特別な権利を持つという考え方に疑問を投じた。そして，あらゆる動物が法的主体であるとする「ディープ・エコロジー（deep ecology）」と呼ばれる考え方も生まれた。文化人類学では，レヴィ＝ストロース（Claude Lévi-Strauss）が，ホモ・サピエンスと他の動物との間にある，食べるもの／食べられるものという公的な関係をとらえ直そうとしたほか，近年では，川田順造が「種間倫理」という概念で肉食をとらえ直すなど，肉食を反省的に考え直す視点も示されている（川田　2007）。

　一方，古人類学や遺伝学の研究によって，ホモ・サピエンスの形質的な独自性にまつわる認識は以前よりも希薄になった。古人類学は，大きな脳や雑食などホモ・サピエンスの特徴とされてきたものを，他の多くのホモ属も持っていることを明らかにした。遺伝学的な研究は，ホモ・サピエンスがネアンデルタール人やデニソワ人と交雑していた可能性を指摘している。

　また，人工知能の研究が進み，ホモ・サピエンスを規定してきた知能や判断力を機械が持つようにもなってきた。今後，ホモ・サピエンスの身体動作すらも，ロボット研究の進展によって機械が行えるようになる可能性も生じている。

　こうした科学的知見が示された2000年前後ごろの時期は，文化人類学者の間で，人と動物や機械は本質的に区別される存在ではなく，連続した存在または類似した存在であるとする見方が生まれてきた時期でもあった。

人に働きかける存在としての動物

　20世紀の文化人類学では，人と動物との関係は，主に象徴人類学や生態人類学，認識人類学，政治生態学的アプローチによって研究された。象徴人類学は，

第Ⅱ部　新たな展開

人と動物を区分する二元論のもとでトーテミズムや動物禁忌などを扱い，動物についての観念体系と社会組織の結びつきを明らかにした。生態人類学は，生業基盤を確立するために人が行ってきた動物の管理や操作の多様なあり方に関心を寄せ，認識人類学は多様な動物分類体系を提示した。そして，政治生態学的アプローチは，外部から導入された飼育動物や移入魚類の引き起こす変化に対する地元社会の持つ政治経済構造の柔軟性を論じてきた。

　これらの研究が明らかにしたのは，動物が人による様々な理解や管理，対応の対象となっている点であった。ここには，人と動物を区分する二元論の発想と，人の側が動物を一方的に扱うという想定が見られる。

　対照的に，2000年前後ごろから，人文社会科学では，動物は人と同等の主体であり，動物は人に対して働きかけもし，人の生活を変える力すら持ちうる存在であるというとらえ方が広がった。その一つに，2008年に生物学者・科学史家のハラウェイ（Donna Haraway）が出版した『犬と人が出会うとき』がある（ハラウェイ 2013）。彼女は，人と犬がチームになって障害物を越えるスピードとパフォーマンスを競うアジリティというスポーツを，自分自身も愛犬を連れて参加して，参与観察の方法で描いた。そして，そうした経験から得た発想を生かして，ペット産業，実験動物，家畜や家禽などへと思考を広げ，現代は多彩な生物種がともに作る世界（multispecies world）であると論じた。

　文化人類学の分野では，たとえば，フエンテス（Agustín Fuentes）が，多くのサルが生息するインドネシアのバリ島の寺院をとりまく森とその周辺では，住民とサルがともに社会的，生態学的な生活環境を作りだしている大切なパートナーであることを明らかにした（Fuentes 2010）。この森でサルは定期的に行われる儀礼の供え物を主な食べ物としており，一方，住民の主要な収入源はサルをモチーフにした土産物の販売である。さらにサルと住民は，日常的な接触を通じて，病原性のサルフォーミーウイルスを共有するようになっているという。すなわち，サルと住民は同じ生態環境で互いに依存しあっているだけでなく，疫学的な環境をともに生きてもいるのである。

　文化人類学では，こうした志向を持つ研究を「マルチスピーシーズ・エスノグラフィ（multispecies ethnography）」と呼ぶ。近年こうした研究は増加の一途

を辿り，扱う対象も動物だけでなく，植物，菌類，微生物，培養細胞，動脈瘤など多岐にわたっている。マルチスピーシーズ・エスノグラフィは，いかに様々な有機体が，人に影響する政治的，経済的，文化的な力を作りだしているのか，またそうした力がいかに人やそれら有機体の生きる環境を作りだしているのかを主題にしている（カークセイ・ヘルムライヒ 2017）。

　その一つの例として，コーン（Eduardo Kohn）の『森は考える』（原著 2014年）がある。彼は，アマゾン支流に住むアヴィラ人による，人とジャガーなどの森に生きる様々な動物との関係の考え方は，身の回りの世界を理解する人のやり方と動物のやり方が，同一次元にあるという一元論で理解できると論じた（コーン 2016）。一方，この流れとは独自に，日本の菅原和孝も，人と動物とを連続した存在と見なす立場から，サン族の狩りの経験の語りを分析した（菅原 2015）。

　このような研究は，人と動物や機械との境界が揺らぐ現代社会や人文社会科学の現状を反映しているし，その状況を鋭敏に捕捉しようともしている。さらに，主に近代西洋社会に見られる自然と文化を対置させた二元論的思考を再考し，新しい哲学を作ろうとする哲学者の論考にも呼応する。人と動物を同等と見なす視点は，結果として，ホモ・サピエンスの持つ文化を備えた人としての側面と，生物種としてのヒトの側面との区分を曖昧にさせていった。

　なお，自然と文化の二元論とは異なる視点を，日本ではすでに1970年代から生態人類学者の秋道智彌らや文化人類学者の岩田慶治らが提起していた。前者は自然と文化を二分せず，人が自然に入り込んで共存するというように，自然を付き合う対象として全体論的な視点からとらえようとした（秋道ほか 1995）。いっぽう岩田は，様々な生き物に魂の宿りを見いだし，そうした魂の存在がアニミズムという宗教形態を発生させたと論じた（岩田 1991）。両者とも今日的な視点からの再評価が必要だろう。

第Ⅱ部 新たな展開

3 自然科学からの接近

自然人類学による宗教の研究

長い間，宗教と信仰は人のなす心意現象ととらえられてきたため，それらは文化人類学の扱う領域とされ，自然人類学からのアプローチは少なかった。たとえば，生態人類学では，儀礼や宗教を生態学的に解釈したラパポート（Roy A. Rappaport）やハリス（Marvin Harris）などを除けば，宗教を扱った研究は少なかった。また，社会生物学の影響を受けた進化人類学（evolutionary anthropology）は，遺伝や生物的要素の解釈を重視したため，宗教や信仰の分析は副次的に扱うことが多かった。このように，理解の難しい他者の心の深層を解釈しようと企てるのは，広義の人類学の中では文化人類学者だけだったのである。

しかし近年では，進化人類学などの自然人類学が，宗教もヒトの進化の過程で生まれたのではないかという観点から，宗教を中心的なテーマとする研究に取り組み始めている。こうした変化の背後には，認知科学や進化心理学（evolutionary psychology）などの実験社会科学の発達がある。

認知科学者のボイヤー（Pascal Boyer）は，宗教をヒトの心の進化という観点から解き明かそうとしている。彼は宗教を個人の認知の累積によって作られたものであると考えた。ある人物の心の中に生まれた概念は，別の人物に会話などを通じて伝達され，その人物の推論が入り込んだうえで，さらに別の人物へと伝達される。その繰り返しによって伝わる観念は，ヒトに生物学的に備わった情動や，人として持つ社会的な心や特定の行動を促すようなものであったりする。ボイヤーによれば，そうした作用をすべて持っているのが宗教的観念である（ボイヤー 2008）。

進化人類学の分野では，約20万年前に，互いに社会関係を持つホモ・サピエンスの複数の群れ全体の人口規模が120人から150人に拡大したとき，その規模の社会関係を維持させるために宗教が生まれたという仮説が提示されている（ダンバー 2011）。宗教儀礼の際，参加するヒトには脳内物質のエンドルフィン

300

の分泌が促されることがわかっており，こうした研究は，大規模集団でエンドルフィンを分泌させ，かつ団結心をかき立てる行動が，宗教と結びついていることを示唆している。

　一方，宗教的な信念や実践が，集団にとってどれほど適応的であるかを検証した行動生態学（behavioral ecology）的研究もある。その一つがコストリー・シグナリング理論（costly signaling theory）である。経済学のシグナリング理論から着想を得たこの理論では，宗教的実践は，直接の見返りがあやふやなため，手間やコストはかかるものの，他人に対して何らかの情報を発するシグナルとなっているととらえられる。そして，そうした実践は，集団の統合を促すと同時に集団の適応度を上げる機能を備えた行動として理解できるという（Sosis and Alcorta 2003）。

　コストリー・シグナリング理論の一例として，トレス海峡のメリアム島の葬儀に関する研究がある（Bliege Bird and Smith 2005）。この島の葬儀は多くの場合，400人ほどの島民の約半数が参加して行われる。儀礼に伴う宴会にあたって，死者の父系親族や仲間は食べ物や参列者への贈り物を用意する。それらは参列者へのシグナルとしての機能を持つと考えられる。食事や贈り物を潤沢に用意することは，主催者のリネージ（lineage）内部の統合を示すと同時に，そのリネージの権威や政治力を高めるシグナルとしても機能する。その結果，リネージの未婚者が他集団から配偶者を得る機会が多くなるという。

　従来，文化人類学者は様々な宗教を研究して，宗教が集団の統合を維持強化する機能を持ち，儀礼がコミュニケーションの一形態であることを明らかにした。つまり，文化人類学では，宗教は集合的行為による制度と考えられていた。それに対し，認知科学や進化人類学，行動生態学といった分野では，宗教は個々のヒトの持つ認知の集合体としてとらえられた。そのような観点からヒトの多様な宗教的実践を分析するため，自然人類学者は，文化人類学者がこれまで蓄積した情報を参照して民族誌的な研究領域に参入するようになっている。

　また，進化心理学の分野でも，文化人類学の領域への参入が見られる。モラル（倫理）の生物学的起源を研究する一部の進化心理学者は，これまで主に先進国の大規模産業社会の人々を対象にして，「最後通告ゲーム」と呼ばれる実

第Ⅱ部　新たな展開

験を行って，人間の互酬行動について研究してきた。だが，最近では研究対象を拡大して，南アメリカやアフリカ，東南アジアなど世界各地の狩猟採集民，農耕民，遊牧民といった小規模社会を対象に調査を行っている（亀田 2017）。

現代の文化進化論

　こうした研究の根底には，生物進化に着想を得た「進化」の概念を，文化が一定の時間を経て異なる様相に変化するメカニズム，すなわち「文化進化（cultural evolution）」の解明に応用しようとする志向がある。自然人類学では，数理モデルを使ったり生物系統学の統計手法を応用したりして，文化進化を解明しようする研究が近年盛んになっている。そればかりか，進化の視点を取り入れた研究は，言語学や歴史学，心理学，経済学でも増えてきた。

　こうした動きを踏まえて，進化心理学者のメスーディ（Alex Mesoudi）は，文化を「模倣，教育，言語といった社会的な伝達機構を介して他者から習得する情報」と定義したうえで，社会生活のミクロを扱う領域（心理学などの行動科学関連領域）から，マクロを扱う領域（考古学，人類学，歴史学など）に至る社会科学の領域全体が，将来的に「文化進化論」として統合される可能性があると論じた（メスーディ 2016）。

　この文化進化論は，文化進化を生物進化と相同のものととらえる点で，ホワイト（Leslie A. White），サーヴィス（Elman Service），サーリンズ（Marshall D. Sahlins）らによる文化進化論，スチュワード（Julian H. Steward）の文化生態学，およびハリスの文化唯物論といった「新進化主義」（松園 1984）と軌を一にする。だが，これらの分野が念頭に置いた生物進化は，主に自然選択による適応進化であったのに対して，近年の新たな文化進化論は，1970年代以降の生物学の知見を取り入れ，自然選択，突然変異，遺伝的浮動，遺伝子流動による，適応進化と中立進化の総体からなる生物進化の概念を文化進化の解明に応用させようとする点に新規性がある。また新進化主義が心理的な説明を排除したのに対し，認知科学と進化心理学の成果を組み込んだ点も異なる。

　適応進化の概念を文化や社会の研究に応用する試みは，これまで多くの批判を受けてきたものの，今後は現代的な進化の視点を入れた民族誌的研究の展開が予想される。近年の人類進化に対する包括的な関心が，人研究とヒト研究の

第21章　人とヒト

接点を生んだのである。

健康をめぐるヒト研究と人研究の接点

　同様に，生物医学（biomedicine）にも文化人類学との接点がある。生物医学は，人体の持つ普遍性および世界各地の居住環境に適した個別の文化的行動の検証を通じて，ヒトの身体のしくみや疾病構造を解明してきた。生物医学における健康とは，遺伝という先天的な要因と生活環境や習慣といった後天的な要因が重なりあって作られるとされる。そのため文化人類学との接点は多い。両分野の知見が統合された古典的な例は，パプアニューギニアのフォレ族で蔓延したクールー病に関する研究である（マッケロイ・タウンゼント 1995）。

　クールー病とは，1950年代に報告され始めた神経性の疾患で，発症すると震えが続いて1年以内に死亡するという経過を辿った。また，大部分の患者が女性と子どもに限られるという疫学的に特異な特徴を示した。生物医学者のガジュセック（D. Carleton Gajdusek）は，疫学者のアルパース（Michael Alpers）らと1957年に調査を開始したものの，原因の解明は困難を極めた。

　一方，別の生物医学者の依頼を受けた文化人類学者のグラス（Robert Glasse）とリンデンバウム（Shirley Lindenbaum）は，1961年から翌年にかけてフォレ族で調査を行った。そして彼らは，クールー病が広まったのは，1910年ごろに近隣集団から取り入れた食人行為が葬儀の一部となった後であることを突き止めた。彼らはまた，死者の脳と内臓と肉を野菜と一緒に蒸して食べる儀式の参加者が，女性と子どもという患者の分布とほぼ一致することも明らかにした。この研究と同時期に感染源が脳にあると疑った前述のガジュセックは，クールー病で死亡した女性の脳をチンパンジーに植え付ける実験を1963年に行うなどして，この病気が，脳に含まれる物質を感染源とし，長い潜伏期間の後に発症することを解明した。1970年代以降，クールー病の発症例は急減した。それは，政府と宣教師の介入によって食人儀式が行われなくなったからであると現在では考えられている。このように，疫学的に特異なクールー病の解明は，民族誌的調査と生物医学的研究が統合されて進められたのである。

　近年の生物医学では，環境細菌研究が文化人類学と連動し始めている。次世代シークエンサーの登場により，環境細菌のゲノム解析が可能になり，ヒトの

303

第Ⅱ部　新たな展開

身体の状態は体内に共生する微生物にも強く影響されることがわかった。人体のゲノムは誰でも99パーセントは同じ一方，各々の身体が持つ微生物叢（マイクロバイオーム）の構成は大きく異なり，それは居住環境や生活習慣に影響される。また，そうした微生物の一つである腸内細菌は，宿主であるヒトの栄養状態，代謝，病原体に対する抵抗力や免疫機能と深く関連しているという。

　生物種としてのヒトの身体機能が，文化を持つ人の作りだした生活環境に影響されることを明らかにした腸内細菌研究は，これまで文化人類学の対象であった農耕民や狩猟採集民の生活をも視野に入れ始めた。近年の研究では，産業化や生業形態と腸内細菌叢との関連が指摘されている。たとえば，タンザニアの狩猟採集民ハッザ人の腸内細菌叢は，イタリア人のものと異なることがわかっており，採集生活と関係があると言われている。また，中央アフリカに住む狩猟採集民バカの腸内細菌叢も，近隣に住む農耕民のバントゥ系の人びとと異なっていることが明らかにされている。

　また社会医学（social medicine）でも，生物学的な現象と社会文化的な現象の交錯が活発に取りあげられている。社会医学とは，人の集団レベルの健康を促進するための措置を検証する分野であり，健康や不健康といった現象を，個人をとりまく社会環境に注目して研究する。社会医学者は，たとえば，収入，学歴，職業などから成る社会階層の違いが健康指標の値の差を生むことに注目して，健康の社会的決定要因（social determinants of health）を探ってきた。

　近年の社会医学では，ブルデュー（Pierre Bourdieu）の「ソーシャル・キャピタル（social capital）」という概念を使って，集団の属性と健康の関係を検証する研究が盛んになっている（カワチ 2013）。たとえば，日本の山梨県では，「無尽」と呼ばれる組織を通じて人付き合いを頻繁に行っている人ほど，健康指標の値が高いことが指摘されている。元来，資金の積立と貸し付けを目的としていた無尽は，今日では定期的な飲み食いを行う場となっている。この例では，地域社会が築いた人付き合いというソーシャル・キャピタルが，集団レベルの健康と結びついている可能性が示唆されているのである。

生物文化的なアプローチ

　ヒトの健康を研究対象とする自然人類学では，近年，「生物文化的なアプロ

第21章　人とヒト

ーチ（biocultural approach）」と呼ばれる総合的，包括的な手法が提唱されている。生物文化的なアプローチとは，ヒトの疾病原因や健康格差を理解するために，遺伝をはじめとする生物学的要因と同時に，経済や社会環境といった文化的要因をあわせて研究する方法である（Ulijaszek 2007）。

　こうしたアプローチの一例として，バイオマーカー（biomarker）と呼ばれる，様々な生体情報を指標として人の集団の健康状態を測定して，その結果を文化や社会環境と絡めて解釈する研究がある。それは文化的側面と生物学的側面の両方から民族誌的研究を行う可能性を生んだ。

　たとえば，生物人類学者のマクデイド（Thomas W. McDade）は，EB ウイルス抗体値を心理社会的ストレスのバイオマーカーとして用い，サモアにおける急激な社会変化と若者のストレスとの関係を探った（McDade 2002）。EB ウイルスは，産業社会の約90パーセントの成人が，発展途上国ではほぼ100パーセントの成人が，多くの場合，小児期に不顕性感染する。心理的ストレスがかかると体内の免疫機能は低下し，それによって体内の EB ウイルスは増加して，EB ウイルス抗体値も高い値を示す。つまり，EB ウイルス抗体値が上がれば，それだけストレスが強いと考えられるのである。

　マクデイドは，サモアの３つの地域で，10歳から20歳までの男女352人から血液サンプルを採取するとともに，心理社会的状態に関するアンケート調査を行った。同時に，16人の青年男女と13人の成人男女から，西洋文化のサモアへの影響について聞き取りを行った。これらの複数種のデータを分析した結果，サモアの伝統的首長（マタイ）制度のもとで，身分相応の生活を送っていると感じている若者より，社会的地位と生活の不一致を感じている若者のほうが，EB ウイルス抗体値が高く，よりストレスを感じていることが判明した。急激な社会変化によってサモアの首長制度が揺らぎ，それがストレス源になっていることがわかったのである。

　ただし，バイオマーカーによる測定は万能ではない。血中コレステロール値や血糖値など，身体の状態を鋭敏に反映するものと，血中の亜鉛濃度などバイオマーカーとしての性能が疑問視されるものもある。EB ウイルス抗体値は後者なので，マクデイドの研究には疑問の余地もある。それを承知で言うと，彼

305

第Ⅱ部　新たな展開

のようなアメリカの生物人類学者が，生物文化的なアプローチをとることが可能なのは，文化人類学と自然人類学の両方を学んでいるからである。

　すでに述べたように，日本ではこうした教育制度が確立していない。だが近年，自然人類学者と文化人類学者の協働による生物文化的なアプローチが採用されるようになってきた。その一例として，梅崎昌裕と筆者らによるパプアニューギニアの社会変化とタンパク摂取量の男女差に関する研究がある（Umezaki et al. 2016）。

　文化人類学者が明らかにしたように，ニューギニア高地では，男女の生活世界が顕著に異なっている。そして，儀礼では男性に対する女性の象徴的劣位が示される一方で，日常生活では男性が女性や子どもに食べ物を多く分配する寛大さが理想とされてきた。だが近年では，経済発展に伴って男女関係や食生活など多くの点で社会変化が生じている。

　そこで梅崎らは，経済の発展した地域と低開発地域の両方の集落で爪と毛髪のサンプルを採取し，窒素と炭素の安定同位体比の分析を行った。一般に，双方の安定同位体比とも，イモやバナナなどの植物性食物を多く摂取すると値は小さくなり，動物性タンパク質を多く摂取すると値は大きくなる（渡辺ほか 2011：239）。分析の結果，経済の発展した地域より低開発地のほうが窒素の安定同位体比の値が小さく，男性の値が女性よりも大きいことがわかった。地域差とジェンダー差が確認されたのである。このことは，経済的に発展した地域では動物性タンパク質の摂取が比較的多く，また男性のほうが女性より摂取量が多いことを示している。つまり，ニューギニア高地では，「男はブタ肉を女や子どもに分け与え，自分ではあまり食べない」という文化人類学者が明らかにしてきた土着の観念についての知見に，再考を迫る結果が得られたのである。

　さらに，人類遺伝学（human genetics）による生物文化的なアプローチとして，遺伝と社会環境が健康に与える影響を検証する研究も行われている。たとえば，プエルトリコにおける肌の色と高血圧の関係に関するノン（Amy L. Non）とグラブリー（Clarence C. Gravlee）の研究は，健康格差の原因を理解するためには，遺伝を経済や文化と結びつけて考察することが有益であることを示した（Non and Gravlee 2015）。

第21章 人とヒト

　一般に，高血圧のリスク要因とされるのは，食生活，遺伝，肥満，年齢，ストレスである。これまでの研究では，アフリカに「出自・祖先」を持つプエルトリコ人に高血圧症が多いことは指摘されていたものの，その主要因が遺伝にあるのか，それとも肌の色の黒さによって被る社会的ストレスにあるのかは不明確であった。そこで，ノンとグラブリーは，肌の色の文化的な側面と生物学的な側面を区別したうえで検討したところ，文化的な色のカテゴリーが血圧の違いと相関する一方で，肌の色素は関連しないことを突き止めた。さらに彼女たちは，遺伝要因に加えて社会文化的な要因も変数として取り入れた統計解析を行い，ほぼ同様の結果を得た。これによって，遺伝と高血圧の間にあるのは直接の関係ではなく，隠れた結びつきであったことが明らかになったのである。

　こうした研究に加えて，近年の生物医学では，環境や社会文化的な要因が，複数の経路を辿ってDNA塩基配列の変化を伴わずに，遺伝子発現や細胞の表現型の変化に関連するエピジェネティクス（epigenetics）と呼ばれる現象についての研究分野が拡大している。また生物学では，遺伝子と文化の「共進化（co-evolution）」の研究が進められている。こうした事情によって，今日の自然人類学では，社会文化的な要因を考慮することの重要性が，以前にも増して説かれるようになった。

　以上のような研究動向は，人とヒトの研究が絡み合いながら進展していることを示すとともに，より多面的な民族誌を書く可能性をも切り開いた。生物文化的なアプローチは，ヒトの身体の現象を示すデータ，人の主観を多く含むインタビュー・データ，社会と文化に関する民族誌的データを組み合わせて，対象を描くことを可能にしたのである。

4　科学技術社会論と「再接合」

　人研究とヒト研究の「再接合」にあたって，一つ注意すべきことがある。それは，遺伝や進化といったヒトの生物学的特徴を扱う研究が，ともすれば「人種（race）」という概念と結びつき，差別を助長したという事実である。

　この点に関して，科学技術社会論（science and technology studies／science,

307

第Ⅱ部　新たな展開

technology, and society［STS］）が果たす役割は大きい。なぜなら，STS は社会
と科学技術の良好な関係を生み出すことを一つの目的としており，現代社会に
おける科学技術のあり方や，科学技術に対する社会一般の不信といった問題を
積極的に取り上げてきたからである。科学的事実は，社会や文化に影響されな
がら，自然科学の現場で「作られる」という見方を示したことに，STS の大
きな意義があった。

　STS に関心を寄せる文化人類学者は，生物学などの自然科学の現場を一つ
の社会集団に見立てて，実際にそこで何が行われているかを調査している。一
般に，動物実験や化学実験はプロトコルと呼ばれる手順に従って行われる。だ
が，その手順は研究室によって独特であり，世界各地で独自のプロトコルに従
って科学的な実験が行われている。科学的事実は，そうした現場で得られたデ
ータから作られるので，参与観察やインタビューに長けている文化人類学者に
とって，格好の民族誌的記述の対象となったのである。

　こうした試みは，文化人類学がヒト研究に参入するにあたって，人間を人と
ヒトという両面からとらえる過程で生まれたものである。たとえば，遺伝子解
析を可能にしたポリメーラゼ連鎖反応法（PCR 法）を発明した技術者に焦点を
当てて，アメリカのベンチャー企業と科学ビジネスの現場を描き出したラビノ
ウ（Paul Rabinow）の研究は，その好例である（ラビノウ 1998）。さらに最近で
は，iPS 細胞を用いた再生医療の研究室で人工的に作られた細胞と人との関係
を扱った研究や（鈴木ほか 2016），犯罪捜査にまつわる科学鑑定がなされる法
科学実験室での活動を対象とした研究も行われている（鈴木 2017）。

　また，STS はヒト研究の理論的な枠組みに対しても影響を与えつつある。
一例として，前節で述べた人類遺伝学の生物文化的なアプローチを見てみよう。
今日，人種は生物学的に有効な概念ではないとされている。だが，ノンとグラ
ブリーによると，アメリカの生物医学には「科学」を装った人種差別が横行し
た時代があったという（Non and Gravlee 2015）。具体的には，第二次世界大戦
以前の南部では，最下層の苦しい生活から逃れようとして各地をさまよった黒
人を，「極度の放浪癖」のある精神病患者として分類していた。これは，科学
的根拠の曖昧な人種という概念を使って，白人のヘゲモニーを維持強化するた

めに作られた疾病と言ってよい。

　残念ながら，現在でも一部の研究者の間では，心臓病，がん，早産などに見られる生物学的差異を，すぐさま遺伝に起因するものとしてとらえる傾向がある。それは，生物学的根拠のない「人種＝遺伝的カテゴリー」という誤った常識を強化することになりかねない。このため，遺伝データと社会文化的データを統合する生物文化的なアプローチは，（ａ）生物学的差異に関する科学的な解釈は文化によっていかに影響されるか，（ｂ）意識的または無意識的な人種差別がいかに生物学的な不平等を作りだすか，という２つのことを自問することによって，人種／遺伝決定論の回避に努めている（Non and Gravlee 2015）。

　このように，人類遺伝学における生物文化的なアプローチは，それに影響を及ぼしたSTS研究と共通の理論的志向を備えている。事実，STSの領域でも人研究とヒト研究の「再接合」が見られるのである。

5　課題と展望

　上記の「再接合」は，文化人類学の内発的な変化と同時に，自然人類学，認知科学，生物学など関連諸分野の発達によって進んだ。最後に，この領域のさらなる発展を目指すにあたって，文化人類学側の課題を指摘したい。

　第一に，文化人類学専攻の学部生や大学院生に対して，生物学と統計学の基礎を教育する必要がある。人類が持つヒトの側面を対象とする研究を理解するには，両分野の基礎知識がどうしても必要である。だが現在，日本の文化人類学の教育体制には，生物学と統計学はほとんど組み込まれていない。一方，総合人類学の伝統を持つアメリカでは，文化人類学と自然人類学が併存しているため，主に文化人類学に興味のある学生でも，生物学と統計学を学べるようになっている。人とヒトの両面を総合的に扱う研究領域の発展には，文化人類学の教育に両分野の基礎訓練を組み込む必要がある。

　第二に，文化人類学者は，研究上の目的の違いを理解したうえで，自然科学者と対話する柔軟性を持つ必要がある。文化人類学は文化批判の学としての側面を持つ。それは，文化人類学者に，特定の主義主張を相対的な立場から批判

309

第Ⅱ部　新たな展開

的に見ることを可能にさせた。だが，人とヒトの総合的研究に踏み込もうとするとき，ただ自然科学を批判的に論評するだけでは一向に対話は進まないうえ，文化人類学が関与する可能性も限られてしまう。まずは自然科学の所期の目的を十分に理解する必要がある。

　第三に，関連諸領域で概念や定義の整合性を図ることの難しさを乗り越えて，相互の意図と意義を理解する必要がある。たとえば，文化を情報としてとらえる昨今の文化進化論者（第3節参照）に対して，オーソドックスな文化人類学者は違和感を抱くだろう。だが，今日的な文化進化の研究にとって，そうした定義には一定の意義があることを理解する必要がある。

　第四に，文化人類学者が自然科学者の研究領域に関与することで，関連諸分野にどのような貢献ができるのか，私たちはわかりやすく説明して問題提起する必要がある。人研究とヒト研究の有意義な接合を実現させるための具体的な道筋を示すこと，それが今日求められているのである。

　本章で述べた「再接合」は文化人類学に新たな枠組みを要求する。それは従来の研究の在り方に大幅な見直しを迫ることになるだろう。だが，この実りある領域への積極的関与は，民族誌を書くという文化人類学者がもっとも重視してきた仕事を，一段と高いレベルで成就させる可能性を秘めているのである。

文　献

秋道智彌・市川光雄・大塚柳太郎　1995　「生態人類学の領域と展望」，秋道智彌・市川光雄・大塚柳太郎（編）『生態人類学を学ぶ人のために』世界思想社，3-16頁。

岩田慶治　1991　『草木虫魚の人類学——アニミズムの世界』講談社学術文庫。

カークセイ，S. エベン，ステファン・ヘルムライヒ　2017　「複数種の民族誌の創発」近藤祉秋（訳），『現代思想』45(4)：96-127。

川田順造　2007　『文化人類学とわたし』青土社。

カワチ，イチロー　2013　『命の格差は止められるか——ハーバード日本人教授の，世界が注目する授業』小学館101新書。

亀田達也　2017　『モラルの起源——実験社会科学からの問い』岩波新書。

コーン，エドゥアルド　2016　『森は考える——人間的なるものを超えた人類学』奥野克巳・近藤宏（監訳），近藤祉秋・二文字屋脩（訳），亜紀書房。

菅原和孝　2015　『狩り狩られる経験の現象学——ブッシュマンの感応と変身』京都大

第21章　人とヒト

学学術出版会。

鈴木舞　2017　『科学鑑定のエスノグラフィ——ニュージーランドにおける法科学ラボラトリーの実践』東京大学出版会。

鈴木和歌奈，森田敦郎，リウ・ニュラン・クラウセ　2016　「人新世の時代における実験システム——人間と他の生命との関係の再考へ向けて」，『現代思想』44(5): 202-213。

ダンバー，ロビン　2011　『友達の数は何人？——ダンバー数とつながりの進化心理学』藤井留美（訳），インターシフト。

ハラウェイ，ダナ　2013　『犬と人が出会うとき——異種協働のポリティクス』高橋さきの（訳），青土社。

フェルナンデス＝アルメスト，フェリペ　2008　『人間の境界はどこにあるのだろう？』長谷川眞理子（訳），岩波書店。

ボイヤー，パスカル　2008　『神はなぜいるのか？』鈴木光太郎・中村潔（訳），NTT出版。

マックグルー，ウィリアム C.　1996　『文化の起源をさぐる——チンパンジーの物質文化』西田利貞（監訳），鈴木滋・足立薫（訳），中山書店。

マッケロイ，アン，パトリシア・タウンゼント　1995　『医療人類学——世界の健康問題を解き明かす』杉田聡・近藤正英・春日常（訳），大修館書店。

松園万亀雄　1984　「新進化主義」，綾部恒雄（編）『文化人類学15の理論』中央公論社，115-131頁。

メスーディ，アレックス　2016　『文化進化論——ダーウィン進化論は文化を説明できるか』野中香方子（訳），竹澤正哲（解説），NTT 出版。

ラビノウ，ポール　1998　『PCR の誕生——バイオテクノロジーのエスノグラフィー』渡辺政隆（訳），みすず書房。

渡辺知保・梅﨑昌裕・中澤港・大塚柳太郎・関山牧子・吉永淳・門司和彦　2011　『人間の生態学』朝倉書店。

Bliege Bird, Rebecca, and Eric Alden Smith 2005 "Signaling Theory, Strategic Interaction, and Symbolic Capital." *Current Anthropology* 46(2): 221-248.

Fuentes, Augustin 2010 "Naturalcultural Encounters in Bali: Monkeys, Temples, Tourists, and Ethnoprimatology." *Cultural Anthropology* 25(4): 600-624.

McDade, Thomas W. 2002 "Status Incongruity in Samoan Youth: A Biocultural Analysis of Culture Change, Stress, and Immune Function." *Medical Anthropology Quarterly* 16(2): 123-150.

Non, Amy L., and Clarence C. Gravlee 2015 "Biology and Culture beyond the Genome: Race, Racism, and Health." *American Anthropologist* 117(4): 737-738.

第Ⅱ部　新たな展開

Sosis, Richard, and Candace Alcorta 2003 "Signaling, Solidarity, and the Sacred: The Evolution of Religious Behavior." *Evolutionary Anthropology* 12(6): 264-274.

Umezaki, Masahiro, et al. 2016 "Association between Sex Inequality in Animal Protein Intake and Economic Development in the Papua New Guinea Highlands: The Carbon and Nitrogen Isotopic Composition of Scalp Hair and Fingernail." *American Journal of Physical Anthropology* 159(1): 164-173.

Ulijaszek, Stanley 2007 "Bioculturalism." In David Parkin and Stanley Ulijaszek (eds.), *Holistic Anthropology: Emergence and Convergence*. Berghahn Books, pp. 21-51.

第22章
映像と人類学

田沼幸子

映像人類学（visual anthropology）の中心的な実践は，民族誌映画（ethnographic film），つまり民族誌的「作品」としての映像制作にある。「映像と人類学」と題する本章では，人類学と映像の関係をより俯瞰的な視座からとらえる。人類学の黎明期，映像の活用は盛んだった。だがその表象は，植民地主義に色濃く結びついており，参与観察と民族誌的記述という新たな表現手段の発達とともに影を潜めていった。しかし人々の生活を生き生きと描き出す民族誌映画は独自の意義があり，近年，その方法や作品化についてあらためて議論が活発になっている。本章では，まず人類学と映像に関わる試みと批判の流れを概観し，「ライティング・カルチャー・ショック」に先駆けて起きた，作品の作為性に対する批判と，それらへの民族誌映像作家による応答を紹介する。

1　映像と人類学の黎明期

ミードの嘆き

映像人類学がどのような歴史に位置づけられ，その中でどういった手法が試みられてきたかについては，ホッキングズ・牛山編『映像人類学』（1979年）に詳しい。ミード（Margaret Mead）は序論「言葉の学問に分けいる映像人類学」において，人類学者のフィルム使用の軽視を「犯罪的」だと嘆く。神話分析で円熟期を迎えた人類学は「言葉の学問」になり，後輩たちが新しい道具に手を出すことを嫌っている（ミード 1979：5）。多くの人が撮影を試みないのは，機材が非常に高価であり，専門的な技術と才能が要求されるためだ（ミード 1979：7）。しかし「カメラにフィルムを入れ，三脚をセットし，露出計を読み，

第Ⅱ部　新たな展開

距離を計り，絞りをセットすることを心得ている者ならだれでも…（中略）…
行動形態をフィルムにおさめることができる」し，それに「芸術作品のような
出来栄えを要求する」（ミード 1979：6）べきではないとミードは主張した。こ
のマニフェストは，映像人類学者によって，「メインストリームの人類学者」
による映像の軽視と，自分たちの仕事が周縁化されてきたことへの不満を表す
ものとして引用されてきた（Grimshaw 2001：2）。しかし，ミードの時代から，
人類学者の役割と民族誌の意味付けは大きく変わっている。そもそも人類学に
とって，カメラは「新しい道具」だったのだろうか。

黎明期と前史

　ブリガード（Emilie de Brigard）は，はじめて民族誌フィルムを撮影した者
として，病理解剖の専門医レニョー（Félix-Louis Regnault）を挙げる（ブリガ
ード 1979：17）。彼は壺をつくるウォロフ人（Wolof）のフィルムを撮り，その
後，男女の木登り，しゃがみ方，歩行といった人間の通文化的研究のためのフ
ィルムを制作した。しかしレニョーの言葉は「全ての未開人（All savage peo-
ples）」への先入見に満ちている（Rony 1996：3）。彼は「未開人」の「病理」
を解明するために映像を用いていたのだ。

　今日，多くの研究者がはじめての民族誌フィルムとして挙げるのは，ハッド
ン（Alfred Cort Haddon）が1898年のケンブリッジ大学トーレス海峡人類学探検
隊の一員として撮影した映像である。現存するフィルムには，3人の男性の踊
りと，火を起こそうとする様子が映されている。ハッドンにカメラの購入を勧
められたスペンサー（Walter Baldwin Spencer）は，オーストラリアのアボリジ
ニの儀礼の撮影を行った。それらは「現在の研究でも充分に使えるほど明瞭に
見ることができる」にもかかわらず，スペンサーは，いったんフィルムが国立
ヴィクトリア博物館に収められると，それ以上利用しようとはしなかった（ブ
リガード 1979：18）。ハッドンによる上映記録もほとんどない。

　後に映画研究者のグリフィス（Alison Griffiths）はその理由を明らかにした。
ハッドンが対象とした人々はすでにキリスト教徒となっており，かつての踊り
を再現したことが明るみになれば，教会での地位を失いかねないことを恐れて
いたのだ（Griffiths 2002：139）。一方スペンサーは大学の予算減少の圧力を受

け，開講を余儀なくされた公開講座において映像を上映した。宣伝用のポスターには，「未開人クラブ（Savage Club）」というタイトルの下に，「中央オーストラリアのベリー・ダンサー」と足元に書かれた人物を，タキシード姿のスペンサーが指し示す様子が描かれていた。以降，無教養な誇大宣伝を恥じたためか，彼らは民族誌フィルムを発展させようという意欲をまったく失ってしまった（Griffiths 2002：170）。

　グリフィスは上記のような民族誌映画の前史を，『驚くべき差異——映画，人類学と世紀の転換期における映像文化』（2002年）において明らかにし，科学フィルムから民族誌映画へと繋がる従来の映像人類学史とは異なる物語を描いた。同書によれば，人類学における映像的な（visual）ものの活用は，19世紀の博物館と万国博覧会から始まる。

博物館展示

　18世紀後半から19世紀前半，ヨーロッパ諸国による植民地化とともに，目に見える世界を分類し，整理しようとする博物学（natural history）は，生物学的分類を恣意的な道徳的分類に重ね合わせ，「未開人」像を作り出していった。19世紀後半の英米には民族学博物館と人類学が誕生し，科学として「人種」の研究を進めるため，身体計測を記録した写真が活用される（吉田 1999：36-40）。考古学者パットナム（Frederick Ward Putnam）は，1893年開催のシカゴ万国博覧会で「民俗村」と「人類学館」（生活集団展示や写真，工芸品，人体計測器などの展示館）を担当した（Griffiths 2002：49）。民俗村では，生身の「原住民」たちが生活する様子が展示されていた。パットナムの意図は学問的で，視線は救済主義的なものだったが，宣伝からは，それが「見世物」として扱われていたことが窺える。ここで働いたボアズ（Franz Boas）は，パットナムの推薦でアメリカ自然史博物館に職を得る。同館でボアズは，教育的効果をねらって，大衆の関心を呼ぶ，蝋人形を用いた「生活集団（life group）」の展示を制作した。民族衣装を着た部族のメンバー数人が，特徴的な仕事や芸術活動を行う様子を展示したのだ。

『極北のナヌーク』（1922年制作）

　「未開人」への科学的視線は，先住民の土地が暴力的に植民地化され，近代

第Ⅱ部　新たな展開

や西洋へ包摂されるにつれ，「救済的」なものへと変わっていった。アメリカ人の探検家フラハティ（Robert Flaherty）は，長期滞在をもとに，イヌイットの一家族の生活や狩りを再現したとされる『極北のナヌーク（Nanook of the North）』（1922年）を制作・上映した。同作は好評を博し，ボアズも批判的ではあったが，以下のように一定の評価を与えている。

　　エスキモーの暮らしの表と裏も知り尽くした男が，『北極のナヌーク』のような映画の監督に関わっていれば，ネイティヴの暮らしの，非常に絵画的で興味深い特徴の多くが含まれたであろう（Rony 1996：78より引用）。

　フラハティはマリノフスキー（Bronislaw Malinowski）と同年の生まれで，『極北のナヌーク』は『西太平洋の遠洋航海者』の出版と同じ1922年に公開された（村尾・久保・箭内 2014：16-17，33）。映像人類学者グリムショー（Anna Grimshaw）は，『民族誌家の目――近代人類学におけるものの見方』（2001年）において，両者のロマンティックで預言者（visionary）的な視点の共通性を指摘している。現在，『極北のナヌーク』はドキュメンタリー映画と民族誌映画の原点とされている。しかし，同作がドキュメンタリーとして認識されたのは，公開から４年後のグリアスン（John Grierson）の評論においてであったし（次節参照），ルーシュ（Jean Rouch）が1950年代後半に評価するまで，人類学者もあまり大きく取り上げていなかった（Ruby 2010：69）。にもかかわらず，今日，同作が高く評価されているのは，一つにはその長期滞在にマリノフスキーのいう「原住民のどまんなかで暮らす」フィールドワークと親和性があったためだろう。

　高評価のもう一つの理由は，撮影対象となった人々と協働で作品が作られたという点である。フラハティが撮影の主旨を説明をした後，主人公のナヌークはこう答えたという。

　　「よし，よし。アギー（映画）が最優先だ」と彼は真剣に受け合った。「君が合図するまで，だれ一人動かないし，銛を投げない。約束だ」。私たちは握手し，次の日から始めることにした（Griffith 1953：38）。

　マリノフスキーが，白人世界から離れて原住民と暮らすことで他者理解におけるフィールドワークの必要性を示したように，フラハティもイヌイットと暮

らしたことによって，映画における先住民の姿が真正なものであることを示した。どちらも「見世物」としてではなく，自分たちとは異なる文化や慣習を持った同じ人間として「原住民」を表象するものであった。当初，文字通り「見せる（show）物」だった映像は，こうして人々の生き方を「伝える（tell）」ものとしても活用されるようになった（田沼 2010：168-169）。

2　科学と制度化

ミード，ラドクリフ＝ブラウン，グリアスン

　20世紀前半を通じて，英米の人類学は博物館から大学へと主な活動の場を移した。それは，人類学者の仕事が大衆啓蒙から専門化へと重心を移す過程でもあった。

　グリムショーは，ラドクリフ＝ブラウン（A. R. Radcliffe-Brown）の民族誌と，グリアスンのドキュメンタリーにおける「見方」の相似性についても論じる（Grimshaw 2001：57-68）。グリアスンはドキュメンタリー作家およびプロデューサーとして知られるが，初期の民族誌映画家はドキュメンタリーに強く影響を受け，両方の分野で仕事をしているものも多い。

　こうした中，1936年から1939年にかけて，ベイトソン（Gregory Bateson）とミードは調査で写真とフィルムの撮影を行った。ベイトソンはハッドンの，ミードはボアズのもとで学んだ。それぞれイギリスとアメリカにおける人類学分野での映像活用の先駆者であった。ベイトソンは彼の民族誌に対する「あまりに分析的」という批判に応えるため，またミードは逆に「ジャーナリスティック」という批判に応えるため，双方とも映像の利用を考え，共著で『バリ島人の性格——写真による分析』（原著 1942年）を著した（ベイトソン・ミード 2001）。その後，ミードはフィルムにナレーションをつけ，いかに子どもたちが社会化されるかに焦点を当てた複数の作品を制作した。

　ラドクリフ＝ブラウン，グリアスンそしてミードは，人類学や映像をあくまで科学一般や大衆啓蒙のための「手段」として位置付け，学問と報道の専門化に寄与した（イギリスから渡米し，長らく常勤職に就かなかったベイトソンは異な

第Ⅱ部　新たな展開

る。第3節参照)。

　オーダーハイド（Patricia Aufderheide）は『ドキュメンタリー映画——非常
に短い入門』（2007年）において，ドキュメンタリーの創設者として，フラハ
ティ，グリアスン，ヴェルトフ（Dziga Vertov；本名デニス・カウフマン Denis
Kaufman）の3人を挙げる。「ドキュメンタリー」という用語自体，スコット
ランド人のグリアスンが，フラハティの映画『モアナ』（1926年）を評して，
「ポリネシアの若者と家族の視覚的説明には，ドキュメンタリー的価値がある」
（*The New York Sun*，1926年2月8日）と述べたことに由来している。グリアス
ンは，アメリカ滞在中，大衆に社会問題を理解させる専門家が必要だというジ
ャーナリストのリップマン（Walter Lippman）に影響を受けた。帰国後，ドキ
ュメンタリーの力を政府関係者に理解させ，出資を受け，『流網船（*Drifters*)』
（1929年）を監督した。彼とその弟子たちは，ドキュメンタリーは教育と社会
統合のための有効な手段であるという主張を広め（Aufderheide 2007：35），今
日まで続くカナダとオーストラリアの国家映画委員会（National Film Board）
の創設にも携わった。

　グリアスン派は，「何も考えない愚かな大衆で，本国の未開人」とみなされ
ていた労働者を，組織化され，機械を使いこなす熟練者として描いた
（Grimshaw 2001：60）。ラドクリフ＝ブラウンの構造機能主義と同様，あらゆ
る部分が全体を作り上げるという社会観が前提となっている彼らの作品群は
（Grimshaw 2001：62, 65-66），今日，多くの人が「ドキュメンタリー」や「民
族誌映画」と聞いて思い浮かべる映像の雛型ともなった。すなわち，ある集団
を対象とし，その対象から距離をとった撮影，客観的事実を語る第三者的なナ
レーションを組み合わせたスタイルである。オリジナルな詩の朗読によるエン
ディングが独特で，イギリスのドキュンタリーの傑作と名高い『夜間郵便
（*Night Mail*)』（1936年）では，夜間配達を支える郵便局員たちの規律化された
労働と，イギリスを縦断する蒸気機関車の強さや速さが力強く描かれている。

リアリズム

　フラハティとグリアスンは，ドキュメンタリーにおけるリアリズムを定着さ
せたと言われる。リアリズムとは，事実をそのままとらえるのではなく，事実

を模倣する技術を用いることによって，観客がそれについて考えることなく引き込まれるための企てである。そのテクニックは以下の3点に集約できる。（1）省略編集（elision editing）：認識されないような編集によって，観客はただ映し出された人物などの動作を追っているだけと誤認する，（2）撮影術（cinematography）：ある行動を「肩越しに見ている」かのように感じさせる撮影。これによって，自分がそこにいるように思わせる。あるいは見ている行動に感情移入させること，（3）歩調合わせ（pacing）：自然な世界で物事が起きている，と観客が期待する速度に合わせたペース（Aufderheide 2007：26）。

　これらは，文化の解釈とは，ネイティヴの「肩越しにみる」ことであるというギアーツ（Clifford Geertz）言葉を思い起こさせる（ギアーツ 1987）。このようなリアリスト民族誌（realist ethnography）は，空間，時間，視点／声を，それぞれ，ある地域と不可分の文化として還元論的に説明する。その結果，「単一のもの」としてのネイティヴの声が，民族誌家の権威を用いて記述され，結果として対象を人為的に構築する（Marcus 1990：6）。こうした民族誌では，まだ誰も扱っていない人々を「発見」したという側面が強調された。

　民族誌のこうした傾向とレトリックは，クリフォード（James Clifford）とマーカス（George E. Marcus）が編集した『文化を書く』（原著 1986年）において暴露され，強く批判された（クリフォード・マーカス 1995）。そして，この「ライティング・カルチャー・ショック」を経た人類学者は，民族誌を，事実を客観的に記述したものとしてではなく，民族誌家によって「部分的な真実」を再構成された創作物として読むようになった。にもかかわらず，民族誌映画に対しては，人類学者たちが相変わらず自然映像（nature film）を見る動物学者のような物言いをしていることにマーカスは驚く（Marcus 1990）。映像のリアリズムの文法を知らないためか，事実そのものだと理解してしまうのだ。

　このことは，1990年代に入ると，ベトナム出身の映画作家で批評家のミンハ（Trinh Minh-ha）によって厳しく批判された（ミンハ 1996）。また，インドネシアのスマトラ出身の両親を持つロニー（Fatima Tobing Rony）は，自分たちとは異なる存在として対象を「人種化」する視覚装置として，レニョーの映像，博物館の生活集団展示，『極北のナヌーク』，それに続く『キングコング』

第Ⅱ部　新たな展開

(1933年) といった娯楽映画をも含め，有色人種をスペクタクル化する視覚的表象を，ジャンルを問わず「民族誌的シネマ（ethnographic cinema）」と総括して批判した（Rony 1996）。

ミンハらの指摘は，『文化を書く』後の人類学界に重く受けとめられた。しかし，脱植民地化が進んだ1960年代にも同様の批判があり，民族誌フィルム／ドキュメンタリー作家は，その打開のため様々な手法を模索していた。にもかかわらず，こうした先駆的な試みと作品は，民族誌映画の入手の難しさと関心の低さから，あまり多くの人類学者に知られてこなかった。

脱植民地化期の民族誌映画への批判

たとえば，『極北のナヌーク』に触発され，マーシャル（John Marshall）が制作した『狩猟者たち（*The Hunters*）』(1958年) は，クン人（!Kung）の男たちが狩りに出かけて獲物を仕留め，持ち帰った肉を分け合う様子を撮った作品で，当初は高く評価されたが，後に厳しい批判に晒された。いくつかの短編を編集してつくったにもかかわらず，それらを一つの流れに落とし込んでしまっているからである（マクドゥーガル 1979：97）。1970年代には『極北のナヌーク』も含め，出来事の前後関係を入れ替えたことを明らかにせず，恣意的なナラティブに従って編集された作品は厳しく批判された。こうして民族誌映画は，他の種類の映画とは違って，研究用の特徴を備えたものとしてとらえられるようになった。

シークエンス撮影と観察映画

以上のような風潮の中，できるだけ長く撮影されたシークエンス撮影（sequence filming）と，それらを組み合わせ，あたかも出来事に居合わせているかのように構成された観察映画（observational cinema）が，望ましい様式として取り上げられるようになる。その後，マーシャルも，シークエンス撮影の短編を制作した。シークエンス撮影をより詳しく説明すれば，「ドキュメンタリー映画に登場する人々の言葉や行動が，観客の見たいものやフィルム制作者の言いたいことと混同されないようにするための試み」であり，かつ「出来事自体をできるだけ詳しく長く報告する試み」（Marshall and Brigard 2003：133）である。精神疾患を持つ犯罪者の収容施設を撮った『チチカット・フォーリーズ

（*Titicut Follies*）』（1967年）に始まり，その後もアメリカ国内の様々な施設を主な対象とし，2016年にアカデミー名誉賞を受賞するなど，大作を作り続けるワイズマン（Frederick Wiseman）の一連の仕事は，その代表例である。彼の作品には解説がまったくない。

ただし，観察映画は映画作家の主張を言葉で語ることこそ拒否するが，必ずしも客観的な立場を目指しているわけではない。題材の選定や素材の選択，そして構成や編集もすべて作家の主観的行為である。観る側がマスメディアによって作られた類型的な先入見と闘い，自らを見つめ直すことができるようにするため，観察映画を制作する作家もまた，自らの枠組みを壊しながら撮影する（佐藤 2001：13）。観察映画を制作する想田和弘は，観察は対象から距離を置いたものではなく，文化人類学者による「参与観察」にならざるを得ないという（想田 2011：125-126，170）。いわば観察映画は，相手の言葉を「聞く（listen）」という，近代的フィールドワークの礎となる実践を，新たに組み込むことになったのである（田沼 2010）。

しかし，異文化を対象とする観察映画の制作を試みた者から，そうした立場がはらむ問題の指摘もなされた。現在も精力的に民族誌映画制作を続けるマクドゥーガル（David MacDougall）は，カメラがそこにいないかのような映像を目指した観察映画の制作は非人間的であり，その立ち振る舞いや研究方法は「人類学の植民地主義的原点」（マクドゥーガル 1979：107）を否応なく再認識させるものであると批判した。「民族誌フィルムも，単なる別社会に関するひとつの記録ではない。それは常に制作者とその社会との出会いの記録なのだ」（マクドゥーガル 1979：108）。

彼は，従来の観察映画を超えるため，撮影者がその場の出来事の証人となるような「参加型映画（participatory cinema）」の可能性に触れ（MacDougall 2003：125），ルーシュの作品を紹介する。ルーシュの映像は，ほとんどが自らの声でナレーションされ，彼自身の姿が映り込んだり，撮影される相手とのやりとりが入り込んだりするなど，その場に参加していることが前景化されている。ルーシュ自身は旧ソ連の映像作家ヴェルトフの「真実の映画（キノ・プラウダ）」に触発され，フランス語化した「シネマ・ヴェリテ（cinéma vérité）」

第Ⅱ部　新たな展開

という言葉で自らの映画を表現した。

3　革命とアヴァンギャルド

ヴェルトフとルーシュ

　ルーシュは，民族誌映画について「今日われわれがやろうとしていることは，ことごとくこの二人に負うところが大きいのである」（ルーシュ 1979：78）と述べ，フラハティとヴェルトフの名を挙げる。

　ヴェルトフの映画は，リアリズム編集を見慣れた者にとって，にわかには「ドキュメンタリー」として認識しがたい。『カメラを持った男（*Man with a Movie Camera*：Человек с кино-аппаратом)』（1929年）は，字幕による長々しい「警告」から始まり，あるがままの街の景色と人々だけでなく，その撮影の様子，編集作業，上映に至るプロセスを随時映し出し，スローモーション，早回し，移動撮影など，様々な技法を用いる。ヴェルトフは，共産主義社会の美しさを見せるために，こうした革新的な手法を用いたが，現地の大衆には理解されず，体制からも批判された。だが，国外の前衛芸術家たちによる評価は高い（Aufderheide 2007：38-44)。その一人であるルーシュは，論文「カメラと人間」において，人間的な固定性とは無縁な「映画の眼」についてのヴェルトフの文章の一節を紹介し，自らの撮影の理念を論じた。彼はカメラを三脚に固定させ，ズームで対象に近づくことを批判する。なぜなら「高い垣根から詳細に見ようとのぞき見する人に似ている」（ルーシュ 1979：86）からだ。

> 　私にとって唯一の撮影方法は，カメラをもって歩き回り，最も効果的な場所にもっていって，写されている人と同じような生き生きとしたカメラの動きを即座につくることである。これがヴェルトフの「映画の眼」についての理論と，フラハーティの「参加するカメラ」の理論との最初の統合である（ルーシュ 1979：87)。

　グリムショーは，ルーシュの作品の魅力は，彼とその登場人物たちの特異なパーソナリティに根ざしていると考えざるをえないという。しかしまた，その民族誌的感受性（ethnographic sensibilities）は，両大戦間のパリにおける知的・

芸術的思潮と，フランス人類学の関心とを切り離しては考えられないともする。彼の革新的な作品は西アフリカの独立期，つまり近代社会の革命的瞬間と結びついていたのである（Grimshaw 2001：91）。

ベイトソン

　シュルレアリスム（surrealism 超現実主義）に影響を受けていたルーシュの映像は，現実とフィクションの間を行き来する。彼が民族誌映画家の「トーテムの祖先」として挙げるベイトソンと，自身の学生時代の指導教員だったグリオール（Marcel Griaule）が，前衛芸術のアヴァンギャルドにかかわっていたことも大きい（Rouch 2003：218）。

　なお，ミードとベイトソンはバリでともに調査をしていたが，撮影はベイトソンが担当していた。撮影と民族誌映画に対する 2 人の見方には根本的な違いがある。ミードが三脚の使用を推奨するのに対し，ベイトソンは「死んだカメラを最悪な三脚にのせ（putting a dead camera on top of a bloody tripod）」ても，それは「何も見ない（It sees nothing）」と否定的である（Bateson, Mead, Brand 1976）。彼の撮影方法と理念は，ルーシュのそれに驚くほど似ていた。

　マクドゥーガルの一見したところ「観察映画」的な静謐な映像——ただし，対象となった人々がしばしばカメラを意識して話し続けることからも，彼がそこにいることは明らかだ——と，撮影者自身の声の介入が絶えず，手持ちカメラで撮影された賑やかなルーシュの「シネマ・ヴェリテ」は，対照的なものに思われる。しかし，どちらもフィールドにおける対象とのやりとりの中で，従来の映像制作のあり方を批判する中で生まれてきたものだ。

4　「共有」とは？——ネイティヴの視点から

　多くの国々が脱植民地化し，後に先住民の権利も見直されると，それまで人類学者が無自覚に用いてきた「客観的」とされる物言いが，人類学内外から批判されるようになった。民族誌映画においても同様の動きが早くから起きていた。

第Ⅱ部　新たな展開

撮影者と対象の関係

1980年代以降，先住民やマイノリティが，映画やテレビ番組を通して，自ら
の手で自らの文化を積極的に表象しようとする動きが各地で盛んになった。映
像人類学者のルビー（Jay Ruby）は，人類学者の民族誌的権威（ethnographic
authority）が批判される中，アイロニカルに問う。「もし人類学者がネイティ
ヴの眼を通して世界を見たいなら，どうして単純に彼らのビデオを見ないのだ
ろう」（Ruby 1995：77）。彼は，映像制作を行う民族誌家に残された道として，
次の３つを挙げる。「①先住民メディア制作者のための推進者や文化仲介者に
なる，②撮影対象の人々の共同制作者になる，③映像を通じて自文化を探求す
る」（Ruby 1995：78）。

①でよく知られるのは，イギリスのグラナダ・テレビジョン制作の『消えゆ
く世界（*Disappearing World*）』シリーズにおいて，カヤポ（Kayapo）の先住民
権利運動を取り上げた『カヤポ――森の外へ（*The Kayapo: Out of the Forest*）』
（Michael Beckman 監督，Terence Turner 協力，1989年）である。人類学者ター
ナー（Terence Turner）は，撮影許可と引き換えにビデオカメラを入手するよ
うカヤポに働きかけ，カヤポ自らが撮影制作を行うビデオ・プロジェクトを立
ち上げた（Turner 1992）。マーシャル（John Marshall）も，強制的な定住化に
よるクン人の生活の悪化を目の当たりにし，『ナイ（筆者注：主人公のクン女性
の名前），クン女性の物語（*N!ai, the Story of a !Kung Woman*）』（1980年）制作後，
彼らを擁護するための活動に力を注ぎ，支援につながる映像を制作した。③の
タイプの映像は，ルビーの指摘に先行して制作されてきた。代表例として，マ
ーシャルがワイズマン（Frederick Wiseman）と制作したマサチューセッツ州の
『チチカット・フォーリーズ（*Titicut Follies*）』（1967年），ルーシュが社会学者
のモリン（Edgar Morin）とともに制作した，パリを舞台とする『ある夏の記
録（*Chronique d'un été*）』（1961年）などが知られている。

しかし，人類学者と被調査者および撮影者と被写体の非対称な関係が問題視
される中，それに対する応答として，上記２つより魅力的かつ正しく見えるの
は，②の共同制作であろう。その代表例がルーシュである。彼はすでに1960年
代に，アフリカ人の仲間とルーシュの名前の頭文字を冠した制作会社による作

品を数点制作している。今日，フラハティとルーシュは，対象となった人々と撮影の過程を「共有」したという点が，あらためて評価されている（村尾・久保・箭内 2014）。

しかし，「共同制作」は様々な構造的問題を突きつけるとルビーは言う。真に「共同（collaborative 協働とも訳される）」ならば，参加者の間に同等の能力があり，同じだけの分業がなされ，意思決定が同様の重みを持つはずだが，はたしてどうか。共同は制作のすべての段階で見られるのか，それとも対象となる人が技術を学んだということか。対象者はじつは「その主題における専門家」として含まれているだけではないか。映画の着想は誰によるもので，誰がその完成を専門的に行い，誰が流通を担当するのか。そのような問題が問われたのである。

フラハティもルーシュも，撮影においては，対象となった人々とのやりとりを積極的に取り入れたが，その一方で，最終的に作品の決め手となる編集は専門家とのみ行い（バーナウ 2015：45-46；ルーシュ 1979：88），第三者である観客の視聴に耐えうるまで完成度を高めることに腐心した。それは両者が民族誌的事実より映画の作品としての完成度を優先させる作家だったためであり，共同制作を含む映像の「共有」は，彼らにとって目的ではなく手段だったのではないだろうか。1970年代ごろまで，西欧人はイヌイットのコミュニティーにフラハティの映画の感想を聞こうとせず，主人公の「ナヌーク」が本名ではないことも知らなかった（Rony 1996：104），という指摘は忘れるべきではないだろう。

葛藤と立ち位置

ただし，ルーシュ自身は，対象と制作過程を共有したという事実をもって，自らの映像制作を正当化しているわけではない。彼がフラハティや他の映像人類学の先駆者たちと異なったのは，アフリカの人々を同時代者としてとらえて，当時の植民地状況をつぶさに映しだしたという点である。そこには，革命都市の姿をとらえたヴェルトフの影響が認められるように思える。代表作『狂気の主人公たち（*Les maitres fous*）』（1954-56年）では，都会に出稼ぎにきた若者たちが，週末に郊外でハウカというセクトの儀礼に参加する様子が描かれている。

第Ⅱ部　新たな展開

植民地行政官と同様の白い帽子を被り，木製の銃と鞭を持った彼らが，ぐるぐ
ると行進をするうちに，憑依が始まる。彼らに憑依するのは，他ならぬイギリ
ス人植民者たちだ。護衛兵，機関車の操縦士，医者の妻，中尉，総督といった
人物たちが憑依した彼らは，生贄の犬の喉をかき切り，その血を啜り，茹でた
肉を貪る。しかし翌日は穏やかで晴れやかな表情で日常に戻る。このルーシュ
の作品と次作には，ファン・ヘネップ（Arnold van Gennep）の通過儀礼に通じ
る題材が扱われているだけでなく，それが映画の構成自体にも反映されている
ことをグリムショーは指摘する（Grimshaw 2001：96）。さらに一歩踏み込んで，
反植民地主義的視点と社会内部の葛藤を民族誌的に描いたマンチェスター学派
（Manchester school）との類似性を指摘することもできるだろう。先行するラ
ドクリフ＝ブラウンやグリアスンが，社会を有機的に関連する部分と部分から
成る全体として描いたのに対し，マンチェスター学派やルーシュは，社会内外
の葛藤と植民地主義の影響，そしてその変化の可能性をも描いた。そしてそこ
には，観察者／撮影者の姿も含まれている。

　以上に挙げたルーシュの先駆的な試みは，今日，民族誌映画やドキュメンタ
リーの枠にとらわれない斬新な試みとして再発見され，踏襲されている。しか
し，そのように評価する人の念頭にあるのは，多くの場合，グリアスン派のス
タイルを用いたテレビ番組である。だが，それはドキュメンタリーの「典型」
ではあっても，けっして模範ではない。『文化を書く』以降，現代社会を扱う
人類学者が過去の民族誌とその批判に学び，書き方を模索しているように，映
像を扱う人類学者もまた，「思想を伝える手段としての民族誌映画」
（MacDougall 2003：122）の制作を目指して，従来の映像の扱いと民族誌映画を
徹底的に検証し，批判的に継承しているのだ。

5　課題と展望

　映像表現の活用は，近代人類学の誕生とともに試みられてきた。民族誌の誕
生によって，人類学者の調査に新たな報告の形式が生まれたように，映画の発
明によって，民族誌映画という新たな表現の手法が生まれた。その制作方法や

第22章　映像と人類学

形式に対する評価や批判を経て，今日，様々な民族誌映画や映像作品の制作が
世界中で試みられている。

　こうした映画は，制作者の学位や職位がどのようなものであれ，作品の意義
が認められれば評価され，民族誌映画祭などでも上映される。今後の課題とし
ては，まず，無名の作家の良質な作品を視聴する側がどのように知り，観るこ
とができるかという点が挙げられる。また，従来の民族誌映画とドキュメンタ
リーの歴史を知り，「先行研究」として重要な作品を鑑賞する機会を，どのよ
うに確保するかという問題もある。こうした情報はインターネット上に散在し
ているが，体系的に作品群を把握し，無数の映画から観るべきものを選別する
ためには，結局のところ，研究の仕方を学び，大学図書館などで関連書を読み，
視聴可能な方法を探る努力が必要となる。反対に，自身の作品の背景と研究上
の意義を，映像人類学者に限らず，多くの人類学者に知ってもらうには，やは
り学会誌における論文などの文字媒体で発表することが重要となる（たとえば
川瀬 2015）。

　販売網のグローバル化や動画サイトの発達によって，これまで限られた人に
しかアクセスできなかった映像も，世界中で観られるようになった。その反面，
従来は大学や博物館に定職を得ていた民族誌映画制作者の立場は，不安定なも
のとなっている。それは人類学者も同様である。大学における人文学を取り巻
く状況が厳しくなりつつある中，人類学とその意義をより広いオーディエンス
に伝えるために，民族誌映画が果たす役割は小さくなく，その潜在力をあらた
めて評価する時期が来ていると言えよう。

文　献

川瀬慈　2015　「〈特集〉人類学と映像実践の新たな時代に向けて」，『文化人類学』80
　　(1)：1-5。
ギアーツ，クリフォード　1987　『文化の解釈学Ⅰ・Ⅱ』吉田禎吾ほか（訳），岩波書店。
クリフォード，ジェイムズ，ジョージ・マーカス（編）　1995　『文化を書く』春日直樹
　　ほか（訳），紀伊國屋書店。
佐藤真　2001　『ドキュメンタリー映画の地平――世界を批判的に受けとめるために
　　（下）』凱風社。

327

第Ⅱ部　新たな展開

想田和弘　2011　『僕はなぜドキュメンタリーを撮るのか』講談社。

田沼幸子　2010　「〈あいだ〉の言葉を聞く——人類学者と映像の可能性」,『コンフリクトの人文学』2：161-181, 大阪大学出版会。

バーナウ, エリック　2015　『ドキュメンタリー映画史』安原和見（訳）, 筑摩書房。

ブリガード, エミリー・ド　1979　「民族誌フィルムの歴史」, ポール・ホッキングズ・牛山純一（編）『映像人類学』日本映像記録センター, 15-44頁。

ベイトソン, グレゴリー, マーガレット・ミード　2001　『バリ島人の性格——写真による分析』外山昇（訳）, 国文社。

ホッキングズ, ポール, 牛山純一（編）, 石川栄吉（監修）　1979　『映像人類学』近藤耕人（翻訳監修）, 日本映像記録センター。

マクドゥーガル, デイヴィッド　1979　「脱皮をはかる観察フィルム」, ポール・ホッキングズ・牛山純一（編）『映像人類学』日本映像記録センター, 96-112頁。

ミード, マーガレット　1979　「言葉の学問に分けいる映像人類学」, ポール・ホッキングズ・牛山純一（編）『映像人類学』日本映像記録センター, 3-12頁。

ミンハ, トリン　1996　『月が赤く満ちる時——ジェンダー・表象・文化の政治学』小林富久子（訳）, みすず書房。

村尾静二・久保正敏・箭内匡（編）　2014　『映像人類学（シネ・アンスロポロジー）——人類学の新たな実践へ』せりか書房。

ルーシュ, ジャン　1979　「カメラと人間」, ポール・ホッキングズ・牛山純一（編）『映像人類学』日本映像記録センター, 75-95頁。

吉田憲司　1999　『文化の「発見」——驚異の部屋からヴァーチャル・ミュージアムまで』岩波書店。

Aufderheide, Patricia 2007 *Documentary Film: A Very Short Introduction*. Oxford University Press.

Bateson, Gregory, Margaret Mead, and Stewart Brand 1976 "For God's Sake, Margaret." *CoEvolution Quarterly* 10: 32-44 (available at http://www.oikos.org/forgod.htm), accessed Jan. 1, 2017.

Griffith, Richard 1953 *The World of Robert Flaherty*. Sloan & Pearce.

Griffiths, Alison 2002 *Wondrous Difference: Cinema, Anthropology, and Turn-of-the-Century Visual Culture*. Columbia University Press.

Grimshaw, Anna 2001 *The Ethnographer's Eye: Ways of Seeing in Modern Anthropology*. Cambridge University Press.

MacDougall, David 2003 "Beyond Observational Cinema." In Paul Hockings (ed.), *Principles of Visual Anthropology* (3rd ed.). Mouton de Gruyter, pp. 115-132.

Marcus, George 1990 "The Modernist Sensibility in Recent Ethnographic Writing and the Cinematic Metaphor of Montage." *Visual Anthropology Review* 6(1): 2-12.

Marshall, John and, Emilie de Brigard 2003 "Idea and Event in Urban Film." In Paul Hockings (ed.), *Principles of Visual Anthropology* (3rd ed.). Mouton de Gruyter, pp. 133-145. (マーシャル, ジョン, エミリー・ド・ブリガード 1979 「都市フィルムにおける思想と事件」, ポール・ホッキングズ・牛山純一 (編)『映像人類学』日本映像記録センター, 113-129頁。)

Rony, Fatima Tobing 1996 *The Third Eye: Race, Cinema, and Ethnographic Spectacle*. Duke University Press.

Rouch, Jean 2003 "Our Totemic Ancestors and Crazed Masters." In Paul Hockings (ed.), *Principles of Visual Anthropology* (3rd ed.). Mouton de Gruyter, pp. 217-232.

Ruby, Jay 1995 "The Moral Burden of Authorship in Ethnographic Film." *Visual Anthropology Review* 11(2): 77-82.

————— 2000 *Picturing Culture: Explorations of Film and Anthropology*. University of Chicago Press.

Turner, Terence 1992 "Defiant Images: The Kayapo Appropriation of Video." *Anthropology Today* 8(6): 5-16.

第23章
認識論と存在論

綾 部 真 雄

　小さな気づきを高度に抽象化し，人間存在そのものに迫る態度を持つという点で，人類学と哲学には少なからぬ共通点がある。人類学が，「経験哲学」であるともされる所以である。その意味では，認識論と存在論との間で揺れてきた哲学の辿った道を，人類学が独自になぞったのは自然なことだと言える。ただし，「フィールドの学」でもある人類学の場合，対象となる人々との距離が近いため，そのスタンスも，現実の変化と社会的要請に応じた思想的な振れ幅を持ちやすい。人々に深く寄り添う学問ならではの独自の切り口は，他の追随を許さない奥行きを持つと称揚されてきた一方で，認識論的な色彩を強く出すと，一種の衒学として煙たがられもする。「存在論的転回」は，そうした状況を打開するための一つの方向性として近年注目を集めてきた。だが，存在論の受け止められ方も一様ではない。本章では，過剰な認識論に倦み，存在論の浮上をめぐって困惑する現代の人類学の揺らぎを切り出してみる。

1　社会科学の通奏低音

攻守交替の歴史

　「知るとはどういうことか」（認識論 epistemology），「何が存在するのか」（存在論 ontology）という 2 つの根源的な問い（Toren and Pina-Cabral 2009：2）は，哲学の基本でありつづけてきた。これらは思索者が世界と向き合う際の思考様式の差異に過ぎず，本来は両立可能である。しかし，古代から中世にかけての哲学の歴史において，長らく本流にあったのは存在論であった。「ある（es-tin）」ということの意味を問うたパルメニデス（紀元前500年ごろ）にその起源

330

第23章　認識論と存在論

を求めることもあるが，一般的には，ものごとの真の在り方をイデア（idea）と呼んだプラトン，存在への問いを「第一哲学」として体系化したアリストテレスあたりが嚆矢とされる。中世にあっては，その流れはキリスト教神学と存在論とを独自に融合させたトマス・アクィナス（13世紀）にも受け継がれた。

「認識」を哲学の中心命題へと引き上げ，近代哲学の祖と呼ばれたのがデカルト（René Descartes 1596-1650）である。「われ思う，ゆえにわれあり」という言葉で知られるデカルトは，「コギト（自己意識）」を"発見"し，存在が存在たりえるのは，思考作用（認識）ゆえのことであることを説いた。人間の認識をめぐる探求は18世紀に入ってから，カント（Immanuel Kant 1724-1804）においてさらに研ぎ澄まされる。カントは，「認識が対象に従うのではなく，対象が認識に従う」と唱え，この認識上の転換を自ら「コペルニクス的転回」と称した。これは，人間は事物のあるがままの姿を認識しているのではなく，認識があるからこそ，それによってとらえられる事物が存在しうるとした思想史上の分水嶺をなすものであり，後に「認識論的転回（epistemological turn）」と評されるようにもなった。

認識論の後塵を拝していた存在論を，20世紀に入ってから甦らせたのがハイデガー（Martin Heidegger）だとされる。ハイデガーは『存在と時間』（原著1927年）を著し，その中でデカルト批判を展開した。デカルトにあっては，「われ思う」という自我のプロセスが世界に外在することが自明視されているのに対し，ハイデガーは，「現存在」（気が付いたらすでに存在している自己）を「世界―内―存在（In-Der-Welt-Sein）」であるとする（貫 2007：34）。ハイデガーにとっての「世界」とは，「さまざまな道具がそれぞれの道具連関を作り，さまざまな道具連関がいわば併存し，絡み合っている全体」（貫 2007：29）であり，現存在はそこにおいて活動することによってのみ存在しえると言うのである。ここでは，現存在が文脈（世界）から独立して成立し得るとすることの論理的な妥当性が強く疑われている。

言語論的転回：言語が世界を分節する

ハイデガーの存在論は，サルトル（Jean-Paul Sartre）の実存主義や，メルロ＝ポンティ（Maurice Merleau-Ponty）の現象学にも強い影響を与えるなど，確

331

第Ⅱ部　新たな展開

実に一時代を画した。しかし，言語を「存在の家」（ハイデッガー 1996：16）
と呼ぶなど，言語の存在への従属を主張したその初期の思想に対しては，疑義
を呈す者も少なくなかった。存在の優位をめぐる個々の批判は，後にローティ
（Richard Rorty）をして「言語論的転回（linguistic turn）」（Rorty 1967）と言わ
しめた言説の束となり，哲学の世界に再び認識論へのシフトを呼び込むことと
なる。転回以前は，すべての事物や現象は言語に先行してそれ自体として存在
し，人間が認識できる範囲内のもののみが，ごく限定的に言語化されていると
考えられていた。ところが，この転回にあっては，言語こそが世界（存在）を
作っていると主張される。なかでも「言語が世界を分節する」としたソシュー
ル（Ferdinand de Saussure）の，「言語記号の恣意性」（ある記号は他の記号との
差異の中でのみ存在し，それを表す音声や形式は意味とは無関係であるとする）と
いう考え方は，多くの論者の着想の出発点となった。

　後の人類学に少なからぬ影響を与えた，ヴィトゲンシュタイン（Ludwig
Josef Johann Wittgenstein）の「言語ゲーム」もその一つである。後期ヴィトゲ
ンシュタインの代表的な概念であり，死後に出版された『哲学探究』（原著
1953年）において体系化をみた。「言語ゲーム」とは，言うなれば，言葉を通
じて世界を「わかる」という仕組みを，未習のゲームを理解する過程になぞら
えたものである。ヴィトゲンシュタインはまず，「言葉の意味とはそれが指し
示すものとの対応関係を言うのではなく，むしろ言葉の使い方，用法として理
解したほうがいい」（橋爪 2003：97）と考えた。言語の使用を「ゲーム」のア
ナロジーとしてとらえたとき，そこにはルールが介在してくる。一般のゲーム
と異なりルールが明示されないため，新たな参加者はまずそこに戸惑う。だが，
「わかったときにはわからなかったことを忘れてしまい，当たり前になってし
まう」（橋爪 2003：99）。

　ルールの理解は往々にして個々の経験と主観によっているため，同じ言葉
（概念）が指し示すすべての対象（外延）に共通する性質（内包）は，理論上は
存在しない。したがって特定の言葉の意味とは，使用者それぞれにとっての意
味と意味との間の部分的な類似性の緩やかなつながりでしかありえないことに
なる。ただし，その類似性ゆえに，個々の理解はどこかで重なり合う。たとえ

ば「ゲーム」という言葉が指し示すすべての対象を貫く万能な定義こそ存在しないが，そのなかの任意の二者間（例：「テニス」と「チェス」）には，なんらかの類似性を認めることができるだろう（ヴィトゲンシュタイン 2013：61-62）。ヴィトゲンシュタインは，これを「家族的類似（family resemblance）」と呼んだ。

　言語論的転回は，西欧近代の哲学において主流であった主体（存在）中心主義に対するアンチテーゼでもあり，主体の手の届かないところにあるものとして「構造」を置いた，レヴィ＝ストロース（Claud Lévi-Strauss）の構造主義（第18章参照）において一つのピークを迎える。認識論的な革命でもあった構造主義の企図は，毀誉褒貶を経験しながらも，ポスト構造主義として総称される思潮の中に様々なかたちで埋め込まれていく。たとえば，独自の権力論で知られるフーコー（Michel Foucault）の思想にも，構造主義の影響は色濃く継承されている。もっとも，フーコーの議論が認識論と存在論のどちらに立脚しているかという問いの立て方はあまり意味がない。彼は，デカルトのコギト的な意味での主体を，主体（例：「狂人」「同性愛者」）をそれたらしめる権力の作用を無視した非歴史性を持つものとして退けており，その意味では認識論の系譜を受け継いでいると言ってよい。他方，晩年には自身の思想を「歴史的存在論」（フーコー 2006：387）として括ってもいる。「自由な存在としての私たち自身に対する私たち自身の働きかけ」（フーコー 2006：388），すなわち，自らの存在の歴史的な成立条件を知り，自らを縛ってきたものから解放するための批判的作業を意味する。

真摯さの陥穽

　このように，認識論と存在論の共振の歴史は，哲学，そしてそこに基礎を置くすべての社会科学にとっての通奏低音でありつづけてきた。両者は本来的には相補的なものでありながらも，攻守を交替しつつそれぞれの時代の思想を彩ってきた。しかしながら，哲学者が認識や存在の問題を社会的な現実の推移とは離れたところでも思弁的に完結させうるのに対し，人類学者は，フィールドの現実に大きく規定されながら論理を紡ぎだそうとする。すなわち，フィールドで出会った人々との距離が近いがゆえに，自らの「書くもの」を「見てきた

第Ⅱ部　新たな展開

こと」と論理的かつ倫理的に整合させることに心を砕く。認識が孕むバイアス
と表象の限界により自覚的であると言い換えてもよい。とくにポスト構造主義
やポストモダニズムの思想的影響を強く受けた後，また，「ライティング・カ
ルチャー・ショック」を通過した後の人類学には，とみにその傾向が強い。た
だし，他者の表象に認識論的に真摯であろうとすればするほど，その論理は袋
小路に入り込み，筆致も難解さを増していくという困難にも同時に直面してい
く。

2　人類学と認識論

相対性と先鋭性

　認識論において問うべきはその正誤ではなく，認識論という思考の様式が当
該の学問の中でどのように咀嚼され，どのような役割を担ってきたかである。
言語論的転回を通じて人類学にも浸透した認識論的発想は，確実に価値の転覆
を促すものであった。もっとも，言語論的転回を待つまでもなく，人類学とい
う学問自体がその成り立ちにおいて認識論的な基礎を持っていたとする見方も
可能である。インフォーマントに共感こそすれ，彼らの言葉を額面通りには受
け取らずに解釈を加えるようになった時点で，そのことはほぼ決定づけられた。
　ムーア（Henrietta L. Moore）とサンダース（Todd Sanders）は，『理論のなか
の人類学──認識論の諸問題』（初版 2005年，第 2版 2014年）と題したアンソ
ロジーにおいて，広義の認識論として分類しうる論考を数多く掲載した。その
巻頭にボアズ（Franz Boaz）の「人類学的研究の諸目的」（1932年）を置く一方
で，ヴィヴェイロス・デ・カストロ（Eduardo B. Viveiros de Castro）の，「宇宙
論的直示とアメリカ大陸先住民のパースペクティヴィズム」（1998年）を初版
（2005年版）から入れてもいる。存在論の旗手として知られるヴィヴェイロス・
デ・カストロのよく知られたこの論考は，同書では，自らに対置される「他
者」を生み落としていく西欧の知的伝統への批判の文脈で取り上げられており，
明らかに認識論としての位置づけを受けている。同じ論考が，切り取り方によ
って認識論にも存在論にもなりうることを示す好例である。

334

このように，なにをもって認識論とするかは相対的なものであるだけでなく，そもそも，人類学と認識論とは不可分の関係にある。にもかかわらず，近年，ともすれば「認識論的」という形容詞が否定的な意味合いを持つのは，それが「急進的な構築主義（radical constructivism）」と互換的に用いられることがあるからであろう。構築主義自体は認識論の中の一潮流をなすものであり，平たく言えば，「現実（本質）」とされているものの社会的構築性を明らかにしようとする立場の総称である（バーガー・ルックマン 2003）。「社会的な構築とは，正確には言語的な構築と言い換えてもよい」（上野 2001：iii）ともされるように，「構築」の過程における言語の媒介性を強く意識するという点で，構築主義は言語論的転回なくして成立し得なかった。

構築主義の基本的発想は人類学的な常識とすらなった観があるが，先鋭化させ過ぎると論理的な行き詰まりを招く。言語の存在への先行という考え方を純化すると，言語で表現されるものはすべて構築されたものであることになり，議論の出発点になんらかの実在を置くことが難しくなる。既存のカテゴリーの所与性の否定を繰り返すと，「『民族はつくられたものである』というテーゼ」自体がつくられたテーゼであるとするような，認識の入れ子構造を生み落としうる。このとき厄介なのは，どれも認識論的には正しいことである。この正しさは諸刃の剣であり，時に差別や偏見が内包する欺瞞を暴くが，具体的な解決を必要とする社会問題への結論を保留し，抽象的な議論ではぐらかす衒学的態度を生み出すことにもつながりかねない。実際に生じた議論をみてみよう。

実証主義の行方

20世紀の最後の20年間が，認識論的な世界理解の方法が人類学において常態化し，あえて意識するものですらなくなっていった時期であったとするならば，21世紀の最初の10年間は，認識論を精査し直す動きと存在論の静かな登場が折り重なった時期であると言えよう。認識論については，*Anthropology Today* 誌上で，過剰な認識論への批判とそれへの反論の応酬（2004年〜2006年）があったほか，*Social Analysis* 誌上では，「認識論に何が起こっているのか」と題する人類学者による特集（2009年）が組まれもした。

前者は，深刻な社会問題をめぐる発言にみる人類学者の煮え切らない態度へ

第Ⅱ部　新たな展開

の苛立ちの表明と，それを受けての，「煮え切れなさ」に隠れた豊かさの主張というかたちをとった。口火を切ったウィルソン（Richard A. Wilson）の舌鋒は鋭い。人権侵害や大量虐殺の現場に人類学者としての立場からかかわってきたウィルソンは，「正しい知識」や「真実（もしくは蓋然性）」の追求の重要性を議論の俎上に載せ直す「現実主義的認識論（realist epistemology）」を再構成することの必要性を謳い，たとえば大量虐殺をめぐる物事の因果関係や，エビデンス（証拠）とその説明を棚上げしてきた現代の人類学における認識論を，「廃墟に横たわっている」（Wilson 2004：14）と酷評する。そして，「真実の語り（veracity）」を否定するタイプの認識論の悪しき論理的帰結の典型を，ボードリヤール（Jean Baudrillard）の「湾岸戦争はなかった」というよく知られた発言にみている（Wilson 2004：17）。なぜなら，「湾岸戦争」に関して我々に与えられている情報は，事実上メディアの発する「言葉」を通じてのもののみであり，もし（言語論的転回が示すように）言語が現実を作るのであれば，それは「あった」としか言いようがないからであるとする。

　ウィルソンは，論理の細部に執拗なまでにこだわり，結果として浮世離れした議論に帰着することの本末転倒を「認識論的心気症（epistemological hypochondria）」と呼び，こうした傾向のルーツの一端を，現代人類学に大きな影響を与えたヴィトゲンシュタインの思想に求めようとしている。ウィルソンによるヴィトゲンシュタインへの批判の中心は，「言語ゲーム」の考え方にみるような，文化システムと言語システムとをほぼ同一視し，言語による現実の構成を具体的なエビデンスの検証に優先させる姿勢に向けられた。ウィルソンは言う。「言語と世界の構成要素との関係を問うことに，彼は全く関心を示さなかった。なぜなら，彼にとっての言語とは自己充足的なものだったからである」（Wilson 2004：15）。

　他方，ミュール（Knut C. Myhre）は，これをヴィトゲンシュタインの誤読としたうえで，人類学的認識論が今なお有効であることを主張する。ミュール自身も，前期ヴィトゲンシュタインに，言語による世界の分節を強調するきらいがあったこと自体は認めている。ただし，後期にあっては，言語的現象と現実的かつ物質的な現象との織りなす複雑な相互性が強く意識されていたとし

（Myhre 2006：16），必要なのは，ヴィトゲンシュタインに筋違いな批判の矛先を向けることではなく，むしろその積極的な再評価をはかりつつ，事象の解釈を単一の意味や過程に還元しようとする「残滓的実証主義（residual positivism）」を葬り去ることであるとする（Myhre 2006：17）。

　たとえば，アフリカの調査地で「隣家の奴は妖術師だ。自分に嫉妬して悪さをしようとしている」（Myhre 2006：17）という言動に接したとしよう。ミュールは，人類学においてはこうした言動を社会的緊張の表出として扱う伝統があり，それは，特定の現象を別の現象に変換してとらえなおす「経験主義的認識論（empiricist epistemology）」を通じて可能になるとする。このとき，人類学者にはそうした論理の正しさを実証する術がないが（Myhre 2006：18），それ以上に，実証する必要自体がないとも言う。これは，「表象と現実の間に横たわる溝」（Myhre 2006：18）を無理に埋めようとして単純な実証主義に陥るよりも，意味の幅と揺らぎ，解釈の複数性を見据えつつ，本質化された表象を相対化し続ける途を選ぶことの表明ととれる。

解体から設計へ

　現代の認識論あるいはポストモダニズムが，本質主義に陥らないようあえて実証主義と距離をとろうとしてきたのに対し，その態度がかえって本質主義を招いているという指摘もある。ルウェレン（Ted C. Lewellen）は，ポストモダニズムの論者らは一次資料を基にした客観的な分析を避け，現実世界から乖離した文学や文化批評の引用や分析に終始することで，元来根拠を持たない一般化をさらなる一般化で上塗りすることがあると言う（Lewellen 2002：236）。彼はこうした論法を，反駁できない相手を部分の誇張にもとづく歪な一般化で叩くという意味で，「藁人形本質主義」と呼んだ。

　認識論的な議論の多様化を学問の深化としてとらえるのか，秩序を欠いた議論の断片化としてとらえるのかは評価が分かれるところであろう。だが，論理の綻びを二重にも三重にも繕い続けるような無謬性への拘泥が，人類学者の慎重さを必要以上に引き出し，既存の議論の解体は得意でも，設計には消極的な体質を生み出してしまったことは確かである。少なくとも，物言わぬ藁人形に鞭打っているうちは，隣接諸学に多大な知的刺激を与えてきた往時の姿は戻っ

第Ⅱ部　新たな展開

てこない。いかにして人類学に魅力と能動性を取り戻すか（Eriksen 2006を参照）。今世紀に入ってから，このことがさかんに取り沙汰されるようになった。

3　存在論的転回

真剣に受け止める

　　先住民の言説に対するなんらかの認識論的な優位を謳う人類学的言説を否定したらどうなるのか，そのことを考えてきた。これは，先住民の思考を真剣に受け止めたらどうなるかを問うのと同義である（Viveiros de Castro 2003）。

　今では存在論的態度の代名詞とも言えるこの「真剣に受け止める（taking seriously）」という表現は，イギリスで行われた学会におけるアフターディナー・スピーチの場で用いられた。ヴィヴェイロス・デ・カストロ自身，これがその後そこまで多くの人類学者の共感を呼ぶことになるとは，当時は想像すらしなかったであろう。ただし，ショルト（Bob Scholte）の「認識論の浄化（epistemocide）」という言葉を引いて認識論との決別を謳い，存在論こそが人類学の要諦であるとするその立場は，当時から揺るぎないものであった。

　では，「真剣に受け止める」とは何を含意するのか。そもそも，文化相対主義は，かつて「未開」と呼んだ人々の言葉に虚心坦懐に耳を傾けることで成立し得たのではなかったのか。ライティング・カルチャー・ショックを経た人類学は，人類学的言説が知らず知らずのうちに内包してきた権力性を炙り出し，調査地の人々の言葉を「真剣に受け止めて」きたのではなかったのか。この受け止め方の違いを見極めることは，現代の存在論が，何を「転回」させたのかについて考えるよい立脚点になりえよう。

「転回」の顕在化

　ポストモダニズムが，言語論的転回に裏打ちされつつ賑やかに登場したのに対し，存在論的転回（ontological turn）は比較的静かに始まったと言われる。1980年代から1990年代にかけて目立たない形で醸成された個々の動きが，今世

338

紀に入って一つの流れとして認知されたというのが大方の見方の一致するところであり（春日 2011：10），ここでいう「転回（turn）」も，それをたんに時系列的な前後関係には求めず，人類学の歴史におけるもっとも特徴的な，いくつかの伝統の継承の先にあるものとしてとらえる見方もある（Holbraad and Pedersen 2017：9）。とはいえ，この動きは衝撃をもって受け止められた。なぜなら，人類学という学問が多かれ少なかれ「通文化的比較」という発想をベースに置き，文化的他者を自分たちにとって理解可能な言葉に置き換えて解釈してきたのに対し，その方法論的有効性そのものに待ったをかけたからである。

「存在論的」であるということが，古典的な存在論の流れを汲み，あらゆるパターンの「ある」について考えようとする態度を反映しているのは確かだが，他方，ここで志向されている存在論が従来のそれを脱皮した"新しい"存在論であることにも留意したい。個別の研究をみる限り，その整理のされ方にはかなりの幅がある。「存在論」のみでも多義的に使われているだけでなく（Rollason 2008を参照），文脈に応じて「関係的存在論（relational ontology）」（Marshall et al. 2011：904），「メタ存在論（meta ontology）」（Heywood 2012）などの哲学上の表現が援用されることもあるため，全体像を把握するのは容易ではない。

そうした中にあって，存在論を「まったく違う現実を生き，その在り方のままで，エスノグラフィを通じた社会科学の再概念化を迫る他者の能力を認めるひとつの方法」（Rollason 2008：28）とするホルブラード（Martin Holbraad）の立場は明快である。このとき，他者の生きる現実を認めることは，そこで存在するとされるものをすべて実在としてとらえることを意味しない。あくまで，そこに「こちら側」の尺度をあてはめて解釈することを棚上げし，それをそれとして文字通り「真剣に受け止める」，もしくは，主体の視点に沿って「直示（deixis）」することにほかならない。解釈の恣意性や政治性を指摘することにも指摘されることにも倦んでいた多くの人類学者にとって，これは福音と映った。そこに，無謬性の呪縛から解放される契機を見出したからである。

存在論的転回を担った（あるいは事後的にそのように評価された）人類学者としては，先述のヴィヴェイロス・デ・カストロに加え，ストラザーン

第Ⅱ部　新たな展開

(Marilyn Strathern)，ワグナー（Roy Wagner），デスコラ（Philip Descola），モノに行為主体性（エージェンシー）（第19章を参照）を見出したラトゥール（Bruno Latour）とジェル（Alfred Gell）などがよく知られている。これらの人類学者に刺激を受けて存在論的な研究を開始した研究者は枚挙にいとまがないが，近年では，占いから貨幣やギャンブルまでを広く論じ，ピーダーセン（Morten Axel Pedersen）との共著で『存在論的転回——人類学的批評』（2017年）を上梓したホルブラード，『森は考える』（原著 2013年）を著したコーン（Eduardo Kohn）などが独自の世界観を生み出してもいる。

　日本では，春日直樹が『現実批判の人類学』（2011年）を編集してこの流れに先鞭をつけたほか，奥野克巳らの『来たるべき人類学』シリーズも，存在論的人類学の普及を後押しした。2015年からは，水声社が〈人類学の転回〉と題した叢書をスタートさせ，存在論に関連した書物の翻訳を次々と世に問うている。さらに特筆すべきは，雑誌『現代思想』が「人類学のゆくえ」（2016年），「人類学の時代」（2017年）というタイトルのもとで，事実上「存在論特集」と呼んでもよい臨時増刊号を立て続けに刊行したことである。存在論を通じて，人類学が再び哲学との距離を有意に縮めたようにもみえる。

なにが「転回」したのか

　存在論的人類学に関してしばしば聞かれる疑問に，「存在論とは単なる『文化』の言い換えではないのか」（Rollason 2008），「存在論的な態度というのは文化相対主義と同じではないか」（ヴィヴェイロス・デ・カストロ 2016：56-57）というものがある。また，レヴィ＝ストロースの一連の研究（構造主義）が，存在論の論点を先取りしていたとする見解も根強い（第18章を参照）。事実レヴィ＝ストロースは，「考えるのに適している」が故に時を超えて受け継がれてきた先住民の思考が高度な論理を内包させており，西欧の知的伝統に還元できない独立した体系を持つことを従前より指摘している。先のコーンが，レヴィ＝ストロースを「最初の存在論的人類学者」（Kohn 2015：316）と呼んだのは象徴的である。

　では，なにがどう転回したのか。たしかに，前述のように存在論的転回を「人類学的伝統の先鋭化」とみるならば，それを転回ではなくたんなる深化と

する見方も可能である。ただし，ホルブラードとピーダーセンは，少なくとも
（1）再帰性（reflexivity），（2）概念化（conceptualization），（3）実験（ex-
perimentation）という3つの人類学的伝統をさらに一歩進めているという点で，
この変化は過去の人類学と一線を画しており，やはり「転回」としてとらえる
のが適切であるとする（Holbraad and Pedersen 2017：9-24）。

　ホルブラードらはまず，「再帰性」の意義を「何をするにせよ，そこでの物
事の運び方，言うなれば可能性の諸条件に注意を向けることの諭示」
（Holbraad and Pedersen 2017：9-10）として位置づける。すなわち，フィールド
で生起する事象をいかなるものとして理解し，それらを分析するための諸概念
をどのように変えていけばよいのかという問いに対して，つねに開かれている
べきであると言う（Holbraad and Pedersen 2017：11）。開かれていることとは，
もっとも端的には「民族誌の理論化にではなく，民族誌そのものに論理的プラ
イオリティを付与すること」（Holbraad and Pedersen 2017：9）を意味する。こ
こからは，いたずらに分析を施す前の民族誌自体の価値を問い直す姿勢へのシ
フトが確認できる。

　次にホルブラードらは，「説明（explanation）」が実証主義の，「解釈（inter-
pretation）」が解釈学の核であるのと同じように，「概念化」こそが存在論の要
諦であるとする（Holbraad and Pedersen 2017：16）。従来の人類学は，既存の
概念枠組みを通じて他者の現実を表象することの正当性を自明視し過ぎていた
ため，まずはその前提を疑い，人々自身による現実の概念化を「真剣に受け止
める」姿勢が求められると言うのである。彼らは，人々が「なぜ」そうするの
かという問いが，「なに」をしているのかというもう一つの問いにつねに裏打
ちされていることに注意を促す（Holbraad and Pedersen 2017：16）。たとえば，
「なぜ」幽霊を信じているのかという問いは，そもそも幽霊を「なに」として
概念化しているかに大きく左右されるとする（Holbraad and Pedersen 2017：
16）。ここには，人々自身による現実の切り出し方を愚直に再現することこそ
が，さらなる表象の可能性を切り拓くという主張を見て取ることができる。

　「実験」は，フィールドワークというきわめて人類学的な営みにかかわるも
のである。フィールドワークにおいては，人類学者はデータを収集するために

第Ⅱ部　新たな展開

自らを調査の道具とするが，それに伴う人類学者とその対話者（interlocutor）の避けがたい変化もまたデータの性格に介在してくるため，両者の遭遇はそれ自体が知識と洞察の源となりうる（Holbraad and Pedersen 2017：20）。データを媒介するのが人類学者の存在そのものと，人類学者と調査地の人々との一定しない関係であるという点において，この過程は強い実験性を孕む。「表象の危機」が取り沙汰されたポストモダニズムの流れにおいては，この実験性は，経験科学としての自負と客観性の喪失を意味しえたが，存在論にあっては，批判精神を失うことなく概念的創造性を伸長させうる積極的な仕掛けとして肯定される（Holbraad and Pedersen 2017：23）。

　これらを総合すると，この"新しい"存在論と従来の文化相対主義とが異なるものだとする主張が輪郭を帯び始める。仮に，西欧におけるキリスト教と，ある先住民の社会における「霊的な」存在への信念を等価であるとし，同じ「宗教」という概念で括るのが相対主義的な態度であるとしよう。一方，存在論は両者を「宗教」という概念で括れるという前提そのものを無化し，あえて通約することなくそれぞれをそのままに据え置く。そして，先住民の思考を先住民自身の世界の切り取り方にもとづいて直示することを試みる。そこには，きわめて純化されたかたちでの他者性（alterity）の承認と，他者の世界が内包する現実（reality）の追認がある。こうして切り取られた人々の現実にあっては，物理的には一つであるはずの対象が，存在としての複数性（plurality）を帯びることがしばしば報告されている。

4　パースペクティヴィズムの外延

多自然主義

　存在の複数性を鮮烈に体現しているのが，ヴィヴェイロス・デ・カストロの「多自然主義（multinaturalism）」という概念である。そして，これは彼独自の「パースペクティヴィズム（perspectivism）」と切り離して考えることができない（Viveiros de Castro 1998）。パースペクティヴィズムとは，主体の視点（perspectives）を欠いた普遍的な真理などありえないとする考え方で，現象学にあ

ってはその根幹をなす発想でもある。この文脈では，西欧近代の多文化主義が含意する「自然の単一性と文化の多様性」とアメリカ大陸先住民（Amerindians）にみられる「多自然主義」の根幹，すなわち「精神（文化）の単一性と身体（自然）の多様性」とは相互に独立したパースペクティヴとしての位置付けを持つことになる（Viveiros de Castro 1998：461）。

多自然主義の抽出においては，パースペクティヴィズムの徹底が図られる。先住民が「われわれが『血』と呼ぶものはジャガーにとっての『ビール』であり，われわれが泥沼としてみなしているものを，バクは立派な儀礼の場として経験する」（ヴィヴェイロス・デ・カストロ 2015：56）と言うとき，これは，本来は血としての本質を有するものが，ジャガーの視点から見ればビールに映るということではない。起点となる本質を固定せずに，同じものが同時に血でもありビールでもあるところの，「多様体としての自然」（檜垣 2015：363）をそのまま受け止めるということである。

ヴィヴェイロス・デ・カストロ自身による，次の説明は要を得ている。「ある人物は，その人物を父とするほかの誰かがいる限りにおいて，父である。すなわち父性とは関係であるが，『魚性』や『ヘビ性』は魚やヘビに本来の特性である。しかしながら，パースペクティヴィズムに生じているのは，あるモノもまた，このモノを魚とするほかの誰かが存在する限りにおいて，魚であるということである」（ヴィヴェイロス・デ・カストロ 2016：60）。

多自然主義の源流

ヴィヴェイロス・デ・カストロのパースペクティヴィズムは，自ら言及しているように，ストラザーンとラトゥールのそれに負うところが大きい（春日 2011：15-17）。ストラザーンは，行為主体（エージェント）としてのニューギニアのハーゲンの女性たちが表出する性格が，接する他者との個別の関係に強く依存するものであることをいちはやく論じているが（Strathern 1988：268-274），その際に一切の「定点」を設けない（春日 2011：17）。なぜなら，すべての「顔」がそれぞれ異なったディヴィジュアル（個人 individual に対置される分人 dividual）（Strathern 1988：13）として"本物"であり，そもそも真贋を問うこと自体に意味がないからである。こうしたパースペクティヴィズムを，「関係

第Ⅱ部　新たな展開

的存在論」と呼ぶこともある。

　ラトゥールのアクターネットワーク理論（ANT）からの影響は，より直接的である。ANT においては，人間のみならず「もの」にも等しく視点（パースペクティヴ）を設定し，それらを人と対等なアクターとして扱う分析の水平性が際立つ（第19章を参照）。現在の存在論の先駆とも言えるこの発想は，ヴィヴェイロス・デ・カストロのパースペクティヴィズムの理論的な支柱ともなっている。モノへの視点の付与はまた，動植物や細菌にも視点を与え直す動きにもつながり，いわゆるマルチスピーシーズ・エスノグラフィの誕生を促した。

革新かディバイドか

　存在論的人類学がプレゼンスを増していく中，ヘイウッド（Paolo Heywood）のように，ANT が内包する存在論が，さらには存在論的転回が指し示すところの存在論自体が，匙加減を間違えると差異を無化してしまう「メタ存在論（meta ontology）」へと転化しうることを危惧する向きもある（Heywood 2012）。ラディカルな構築主義（認識論）においては，すべてが「つくられている」とされるために，現実性と構築性の境界がなくなる（Heywood 2012：147）。一方ANT も，有機物であれ無機物であれ，人工物であれ非人工物であれ，理論上はすべての「もの」にアクターとしての存在と視点を与えるため，同じく現実性と構築性の境界を無意味なものにしてしまう。すなわち，「そこにはなにもない」（構築主義の極み）という主張と「そこにはすべてがある」（存在論の極み）という対極的な主張が，同じものとして顕現する瞬間がある。人類学的な存在論が，観察者と他者との間に横たわる根源的な差異に始点を置くのであれば，ANT が孕む存在の際限なき増殖可能性は，一つの存在を「真剣に受け止める」という作業を困難にし，複数の存在論間の関係を鳥瞰する「メタ存在論」となって存在論本来の強みを損なわせうるという（Heywood 2012：149）。

　広義の存在論的アプローチについては，それが「文化」という概念をめぐる修辞的戦略の域を出ないものだとする主張（Rollason 2008：28）に加え，世界各地で進行しつつある不平等や周縁化の拡大をよそに，一部の特権化された人びとが生きる現実のみを贖罪的に掬い上げているという批判もある（Bessire and Bond 2014）。ファウルズ（Severin Fowles）も手厳しい。彼は，人類学がい

まだに前近代と近代，非人間と人間，自然と文化といった大きなディバイドすら超克できていないにもかかわらず，新たな存在論は，従来の西欧的存在論の枠組みをわざわざ覆すことで，「見慣れないものをより見慣れないものにすること」に執心し，さらに大量のディバイドを生み出そうとしているように見えるとする（Fowles et al. 2011：906）。革新かディバイドか。人類学的存在論の評価をめぐる静かな攻防は続く。

5　課題と展望

　方法論としての比較や解釈を捨て去らない限り，今後も人類学が認識論としての性格を完全に失うことはないであろう。とはいえ，認識論の一つのかたちとしての構築主義が，ある種の行き詰まりを迎えていたのは誰の目にも明らかであった。一旦見限ったはずの本質主義へ回帰するという選択肢も現実的ではなく，羅針盤を失った人類学は，しばらくの間漂流を余儀なくされた。存在論的転回は，確実にそうしたダブルバインドへの処方箋としての性格を持っていた。イデオロギー性とは一定の距離を取り，向き合う人々の他者性を冗長な解釈抜きで直示しようとする姿勢が，行き過ぎた認識論に倦んでいた人類学者の解放につながるものとして期待されたのである。

　人類学が求めてきたのが，現実と表象との間の摩擦係数を可能な限り小さくすることであるならば，存在論的転回は，確実にその一つの方向性を示している。コーンが言うように，存在論が従来の人類学の置換ではなく，社会の構築性，ポリティカル・エコノミー，そして人間にばかり目を向けがちであった知的潮流に新たな選択肢を持ち込むことを志向しているだけであれば（Kohn 2015：322），人類学的スタンスの複数性そのものが脅かされることもないはずである。

　一方で，「転回」という言葉は，かつての言語論的転回のような学問の地殻変動を想起させもする。また，それだけの潜在力に伴われていなければ，ここまで耳目を集めることはなかったろう。ただし，それが共鳴者間の自己評価を超えた歴史的評価になっていくためには，存在論がたんなる「ユートピア幻

第Ⅱ部　新たな展開

想」(Bessire and Bond 2014：449) とは異なることが，説得力を持って示され
なければならない。さらなる方法論的洗練への取り組みが，その帰趨を占うよ
うに思える。

文　献

ヴィトゲンシュタイン，ルートヴィヒ　2013　『哲学探究』丘沢静也（訳），岩波書店。

ヴィヴェイロス・デ・カストロ，エドゥアルド　2015　『食人の形而上学——ポスト構
　　造主義的人類学への道』檜垣立哉・山崎吾郎（訳），洛北出版。

————　2016　「アメリカ大陸先住民のパースペクティヴィズムと多自然主義」近藤
　　宏（訳），『現代思想　3月臨時増刊号　人類学の行方』44(5)：41-79。

上野千鶴子　2001　「はじめに」，上野千鶴子（編）『構築主義とは何か』勁草書房，ⅰ-
　　ⅳ頁。

春日直樹　2011　「人類学の静かな革命——いわゆる存在論的転換」，春日直樹（編）
　　『現実批判の人類学——新世代のエスノグラフィへ』世界思想社，9-31頁。

貫成人　2007　『ハイデガー——すべてのものに贈られること：存在論』青灯社。

バーガー，ピーター，トーマス・ルックマン　2003　『現実の社会的構成——知識社会
　　学的論考』山口節郎（訳），新曜社。

ハイデッガー，マルティン　1996　『ハイデッガー全集　第12巻　言葉への途上』亀山
　　健吉，ヘルムート・グロス（訳），創文社。

橋爪大三郎　2003　『「心」はあるのか』筑摩書房。

檜垣立哉　2015　「『アンチ・オイディプス』から『アンチ・ナルシス』へ」，『食人の
　　形而上学』檜垣立哉・山崎吾郎（訳），洛北出版，357-368頁。

フーコー，ミシェル　2006　「啓蒙とは何か」石田英敬（訳），小林康夫・石田英敬・松
　　浦寿輝（編）『フーコー・コレクション6　生政治・統治』筑摩書房，362-395頁。

Alberti, Benjamin, Severin Fowles, Martin Holbraad, Yvonne Marshall, and Christopher
　　Witmore 2011 "'Worlds Otherwise': Archaeology, Anthropology, and Ontological
　　Difference." *Current Anthropology* 52(6): 896-912.

Bessire, Lucas, and David Bond 2014 "Ontological Anthropology and the Deferral of
　　Critique." *American Ethnologist* 41: 440-456.

Eriksen, Thomas H. 2006 *Engaging Anthropology: The Case for a Public Presence.*
　　Bloomsbury Academic.

Heywood, Paolo 2012 "Anthropology and What There Is: Reflections on 'Ontology.'"
　　Cambridge Journal of Anthropology 30(1): 143-151.

Holbraad, Martin, and Axel M. Pedersen 2017 *The Ontological Turn: An*

第23章　認識論と存在論

Anthropological Exposition. Cambridge University Press.

Kohn, Eduardo 2015 "Anthropology of Ontologies." *Annual Review of Anthropology* 44: 311-327.

Lewellen, Ted. C. 2002 *The Anthropology of Globalization.* Bergin & Garvey.

Myhre, Knut C. 2006 "The Truth of Anthropology: Epistemology, Meaning and Residual Positivism." *Anthropology Today* 22(6): 16-19.

Rollason, William 2008 "Ontology: Just Another Word for Culture?" *Anthropology Today* 24(3): 28-31.

Rorty, Richard M. 1967 *The Linguistic Turn: Recent Essays in Philosophical Method.* University of Chicago Press.

Strathern, Marilyn 1988 *The Gender of the Gift.* University of California Press.

Toren, Christian, and J. De Pina-Cabral 2009 "Introduction: What Is Happening to Epistemology?" *Social Analysis: The International Journal of Social and Cultural Practice* 53(2): 1-18.

Viveiros de Castro, Eduardo 1998 "Cosmological Deixis and Amerindian Perspectivism." *Journal of the Royal Anthropological Institute* 4(3): 469-488.

――― 2003 "(anthropology) AND (science)." *Manchester Papers in Social Anthropology* 7. https: //sites. google. com/a/abaetenet. net/nansi/abaetextos/anthropology-and-science-e-viveiros-de-castro

Wilson, Richard A. 2004 "The Trouble with Truth: Anthropology's Epistemological Hypochondria." *Anthropology Today* 20(5): 14-17.

第24章

日本研究の現在

── 医療人類学の視点から ──

北 中 淳 子

　日本は早くから近代化を果たした唯一の非西洋社会として，普遍性を標榜する科学・医療を相対化するための重要なフィールドとなってきた。科学の進歩により，世界が合理的人間観で統一されていくとの予想に反し，生物医学（bio-medicine）が浸透した後も伝統医療が力を持ち続け，生死や老いをめぐり異なる医療化の様相が見られる日本は，欧米型近代化論への反証となってきた。日本研究はさらに，病に関する文化表象のみならず，身体レベルでの差異を示すことで，科学において暗黙の前提となっている「普遍的身体」を「ローカル・バイオロジー」の視点から再検証する契機をも生み出した。ローカルな知と，自然・社会・技術の関係性を探究し続ける日本研究は，グローバル・サイエンスの秩序そのものを問い直す人類学的対話空間を創り出している。

1　異なる近代としての日本──科学・医療人類学的視座

科学の相対化

　人類学にとって，近代化の原動力ともなった科学の普遍性について省察するのに，日本は恰好の思考実験の場となってきた。科学においては，普遍・客観・中立性が標榜され，近代初期にコント（Auguste Comte）が唱えた社会進化論の影響がいまだに強く残っている。たとえ現在は神学的・呪術的，もしくは形而上学的・宗教的思考がより顕在化している地域でも，社会が啓蒙化されるにつれて，実証的・科学的思考へと一元化されると考えるこの近代化論の一形態は，西洋の自文化中心主義と相まって，帝国主義の拡張の論理ともなって

きた。日本研究は，そのような科学に，欧米のローカルな人間観が潜んでいる可能性を示し，科学を相対化するための重要なフィールドであった。というのも19世紀から近代化と技術革新を進め，西洋で発展した近代医療「生物医学」を導入し，戦後には1949年の湯川秀樹を始めとして数多くのノーベル賞受賞者を輩出した日本は，長い間欧米と肩を並べる唯一の非西洋社会だったからだ。

　そのような近代国家で科学・医療が異なる様相を見せるとき，それをたんなる迷信や文明の遅れとして退けるわけにはいかなかった。たとえば，科学人類学のハラウェイ（Donna Haraway）は，『霊長類的ヴィジョン』（1989年）で，サル社会の利己主義や競争原理に着目した欧米の学者に対して，サルの利他性や協調的関係を描き出した日本のサル学者たちについて論じ，自然を観察する科学のまなざしそのものがすでに，文化的産物であることを論じている。より最近でも，たとえばロボットなどが台頭する未来社会に脅威やディストピア（dystopia）の悪夢ではなく，家族的連帯と希望を見出す日本に刺激され，欧米に伝統的な疎外論的テクノロジー観を乗り越えようとする研究も盛んになっている（Robertson 2017）。

「異なる近代」としての日本

　このように日本は，科学の普遍性を問い直し，「異なる近代」への想像力を喚起する社会だ。人類学にとっての日本の魅力は，第二次世界大戦時にベネディクト（Ruth Benedict）が，米国が戦った敵でこれほど不可解な存在はなかったと述べたように，その強烈な「他者性」にある（ベネディクト 2005）。『徳川時代の宗教』（原著 1957年）で日本の近代化の背景に，欧米のプロテスタンティズムにも匹敵する「心学思想」にもとづいた労働倫理を見出したベラー（Robert N. Bellah）が，後に北米型個人主義がもたらす「心の習慣」に警鐘を鳴らしたように（ベラー 1991），文化的同一性と集団凝集性を保持した日本は，近代の病を憂慮する知識人にとっては啓示的な存在だった。人類学を超えてビジネス界にも広く影響を与えたヴォーゲル（Ezra Vogel）が，戦後日本の高度成長の原因を終身雇用，年功序列といった日本型雇用慣習に求めたように（ヴォーゲル 1979），日本は異なる資本主義社会モデルや近代的人間像を提供してきた。

第Ⅱ部　新たな展開

　しかし，ポストモダニズムの最先端とされた日本の経済が失速し，未来ヴィジョンも迷走する現在，人類学的関心は近代の行き詰まりを体現する社会という点に移行しているように見える。超高齢化・少子化，地方過疎，自然破壊と原発といった，近代拡張の負の遺産が凝縮されたようなポスト・フクシマ時代において，自然・科学・社会の関係がどう築き直されていくのか，新たな注目が集まっている（Fisch 2018）。

セルフ・オリエンタリズム

　同時に日本は，人類学者にとっては文化表象の政治性に直面させられる，なんとも厄介なフィールドでもあり続けている。アンダーソン（Benedict G. O. Anderson）が言うように，近代国家とは，伝統を創出し，共通言語・文化を浸透させることで，時空を超え均質な「国民」を産出するのに秀でた政治的装置だが（アンダーソン 1987），その中でも日本は，ポストモダニズム流行のはるか以前から，自らを他者化して差異を主張し続けることにきわめて長けた国だった。戦前から「日本人論」を大量生産し，一枚岩的文化言説によって国内の経済的・社会的格差を覆い隠し，「一億総中流」といった幻想を国民に信じ込ませることに成功した日本は（ゴードン 2002），欧米に対しても圧倒的な他者性をもって，セルフ・オリエンタリズム的な文化表象を輸出し続けてきた（河村 1982；桑山 2016；ベフ 1997）。

　このような文化本質主義的言説は，科学・医療の領域においても見られるが，ボアズ（Franz Boas）の時代から，優生学のようにその当時は科学的とされていた人種差別論と闘ってきた歴史を持つ人類学者は，差異の主張に潜む政治性にも敏感にならざるを得ない。日本の文化的ナショナリズムとは距離をとりつつも，異なる人間観・身体観・自然観を探究するためには，どのようなアプローチが可能なのか，主として北米で行われた医療人類学的日本研究の成果からその一端を探ってみたい。

2　日本の医療研究——象徴主義と社会構成主義的アプローチ

生物医学批判と医療的多元主義

　科学のイデオロギー作用がきわめて強いとき，それはあまりにも「自然」すぎて，その特殊性（歴史性・文化性）を問うことさえ難しい。欧米で科学・医療人類学が台頭し，日本との比較が重要視され始めた背景には，科学に対する懐疑が，1960年代以降強まった歴史的経緯がある。原爆，アウシュビッツ，捕虜人体実験といった近代科学の合理性を突き詰めた先にある非人間性が明らかになり，疾病構造が従来の伝染病といった急性疾患から，生物医学の効力が弱い慢性疾患へと変化する中で，その疎外的側面が問題視され始めた。産業廃棄物がもたらす公害のみならず，つわり止めが大量の奇形児を産み出したサリドマイド事件などの薬害や，黒人の梅毒感染者に治療を施さないまま長年自然経過を観察したタスキーギ事件（Tuskegee Syphilis Experiment）など，医学の倫理性が根本から問われる事件も続いた。

　その中で，「私たちの身体，私たち自身（Our bodies, our selves）」の呼びかけのもと，生物医学によって「医療化（medicalize）」された身体経験を取り戻し，専門家による支配から自己を回復させようとする市民意識高揚運動も勢いを得ていく。医療社会学者イリイチ（Ivan Illich）は，本来人を救い，健康にするはずの医療が，権力拡張・産業化の過程で逆に病気をもたらす「医原病（iatrogenesis）」を論じ（イリイチ 1998），ゴッフマン（Irving Goffman）は，近代的制度を代表する精神病院のような「全制的施設（total institution）」における非人間化のメカニズムを明らかにした（ゴッフマン 1984）。人類学においても，それまで非西洋諸国に赴き，迷信に囚われた人々に合理性を身につけてもらう方法を探ってきた「医療内の／医療のための人類学（anthropology in/for medicine）」実践者も，医学が想定する自然な身体や合理性とは何なのか，生物医学の文化こそを問い直そうとする「医療の人類学（anthropology of medicine）」へと軸足を移していく。さらに彼らは，各地のナショナリズムの高揚とともに民間治療や伝統医療が見直され，生物医学と相互補完的共存を果たす「医療的

第Ⅱ部　新たな展開

多元主義（medical pluralism）」が，世界的主流となっている状況を論じていく。その過程で，生物医学が社会に浸透しながらも，国家免許を持った医師によって漢方や鍼灸が並行して実践されている日本が，一気に注目を集めることとなった。

生物医学の象徴分析

　当時主流であった構造主義・象徴人類学を代表するダグラス（Mary Douglas）などの文化人類学者も，科学を宗教と同様の文化体系と見なし，そこに潜む聖と俗・清浄と汚穢の二項対立を鮮やかに分析してみせた（ダグラス 1972）。宗教：科学＝信念：真理といった暗黙の前提を問い直し始めた人類学者たちは，生物医学に刻み込まれた各地のローカルな象徴体系の解読に向かう。日本については大貫恵美子（Emiko Ohnuki-Tierney）が，一見生物医療化された日本人の健康観の根底にある清潔感を，細菌学が伝統的宗教の影響下で紡ぎ直された，ハイブリッドな文化的言説として解釈し直している（大貫 1985）。外から帰ると玄関で靴を脱ぎ，手を洗い，うがいをし，風邪をひくからとマスクをつけるように教わる子どもたちの社会化は，一見科学的で合理的に見える。外には黴菌が溢れており，外界と内界との境界線でもある手や喉を清潔に保ち，菌を内に持ち込まないことは道理にかなっているし，学校では細菌のイラストとともにそういった説明がなされている。このような清潔感は，幼少期からの生理的・情緒的な美意識として身体化され，言語や論理を超えた自己感覚として，社会秩序にも深く刻み込まれている。それゆえに，正しく清潔で自然な身体を持ったマジョリティである限り，その秩序を疑問に思うことはないが，いったん病や障害を得て，もしくは差別故に不自然な身体へと（再）分類された場合には，排除の圧力──それは時にマイノリティを絶望や死に追いやるほどの暴力性を帯びる──と直面させられることになる。その秩序に正当性を与えているのは，自らの行為が科学的だという信念でもあるが，欧米諸国の子どもたちは人前で靴を脱ぐなど失礼だと教えられ，手洗いやうがいも躾けられておらず，ましてやマスクなど医療従事者がつけるものだとされる。つまり衛生や健康に関して，いつのまにか忍び込んでいる文化的価値観は容易に意識されないのであり，科学的身体観や自然観ほどイデオロギーや権力関係を隠蔽しやす

いものはない（大貫 1985；波平 1990）。

自己の規律化と身体統治のテクノロジー

さらに，特定の身体観の社会化は，近代国家の統治過程においてもきわめて重要であったことを歴史家・人類学者は指摘している。日本の学校の「前へならえ」という号令は，集団規律の美しさ・集団から外れることへの不安を教え込むのにも効果的な身体技法であろうが，フーコー（Michel Foucault）は監獄誕生の歴史から，身体訓練を通じ，意識を迂回して内面化されていく自己の規律化テクノロジーの台頭を論じている（フーコー 1977）。この視点にもとづき歴史家ガロン（Sheldon Garon）は医療・教育・産業における人づくり政策を通じた日本的身体の生産過程を分析した（Garon 1998）。また，栗山茂久と北沢一利らは，日本の近代的身体観が，終わりなき自己改善を目指す西洋的健康観と，周囲との調和や集団への帰属意識を育む儒教的養生論の組み合わせのもとに，富国強兵を目的とした国家的健康イデオロギーへと練り上げられていった過程を明らかにしている（栗山・北沢 2004）。

戦後日本においても，プラース（David Plath）は，人々の抱く，普通の人生のイメージの裏に，政府・産業界が一体となって推進したライフサイクル論の影響を見て取る。1970年代の保険の広告などを通じて，何歳で結婚，第1子を出産，マイホームを購入，子の教育を終了，親の看取りと自分の死を想定するべきかの人生設計図が広く流布したが，その背景には，当時高齢化傾向が明らかになる中，経済成長を維持するためにも国民の生活をより計画的・生産的なものにしようとした政治的意図があったという（プラース 1985）。現在でも，欧米諸国，とくに国民皆保険が存在しない米国では，健康情報は個人の私的領域とみなされる傾向が強く，国家・企業からの介入にはときに激しい抵抗が起こるが，日本では集団健診を通じての細やかな管理がなされ，近年はそこに心の健康をみるストレスチェックさえ加わっている。日本で，国家と企業による心身の集団管理がこれほど容易に受け入れられている背景には，それを抑圧的な監視というよりは，保護や恩恵である福利厚生としてとらえる思想があるだろう。このような個人の身体と健康をめぐる社会制度やプライバシー感覚の違いは，身体は誰のものなのか，身体を監視し，介入する権利はどこに属するの

第Ⅱ部　新たな展開

かという論理と，公私の境界線に関する差異を産み出す文化的人間観について
の熟考を迫る（美馬 2007；北中 2014）。

3　ライフサイクルの医療化論

老いの医療化

　「生物医学の人類学」の創始者の一人であり，京都や東京などでのフィール
ドワークにもとづいて医学を論じることで，日本の重要性を世界に強く印象付
けたのがロック（Margaret Lock）だ。すでに『都市文化と東洋医学』（原著
1980年）で，生物医学の限界が露呈する慢性疾患や生活習慣病の領域では，漢
方や鍼灸を用い，異なる医療伝統を自由に行き来する日本人の医療的多元性を
描き出したロックは，1980年代以降の研究で，一見グローバルで一元的に見え
る「医療化（medicalization）」においても，じつはローカルな死生観や身体観
によって驚くほどの多様性が生まれていることを明らかにしていく。

　『更年期』（原著 1993年）でロックが着目したのは，老いをめぐる文化的イデ
オロギーの違いがもたらす医療化への違和感だった。当時の北米では，女性の
老いをめぐる医療化が急速に進行しつつあり，閉経の時期に「メノポーズ
（menopause）」を経験する女性たちに向けて，医療的介入で若さを保とうとす
る「ホルモン補充療法（Hormone Replacement Therapy：HRT）」が盛んに推奨
されていた。ところが，医療制度・技術水準は北米と同様に整い，老いを遅ら
せる医療を欲望するだけの経済的基盤の備わった日本においては，閉経はあく
までも自然な経験とされ，専門家たちも「更年期」を病的なものと見なしてい
なかった。さらに，北米女性たちが「メノポーズ」を女性性の喪失としてネガ
ティヴに語り，自らを病理化していたのに対して，日本女性たちは「更年期」
は面倒で不快ではあるものの，その先には女性性に伴う制約からの解放と円熟
がもたらされるポジティブな経験としても語ったのだ。つまり閉経というバイ
オロジカルで普遍的な現象に関しても，人々がそれをどう意味づけるかによっ
て，医療化の方向性はときに大きく変化する。

　ただしロックは，日本にも更年期で苦しむ女性たちは存在しており，彼女た

ちは怠惰・甘えといった道徳的責めを受け，沈黙させられがちであったことに
も注意を促す。医療化研究は，誰の，どのような苦しみが正当な苦しみとして
共感を呼び，救済の対象と見なされるのかという，苦悩の承認をめぐるローカ
ルな政治学をも浮き彫りにするのだ。

ローカル・バイオロジー

　生物医学の実践に刻み込まれる老いとジェンダー観を鋭く描き出した『更年
期』におけるロックの最大の貢献は，エピジェネティクス（epigenetics＝遺伝
子と環境の相互作用を探究する領域）など自然科学領域でも用いられるように
なった複数形の「ローカル・バイオロジー（local biologies）」概念にあるだろう。
ロックは質的調査のみならず，閉経に関する大規模な国際比較疫学調査を行い，
日本と北米での差異が言説レベルに留まらないことを示した。北米ではメノポ
ーズの代名詞となっている「ホットフラッシュ（hot flash）」を訴える日本女性
の数は少なく，適切な訳語が日本語に存在しないことからも，閉経をめぐって
は身体レベルでの違いが見られることがわかる。さらに，北米に比べて，日本
の女性たちの間では，抑うつ症状も有意に低い。1980年代にロックが出会った
日本の女性たちは，朝早く起き，夫・義両親・子どもの世話をし，家事一切を
引き受け，田畑を耕し，パートに出て夜は誰よりも遅く寝るという（北米女性
から見ると過酷な）生活を送っていたにもかかわらず，更年期を辛いものとし
て語らず，鬱も訴えなかった。その理由としてロックは，女性たちが「母親世
代に比べると，私はなんと恵まれているのだろう」と繰り返し語ったことに注
目している。たしかに，戦中・戦後を生き抜き，子育てをしてくれた母親世代
に比べると，自分の苦労など何でもないという語りからは，老いをめぐる歴史
的・集合的意味が，彼女たちを病のリスクから守っている可能性が浮かび上が
る。身体のバイオロジーとは，個人の資質のみならず，その地域の自然環境と
社会的意味との相互作用で形成されることを示したロックの研究は，人類学を
超え，欧米の医学やメディアでも広く紹介された。とくに HRT の心臓病リス
クが判明し，安易な医療化に対する反省が起こる中，大豆を中心とした日本食
への注目とともに，生物学的多様性への新たな関心をもたらしたのだ。

第Ⅱ部　新たな展開

生物学的差異をめぐる文化の政治学

　ローカル・バイオロジーによってロックが批判したのは，欧米の生物医学に
潜む自文化中心主義であると同時に，生物学的身体の現実に十分に直面してこ
なかった人類学者の臆病さでもあった。欧米における従来の人類学者は，文化
はあくまでも言説・象徴とその解釈に宿るものであって，身体そのものは普遍
的なものとの前提に立ち，生物学的領域に足を踏み入れることを躊躇してきた。
その結果，科学的国際比較研究において基準とされるのは，欧米の，主として
白人のデータであり，そこから外れるものは非標準的身体として暗黙のうちに
他者化されてきた。閉経の辛さや鬱をそれほど訴えないアジア人女性について
も，それを意識するだけの自省性や，医学的・心理学的リテラシーが欠如して
いるといった19世紀の社会進化論を引きずるような解釈も稀でなく，彼女たち
のほうが健康であったり，より病理化から守られていたりする可能性を探る視
点は薄かったのだ。科学先進国である日本で行われたロックの研究は，生物学
的多様性を考えることの大切さを医療関係者に気づかせたのみならず，表象・
言説分析で満足していた人類学者にも意識変革をもたらすものとなった。

　他方で，ローカル・バイオロジーに対しては，当初人類学内でも懸念が表明
された。というのも，前述のように，生物学的多様性の主張は，20世紀前半に
もレイシズムを正当化するために用いられ，科学的概念として再構築された人
種概念が，帝国支配の装置として利用された歴史があるからだ。現在でもたと
えば，日本人女性は痛みに強く，お産のときでも欧米女性のように叫んだりせ
ず，ストイックに耐えるのだといったナショナリスティックな言説が，痛みを
感じる女性を沈黙させ，医療的介入にかかる手間や経費を浮かせるのに役立つ
ことは想像に難くない。さらに，かつて文化とパーソナリティ学派（Culture
and Personality School 心理人類学）によって提唱されたものの，その粗雑さ故
に現代人類学ではほぼ放棄された観のある「集団主義的自己」といった概念が，
ナショナリストに濫用されるだけでなく，「西洋人の脳 vs. アジア人の脳」の
測定を試みる文化心理学者らにより脳の違いとして具象化（reification）され，
新たな科学的生命を帯び始めている状況にも見られるように，生物学的差異の
主張は，本質主義的言説を強化しかねないという危険性を孕んでいる。

356

死の医療化

　科学・医療における文化表象の政治性と真正面から向き合うために，ロックは医療化への抵抗の根拠として，「文化」が日本人によって積極的に用いられた「脳死・臓器移植」論争の分析へと向かう（ロック 2004）。生命のはじまりに関しては，聖書の天地創造説からダーウィンの『種の起源』に至るまで長い論争の歴史をもつ欧米では，「人はいつから人になるのか」という問題は医学や司法の専門家のみには任せてはおけない重要な倫理的課題である。避妊や中絶に反対し，人か否かをめぐって議論のある胚性幹細胞（ES 細胞）を対象とした研究を，神への冒涜と批判するキリスト教右派と，生殖の人為操作・制御を一般的に容認する傾向が強い左派との激しい対立が続いているように，これは大統領選をも左右するほど人々の感情を深く揺さぶる問題でもある。他方で北米では，「人がいつから人でなくなるのか」という生の終点に関してはさほど議論にならず，脳死判定は専門家が決めるべきたんなる技術的問題と見なされ，臓器移植も比較的短期間で日常的医療に組み込まれていった。対照的に，生殖技術をめぐっては明確な世論が形成されてこなかった日本において（柘植 2012），20世紀後半，脳死・臓器移植医療がこれほど抵抗を受け，大規模な国民的議論を巻き起こしたのはなぜなのかをロックは問う。

戯画化された文化論

　日本での脳死・臓器移植論をめぐっては，頻繁に「西洋対東洋」といった粗雑で戯画化された文化概念が用いられた。西洋的死生観は合理的で冷徹かつ功利主義的であるから，どうせ無駄になる臓器を有効に活用しようと考えるのであって，より情緒的で温かい伝統にもとづく日本的死生観からすれば，ご遺体を傷つけ，他人様の臓器を欲してまで生き永らえるなど「不自然」だといった主張がメディアでも盛んになされた。しかし，「表象の危機」以降の人類学者なら誰もが知るように，長い歴史の中で育まれた多様な思想・実践を内包する「日本文化」が単一ではありえず，仏教一つとっても，自らの亡骸は賀茂川の魚にやってくれと述べた親鸞のように，五臓六腑揃っていないと冥途の川を渡れないといった信仰が全体で共有されているわけでもない。本質的な日本的死生観を定義することが難しいのと同様に，欧米の死生観も一枚岩ではなく，た

第Ⅱ部　新たな展開

とえばナチズムによる障害者抹殺という負の歴史を持つドイツでは，脳死・臓器移植をめぐってはかなりの慎重論が展開されている。

　さらに，科学的死生観でさえも，テクノロジーの変遷に伴って歴史上幾度となく変更されてきた。前近代医学における死は長い間「腐敗死」だったのであり，身体深部を可視化する技術の登場が「心臓死」を，さらに人工呼吸器の普及が「脳死」をもたらしたように，全身の細胞が次々と死んでいく過程で，どの時点をもって個体の死とするのかを科学的に定義することは，じつはきわめて難しい。ロックが明らかにしたのは，死が言うまでもなく社会的事実なのであり，純粋な自然や，自然な死など，どこにも存在しないということだ。

Making the strange familiar, making the familiar strange（他者の同化を通じた自己の異化）

　さらに興味深いことに，北米での調査は，日本人の主張する非合理な感情がじつは北米にも広く存在し，脳死は専門家にとっても不安を呼び起こされる曖昧な死であることを明らかにしている。ロックがインタビューした医療者たちは，脳死体からの臓器移植に日々従事しながらも，ときにドナーの魂がまだ残っているように感じ，ドナー家族やレシピエント自身も，ドナーの魂がレシピエントの身体で生き続けているかのように語る。そこにあるのは，臓器移植を理知的に進める合理主義者というより，患者や愛する者を失った虚しさ・悲しみや慟哭を「命の贈り物」として生への連鎖に変えることで，不条理な死にどうにか意味を見出そうと葛藤する人々の姿である。文化とは，日本：西洋＝感情：論理＝アニミズム：物質主義といった表層的な二項対立では到底とらえきれない歴史的構築物であり，他者の非合理性を問うことは，自己の合理性への根本的懐疑をもたらす。

苦悩への社会的応答性

　医療化は一度進みだすと，経済的利益やテクノクラシー（technocracy）の論理のために，なかなか止めるのは難しい。しかし，一見グローバルな均質性をもって，科学的論理にもとづいて進行するかのように見える医療化でも，社会や時代によってときにまったく異なる様相を見せるのであり，日本研究は，医療化を稼働している力の所在を鮮明に浮き上がらせ，その複雑な権力関係を明

らかにしてみせる（池田 2000；山崎 2015）。「なぜ苦しまなくてはいけないのか」という実存的問いへの答えを持ちえない生物医学が，その限界を露呈するとき，苦しみにどう応えるのかはけっして一律ではない。波平恵美子が示したように，その社会的応答性の中にこそ，科学的真理に還元しえない多様な死生観が垣間見えるのだ（波平 1990）。医療人類学が，西洋的人間観や，科学的専門知から零れ落ちる人々の経験や違和感に，どう言葉を与えられるかとの問題意識から出発したとしたら，日本の脳死論は，まさにそのような違和感に「文化」という名を与えることで，科学を草の根レベルでの対話に開いた画期的な出来事であった。同時に，ロックの研究は，科学と同様の本質主義をもって文化を語ることの危険性を焙り出し，科学・医療といった複合物的「文化」を，日米比較といった2つの国の共時的視点からのみならず，より多くの国や地域を対象として，歴史的な文脈でとらえ直す通時的視点の大切さを浮き彫りにしたのだ。

4　精神医学の人類学

心の病──文化とパーソナリティ学派から脱構築主義的分析まで

　医療実践の根底に潜む暗黙の前提や，その人間観についてもっとも真剣に向き合わざるをえなかったのは精神医学であろう。前近代には心の病・脳疾患といった概念に馴染みがなかった日本においては，精神障害は近代がもたらした病に他ならず，夏目漱石の時代から，そこからの回復は近代的（＝西洋的）自己とどうつきあっていくのかという問題と表裏一体であった。心という目に見えず，言葉でも表現しづらい病を扱う精神医学においては，そもそも心・精神といった概念を正確に翻訳することすら難しい（Rohlen 1974；ロック 1990）。したがって，「心の科学」として20世紀の北米で圧倒的な力を誇り，「心理学的人間（Psychological Man）」を浸透させた精神分析が1900年代以降日本に導入された際に，激しい抵抗があったのも驚くべきことではなかった。バイオロジー派がこれを似非科学としたのは欧米の状況と変わらないが，日本では，精神療法に関心を抱く医師たちからも批判が続き，フロイト（Sigmund Freud）の提

第Ⅱ部　新たな展開

唱したエディプス・コンプレックスといった理論自体にも疑問が寄せられた。

　たしかに，ユダヤ・キリスト教的父権主義や性規範に縛られず，そもそも家族構造が異なる社会では，心理的葛藤の構造も大きく変わり得る。よって，マリノフスキー（Bronislaw Malinowski）の『未開社会における性と抑圧』（原著1927年）以降，主としてアメリカで隆盛した文化とパーソナリティ学派にとって，日本は重要なフィールドとなった。というのも，精神分析への反論として古澤平作が創唱した阿闍世コンプレックス（小此木 1982）や土居健郎の論じる「甘え」（土居 1971）などの概念，森田療法や内観療法といった独自の精神療法の台頭にも見られるように，日本は「心」モデルの普遍性を検証するための恰好の場を提供したからだ。とくにアメリカでは精神療法が，より自省的・自己規律的個人を創り出す目的で，教育・司法・軍といった領域に導入されるのみならず，南米における民主化・群衆統治のための社会工学の一環として用いられた経緯がある。精神療法を，主体化のテクノロジーとして脱構築主義的に分析する人類学者にとって日本は，精神科医自身が科学を自省的に語るという点からも，極めて刺激的なフィールドであり続けている（江口 2016，北中2016）。

ジェンダー・家族・社会をめぐる文化的イデオロギー

　精神医学のみならず，医療実践には，「家族はこうあるべき」というローカルな家族観やジェンダー観がつきまとう。「引きこもり」といった社会病理や（鈴木・古橋・ヴェルー 2014），発達障害（照山・堀口 2012），摂食障害（磯野2015），トラウマ（宮地 2005；Goldfarb 2015）などのグローバル化する精神疾患言説に関する国際比較は，どういった人々が異化され，どのような病のカテゴリーが社会的アイデンティティを産み出すのかの一端を明らかにする。セラピー文化の日米比較を行ったボロヴォイ（Amy Borovoy）は，北米でアルコール依存症の男性とその妻を対象に開発された「共依存（codependency）」セラピーを受ける日本女性たちが，家族関係の病理に気づき，より自律的な自己（autonomous self）を獲得するよう促される過程を分析している。夫や子どもをつねに思いやり助けることの美徳を刷り込まれて育った多くの日本女性にとって，「共依存」説において絶対善とされる自律性はときに奇妙なものに映る。

360

病的な共依存と正常な相互扶助の境界線も曖昧な中で，日本女性によるセラピー批判は豊饒な文化批判空間を提供する（Borovoy 2005）。また，現在「生産性の病」としてグローバルに台頭しつつあるうつ病の流行について，北中淳子は，欧米において長い間女性の心理的な病とされてきたうつ病が，日本では男性の病として「過労」と「疲弊」に着目した独自の生物―社会モデルの枠組みで理解されるようになった歴史的経緯を追う。さらに，うつ病者に回復への道筋を示してきた社会秩序が崩壊し，伝統的治療モデルがもはや機能しない日本で，「ストレスの病」という社会的原因論が，新たな心の管理社会の台頭を許している状況を分析している（北中 2014）。

近代的自己像が溶解する時代に

　人類学者は異なる「人としてのカテゴリー」にもとづいた社会の多様性を探究することで，近代的自己の相対化を目指してきた。ギアーツ（Clifford Geertz）が『ローカル・ノレッジ』で述べたように，確固たる境界を持つ唯一の存在といった西洋の人間観は，あくまでも虚像に過ぎず，私たちはつねに曖昧な複数の自己を生きているという現在の認識は（ギアーツ 1991：104），「心理学的人間観」が想定していた自己像からは随分遠くに来てしまった。自己の社会構築性がもはや常識と化した現在，西洋的自己の合わせ鏡としてのポジションを占めてきた日本の特権性も薄れつつある。他方，アジア諸国，とくに中国においても心理学や精神療法が一般化する中で，日本との比較研究への関心が高まっていることには着目したい（Zhang and Borovoy 2016）。

5　課題と展望

グローバル・サイエンスにおける「世界システム」

　グローバル・サイエンスにおける知のヒエラルキーの存在は歴然としている。高度な近代的教育と巨額な施設運用費を必要とする科学・医学研究を行い，科学知を生産・発信・流通させていくだけの力をもつのは，いまだ欧米を中心とした一部の国に限られる。また，非西洋諸国では病理化されることの少なかった鬱が，グローバル・メンタルヘルス運動が台頭する中で，急速に医療化され

第Ⅱ部　新たな展開

ているように，生物医学の体系は欧米のローカルな疾病を集め，それを他文化
に押し付ける植民地化装置ともとらえられる。たとえば，東南アジアの男性の
間では，陰茎が身体内部に退縮してしまうことを不安に思う「コロ」という疾
病が知られているが，そのような疾病概念にもとづいて標準的診断基準が作成
され，全世界にマニュアルとして配られ，製薬業界が治療薬の開発に乗り出す
というような状況は起きないのであり，たんなる文化結合症候群（culture-
bound syndrome）として分類されるに過ぎない（クライマン 2012）。科学・医
療においては，医師と患者間の権力関係以前に，グローバルな研究者とローカ
ルな臨床医の間にも格差が存在し，ローカルな臨床知は，寓話 として科学知
の体系では低い地位に貶められているのだ。しかも，グローバルな知のヒエラ
ルキーに意識的な臨床医たちも，ローカルな差異の意味を吟味するよりは，欧
米の常識にあったデータを産出することに熱心なため，辺境に置かれた患者の
知がグローバル・サイエンスに届くためには，何重もの障壁を乗り越えなくて
はいけない。ただし，混沌とし矛盾に満ちたローカルなデータにこそ，科学知
を革新する可能性が秘められているのであり，人類学者の役割はそういった容
易に声にならない臨床の現実に耳を傾け，ローカルな知を体系として言語化し
ていくことにある。とくに日本研究は，患者のみならず専門家による，欧米中
心主義的科学知の相対化を示すことで，独自の存在感を示してきた。

　グローバル・サイエンスの知をめぐる政治の構造は，人類学にも共通する。
桑山敬己は「人類学の世界システム」について，ネイティヴによる自文化表象
が周辺化され，英米仏を中心とした人類学知のセンターにはなかなか届かない
状況を分析している（桑山 2008）。ただし，医療人類学の領域においては，そ
もそも医学そのものが異文化を成しており，専門知識を非母国語で学ぶことの
難易度が高いせいか，海外でも日本人研究者の知見が求められる機会が多い。
とくに，フーコー以降の医療人類学では，日米比較といった共時的視点のみな
らず，歴史的資料を解読し，医療言説そのものを通時的視点から脱構築するこ
とが強く求められるため，ネイティヴとしての知識がきわめて有用だ。さらに，
人類学研究にもっとも関心を示すのは実践者である科学者・臨床家自身でもあ
り，彼らは日々様々な構造的矛盾を感じながらも立ち止まって考える余裕がな

いためか，あるいは相対化を迫る人類学を知的ゲームとして楽しむからか，批判的視点にも好意的だ。よって，医療の相対化を患者・家族・医療従事者と多様な立場のネイティヴとの共同作業で行えるという点でも，医療人類学は，従来の人類学における「世界システム」を揺るがすだけの力を秘めた領域だろう。

ローカル・サイエンス

　日本研究は，ローカルな病の現実や異なる人間観を提示するだけでなく，文化表象の解釈を超えて，モノとしての身体の多様性を示し，さらにグローバルな科学知の生産現場と，ローカルな臨床実践との間の政治的力学についても多くの洞察を与えてきた。今後は，科学知が生産される場の民族誌や，科学知と患者の知の対話による変革の可能性を探る研究がますます求められる。グローバル化する病のアイデンティティや，実験的生を生きることの意味を問う新たな研究もみられる（牛山 2015；島薗・浜田・西 2017）。また「べてるの家」といった世界的にも新しい当事者研究が展開されており，「障害学（disability studies）」との連携のもと理論的発展を見せつつある（中村 2014；浮ケ谷 2009）。生殖や老い，死をめぐるローカルな人間観が，心・身体・医学実践をいかに形作るかを明らかにしてきた日本研究は，今後も異なる社会の可能性についての省察の場であり続けるだろう。

文　献

アンダーソン，ベネディクト　1987　『想像の共同体──ナショナリズムの起源と流行』白石隆・白石さや（訳），リブロポート。

池田光穂　2000　「健康言説の政治解剖学」，野村一夫ほか（編）『健康論の誘惑』文化書房博文社，185-202頁。

磯野真穂　2015　『なぜふつうに食べられないのか──拒食と過食の文化人類学』春秋社。

イリッチ，イヴァン　1998　『脱病院化社会──医療の限界』金子嗣郎（訳），晶文社。

ヴォーゲル，エズラ　1979　『ジャパンアズナンバーワン──アメリカへの教訓』広中和歌子・大木彰子（訳），TBS ブリタニカ。

浮ケ谷幸代　2009　『ケアと共同性の人類学──北海道浦河赤十字病院精神科から地域へ』生活書院。

牛山美穂　2015　『ステロイドと「患者の知」──アトピー性皮膚炎のエスノグラフィ

一」新曜社。

江口重幸　2016　「文化と病いの経験」，鈴木晃仁・北中淳子（編）『精神医学の哲学 2 ——精神医学の歴史と人類学』東京大学出版会，134-160頁。

大貫恵美子　1985　『日本人の病気観——象徴人類学的考察』岩波書店。

小此木啓吾　1982　『日本人の阿闍世コンプレックス』中央公論新社。

河村望　1982　『日本文化論の周辺』人間の科学社。

ギアーツ，クリフォード　1991　『ローカル・ノレッジ——解釈人類学論集』梶原景昭 ほか（訳），岩波書店。

北中淳子　2014　『うつの医療人類学』日本評論社。

————　2016　「精神医学による主体化——精神療法とバイオロジーの人類学」鈴木 晃仁・北中淳子（編）『精神医学の哲学 2 ——精神医学の歴史と人類学』東京大学 出版会，161-193頁。

クラインマン，アーサー　2012　『精神医学を再考する——疾患カテゴリーから個人的 経験へ』江口重幸ほか（訳），みすず書房。

栗山茂久・北沢一利（編）　2004　『近代日本の身体感覚』青弓社。

桑山敬己　2008　『ネイティヴの人類学と民俗学——知の世界システムと日本』弘文堂。

————　2016　「日本の自画像の系譜——欧米的個人主義 vs 日本的集団主義」*CEL* (*Culture, Energy and Life*) 114：38-46。

ゴードン，アンドルー（編）　2002　『歴史としての戦後日本　上・下』中村政則（監 訳），みすず書房。

ゴッフマン，アーヴィング　1984　『アサイラム——施設収容者の日常世界』石黒毅 （訳），誠信書房。

島薗洋介・浜田明範・西真如　2017「序　くすりの人類学——医薬化する世界の民族 誌」，『文化人類学』81(4)：604-613。

鈴木國文・古橋忠晃・ナターシャ・ヴェルー（編著）　2014　『「ひきこもり」に何を見 るか——グローバル化する世界と孤立する個人』青土社。

ダグラス，メアリ　1972　『汚穢と禁忌』塚本利明（訳），思想社。

柘植あづみ　2012　『生殖技術——不妊治療と再生医療は社会に何をもたらすか』みす ず書房。

照山絢子・堀口佐知子　2012　「発達障害者とひきこもり当事者コミュニティの比較 ——文化人類学的視点から」，『精神神経学雑誌』114：1167-1172。

土居健郎　1971　『「甘え」の構造』弘文堂。

中村かれん　2014　『クレイジー・イン・ジャパン——べてるの家のエスノグラフィ』 石原孝二・河野哲也（監訳），医学書院。

波平恵美子　1990　『病と死の文化——現代医療の人類学』朝日新聞社。

フーコー，ミシェル　1977　『監獄の誕生――監視と処罰』田村俶（訳），新潮社。

プラース，デイヴィッド W.　1985　『日本人の生き方――現代における成熟のドラマ』井上俊・杉野目康子（訳），岩波書店。

ベネディクト，ルース　2005　『菊と刀――日本文化の型』長谷川松治（訳），講談社学術文庫。

ベフ，ハルミ　1997　『イデオロギーとしての日本文化論　増補版』思想の科学社。

ベラー，ロバート N.　1996　『徳川時代の宗教』池田昭（訳），岩波書店。

ベラー，ロバート N. ほか　1991　『心の習慣――アメリカ個人主義のゆくえ』島薗進・中村圭志（訳），みすず書房。

マリノウスキー，B.　1972　『未開社会における性と抑圧』阿部年晴・真崎義博（訳），社会思想社。

美馬達哉　2007　『「病」のスペクタクル――生権力の政治学』人文書院。

宮地尚子　2005　『トラウマの医療人類学』みすず書房。

山崎吾郎　2015　『臓器移植の人類学――身体の贈与と情動の経済』世界思想社。

ロック，マーガレット　1990　『都市文化と東洋医学』中川米造（訳），思文閣出版。

―――　2004　『脳死と臓器移植の医療人類学』坂川雅子（訳），みすず書房。

―――　2005　『更年期――日本女性が語るローカル・バイオロジー』江口重幸ほか（訳），みすず書房。

Borovoy, Amy 2005 *The Too-Good Wife: Alcohol, Codependency, and the Politics of Nurturance in Postwar Japan*. University of California Press.

Fisch, Michael 2018 *Anthropology of the Machine: Tokyo's Commuter Train Network*. University of Chicago Press.

Garon, Sheldon 1998 *Molding Japanese Minds: The State in Everyday Life*. Princeton University Press.

Goldfarb, Kathryn 2015 "Developmental Logics: Brain Science, Child Welfare, and the Ethics of Engagement in Japan." *Social Science & Medicine* 143: 271-278.

Haraway, Donna Jeanne 1989 *Primate Visions: Gender, Race, and Nature in the World of Modern Science*. Routledge.

Robertson, Jennifer 2017 *Robo Sapiens Japanicus: Gender, Family, and the Japanese Nation*. University of California Press.

Rohlen, Thomas P. 1974 *For Harmony and Strength: The Japanese White-collar Organization in Anthropological Perspective*. University of California Press.

Zhang, Li, and Amy Borovoy 2016 "Between Biopolitical Governance and Care: Rethinking Health, Selfhood, and Social Welfare in East Asia." *Medical Anthropology* 36(1): 1-5.

人名索引

あ行

アードナー（Ardener, E.）80
アーリ（Urry, J.）207
青木保 159, 160
秋道智彌 299
アサド（Asad, T.）142, 143
アパドゥライ（アパデュライ）
　（Appadurai, A.）181, 182, 267
アブ＝ルゴッド（Abu-Lughod, L.）86,
　124, 197
アリストテレス 331
アルパース（Alpers, M.）303
アンダーソン（Anderson, A.）70
アンダーソン（Anderson, B. G. O.）98,
　185, 350
イサジフ（Isajiw, W. W.）99
イリイチ（Illich, I.）54, 351
岩井克人 57
岩田慶治 144, 146, 299
インゴールド（Ingold, T.）34
ヴィーディング（Hviding, E.）69
ヴィヴェイロス・デ・カストロ（Viveiros
　de Castro, E. B.）73, 262, 267, 334, 338,
　339, 342, 343
ヴィトゲンシュタイン（Wittgenstein, J.
　J.）332, 336
ウィルソン（Wilson, R. A.）336
ウェーバー（Weber, M.）55
ヴェルトフ（Vertov, D.；本名カウフマン
　Kaufman, D.）318
ヴォーゲル（Vogel, E.）349
ウォーフ（Whorf, B. L.）8, 18
浮ヶ谷幸代 241
ウッドバーン（Woodburn, J.）36
梅棹忠夫 225
梅崎昌裕 306
エヴァンズ＝プリチャード（Evans-
　Pritchard, E. E.）17, 61, 124-126, 129, 130,

138, 155, 165
エスコバール（Escobar, A.）191, 194
エラー（Eller, J.）97
エンゲルス（Engels, F.）61, 222
大杉高司 262
オーダーハイド（Aufderheide, P.）318
太田好信 211
オートナー（Ortner, S.）77
大貫恵美子（Emiko Ohnuki-Tierney）
　352
岡本健 214
奥野克巳 340
オジェ（Augé, M.）160, 182
オックス（Ochs, E.）28
オリヴァー＝スミス（Oliver-Smith, A.）
　281

か行

カーステン（Carsten, J.）68
ガーフィンケル（Garfinkel, H.）21
ガジュセック（Gajdusek, D. C.）303
春日直樹 340
カフラン（Coughlan, R）97
ガルシア＝カンクリーニ（García Canclini,
　N.）185
ガロン（Garon, S.）353
川田順造 269, 297
カント（Kant, I.）331
ガンパーズ（Gumperz, J. J.）20
ギアーツ（ギアツ）（Geertz, C.）6, 49, 55,
　97, 137, 142, 160, 225, 319, 361
ギデンズ（Giddens, A.）191, 192
グディ（Goody, J.）18
グプタ（Gupta, A.）183
グラス（Glasse, R.）303
グラックマン（Gluckman, M.）108, 116
グラブリー（Gravlee, C. C.）306-308
グリアスン（Grierson, J.）316, 318

グリーンハウス（Greenhouse, C.） 109,
110,114
グリオール（Griaule, M.） 323
グリフィス（Griffiths, A.） 314
クリフォード（Clifford, J.） 319
グレイザー（Glazer, N.） 93
桑山敬己 362
ケイ（Kay, P.） 24
慶田勝彦 155,156
ゲルナー（Gellner, E. A.） 98
コーエン（Cohen, A.） 97
コーエン（Cohen, R.） 97,99
コーン（Kohn, E.） 267,272,299,340,345
ゴッフマン（Goffman, I.） 351
コピトフ（Kopytoff, I.） 267
コマロフ夫妻（Comaroff, J. and Comaroff,
J. L.） 184
コンクリン（Conklin, H. C.） 19,25
コント（Comte, A.） 348

さ行

サーヴィス（Service, E.） 302
サーダウィ（Saadawi, N. E.） 122
サーリンズ（Sahlins, M. D.） 34,45,73,302
サイード（Said, E.） 227
佐川徹 127,128
サピア（Sapir, E.） 18
サルトル（Sartre, J-P.） 249,331
サンダース（Sanders, T.） 334
シェグロフ（Schegloff, E.） 21
シェパー＝ヒューズ（Scheper-Hughes,
N.） 237
ジェル（Gell, A.） 262,267,270,340
ジェンキンス（Jenkins, R.） 98
清水展 282
ジャクソン（Jackson, J.） 21
シュテルンベルグ（Shternberg, L. Y.）
222
シュナイダー（Schneider, D. M.） 66-68,
72,73
ショルト（Scholte, B.） 338

ジョンソン（Johnson, M.） 69,73
シルヴァスティン（Silverstein, M.） 17,
25
シルズ（Shils, E.） 97
菅江真澄 220
菅原和孝 29,299
スコット（Scott, J. C.） 48,96
スチュワート（Stewart, P. J.） 72,73
スチュワード（Steward, J. H.） 302
ストラザーン（Strathern, A.） 72,73
ストラザーン（Strathern, M.） 66-68,89,
262,339,343
スペンサー（Spencer, W. B.） 314
スミス（Smith, A. D.） 98
スミス（Smith, V. L.） 205
スミス（Smith, W. C.） 144,146
ゼーリック（Zoellick, R. B.） 187
想田和弘 321
ソーダス（Csordas, T. J.） 69,70,73
ソシュール（Saussure, F. d.） 271,332

た行

ダーウィン（Darwin, C. R.） 60
ターナー（Turner, T.） 324
ターナー（Turner, V.） 149,151,152
タイラー（Tylor, E.） 4,135,149
ダグラス（Douglas, M.） 139,153,154,289,
352
ダス（Das, V.） 283
千葉正士 107,117
チョムスキー（Chomsky, N.） 20
ツィン（Tsing, A.） 183
デカルト（Descartes, R.） 197,331,333
デスコラ（Descola, P.） 262,267,273,340
デューラー（Dürer, A.） 254
デュモン（Dumont, L.） 140
デュルケム（Durkheim, É.） 61,137,196
トゥッカー（Tooker, D. E.） 142
ドゥランティ（Duranti, A.） 23
ドゥルーズ（Deleuze, G.） 271
床呂郁哉 269

人名索引

トマス・アクィナス　331
トムスン（Thompson, E. P.）　47
トムソン（Thompson, D'. W.）　254

な行

中川裕　28
中根千枝　225
波平恵美子　359
ネイダー（Nader, L.）　109, 110
能登路雅子　214
ノン（Non, A. L.）　306-308

は行

ハースコヴィッツ（Herskovits, M. J.）　12
バーリン（Berlin, B.）　24
ハイデガー（Heidegger, M.）　331
ハイムズ（Hymes, D.）　20
橋本和也　210
バッソ（Basso, K. H.）　22
パットナム（Putnam, F. W.）　315
ハッドン（Haddon, A. C.）　61, 314
バッハオーフェン（Bachofen, J. J.）　60
浜本満　142, 158
ハラウェイ（Haraway, D.）　298, 349
ハリス（Harris, M.）　300, 302
バルト（Barth, F.）　21, 95
バルト（Barthes, R.）　257
パルメニデス　330
ハローウェル（Hallowell, A. I.）　259
ピーコック（Peackok, J.）　235
ピーダーセン（Pedersen, M. A.）　340, 341
ピーターソン（Peterson, N.）　37
ピリー（Pirie, F.）　117
ファーガソン（Ferguson, J.）　183, 185
ファース（Firth, R.）　62
ファーマー（Farmer, P.）　188, 285
ファウルズ（Fowles, S.）　344
ファン・シェンデル（Van Schendel, W.）　96
ファン・ヘネップ（Van Gennep, A.）　150, 326

フィッシュマン（Fishman, J.）　22
ブーアスティン（Boorstin, D. J.）　207
フーコー（Foucault, M.）　257, 291, 333, 353
フェルナンデス＝アルメスト（Fernández-Armesto, F.）　296
フエンテス（Fuentes, A.）　298
フェントン（Fenton, S.）　99
フォータン（Fortun, K.）　287
フォーテス（Fortes, M.）　62
福井勝義　127
プラース（Plath, D.）　353
プラトン　331
フラハティ（Flaherty, R.）　316
フリーマン（Freeman, D.）　7
ブルーナー（Bruner, E. M.）　206
ブルデュー（Bourdieu, P.）　271, 304
ブルベイカー（Brubaker, R.）　98
フレイク（Frake, C. O.）　19
フレイザー（Frazer, J. G.）　149
フロイス（Frois, L.）　219
フロイト（Freud, S.）　359
ブロム（Blom, J-P.）　20
ヘイウッド（Heywood, P.）　344
ベイトソン（Bateson, G.）　317
ベック（Beck, U.）　289
ペトリーナ（Petryna, A.）　283
ベネディクト（Benedict, R.）　349
ベラー（Bellah, R. N.）　349
ヘロドトス（Herodotus）　219
ボアズ（Boaz, F.）　4, 18, 266, 315, 350
ボイヤー（Boyer, P.）　300
ボードリヤール（Baudrillard, J.）　336
ホカート（Hocart, A. M.）　62, 63
ボゴラス（Bogoras, V. G.）　220
ホスケン（Hosken, F. P.）　122
ポスピシル（Pospíšil, L.）　115
ホッダー（Hodder, I.）　276
ポプキン（Popkin, S. L.）　49
ホブズボウム（Hobsbawm, E. J. E.）　98
ポランニー（Polanyi, K.）　47
ホルブラード（Holbraad, M.）　339-341

369

ボロヴォイ（Borovoy, A.） 360
ホワイト（White, L. A.） 302

ま行

マーカス（Marcus, G. E.） 237, 319
マーシャル（Marshall, J.） 320
マードック（Murdock, G. P.） 54, 64, 224
マクデイド（McDade, T. W.） 305
マクドゥーガル（MacDougall, D.） 321
マクレナン（McLennan, J. F.） 60
松井健 269
松田素二 180, 229
マリノフスキー（Malinowski, B.） 17, 61, 76, 115, 136, 138, 149, 182, 201, 206, 222, 236, 265, 316, 360
マルクス（Marx, K.） 64, 220
丸山眞男 210
ミード（Mead, M.） 6, 77, 313
ミュール（Myhre, K. C.） 336
ミラー（Miller, D.） 267
ミンハ（Minh-ha, T.） 319
ムーア（Moore, H. L.） 334
メスーディ（Mesoudi, A.） 302
メルロ゠ポンティ（Merleau-Ponty, M.） 69, 331
モアマン（Moerman, M.） 95
モイニハン（Moynihan, D. P.） 93
モース（Mauss, M.） 33, 45, 57, 196, 271
森田敦郎 274
モリン（Morin, E.） 324
モルガン（モーガン）（Morgan, L. H.） 61, 63, 220

や行

ヤコブソン（Jakobson, R. S.） 249
柳田國男 211, 224
山口誠 208
山口昌男 221
吉田憲司 269
吉田ゆか子 275

ら行

ラカン（Lacan, J. M. E.） 257
ラトゥール（Latour, B.） 186, 262, 267, 268, 340, 343, 344
ラドクリフ゠ブラウン（Radcliffe-Brown, A. R.） 61, 63, 136, 142, 143, 149, 265
ラパポート（Rappaport, R. A.） 300
ラビー（Labby, D.） 66
ラビノウ（Rabinow, P.） 308
ラボフ（Labov, W.） 22
ランベック（Lambek, M.） 240
リー（Lee, R.） 32, 35
リーチ（Leach, E. R.） 65, 94, 154, 155
リヴァーズ（Rivers, W. H. R.） 61, 220
リオ（Rio, K. M.） 70
リンデンバウム（Lindenbaum, S.） 303
ルイス（Lewis, O.） 64
ルウェレン（Lewellen, T. C.） 337
ルーシュ（Rouch, J.） 316
ルッツ（Lutz, C. A.） 197
ルビー（Ruby, J.） 324
レイコフ（Lakoff, G.） 69, 73
レヴィ゠ストロース（Lévi-Strauss, C.） 19, 64, 65, 68, 140, 149, 156, 157, 182, 249, 266, 297, 333, 340
レヴィンソン（Levinson, S. C.） 24
レニョー（Regnault, FL.） 314
ローティ（Rorty, R.） 332
ロサルド（Rosaldo, R.） 196
ロック（Lock, M.） 354
ロニー（Rony, F. T.） 319
ロバートソン（Robertson, R.） 178
ロビンス（Robbins, J.） 142

わ行

ワイズマン（Wiseman, F.） 321
ワイナー（Weiner, A.） 76
ワグナー（Wagner, R.） 340
渡辺仁 33
渡邊欣雄 144

事項索引

あ行

アーユルヴェーダ 163
アイデンティティ 41,103
アヴィラ人 299
アクターネットワーク理論（アクター・ネットワーク論） 202,268,344
アジア系 101
アジア的価値 11
厚い記述 226
軋轢 183
アニミズム 134,135,136,299
アニメ聖地 214
アフリカ 138
アマゾン支流 299
アメリカ先住民 101
『ある夏の記録』 324
アルマアタ宣言 170
アングロサクソン 94
アンケート調査 305
安定同位体比 306
アンブリム島 70
家社会論 68
イギリス人 100
生ける経験 69
医原病 351
イコン 272
イスラーム化 102
イスラム過激派 11
イタリア人 304
一元論 299
一般的互酬性 45
一夫一婦婚 61
イデア 331
イデオスケープ 181
遺伝 300,303,305-307,309
遺伝学 296,297
遺伝子 307
遺伝子解析 308

移動 33
イヌイット 37,38,41
異文化理解 236
移民女性 81
イメージ図式 71
癒し 174
医療化 351
医療人類学 66,348
医療的多元主義 351
イロクォイ 61
インターネット・エスノグラフィ 245
インタビュー 307,308
インデックス 272
インド 139-141
インドネシア 298
インド洋地震津波 279,286
インフォーマント 334
インフォームドコンセント 230
ヴァヌアツ 167
ウェールズ人 100
ウォゲオ島 70
産む性 77
エージェンシー（行為主体性） 268,270,340
エスニシティ 65,92,93
エスニック 93
エスニック化 101
エスニック集団 95
エスノグラフィ 339
エスノスケープ 181
エスノセントリズム 4
エティック 223
エトニ 98
エピジェネティクス 307
エミック 223
猿人 295
エンドルフィン 300,301
王権 136

横断的紐帯　127, 128
「応答的な」人類学的実践　203
汚穢　153
お裾分け　46
オセアニア　69
「男が文化で，女は自然か」　77
オリエンタリズム　227, 350
オリエンタリズム批判　15
オルタナティブ・ジャスティス　111-114
音声学　28
音素論　28

か行

カースト　20, 140, 141
外延　332
懐疑論　185, 185
解釈人類学　227
概念化　341
開発　191
開発援助　280
開発言説アプローチ　191
会話分析　21, 22, 29
科学技術　289, 307, 308
科学技術社会論　307
科学的医療　163
科学的事実　308
核家族　64
学際性　229
家事の外部化　55
仮説検証型　234
仮想空間　52
家族・親族　60
家族的類似　333
語り部　211
カチン　94
家内領域　81
家父長制　14
神が創った形（トヴォ）　71
『カメラを持った男』　322
『カヤポ——森の外へ』　324
漢化　102

考えるのに適している　340
環境細菌　303
環境による危険　242
関係性　257
関係的存在論　339, 343
関係の「近さ」　239
観光と自由　217
観光のまなざし　207
観光文化　205
観光リアリズム　208
監視　353
慣習　142
慣習法　116
感情　191
感情規則　197
感情社会学　197
漢方　163
寛容の精神　3
『消えゆく世界』　324
危機言語　28
聞き取り　305
気候変動　279, 292, 293
疑似イベント　208
『来たるべき人類学』　340
機能主義　61, 136, 137
基本的色彩語　9
急進的な構築主義　335
境界　151, 154, 155
『狂気の主人公たち』　325
共進化　307
協働　230
共同性　98
協働リサーチ　237
『極北のナヌーク』　316
キリスト教　133-136, 142, 143
キリスト教神学　331
儀礼　136, 141, 148, 149, 158-160, 298, 300, 301, 306
儀礼交換　45, 48, 53
儀礼的窃盗　62
均衡的　45

近代医療　163
近代化　192
近代国家　81
キンドレッド　65
金融人類学　58
クールー病　303
供犠　124
具体の科学　140
苦悩の承認　355
クラ交換　182
クレオール化　179
グローカリゼーション　58,180
グローバリゼーション　178
グローバル　159
グローバル・イシュー　188
グローバル化　90,179
グローバル研究　177
グローバル・サイエンス　361
グローバル・サウス　187
グローバル・メンタルヘルス　361
ゲイ　87
ゲイ・レズビアン家族　64
景観人類学　70
経験現象学　69
経験主義的認識論　337
経験哲学　330
経験と文化　69
経済人類学　57
形式主義　49
形質人類学　295
芸術作品（アート・オブジェクト）　270
穢れ　135,139,140,153,154
血讐　123
ゲノム　304
ゲノム解析　303
ケルト人　100
研究倫理　238
言語イデオロギー　27
健康　304-306
健康の社会的決定要因　304
言語学　296,302

言語記号の恣意性　332
言語ゲーム　332,336
言語決定論　10
言語相対論　8
言語論的転回　269,332,335,345
原始貨幣　46
現実主義的認識論　336
『現実批判の人類学』　340
『原始文化』　4
原始豊潤社会　34
現象学　68,331
原初主義　97,98
原初的　97
原初的紐帯　97,103
言説　194
現存在　331
原発事故　279,281,283
行為主体（エージェント）　343
行為主体性　→エージェンシー
交易　35,36
交換財　46
交感的言語使用　18
公共人類学　291,292
考古学　296,302
交差（叉）イトコ　62
交差（叉）イトコ婚　182
構造　249
構造主義　64,249,333
構築主義　97,98,228,335
『高地ビルマの政治体系』　94
肯定論　181
行動生態学　301
合理性　358
合理的人間観　348
コード・スイッチング　20
コギト（自己意識）　331
国際化　178
黒人　101
国民　350
国民国家　96,220
国立民族学博物館　225

373

心の病　359
互酬　302
互酬性　45,48,52,57,115
互酬的　65
個人　114
古人類学　295-297
コストリー・シグナリング理論　301
国家　31,42
古典的進化論　63
コペルニクス的転回　331
コミュニケーション　301
コミュニケーション能力　20
コミュニケーションの民族誌　20,21
コミュニタス　151-153
米騒動　47
婚姻交換（縁組）　65

さ行

再エスニック化　102
災害エスノグラフィ　288
災害文化　287
再帰性　341
再帰的近代化　192
再帰的な快楽　216
最後通告ゲーム　301
裁判所　109,110
再分配　37
在来的な知　281
支え合い　71
殺人　122,125
サピアとウォーフの仮説　8,18,24
サブシステンス　48,199
サブスタンス　66
サモア　305
『サモアの思春期』　6
サル　298
サルフォーミーウイルス　298
サン　35
参加型映画　321
サンクション　115
残滓的実証主義　337

サン族　299
参与観察　61,201,222,298,308
ジェンダー　33,75,306
ジェンダー役割分担　53
色彩名称　24
識字　18
自己の規律化　353
市場交換　46
死生観　357
自省性　356
自然観　352
自然人類学　295,296,300,302,306,307,309
自然人類学者　296,301
自然認識　72
自然論的病因　165
持続可能な開発　191
持続可能な開発目標（SDGs）　198
持続的開発　289
実験　341
実質主義　49
実証主義　335,341
実践　212
実践的研究　42
実存主義　249
疾病　172
質問紙　231
シネマ・ヴェリテ　321
指標　26
自文化中心主義　348,356
思弁的実在論　271
シャーマニズム　135,220
シャーマン　157
社会医学　304
社会医学者　304
社会開発　199
社会関係　34,40
社会言語学　21,22
社会構成主義　351
社会進化論　5,348,356
社会生物学　300
社会的事実　358

事項索引

社会的相互行為　100
邪術　165
シャン　94
宗教　133,134,136,138,141-146,299,300,301
宗教的実践　301
集合的まなざし　207
修正主義者　35,36
集団　98,114
集団婚　61
住民の視点　226
主観性　218
呪術　135-138
主体　249,333,342
出自　100
狩猟採集社会　31,32,37,40-42,81
狩猟採集民　302,304
『狩猟者たち』　320
障害学　363
状況的　97
状況による危険　242
少数民族　102
冗談関係　63
象徴　156,157
象徴主義　351
象徴人類学　65,297
象徴的二分法　140
象徴的劣位　306
情報化　214
食人　303
植民地　113
植民地支配　238
植民地主義　70,120
食物分配　36
女子割礼　14,84
女性解放運動　60
女性器切除　84,121
女性人類学　75
女性性　80
女性劣位普遍論　84
新ウォーフ主義　10
進化　295,300,302,307

人格論的病因　165
進化主義　60,136
進化心理学　300-302
進化心理学者　301,302
進化人類学　300,301
進化論　115
シングルマザー　64
シンクレティズム　56,144
人権　12,113,121-123,130
真剣に受け止める　338
信仰　141-145,300
新構造主義　65
人工知能　296,297
真実の映画　321
人種　18,65,101,307-309
新自由主義　180,181,184,187-189
人種差別（レイシズム）　120,308,309,356
人種主義　8
新進化主義　302
人新世　292,293
新生殖医療　68
親族　136
親族研究　60
親族名称　60
身体　69
身体化　71
身体観　352
身体統治のテクノロジー　353
神道　144
人道主義　130
進歩　14
信頼関係　201
心理学的人間　359
人類　295,309
人類遺伝学　306,308,309
人類学　19
人類学の世界システム　362
人類進化　302
神話　250
数理モデル　302
スコットランド　100

375

スピーキングの民族誌　20
スロー・サイエンス　281
スロー・ワーク　281
生活世界　68
生活文化　205
正義　121
生業　31
政治　115-118
政治生態学的アプローチ　297,298
脆弱性　284
生殖器　77
生殖技術　357
生態人類学　225,297,298,300
性的暴力　80
制度的医療　163
生物医学　162,171,303,307,308,348
生物医学の人類学　354
生物学　298,302,304,305,307-309
生物学的　305
生物学的決定論　103
生物学的市民　283
生物進化　302
生物人類学　295,296,305,306
生物文化的なアプローチ　304-309
性分化異常　78
性別分業　53,81
性ホルモン　77
西洋中心主義　83
生理人類学　295
世界システム　41,42,237
世界人権宣言　12
世界内存在　68,331
セキュリティ　103
セクシュアリティ　87
セクション体系　62
セックス　77
摂食障害　360
説明　341
セラピー文化　360
前概念的ゲシュタルト　69
先住民　282,286

先住民化　102
全制的施設　351
全体主義　103
全体論　299
全目的貨幣　46
相違の権利　12,14
双系出自　70
相互補完的　54
想像の共同体　185
想像のグローバリゼーション　185
相対化　337
相対主義　106
創発性　69
贈与交換　57,66
争論　107,109,114
ソーシャリティ　69
ソーシャル・キャピタル　304
祖先祭祀　134
ゾミア　96
ソロモン諸島　200
『存在と時間』　331
存在の相互性　73
存在論　70,186,276,330,338
存在論的転回　249,267,330,338,345
『存在論的転回──人類学的批評』　340

た行

体現　69
大航海時代　219
タイ国　142
第三の性　88
代替医療　163
太平洋諸島系　101
対面共同体　98
タイ・ルー　96
対話　15
対話者　342
台湾　144
ダク　63
多元的医療体系　165
多自然主義　342,343

事項索引

他者　106, 111, 117, 257
他者性　342
他者との出会い　235
タスキーギ事件　351
立場性　229
脱エスニック化　101
脱構築主義　359
脱人間中心主義的人類学　272
タブー　135, 139, 140
多文化主義　13
多様化　295
タレンシ　62
単系　65
タンザニア　304
単純な近代化　192
男性性　86
男性中心主義　76
タンパク摂取量　306
地域イメージ　212
地域研究　225
地域通貨　50-52
地域的近代　193
知識　109, 117
『チチカット・フォーリーズ』　320
地名　22
中央アフリカ　304
中国　140
中国医学　163
中心と周縁　215
中立進化　302
調査許可　243
調査助手　242
腸内細菌　304
腸内細菌叢　304
直示　339
直立二足歩行　295
直系家族　64
治療　174
チンパンジー　297, 303
沈黙させられた集団　80
通過儀礼　150, 155, 156, 326

『通過儀礼』　149
通文化的比較　339
つながり　68
ディアスポラ　179
ディープ・エコロジー　297
ディヴィジュアル　343
低開発　195
ティコピア島民　62
定住度　33
ディズニーランド　214
ディバイド　345
定量分析　296
適応　279, 280
適応進化　302
適応的　301
適応度　301
テクスト　18
テクノスケープ　181
哲学　330
デニソワ人　297
転換子　26
伝統　350
伝統医療　164-166, 171
伝統社会　95
ドイツロマン主義　9
道教　144
道具主義　97, 98
道具的　97
統計解析　307
統計学　296, 309
統計手法　296, 302
同性愛　87
統治性　291
動物機械論　273
動物禁忌　298
動物行動学　297
動物の権利　296, 297
東洋学　221
ドゥルマ　158
トーテミズム　134, 136, 140, 298
トーテム　136, 140

377

特定目的貨幣　46,52
匿名性　241
途上国開発　191
ドラヴィダ型　62
ドラヴィダ語　62
ドラヴィダ体系　63
トラウマ　360
トランスクリプション　28
トランスジェンダー　87
トランスセクシュアル　87
トレス海峡　301

な行

『ナイ，クン女性の物語』　324
内省　218
内発的発展論　193
内包　332
『流網船』　318
ナショナリズム　15,98,350
ナチュラリスティックな病因　165
なまえ　100
難民　284
ニヴフ　222
二元論　298,299
二項対立　64,254
『西太平洋の遠洋航海者』　236
日本語　140
『日本書紀』　219
日本人　139,142,144
ニューギニア高地　306
人間　296,308
人間行動生態学　41
認識　19
認識人類学　297,298
認識論　185,330,345
認識論的心気症　336
認識論的転回　331
認知　300,301
認知科学　24,300-302,309
ヌエル（ヌアー）　62,124,129,130,155,156
ネアンデルタール人　297

年齢組織　127
能格　23
農耕民　302,304
脳死・臓器移植　357

は行

パースペクティヴィズム　342,343
パーソナリスティックな病因　165
バイオマーカー　305
バカ　304
白人　101
博物学　315
場所の虚構化　215
パターン人　95
ハッザ人　304
発達障害　360
母方オジ　62
パプアニューギニア　303,306
ハリケーン・カトリーナ　282
バリ島　298
バルーチュ人　95
犯罪　107,112
ハンター・サポート・プログラム　40
バントゥ系　304
比較　108,117
東日本大震災　279,285,291
非合理性　358
被災（害）者　281-285,287,289,291
ヒスパニック　101
微生物叢（マイクロバイオーム）　304
非単系　65
否定的互酬性　46
否定論　181
ひと　273
非人間　272
非−場所　182
表象の危機　357
平等主義　32
開かれた社会　205
貧困の共有　49
貧困の文化　64

事項索引

ヒンドゥー化　102
ファイナンススケープ　181
フィールド　183,184,186,187,333
フィールドワーク　61,136,178,341
フィールドワーク教育　244
フィジー　62
フェミニズム　75,122
プエルトリコ　306,307
フォレ族　303
不確実性　279,280
複数現場のエスノグラフィ　237
複数性　337,342
父系　63
父系社会　85
父系親族　63,301
部族　93,94,223
舞台裏の権力　83
仏教　144
物質文化　265
不変　253
普遍　115,116
普遍主義　106,114,121,122,130
普遍的身体　348
プライバシー　353
プライマリー・ヘルス・ケア　170
フラクタル的　262
フランス　102
ふるさとイメージ　211
ブレグジット　100
プロトタイプ的認識　70
文化　18,297,299,302,307
文化記号論　65
文化結合症候群　362
文化決定論　7
文化圏　222
文化現象学　69
文化構築主義　60
文化史的研究　62
文化進化（論）　302,310
文化心理学　356
文化生態学　302

文化相対主義　3,120-122,145
文化相対主義の政治化　11
文化と自然　256
文化と人権　12
文化と政治　10
文化とパーソナリティ学派　356
文化の客体化　211
文化分析　66
文化本質主義　350
文化唯物論　302
『文化を書く』　236,319
分人　262
分析モデル　94
分節社会　125
紛争　106,107,109,120,127,129,131,242
分配　32,37,39,40
文明　4,120,130
文明相対主義　5
分類　154
平和構築　130,131
ベール　85
ヘゲモニー　308
ベルダーシュ　88
変形　250
返礼　45
法　106,114-117
法人類学　106,114,117
法的主体　297
法文化　117
暴力　120-122,124,129-131
ホーム　238
牧畜　124,126,127,280
母系社会　83
母系出自　60
母権制　60
母語　21
ポジショナリティ　86
補助貨幣　50,53
ポスト・グローバリゼーション　187,188
ポスト構造主義　333,334
ポストコロニアル理論　80

379

ポストモダニズム　65,94,334,337,350
ポストモダン　206
ホピ語　9
ホメオパシー　163
ホモ・サピエンス　295,297,299,300
ホモソーシャリティ　87
ホモ属　295
ポライトネス　24
ポリティカル・エコノミー　47,49,345
ポリメーラゼ連鎖反応法　308
ホワイト・エスニック　92
本質主義　65,97,98,228,337,345,356

ま行

『マーガレット・ミードとサモア』　7
マイクロバイオーム　→微生物叢
マイノリティ　93,181,230
マイノリティ・エスニシティ　103
マジョリティ・エスニシティ　101,102,103
マタイ　305
マテリアリティ　268
マラリア　172
マルチスピーシーズ・エスノグラフィ
　298,299,344
マレーシア　102
マンチェスター学派　326
未開　120,130
未開社会　221
『未開人の心』　4
南スーダン　124,129
民族　103,335
民族医療　164-166
民族語彙　224
民族誌　65,106,108,110,236,301-303,305,
　307,308,310
ムアン・ポン　96
ムアン・ラー　96
無形文化遺産　13
無国家社会　125
無尽　304
名誉殺人　123

メタ存在論　339,344
メディアスケープ　181
メラネシア　136
メリアム島　301
メログラフィー　68
メンバーシップ　99
『モアナ』　318
もう一つの発展論　192
「もの」志向の人類学　267
ものの見方　234
ものへの回帰　275
モラル（倫理）　301
モラル・エコノミー　47-49,52,57
森田療法　360
『森は考える』　340
問題発見型　235

や行

『夜間郵便』　318
『野生の思考』　19
ヤップ　66
野蛮　120,130
病　172
ユアン（コン・ムアン）　96
優生学　350
ユートピア幻想　345
遊牧民　302
妖術　135,136,138,166
妖術師　337
ヨーロッパ人　100

ら行

ライティング・カルチャー・ショック　15,
　266,319,334
ライティング・カルチャー批評　65
らしさ　100
ラティーノ　101
ラベル　95
リーガル・プルーラリズム　111-114,116
離床　58
リスク社会　289

事項索引

利他行為　44
リネージ　301
リベラリズム　6
リミナリティ　151-153
リミネール　150
旅行記　220
倫理　301
倫理規定　239
倫理的冒険　240,241
倫理の制度化　239
レイシズム　→人種差別
霊長類　297
霊長類学　295-297
歴史化　179,180,187
歴史的存在論　333
レジリエンス　286,287
レズビアン　87
連想　5
ローカリゼーション　185
ローカリティ　178,182-184
ローカル・バイオロジー　348
ロマン主義的まなざし　207

わ行

和解　111,112,114
ワシントン・コンセンサス　180,187
藁人形本質主義　337
ンデンブ　151

欧文

ANT　344
BHN　192
EB ウイルス抗体値　305
EU　100
FGM　121,122
HIV／AIDS　87
HRAF　54,224
iPS 細胞　308
LETS　50
NCLR　101
PCR 法　308
SDGs　198
STS　308,309

《執筆者紹介》

桑山敬己（くわやま・たかみ）編者，まえがき，第1章
　関西学院大学社会学部 教授／北海道大学 名誉教授

綾部真雄（あやべ・まさお）編者，まえがき，第7章，第23章
　東京都立大学大学院人文科学研究科 教授

名和克郎（なわ・かつお）第2章
　東京大学東洋文化研究所 教授

岸上伸啓（きしがみ・のぶひろ）第3章
　国立民族学博物館 教授

山本真鳥（やまもと・まとり）第4章
　法政大学 名誉教授

河合利光（かわい・としみつ）第5章
　園田学園女子大学 名誉教授

宇田川妙子（うだがわ・たえこ）第6章
　国立民族学博物館超域フィールド科学研究部 教授

石田慎一郎（いしだ・しんいちろう）第8章
　東京都立大学大学院人文科学研究科 教授

栗本英世（くりもと・えいせい）第9章
　大阪大学 名誉教授／人間文化研究機構 理事

片岡　樹（かたおか・たつき）第10章
　京都大学大学院アジア・アフリカ地域研究研究科 教授

松岡悦子（まつおか・えつこ）第11章
　奈良女子大学 名誉教授

白川千尋（しらかわ・ちひろ）第12章
　大阪大学大学院人間科学研究科 教授

湖中真哉（こなか・しんや）第13章
　静岡県立大学国際関係学部 教授

関根久雄（せきね・ひさお）第14章
　筑波大学人文社会系 教授

川森博司（かわもり・ひろし）第15章
　神戸女子大学文学部 教授

高倉浩樹（たかくら・ひろき）第16章
　東北大学東北アジア研究センター 教授

佐川　徹（さがわ・とおる）第17章
　慶應義塾大学文学部 准教授

出口　顯（でぐち・あきら）第18章
　　島根大学 名誉教授／放送大学島根学習センター長

床呂郁哉（ところ・いくや）第19章
　　東京外国語大学アジア・アフリカ言語文化研究所 教授

木村周平（きむら・しゅうへい）第20章
　　筑波大学人文社会系 准教授

田所聖志（たどころ・きよし）第21章
　　東洋大学社会学部 教授

田沼幸子（たぬま・さちこ）第22章
　　東京都立大学大学院人文科学研究科 准教授

北中淳子（きたなか・じゅんこ）第24章
　　慶應義塾大学文学部 教授

《編著者紹介》

桑山　敬己（くわやま・たかみ）

1955年　東京生まれ
東京外国語大学英米語学科，同大学院地域研究研究科修了
カリフォルニア大学ロサンゼルス校人類学部博士課程修了（Ph. D.)
ヴァージニア・コモンウェルス大学助教授，
北海道大学大学院文学研究科教授などを経て
現　在　関西学院大学社会学部 教授，北海道大学名誉教授
主　著　*Native Anthropology*, Trans Pacific Press, 2004
　　　　『ネイティヴの人類学と民俗学』弘文堂，2008年
　　　　『グローバル化時代をいかに生きるか』（共編）平凡社，2008年
　　　　『よくわかる文化人類学（第2版）』（共編著）ミネルヴァ書房，2010年
　　　　『日本はどのように語られたか』（編著）昭和堂，2016年
　　　　『社会人類学入門（増補新版）』（共訳）法政大学出版局，2017年
　　　　『文化人類学と現代民俗学』（共著）風響社，2019年
　　　　『人類学者は異文化をどう体験したか』（編著）ミネルヴァ書房，2021年

綾部　真雄（あやべ・まさお）

1966年　福岡県生まれ
筑波大学第二学群比較文化学類卒
東京都立大学大学院社会科学研究科博士前期課程修了
チェンマイ大学社会学部客員研究員を経て，
東京都立大学大学院社会科学研究科博士後期課程単位取得退学
成蹊大学文学部国際文化学科専任講師，助教授を経て
現　在　東京都立大学大学院人文科学研究科 教授　博士（社会人類学）
主　著　『エイズ教育と伝統的価値体系』（共著）健学社，1999年
　　　　『私と世界』（編著）メディア総合研究所，2011年
　　　　『タイを知るための72章』（編著）明石書店，2014年
　　　　『カタストロフィと人文学』（共著）勁草書房，2014年
　　　　『グローバル支援の人類学』（共著）昭和堂，2017年

詳論 文化人類学
——基本と最新のトピックを深く学ぶ——

| 2018年4月30日　初版第1刷発行 | 〈検印省略〉 |
| 2023年4月10日　初版第3刷発行 | |

定価はカバーに
表示しています

編 著 者	桑	山	敬	己
	綾	部	真	雄
発 行 者	杉	田	啓	三
印 刷 者	田	中	雅	博

発行所　株式会社　ミネルヴァ書房

607-8494　京都市山科区日ノ岡堤谷町1
電話代表　(075)581-5191
振替口座　01020-0-8076

ⓒ桑山・綾部ほか，2018　　　創栄図書印刷・坂井製本

ISBN978-4-623-08271-1
Printed in Japan

よくわかる文化人類学 ［第2版］　　B5判／240頁
綾部恒雄・桑山敬己／編　　本体　2500円

はじめて学ぶ文化人類学
　　──人物・古典・名著からの誘い　　A5判／336頁
岸上伸啓／編著　　本体　2800円

人類学者は異文化をどう体験したか
　　──16のフィールドから　　四六判／354頁
桑山敬己／編著　　本体　2500円

人間と社会のうごきをとらえる フィールドワーク入門　　A5判／320頁
新原道信／編著　　本体　3200円

─── ミネルヴァ書房 ───

https://www.minervashobo.co.jp/